LE PESSIMISME

LE
PESSIMISME

PAR

LÉON JOUVIN

OUVRAGE COURONNÉ PAR L'ACADÉMIE DES SCIENCES MORALES ET POLITIQUES

PARIS
LIBRAIRIE ACADÉMIQUE DIDIER
PERRIN ET Cⁱᵉ, LIBRAIRES-ÉDITEURS
35, QUAI DES GRANDS-AUGUSTINS, 35,

1892

Tous droits réservés

Nous devons signaler les modifications faites au manuscrit. En ce qui concerne la doctrine, de nombreuses pages de la 2ᵉ partie, qui avaient paru obscures, ont été remplacées : des crochets [ ] indiquent ces feuilles nouvelles. Quant à la partie historique, un changement notable a été fait. L'exposé des systèmes de Schopenhauer et de M. de Hartmann a été fortement élagué. Notre but, en publiant ce mémoire, n'est plus de satisfaire aux exigences de la science et de l'histoire en étalant des erreurs pernicieuses, mais de répandre les vérités propres à en préserver. En outre, cet exposé a été distrait de la première partie et relégué dans un Appendice. Un appendice, pour les livres, est une manière de grenier. Ceux qui ne le liront pas ne nous causeront aucun dépit : et ceux qui le liront et le trouveront ennuyeux, sont priés de croire que nous n'y sommes pour rien. Rendre ces systèmes plus ennuyeux qu'ils ne le sont nous paraît tellement difficile que si nous avions obtenu ce résultat, nous commencerions à penser que nous sommes un homme extraordinaire, bien capable d'avoir de grands succès en Allemagne.

LE PESSIMISME

PREMIÈRE PARTIE

HISTOIRE

1. — Le pessimisme n'est pas une question nouvelle ; elle est, au contraire, la plus ancienne et la plus universelle. Il n'est pas un homme que la rivalité du bien et du mal n'ait inquiété, que l'antagonisme des biens et des maux n'occupe sans cesse. On peut dire que tout être roule cette question dans sa pensée, à toutes les heures de sa vie. De ce qu'elle a laissé peu de trace dans les monuments anciens de la philosophie, il ne faut pas conclure qu'elle était inconnue ; c'est parce que les esprits en étaient pleins, que les philosophes ne l'ont pas traitée. En effet, les religions avaient déjà répondu à toutes les grandes questions : les croyances étaient faites. Thalès et Pythagore cher-

chaient ailleurs de l'inconnu, et leurs successeurs suivirent leur direction. Mais la poésie, l'histoire, qui avaient un commerce étroit avec la religion, nous font connaître les pensées des hommes. Homère place naïvement à la porte de Jupiter deux tonneaux, celui des biens et celui des maux. Hérodote, le père de l'histoire, rapporte l'entretien de Xercès et d'Artabane, qui, en quelques mots, contient tout un système.

« Hélas, dit le grand roi, en regardant défiler
« son armée, de tant d'hommes, pas un ne vivra
« dans un siècle. » — « Et pas un, dit son oncle,
« qui n'ait, un certain jour, désiré mourir, tant les
« maux de la vie l'emportent sur les biens. Le
« Dieu, en assaisonnant notre vie de quelques
« plaisirs, fait bien voir sa jalousie. »

Ce qui prouve que les religions ont bien connu et envisagé la question, c'est que leur dogme fondamental est la réponse. Celle de l'Inde et ses réformes sont pessimistes. Celle de la Perse imagine une lutte de deux principes, ce qui paraît fort simple, mais rend la question insoluble ; car de ces deux dieux jumeaux, le bon ne peut être parfait, puisque sa force est limitée par l'autre : il n'est que meilleur et n'est pas le Dieu unique dont seul l'origine peut s'expliquer parce qu'elle n'a pas besoin d'explication ; en outre le sort de l'homme devient bien incertain : une pareille religion ne peut avoir de durée. On serait tenté de croire que le polythéisme grec et romain n'a pas vu la question du bien et du mal : on se tromperait ; elle est au fond de cette religion comme des autres. Mais elle en a donné la plus détestable solution; elle est la seule qui ait essayé de les concilier en les réunissant en ses dieux, qui ont été à la fois bons et mauvais, de sorte qu'ils ont ressemblé à des hommes et que les hommes ont pu sans honte leur ressembler. Cette religion misérablement optimiste, qui expliquait le mal moral en l'excusant, en l'éliminant, a mérité de disparaître la première parmi les fausses.

Il est impossible de répondre avec plus de précision que ne l'ont fait le judaïsme et le christianisme, par le dogme de la chute et de la Rédemption. Le mal moral est le résultat d'une épreuve à laquelle est soumise la créature, pour mériter la félicité ; le mal moral et les maux physiques sont les conditions de cette épreuve. Dieu rachète l'homme, efface le mal, punit les coupables. Ces religions sont donc optimistes. (Schopenhauer a eu tort de considérer la seconde comme pessimiste.)

On peut observer que plus la philosophie se serre étroitement contre la religion, plus elle étudie le problème du mal. A cet égard, la philosophie grecque, à l'exception du Néoplatonisme, est inférieure au Brahmanisme, au Bouddhisme, au Mazdéisme et même au Gnosticisme. La logique des choses soulève les questions et amène les réponses que notre siècle prend pour des nouveautés. Le malheureux enfantement de la Sagesse de Valentin ressemble étonnamment à l'apparition de la Volonté de Schopenhauer et de l'Idée de M. de Hartmann. Le Bouddhisme peut bien exciter l'admiration de quelques savants de nos jours, qui n'ont à lui comparer que la philosophie ancienne et non le christianisme, lequel leur est inconnu, hommes plus remarquables encore par leur ignorance que par leur science.

L'événement du Calvaire montre à tous ceux qui aperçoivent cette montagne patibulaire une question nouvelle qui domine les autres. Quel est donc ce mal qui a amené le supplice de Dieu? Les docteurs chrétiens de toutes les écoles interrogent inutilement, celui-ci Pythagore, celui-là Platon. Enfin l'ancien manichéen Augustin, aidé par la religion plus que par Platon et Plotin, arrive à donner la philosophie du mal : toute sa philosophie, toute sa théologie est la question du mal pressée, retournée par son admirable génie.

Ce que nous venons d'exposer prouve que la question de l'optimisme ou du pessimisme est une grande question : ce n'est pas assez dire. Il ne s'agit pas d'étudier un côté de la nature, sur ce côté une ligne ou un point, d'examiner le système d'un philosophe, dans ce système une partie, les idées de Platon, la morale d'Aristote. Le pessimisme n'est pas une question parmi les questions philosophiques, mais la conséquence à tirer quand on les a toutes approfondies. Il faut avoir fait le tour de la philosophie, avoir parcouru le monde entier, avoir traversé toutes les plaines et battu toutes les plages pour arriver à une conclusion. Le scepticisme aussi est une conclusion, ou encore l'idéalisme, mais il suffit pour y arriver d'avoir fait quelques pas dans une seule région, à l'origine des idées, au passage du sujet à l'objet. Mais pour dire : « le monde est mauvais, » il faut n'avoir laissé aucun coin inexploré, n'avoir négligé aucun objet, le plus grand ou le plus petit, origine, but, situation, destinée, matière, âme, liberté, bien, Dieu, attendu qu'un seul peut tout changer. C'est ce qui explique un fait qui est bien de nature à étonner : les pessimistes véritables de notre époque commencent par refaire le monde avant d'établir leur solution ; ils sont dans la nécessité d'élever des constructions gigantesques, de faire des cosmogonies ou au moins des cosmologies, comme Schopenhauer, qui a évité ainsi la difficulté des origines. Par le même motif, afin de rendre compte du pessimisme et de le réfuter, nous serons obligé de résumer la philosophie et, sans refaire le monde, de le parcourir.

2. — Le grand problème doit être posé avec précision. On reconnaît du premier coup d'œil que les termes qui expriment les deux solutions proposées ne sont pas corrélatifs : l'optimisme de Leibniz, le pessimisme de Schopenhauer (ces deux extrêmes nous viennent d'Allemagne) ne répondent pas au même problème, mais à deux problèmes ouverts en des temps différents. Dans le premier, Dieu est surtout en cause : il s'agit de l'excuser d'avoir trempé dans la production du mal, d'avoir créé l'homme qui allait pécher et se damner. Dans le second, on ne voit que l'homme: on constate qu'il est malheureux, puis on en cherche l'explication dans la déraison de l'auteur du monde. Dans l'un, on justifie Dieu d'avoir fait le mal; dans l'autre, on justifie l'homme de le faire, sans chercher précisément ce résultat. L'on voit facilement comment il est arrivé que les termes caractérisant les deux problèmes aient apparu à des époques différentes, l'une où l'on s'occupait de Dieu, l'autre où l'on ne s'occupe plus que de soi. On a eu un Dieu bon, deux dieux, l'un bon, l'autre mauvais, Ormuzd et Ahrimane, ou le dieu blanc et le dieu noir des Slaves; maintenant il n'y en a plus qu'un mauvais, « déraisonnable, antilogique ».

Un peu de mal, si peu que ce soit, suffisait à embarrasser l'humanité croyant à la Divinité, c'est-à-dire au règne du bien. D'un autre côté, l'excès des maux sur les biens n'inquiète pas même la tranquillité des chrétiens ; ils admettent pleinement que le monde est le règne de Satan.

Mais les ressemblances sont encore plus embarrassantes que les oppositions. Le christianisme et le pessimisme s'accordent à mépriser les vanités du monde, à secouer la guenille humaine. Saint Antoine et Schopenhauer considèrent les plaisirs du monde comme un piège, dédaignent ses beautés comme une fantasmagorie. Le dernier nous invite à imiter les furieuses macérations des Hindous, nous ouvre la cellule de Rancé. Cependant quoi de plus dissemblable !

Si nous regardons la situation morale des hommes à travers le temps, nous rencontrerons de nouvelles obscurités. A la fin du monde ancien se montre le stoïcisme, la constance contre les maux, et à la fin du monde nouveau, le pessimisme. le découragement, la démoralisation, la déroute devant les maux. Le premier lutte contre le mal, le deuxième n'adresse ses coups qu'au bien, qu'il ne veut voir nulle part. Élevons-nous plus haut, de manière que la vue atteigne jusqu'à nos origines : ce que nous découvrons nous étonnera davantage. Le sort de l'humanité était plus misérable à ses commencements qu'aujourd'hui. L'homme, nu, affamé, se battait à coups de pierres contre les autres animaux, n'ayant qu'une pensée : dévorer et n'être pas dévoré. Aux temps historiques, il a souffert des oppressions, des misères horribles. Enfin, il est parvenu à s'assurer des journées tranquilles, puis une vie confortable, à amasser un capital matériel et intellectuel considérable. Il a reconnu récemment qu'il était en progrès. Cependant nos aïeux, plus malheureux, ne se plaignaient pas comme nous; ils ont été optimistes, de sorte que les conceptions du Progrès et du Pessimisme sont nouvelles et sont arrivées en même temps.

A considérer les choses elles-mêmes, c'est-à-dire la constatation de l'excès des maux sur les biens, il est également difficile d'expliquer pourquoi elle a été si tardive et a été faite dans le temps le plus prospère. Il ne faut pas croire que l'on ait eu besoin de tant de siècles pour dresser « le bilan des biens et des maux », de sorte que ce ne soit qu'hier qu'on a pu faire la balance. Le résultat était facile à voir dès l'âge de pierre. Si l'on se borne à compter, le mal l'emporte sur le bien. Mais c'est le sens de cette supériorité qu'il s'agit de découvrir.

Toutes ces inconnues doivent donc prendre une forme et une place dans la formule du problème.

3. — De tout temps il a occupé l'esprit humain qui

l'a abordé suivant les données qu'il possédait. Nous sommes en état d'expliquer son développement historique. Quand la vie est dure, il faut lutter : le courage est entretenu par l'épreuve. Dans le fort de la bataille, aux prises avec les nécessités ennemies qui ne laissent pas prendre haleine, échauffé, exalté, on a plus de résistance ; si l'on est abattu, on ne sent pas ses blessures, on se relève ; on poursuit plus d'espoirs et l'on est plus heureux, quand on réussit : le succès est le témoignage de notre valeur, plus sûr quand la lutte est sérieuse, plus précieux lui-même, plus digne que les objets de jouissance qu'on cherchait à atteindre. Lorsqu'on respire, que l'on obtient une trêve, au lieu de goûter, on juge : on a le temps d'examiner et l'on devient raisonneur [1]. L'homme ne tarde pas à commencer un rêve : ne pourrait-on s'arranger en ce monde pour obtenir une existence tranquille et agréable, en diminuant les maux, les devoirs et les efforts ? Mais le courage diminue avant les maux : la jouissance et la souffrance semblent s'entendre pour affaiblir et irriter. Il y a une loi providentielle qui fait que l'homme destiné à mériter, à grandir par l'épreuve, lorsqu'il cherche à l'éviter, perd le goût de la jouissance et le con-

---

1. « Celui qui n'est jamais entré en discussion avec le bonheur est le plus heureux. » Addison, cité par Rochefort, *Opinions des anciens sur le bonheur*, p. VIII.

rage contre la souffrance. Tout se rapetisse, lui et ses plaisirs. De nouvelles et misérables questions l'enveloppent ; lui qui rompait les liens du rétiaire trébuche dans des toiles d'araignée. La désillusion arrive : on entend avec étonnement sortir de sa bouche des paroles de mépris adressées à ces plaisirs du monde qu'il cherchait : il désespère ; il hait le bien ; c'est le dernier effort dont il est capable. Dans le mécanisme du monde disposé pour l'épreuve, il est un ressort terrible qui, lorsque l'homme rêve de transformer l'arène en un lieu de repos et de délices, à mesure qu'il cherche à s'étendre, qu'il s'affaisse, s'enfonce comme une lame froide dans sa chair et le force à se relever.

L'histoire nous montre deux fois cette évolution périodique ; dans le monde ancien les premiers âges sont malheureux, vaillants et optimistes. Avec la richesse, le bien-être, la civilisation, naît la conception d'une existence facile et dénuée de ses peines. Épicure prêche le plaisir et la vertu sans effort. La vertu sans effort, quelle méprise ! On voit encore de grands événements, mais il n'y a plus de grandes actions. Les plaisirs perdent leur goût, et, comme moins ils valent plus il en faut, on assiste à une corruption honteuse. Le courage diminuant, les caractères s'abaissent. Les dieux s'en vont, les empires s'écroulent, la loi fait de

vains efforts pour tout remplacer, la religion, la
vertu, le dévouement, l'amour de la patrie. Le
stoïcisme se montre comme un pessimisme rudimentaire, plus honorable, mais à plus courte vue :
il ne voit pas le mal, il ne voit plus le bien : il se
borne à s'abstenir et à supporter, à tendre le dos
à la verge, sans comprendre mieux que l'animal
qui se couche sous les coups, qu'on le frappe pour
le faire aller à son but.

L'homme a repris sa marche. Les misères du
moyen-âge le trouvent ferme et content. Encore
une fois la richesse, le bien-être, la civilisation lui
soufflent la tentation. Le siècle dernier s'imagine
inaugurer une ère d'émancipation, de progrès,
quand il ne fait que rouler dans le piège déjà rencontré il y a plus de deux mille ans. Le monde est
un séjour où il serait facile de vivre heureux, si l'on
se débarrassait de devoirs trop gênants, si l'on
écrasait l'infâme fanatisme. Ce monde est à nous,
arrangeons-le. Faisons-nous une agréable vie
terrestre, sans le souci de l'autre. Dieu n'est pas
fait pour nous importuner. Vous croyez qu'il nous
embarrasse? alors il n'existe pas. L'honnêteté ne
le cédera en rien à la félicité : rien n'est plus facile
à suivre que la morale, surtout quand on la fait
soi-même. Les philosophes, les économistes
tenaient le même langage qu'Épicure : ils avaient
ses illusions et sa vertu.

Les choses se répètent, mais ne se ressemblent pas.

L'entreprise philosophique et révolutionnaire à laquelle nous sommes mêlés s'est imposé une charge bien lourde qui n'avait pas pesé sur les bras des utopistes du monde ancien et qui nous écrase, ce qui rend notre succès moins probable. Ce n'est pas à une poignée de privilégiés, de forts, que nous promettons une vie agréable, mais à l'universalité des hommes, à l'immense multitude des pauvres et des faibles qui, sur notre parole, compte sur l'égalité devant tout, mais surtout devant la jouissance.

Nous avons supprimé un facteur que l'on n'avait jamais négligé jusqu'ici. C'est le principal, l'être infiniment bon et juste, tout-puissant pour réparer et pour maîtriser, Dieu. Les peuples ont toujours traversé avec assurance les plus effroyables calamités : il fut un temps où les nations entières se choquaient et s'exterminaient, de sorte que, d'une quantité de peuples, il ne reste que des noms. Au ɪᴠᵉ siècle, vingt peuples ravageurs traversaient notre pays, cinquante villes incendiées noircissaient le ciel de leurs tourbillons de fumée qui n'empêchaient pas les mourants d'y jeter un regard vers l'éternelle justice. La suppression d'un si grand facteur change bien le problème. Plus de réparation dans un autre monde : la justice et le bonheur doivent se trouver dans celui-ci, ce qui avait paru impossible à faire à Dieu lui-même. On a promis tout et à tous, et il faut tirer cette félicité d'un monde qui ne semble pas avoir été fait pour cet usage.

En outre, nous avons une plus haute conception du bien et du mal que dans le monde ancien, à cause d'un certain fait qui s'est passé dans l'intervalle : il n'avait pas plus l'idée de notre désir de bonheur que celui de notre égalité. Le christianisme a augmenté d'une manière prodigieuse notre sensibilité. Nous sentons bien plus la souffrance et la jouissance. Nous sommes donc beaucoup plus difficiles à satisfaire.

Est-il donc étonnant que le doute, le désenchantement se produisent? La poésie, qui est encore la première à dire les impressions nouvelles, montrait dès le commencement du siècle une tristesse qui n'a pas été d'abord comprise. Les déceptions dans la vie privée et la vie publique se sont multipliées. La vertu est facile, le bonheur est proche : c'est le moment où le mal fait souffrir, où la privation devient cuisante. La philosophie a parlé à son tour. Le pessimisme s'est manifesté. C'est un événement.

Cette fois, c'est le pessimisme véritable. On avait dit que le monde était un lieu de délices. Il répond que c'est un lieu de supplices. Il prend nos biens, nos plaisirs, nos joies, les compte, les pèse, les raille, les méprise, et conclut avec un rire horrible que nous n'avons qu'un espoir pour tout bien : c'est d'anéantir le monde.

4. — La philosophie doit poser la question comme l'histoire l'a posée naturellement. — Le monde est-il bon ou mauvais ?

Le problème, nous l'avons reconnu, a deux formules. Il y a du mal. — A la vérité, il y a plus de bien, mais comment expliquer ce mal, à l'honneur de Dieu ?

Il y a plus de maux que de biens. — Faut-il en conclure que le monde est mauvais, que Dieu n'existe pas et qu'il n'y a pour l'homme qu'à faire rentrer dans le néant le stupide remplaçant de Dieu, la Volonté ou l'Inconscient ?

La première formule ou *l'existence du mal* est celle qu'ont résolue S. Augustin, Leibniz, par exemple ; la deuxième ou *la prépondérance du mal* est celle de Schopenhauer.

Cette dernière est plus générale et renferme l'autre, attendu que si l'on peut prouver que le monde où il y a plus de maux que de biens n'est pas mauvais, à plus forte raison celui où le mal est moindre ne le sera pas.

C'est donc celle-ci que nous croyons avoir à examiner : c'est sous cette forme nouvelle que se montre le pessimisme véritable.

Bayle n'a fait que répéter et augmenter les objections du manichéisme ; il n'avait pas de système : cette doctrine ne s'appelle pas le pessimisme : le mot ne désignait autrefois que le parti pris de trouver tout mal. La discussion de Bayle et de Leibniz n'est qu'un épisode : ils ne sont que des personnages préhistoriques pour le pessimisme véritable.

Nous étudierons donc particulièrement les systèmes récents, ne faisant que ne pas oublier les philosophes modernes qui ont examiné la question, et les écrivains que M. James Sully appelle les pessimistes non raisonnés.

5. — Le père de la philosophie moderne, Descartes, était optimiste. C'est parce que Dieu s'est déterminé à faire les choses qui sont au monde qu'elles sont très bonnes : la raison de leur bonté dépend de ce qu'il les a voulu faire ainsi. Mais ce n'est pas par sa bonté, précédant sa détermination, qu'il a été lié et obligé à ne faire que le meilleur monde possible. L'homme n'est pas la fin de l'univers. Quelle est-elle ? Nous ne pouvons le découvrir. Le monde est le plus parfait possible, considéré dans son ensemble, non dans ses détails.

Suivant Régis, l'homme, vu non isolément, mais comme partie de l'univers, est aussi parfait que possible.

En 1664, parut un livre de piété d'une lecture

agréable, qui aurait bien mérité d'échapper à l'oubli. Il s'appelait : *Ars semper gaudendi;* il a été traduit et abrégé sous un nouveau titre plus heureux : *l'Art de se tranquilliser dans tous les événements de la vie.* L'auteur est un jésuite, né en Flandre de parents espagnols, Antoine-Alphonse de Sarasa. On a reproché à Leibniz d'avoir utilisé son ouvrage, bien à tort, puisqu'il n'a pas reproduit son meilleur argument.

Autre chose, dit le P. Sarasa, est de demander uniquement s'il vaut mieux qu'il n'y ait aucun péché dans le monde, ou de poser la question avec une alternative. Lequel est préférable, que Dieu empêche ou n'empêche pas le péché ? A cette demande posée isolément : « Vaut-il mieux qu'il n'y ait aucun péché dans le monde ? » on ne peut que répondre affirmativement. Mais la réponse sera négative si on ajoute : « Dieu empêchant l'homme de pécher. » Toutes les créatures raisonnables et finies sont d'une nature telle qu'il est possible qu'elles pèchent. Cette possibilité leur est essentielle. Il fallait donc, pour qu'il n'y eût pas de péché, que Dieu les privât de leur être, et cela est absurde, ou qu'il les empêchât de pécher, ce qui est contraire à leur être.

La nécessité de faire le bien et l'impossibilité de faire le mal auraient à la vérité rendu l'homme heureux, mais elles n'auraient pu le rendre meilleur ni digne de louange. Ce que nous faisons parce que nous y sommes forcés ne nous donne aucun mérite. Qui donc loue le soleil ? Celui-là seul est digne de louange qui peut transgresser les commandements de Dieu, et qui ne les transgresse pas.

Nous avons examiné ce qui est le plus avantageux à l'homme. Si nous considérons ce qui est le plus glorieux à Dieu, nous trouvons que, comme il est plus honorable pour un prince d'avoir des sujets qui lui obéissent volontairement, que des esclaves qu'il tient à la chaîne, il était plus convenable à Dieu de créer des anges et des hommes qui aient la liberté de se soumettre à lui ou de lui être rebelles. L'obéissance volontaire de ces êtres lui fait plus d'honneur qu'une obéissance forcée, contre la volonté, ou nécessaire, comme celle des créatures sans raison.

La volonté de Dieu ne saurait permettre le mal à moins qu'il n'en puisse attendre un plus grand bien. Le souverain Être emploie toute son intelligence (pour en parler humainement), de manière que les péchés fournissent une occasion à la glorification de son nom. Dès que l'homme eut péché et que la majesté de Dieu fut offensée, sa miséricorde se réveilla, et il pensa non seulement à satisfaire sa justice, mais aussi à préparer au pécheur un remède salutaire. La sagesse de Dieu ne trouva pas de meilleur moyen que de faire prendre à son fils la nature humaine, afin qu'il expiât par sa mort le péché des hommes. Le Verbe fait homme souffrit pour les hommes sur la croix, et il se donna en sacrifice d'expiation pour le genre humain. Ainsi la gloire de Dieu fut bien plus exaltée qu'elle ne l'aurait jamais été si le péché n'avait pas été commis [1].

A notre avis, Saraša, qui a traité la question avant les illustres philosophes dont nous allons parler, l'a posée et résolue peut-être aussi bien qu'eux. Il prévient l'objection que Bayle retourne à satiété, et montre que l'être doué de liberté qui fait le bien est supérieur à celui qui le fait par nécessité. Il est donc bon qu'il y ait un être tel que celui-là, qu'il n'y ait pas seulement des êtres inférieurs, qui, n'ayant pas de liberté, ne puissent pas pécher, mais des supérieurs libres et pouvant pécher. Il est mieux que ces deux sortes de créatures existent simultanément. L'or, dit-il, est plus précieux que l'argent. Serait-il mieux qu'il n'y eût pas d'argent ? Ne nous est-il pas plus avantageux d'avoir l'un et l'autre ? Il aurait donc fallu aussi que le fer, qui est moindre que l'argent, eût été changé en or; la terre même aurait dû éprouver la même transmutation. A continuer ce raisonnement, on arriverait à la ruine de l'univers. Il devance Malebranche, sans tomber dans l'exa-

1. Édition de Paris, 1778, 6ᵉ réflexion.

gération qui lui est reprochée : il fait de la Rédemption la conséquence du péché, et non du péché la conséquence du dessein arrêté de la Rédemption, ce qui amène un résultat choquant ; en effet, si l'homme n'avait pas péché, le plan de Dieu aurait été manqué. Une créature libre est possible ; sans doute elle peut pécher, mais si elle ne pouvait pécher, elle n'aurait pas de liberté. Dieu devait-il donc s'abstenir de la créer, la priver d'arriver à l'existence, à la félicité ? Était-il obligé de ne donner l'être qu'à des machines ? Il vaut mieux qu'il y ait à la fois des êtres libres et des êtres sans liberté : le monde est meilleur, sans qu'il soit besoin de prouver qu'il est le meilleur des mondes possibles, ce qui est d'une démonstration difficile, et prête le flanc à la critique et même au ridicule, comme l'a prouvé Voltaire.

Enfin Sarasa n'a pas manqué d'apercevoir les deux branches de la question : le monde est créé pour la gloire de Dieu, ou bien il est créé pour manifester sa bonté. En n'adoptant qu'un de ces principes, ses successeurs n'ont pas évité de sérieuses difficultés.

6. — Bayle, enflammé d'un saint zèle pour la foi, aux dépens de la raison, accusa celle-ci d'être incapable de démontrer les vérités les plus essentielles. L'origine du mal lui paraissant le sujet le plus favorable à son entreprise, il releva les vieux

arguments des Manichéens. Après avoir fait un tableau très sombre que les modernes pessimistes envieraient, après avoir étalé les désordres dans la nature, les maux physiques, les souffrances des animaux, les crimes des hommes, il pose cette objection : Comment Dieu, connaissant, par sa prescience, que l'homme abuserait de sa liberté pour pécher, la lui a-t-il attribuée ? Que penser d'une mère qui conduirait sa fille au bal où elle sera séduite ? Que penser d'un père qui donnerait un couteau à son fils, sachant qu'il s'en percera le sein ? Un être qui ne pourrait faire que le bien serait-il inférieur à l'homme partagé entre le bien et le mal [1] ?

A cette question on ne peut que répondre : assurément oui. Il est bien difficile de croire que Bayle n'en soit pas convenu au fond. Cependant il ne fait que retourner et opposer de tous les côtés ce principe insoutenable.

Le Clerc, sous le nom de Théodore Parrhase, opposa à Bayle un Origéniste qui leva une grosse difficulté en supprimant l'éternité de la damnation, mais sans utilité, puisque personne n'adoptait l'opinion d'Origène. Il ajouta que Dieu ne damnait pas pour le péché, mais pour le défaut de repentir, comme si cette persévérance de la volonté dans le mal n'était pas aussi un péché.

1. Saint Augustin, *Du libre arbitre*, liv. III, ch. IV-V.

Cela revient à dire que l'homme n'est pas condamné pour une seule faute, que Dieu lui donne le pouvoir de l'effacer, le soumet non à une seule épreuve définitive, mais à une suite d'épreuves qu'il peut renouveler ; c'est atténuer la difficulté, non la lever. — Bayle, dans sa réponse, ne manqua pas de répéter que la vertu peut exister sans vice, ce qui est manifestement faux.

Le P. Bouhours, dans sa *Vie de saint François-Xavier*, dit que le Saint, pressé par un bonze sur l'origine du mal, lui ferma la bouche par des arguments sans réplique dont il ne cite pas un. On raconte que le dessein de suppléer au silence de l'historien donna à Malebranche la première idée de son système ; le désir de réfuter Bayle la lui fit ensuite développer.

Dieu a fait le monde pour sa gloire : fini, il serait indigne de lui ; il ne peut être que divin ou propre à une action divine. Cette action pour laquelle le monde est créé est l'Incarnation : elle suppose le péché. L'existence du mal est donc expliquée, mais par la théologie.

Malebranche a une autre raison de justifier Dieu des imperfections du monde : « Dieu a vu de « toute éternité tous les ouvrages possibles et « toutes les voies possibles de produire chacun « d'eux, et, comme il n'agit que pour sa gloire, « que selon ce qu'il est, il s'est déterminé à vou-

« loir l'ouvrage qui pouvait être produit et con-
« servé par des voies qui peuvent l'honorer da-
« vantage que tout autre ouvrage produit par toute
« autre voie. Un monde plus parfait, mais produit
« par des voies moins fécondes et moins simples,
« porterait moins que le nôtre le caractère des
« attributs divins. »

Dieu et sa providence agissent par une volonté générale à laquelle échappent les imperfections qui ne pourraient être corrigées que par des volontés particulières.

Dieu a donc sacrifié le but aux moyens, disait Arnauld ? — Cette résistance des moyens fait échec à la puissance de Dieu : cette opposition entre le but et les moyens, qui existe en dehors de Dieu, qu'il rencontre devant sa volonté, n'est pas prouvée et aurait plus besoin d'explication qu'elle n'en fournit elle-même.

Malebranche, comme Descartes, nie que le monde soit fait pour nous. Ses imperfections nous paraissent telles, parce que nous avons le tort de tout rapporter à nous. — Sans doute, si nous ne sommes pas chez nous, nous n'avons pas le droit de nous plaindre de ce que des objets qui ne nous sont pas destinés ne nous sont pas utiles, mais nous ne savons pas non plus pourquoi ils nous sont nuisibles. Nous avons même l'air d'être déplacés dans la création. Pour affaiblir une objection, nous ruinons notre empire. Nous perdons l'univers. Pourquoi Dieu ne l'aurait il pas fait pour l'homme? Croit-on que quelques milliers d'étoiles lui coûtent beaucoup ! Ce n'est pas trop pour nous : ce n'est pas encore assez, puisque cette immensité de merveilles ne suffit pas à nous rendre heureux.

Malebranche se mit sur les bras deux puissants-adversaires : Bossuet, qui fournissait les arguments, et Fénelon, qui tenait la plume. La collaboration n'a pas été plus heureuse que celle que le même siècle nous montre entre Corneille et Molière; et, comme elle, elle n'a été qu'un spectacle pour les oisifs : ce n'est pas là la vérité qui remue les entrailles humaines.

L'esprit est déçu et le cœur saisi d'entendre ces maîtres de la pensée discuter ces questions : Y a-t-il une infinité de mondes possibles, ou n'y en a-t-il qu'un? — Tout autre que celui qui est exécuté par Dieu, étant hors de l'ordre et mauvais, n'est pas possible et ne pouvait même être connu par Dieu.—S'il ne peut rien faire de mieux que son meilleur monde possible, il n'est pas puissant; s'il n'a qu'un seul monde possible à exécuter, il n'est pas libre.

N'y avait-il plus de misérables en ce temps qui avait vu la Fronde et qui devait voir la cour du grand roi manger du pain noir? Écoutaient-ils ces

vaines propositions, dont pas une ne peut être prouvée et ne peut rien prouver, dont pas une n'était capable de donner une minute d'apaisement aux affligés, aux affamés, aux humiliés? Ces hommes cependant si grands qu'aucune tête ne les dépasse, prêtres vertueux et philosophes éminents, ne reconnaissaient-ils plus en ces pauvres les membres de Celui qui a dit : « Bienheureux ceux qui souffrent, bienheureux ceux qui pleurent? » Aucun d'eux ne pense à l'épreuve, et ne voit que, puisqu'il y a une épreuve, elle doit avoir ses conditions, qui sont justement ces maux de la vie, lesquels s'expliquent dès lors tout seuls, sans avoir recours au meilleur des mondes. Le maître de Bossuet pour la direction des âmes, les vertus sacerdotales, aurait pu l'être aussi cette fois pour la philosophie, « car, pour devenir parfait philosophe, l'homme n'a besoin d'étudier autre chose que lui-même ». Saint Vincent de Paul, parlant des tribulations des missionnaires d'Écosse, s'exprimait ainsi : « Voilà comme Dieu fait : après que
« quelqu'un lui a rendu de notables services, il
« le charge de croix, d'afflictions et d'opprobres.
« Oh! messieurs et mes frères, il faut qu'il y ait
« quelque chose de grand que l'entendement ne
« peut comprendre, dans les croix et les souf-
« frances, puisque d'ordinaire Dieu fait succéder
« au service qu'on lui rend les afflictions, les per-

« sécutions, les prisons et le martyre, afin d'élever
« à un haut degré de perfection et de gloire ceux
« qui se donnent parfaitement à son service. »

Les voilà donc ces maux inexplicables. L'on se croyait obligé d'en aller chercher l'origine dans la méditation de Dieu choisissant entre tous les mondes celui qui lui donnerait le moins de souci à le faire, fût-il plein de défauts et de contradictions. Or, nous pouvons le voir travaillant à son monde. Regardez donc non seulement la création, mais encore la Providence, non seulement Dieu préparant volontairement au commencement les fléaux et les calamités, mais, en ce moment, sous nos yeux, les redoublant, trouvant qu'il n'y en a pas assez pour ses serviteurs, prenant de nouveaux maux pour les jeter sur leur tête. Voyez « le revers de sa main », comme dit Bossuet. Lorsqu'il découvre de vaillantes créatures qui résistent, qui luttent, qui sont victorieuses, tout ému, il redouble d'attention, il contemple avec amour son Homme, et, lorsqu'il est prêt à sortir de la fournaise, il l'y rejette. « Il fait succéder au service qu'on lui rend les afflictions, les persécutions, les prisons et le martyre, afin d'élever à un haut degré de perfection et de gloire ceux qui se donnent parfaitement à son service. »

Leibniz nous montre Dieu convoquant dans sa pensée tous les mondes possibles et choisissant le meilleur : il a des imperfections, mais toutes les objections se taisent puisqu'il est le meilleur possible. D'ailleurs il est très bon : les taches disparaissent quand on voit l'ensemble. Les créatures étant finies ne peuvent pas ne pas avoir de limites : c'est ce qui constitue le mal métaphysique, qui est par conséquent nécessaire. Le mal physique et le mal moral ne sont qu'une négation. Leibniz n'a pas d'arguments remarquables en ce qui concerne la prescience, mais aussi il n'avait plus à s'en occuper, car on ne peut plus reprocher à Dieu d'avoir prévu le mal, puisqu'il a fait le meilleur choix. Quant à son concours moral au mal, il ne le veut pas, il le permet, ce qu'avait déjà dit Malebranche; de même, il n'a qu'une volonté générale et il n'existe qu'un miracle, celui de la création. Enfin Dieu le perfectionnera sans cesse dans l'avenir, ce qui le met hors de l'atteinte des pessimistes. Il deviendra encore meilleur que le meilleur possible. Plaignons-nous donc !

« Quand même la démonstration de Leibniz
« serait vraie, dit Schopenhauer, quand même
« on admettrait que, parmi les mondes possibles,
« celui-ci est toujours le meilleur, cette démon-
« stration ne donnerait encore qu'une théodicée.
« Car le Créateur n'a pas seulement créé le monde,
« mais aussi la possibilité elle-même; par consé-

« quent, il aurait dû rendre possible un monde
« meilleur [1]. »

Bayle n'eut pas seulement pour contradicteurs
ces deux grands philosophes. En 1702, parut un

---

1. *Schopenhauer. Pensées et fragments*, traduits par M. Bourdeau, p. 58. — *Voir* autre critique par M. Th.-Henri Martin, *la Vie future*, p. 316.

Dans son rapport, M. Nourrisson dit que le système proposé dans ce travail ne s'éloigne pas de celui de Leibniz. Il n'est pas identique, ni semblable, il est différent et même opposé. Les optimistes expliquent les imperfections du monde par des considérations d'une métaphysique indémontrable et improbable, une sorte de nécessité qui s'impose à Dieu de ne faire qu'un monde et un monde mauvais, quoique le meilleur possible. Ici, au contraire, les imperfections ne viennent plus de l'infirmité de la Toute-Puissance, mais elles sont choisies par Dieu afin de disposer le monde pour l'épreuve. Nous ne disons pas qu'il n'a pu les éviter, mais que, loin de les éviter, il les a cherchées et que toute sa peine a été de les trouver sans les créer. Il n'est pas besoin de se demander combien de mondes Dieu aurait pu faire et de quelle manière, questions téméraires qui supposent qu'il est resté les bras croisés toute l'éternité et a épuisé d'un coup son savoir. Nous n'allons pas, après avoir dit que l'infini est incompréhensible, professer que nous le connaissons à fond et tracer la limite du pouvoir du Tout-Puissant. Inutile de s'occuper des autres mondes, car nous ne sortons pas du nôtre, ni de ce qu'est la puissance et la liberté en Dieu, car nous ne mesurons que les nôtres. Nos preuves sont de celles dont nous nous servons tous les jours. Il nous suffit de savoir que nous sommes soumis à une épreuve : il n'y a rien d'étonnant à ce que nous sachions le but de notre existence ; c'est une de ces choses que Dieu ne peut pas nous laisser ignorer. Ce but de l'existence explique tout, notre existence, notre mission, notre monde. De même que le but du corps, la nourriture, explique nos organes et leurs objets, la chair des animaux et des végétaux, l'azote et le carbone, le but de l'âme, l'épreuve, explique tous les maux. Notre démonstration n'a rien de plus mystérieux. Nous confessons que la rédaction défectueuse avait induit en erreur nos excellents juges.

ouvrage remarquable sur l'origine du mal, dû à King, archevêque de Dublin : il critique aussi bien Leibniz que Bayle. Adoptant la doctrine de Duns Scot et de Descartes sur la liberté d'indifférence de Dieu, il établit qu'il n'a pas créé le monde pour sa gloire, mais pour communiquer sa bonté, que rien n'est bon en soi, mais le devient parce que Dieu le veut ainsi, et que le monde est bon tel qu'il est par cela seul que Dieu l'a choisi.

Ce n'est pas que le parricide soit mauvais en soi, mais il l'est devenu depuis que Dieu, à un certain moment, a décidé qu'il rangerait à sa gauche, parmi les boucs, les fils qui tueraient leur mère, du reste, sans aucun motif, et pas même parce que cela lui faisait plaisir, car le plaisir détruirait la liberté d'indifférence. C'est par le même défaut de motif que 2 et 2 font 4 : ils auraient pu aussi bien faire 5, et il n'est pas impossible qu'il existe une étoile où les trois angles d'un triangle valent trois droits.

King dresse ce qu'on a appelé depuis le bilan des biens et des maux ; avec habileté, il montre qu'on exagère la quantité du mal, et trouve pour résultat plus de bien que de mal.

Il nous semble qu'il a pris une peine inutile. Il n'avait qu'à dire que Dieu, voulant faire le meilleur des mondes, avait réglé que tout serait bien, même le mal, de même qu'il avait décidé que la piété filiale serait un bien et le parricide un mal.

Il n'en coûtait pas davantage ni à Dieu ni à King. Le mal physique ne peut avoir un autre sort que le mal moral : en tout il ne faut considérer que la volonté de Dieu et non des motifs que nous avons le tort d'imaginer, puisqu'ils sont incompatibles avec la liberté d'indifférence. Il ne faut donc pas écouter ceux qui souffrent du froid ou du feu. Manès avait mauvaise grâce de crier, pendant que Chosroës le faisait écorcher vif; mais il ne connaissait pas la liberté d'indifférence.

Dom Gaudin fit paraître, en 1704, un livre intitulé : *De la distinction du bien et du mal*, où il démontre que l'existence des deux principes des Manichéens est impossible.

Jacquelot insista sur ce que la liberté est une qualité, une condition de perfection, qui suppose la faculté d'en abuser : c'était en effet attaquer Bayle par son point le plus faible.

Enfin de la Placette publia, en 1707, une *Réponse à deux objections de M. Bayle*. S'apercevant que celui-ci s'appuyait toujours sur ce que Dieu n'avait pu créer le monde pour sa gloire, mais seulement déterminé par sa bonté, ce q l'obligeait à rendre l'homme heureux, il lui retira ce fondement de toute son argumentation en lui demandant comment il avait pénétré le dessein de Dieu. Puisqu'on ignore son but, de quel droit le critique-t-on ?

Bayle mourut en 1706 et ne put connaître cette réponse tardive. Sa mort mit fin à la dispute la plus mémorable et la plus féconde pour la philosophie [1].

Nous revenons en arrière, pour ne pas omettre Spinoza, dont le système mérite une place à part, attendu qu'il présente une analogie surprenante avec ceux des pessimistes contemporains et que toutefois il est optimiste. Voici ces ressemblances. La substance est la chose en soi, ce qui est conçu par soi, comme la Volonté de Schopenhauer. La nature naturante et la nature naturée équivalent au monde comme volonté et au monde comme représentation. La première n'admet pas non plus l'entendement. Le Dieu sans idée, sans conscience, correspond à la Volonté de Schopenhauer, à l'Inconscient de M. de Hartmann. La doctrine de la liberté est la même. Le monde est aussi le résultat du développement nécessaire de la nature divine. Le désir de persévérer dans l'être est la même chose que le vouloir-vivre. Enfin l'immortalité sans mémoire, sans conscience d'utilité personnelle, est précisément celle dont parle Schopenhauer et ne vaut pas mieux que son nirvâna ou que l'anéantissement final de M. de Hartmann. Et cependant, avec les mêmes principes, Spinoza est opti-

---

[1]. Au xii° siècle, la querelle de l'abbé Rupert et de Guillaume de Champeaux et Anselme de Laon, sur la manière dont la volonté de Dieu permet le mal, ne manque pas d'intérêt.

miste : les imperfections ne sont pas réelles : nous n'en trouvons que parce que nous jugeons les choses d'après leur utilité pour nous : l'ordre du monde vient de l'unité de la substance. — L'unité de la substance, d'après les pessimistes, n'empêche pas un désordre pire que le néant!

7. — Le xviiie siècle appartient à l'optimisme ; c'est son âge de foi : on croit, on ne discute pas. Mais c'est un optimisme nouveau [1]. On n'a plus besoin du ciel pour compenser les maux de la terre : il est plutôt embarrassant. On le ferme, on ne le regarde plus. Il n'y a plus que la terre, mais elle est fort agréable. Le mal véritable est de ne l'avoir pas compris. Il ne s'agit plus de concilier Dieu et le péché, mais l'honnêteté et le plaisir. Voltaire adresse les premiers coups à la superstition. Que de cœurs sont déjà soulagés ! Voltaire, qui raille le meilleur des mondes possibles, est le plus grand des optimistes, et il croit déjà tenir ce meilleur des mondes. Il y aura toujours une élite polie et spirituelle, des gentilshommes de la chambre, des valets soumis, un bon peuple laborieux et satisfait. J.-J. Rousseau observe que l'homme, né bon, a été corrompu par la société, c'est-à-dire par les autres

---

1. Du reste, le monde devient tout à coup exécrable lorsqu'il s'agit de perdre de réputation son auteur. M. St-Marc Girardin s'est moqué du procédé naïf : « J'ai mal aux dents. Donc Dieu n'existe pas. »

hommes non moins bons[1]. Les économistes partisans du laissez-faire et du laissez-passer, remarquent que tout irait bien, mais que l'état a tout gâté. Il y aura quelque chose à faire aussi de ce côté, des comptes à demander à la religion, à la société et à l'état. La multitude entre dans le courant de l'optimisme, demande sa part de la félicité terrestre. Rien n'est plus juste. Les âmes débordent de sensibilité. Celui qui n'a pas vécu en cet heureux temps n'a pas connu la douceur de vivre.

Nous touchons au meilleur des mondes ; il n'y a plus qu'à allonger la main.

Cependant la Révolution mène rapidement les choses. Des difficultés inattendues se multiplient. Mais aux mécomptes dans le présent on oppose des rêves d'une félicité croissante dans l'avenir. Condorcet avait eu la vision de la Jérusalem terrestre, du progrès indéfini. On va jusqu'à prophétiser la résurrection des morts qui se rassoiront au banquet de la vie, où il n'y a déjà pas assez de place pour les vivants. Toutefois, au préalable, la révolution et la guerre font périr quelque million d'hommes, et il faut convenir même que, jusqu'à l'heure présente, l'optimisme et la révolution n'ont pas mis

---

[1]. Le xviiiᵉ siècle offre quelques épisodes sur lesquels nous ne nous arrêterons pas, le Poëme sur le désastre de Lisbonne et la Lettre sur la Providence, la discussion de Mérian et de Beguerlin sur le mal et la bonté divine, le système de Billinger, De origine et permissione mali, etc.

un plat de plus sur la nappe salie ; ils n'ont fait qu'appeler des convives plus nombreux qui se disputent, s'étouffent et finiront par renverser la table.

Aucun philosophe ne mérite d'être signalé pour ses démonstrations, dans le nouvel optimisme, et, en dehors de cette opinion dominante, peu sont à mentionner.

Maupertuis est pessimiste et fait sa balance.

On voit plus de statisticiens des biens et des maux, concluant unanimement en faveur des premiers, tels que Sherlok, Hartley, Fergusson, tous anglais. Hartley fait une application ingénieuse de son association des idées : le plaisir et la peine associés ne laissent subsister qu'une différence : le résultat de la soustraction est du plaisir qui l'emporte par le nombre [1].

« Balancez, dit Fergusson, la somme des peines
« et des plaisirs destinés aux mortels ; c'est grand
« hasard si vous ne trouvez pas que la peine, par
« son intensité, par sa fréquence et sa durée, l'emporte de beaucoup. Cette activité, cet empressement avec lequel nous précipitons nos jours, l'éloignement que nous sentons pour recommencer
« la carrière que nous avons fournie, l'aversion du
« vieillard pour les passetemps de la jeunesse, et

[1]. Ceux qui aiment la précision apprendront avec plaisir que, d'après les calculs de Tucker, notre somme totale de souffrance équivaut à une minute de peine tous les 22 ans. (*Lumière de la nature.*)

« du jeune homme pour les jeux de l'enfance, ne
« sont-ce pas autant de preuves que le souvenir du
« passé et le sentiment du présent sont également
« des sujets de mécontentement et de déplaisir?
« Cette conclusion cependant ne s'accorde pas du
« tout avec l'expérience. Parcourez nos villes et nos
« campagnes : le plus grand nombre des gens que
« vous rencontrerez vous offriront l'aspect de la joie
« ou d'une heureuse incurie, du calme ou de l'em-
« pressement et de l'activité... Ceux mêmes qui s'oc-
« cupent à nous tracer le tableau des misères humai-
« nes oublient leurs peines en les écrivant, et trou-
« vent une sorte de charme à prouver que l'homme
« est un être infortuné. — Les termes de plaisir et
« de peine sont peut-être équivoques ; mais si on les
« restreint, comme il arrive dans l'usage ordinaire,
« aux seules sensations qui ont rapport aux objets
« extérieurs, soit par le souvenir du passé, soit par
« le sentiment du présent, ou la prévoyance de l'a-
« venir, c'est une grande erreur d'imaginer que ces
« mots renferment tout ce qui constitue le bonheur
« ou le malheur, ou que le contentement de la vie
« commune soit l'effet de ces plaisirs qui ont leurs
« noms particuliers, et qui, à l'aide de la réflexion,
« occupent dans la mémoire une place distincte.
« La plus grande partie de notre existence est em-
« ployée à agir, et non à réfléchir sur nos sensa-
« tions... Si nous pouvons être heureux ou malheu-

« reux, indépendamment de toutes ces sensations,
« auxquelles nous donnons les noms de jouissance
« ou de douleur, si ce que nous appelons plaisir ou
« peine n'occupe qu'une très petite portion de notre
« vie, en comparaison de celle qui se passe à in-
« venter, à exécuter, à poursuivre, attendre, diri-
« ger, réfléchir, et à toutes les fonctions de la société,
« il faut en conclure que les objets d'activité, au
« moins en raison de la place qu'ils tiennent, méri-
« tent la plus grande partie de notre attention [1]. »

Examinant les causes du déclin des nations, Fergusson trouve que le progrès est indépendant de la prospérité, des succès, qu'il tient à l'activité, au courage, quoiqu'ils amènent des revers momentanés. Cette théorie est fort noble : elle se rapproche de la vérité qui est que le but de la vie, but plus rude que l'activité, est l'épreuve ; c'est elle qui grandit l'homme, et elle lui est plus utile que l'accroissement des soi-disant bienfaits de la civilisation. Fergusson est loin de notre eudémonisme, qui ne trouve d'autre moyen d'augmenter la jouissance, que de diminuer l'effort. Smith était bien possédé de l'esprit de son siècle, car tout en disant que la douleur est plus vive que le plaisir, il tient pour l'optimisme. La foi s'en ira : on verra Bentham optimiste pour la société, pessimiste pour l'indivi-

[1]. Fergusson, *Essai sur l'histoire de la Société civile*, Ire partie, ch. VII.

du, et Owen optimiste pour l'individu, pessimiste pour la société.

Euler est un retardataire qui se préoccupe encore de la bonté de Dieu. La liberté est cause du mal moral. N'aurait-il pas mieux valu que Dieu ne créât pas les esprits qui devaient faire le mal? La réponse est faible. Ces esprits n'avaient qu'à ne pas faire le mal : leur exemple contribue à affermir les autres dans le bien. Il fallait peupler les planètes et faire toutes les existences possibles, même celles des méchants.

Mais ceci est vrai et suffisant : « C'est à la ver-
« tu que nous devons tâcher de parvenir dans
« cette vie, dans laquelle nous n'existons que
« pour nous préparer à nous rendre dignes de
« participer au bonheur souverain et éternel. De
« là nous devons juger tout autrement des événe-
« ments qui nous arrivent dans cette vie. Ce n'est
« pas la possession des biens de ce monde qui
« nous rend heureux ; c'est plutôt une situation
« telle qu'elle nous conduise efficacement à la vertu.
« Si la prospérité était un moyen sûr pour nous
« rendre vertueux, alors on pourrait se plaindre
« des adversités; mais ce sont plutôt les adversités
« qui peuvent nous affermir dans la vertu, et, à cet
« égard, toutes les plaintes des hommes sur les maux
« physiques de cette vie sont aussi détruites [1]. »

[1]. Édition Em. Saisset, II, p. 384.

Robinet a vu, entre le bien et le mal, une loi de pondération analogue à ce que nous appelons l'équibre des forces physiques. Les compensations d'Azaïs en sont une application.

8. — Au commencement de notre siècle, la philosophie est encore optimiste. Kant et ses successeurs, Fichte, Schelling, Hégel, sont pleins de confiance. Cependant on sent le malaise du vide. La poésie, plus impressionnable, est nerveuse, triste, et se prend à pleurer. L'Optimisme en arrive aux excès des Saint-Simoniens et à l'extravagance des Fouriéristes.

L'exagération dénonce le moment où la réaction va se produire.

Léopardi et Schopenhauer avaient élevé la voix, mais elle n'était pas encore écoutée.

Léopardi (1798-1837), érudit et poète, est pessimiste systématiquement, mais sans système : on ne connait pas sa théorie, mais seulement ses plaintes ; l'infirmité a pesé sur lui, et il n'a pas eu la force de la porter. Il a connu les douceurs de l'amitié, mais non celles de l'amour : il s'en plaint sans cesse, et se plait à le rapprocher de la mort. Cependant l'amour est la vie et même mieux : il la donne.

Il a laissé des poésies, des dialogues : ses éditeurs y ont joint des pensées chagrines et assez superficielles.

Les dialogues sont ingénieux, avec de l'esprit, mais un peu naïf, ce qui est fâcheux pour l'esprit. Dans le dialogue d'Hercule et d'Atlas, le fils de Jupiter vient proposer à Atlas de porter la terre pour soulager ses épaules. Celui-ci, touché de cette politesse, le remercie et répond que la terre est devenue si légère qu'il sent plutôt l'ennui que la fatigue. Pour se distraire, ils jouent à la balle avec le globe terrestre ; il tombe : est-il brisé? Non. On n'entend même pas de plaintes. Là dessus Hercule fait cette réflexion : « Horace a dit que le « monde tomberait sans troubler l'homme juste ; « il est probable, puisqu'ils ne se plaignent pas, « que tous les hommes sont devenus justes. »

Dans le pari de Prométhée, celui-ci va visiter les hommes qui lui ont tant d'obligations. Il trouve tout au pis. En Océanie, un père anthropophage mange ses enfants. (Il devait pourtant bien savoir que, de son temps, Saturne n'en faisait pas d'autre.) Dans l'Inde, une veuve du Malabar périt sur le bûcher de son époux. (Assurément Prométhée avait droit de trouver mauvais qu'on employât le feu qu'il avait ravi à un si détestable usage.) En Europe, un père vient de se couper la gorge après avoir tué ses deux enfants. (Nous ne connaissions pas cette coutume.)

Dans le dialogue célèbre du Passant et du Marchand d'almanachs, celui-ci, qui annonce une

année heureuse, est forcé de convenir qu'il ne
voudrait pas recommencer sa vie passée. Que tout
le monde tienne ce langage, il en résultera que la
vie est mauvaise. — Mais tout le monde le tient-
il [1] ? D'ailleurs, recommencer la même vie serait
une autre situation que celle que nous connaissons
aux hommes. On ne recommencerait pas le tirage
d'une loterie, sachant que les mêmes numéros doivent sortir : ce n'est pas peu que d'ôter l'imprévu.

Nous préférons notre poète Alfred de Musset,
qui n'a pas eu la gloire d'être pessimiste, qui n'a
été que sceptique, c'est-à-dire allant de l'un à
l'autre, sans savoir à quoi s'en tenir. Il a bien vu
la question, si bien même qu'il ne peut s'en prendre qu'à lui s'il ne l'a pas résolue. Peut-être est-ce
la même cause qui a fermé les yeux au chaste
Léopardi et à Alfred de Musset, qui ne l'a pas été,
l'amour dont ils se plaignent tant.

> O toi, que nul n'a pu connaître
> Et n'a renié sans mentir,
> Réponds-moi, toi qui m'as fait naître,
> Et demain me feras mourir.
>
> Puisque tu te laisses comprendre,
> Pourquoi fais-tu douter de toi ?

---

[1]. Mécénas fut un galant homme.
Il a dit quelque part : Qu'on me rende impotent,
Cul-de-jatte, goutteux, manchot, pourvu qu'en somme
Je vive, c'est assez, je suis plus que content.
Ne viens jamais, ô Mort ! on t'en dit tout autant.

(La Fontaine, *La Mort et le Malheureux*.)

Quel triste plaisir peux-tu prendre
A tenter notre bonne foi ?

Pourquoi donc, ô Maître suprême,
As-tu créé le mal si grand
Que la raison, la vertu même
S'épouvantent en le voyant ?...

Pourquoi, dans ton œuvre céleste,
Tant d'éléments si peu d'accord ?
A quoi bon le crime et la peste ?
O Dieu juste, pourquoi la mort ?

Ta pitié dut être profonde,
Lorsqu'avec ses biens et ses maux
Cet admirable et pauvre monde
Sortit en pleurant du chaos.

Pourquoi laisser notre misère
Rêver et deviner un Dieu ?
Le doute a désolé la terre ;
Nous en voyons trop ou trop peu...

Où sont-ils ces faiseurs de systèmes,
Qui savent, sans la foi, trouver la vérité,
Sophistes impuissants qui ne croient qu'en eux-mêmes ?
Quels sont leurs arguments et leur autorité ?
L'un me montre ici-bas deux principes en guerre,
Qui, vaincus tour à tour, sont tous deux immortels ;
L'autre découvre au loin, dans le ciel solitaire,
Un inutile Dieu qui ne veut pas d'autels...
Pour le sophiste anglais, l'homme est une machine ;
Enfin sort des brouillards un rhéteur allemand,
Qui, du philosophisme achevant la ruine,
Déclare le ciel vide et conclut au néant.
     (*L'espoir en Dieu*. — Février 1838.)

9. — La vie de Schopenhauer nous est bien con-

nue, grâce non seulement à ses *évangélistes*, mais surtout à lui, car il n'a pris aucune précaution pour cacher ses actes et enfermer ses pensées : personne n'a été plus mécontent des autres ni plus satisfait de lui. Il est né, en 1788, à Dantzig. Son père était un négociant riche, instruit, passionné pour les arts, d'un caractère bizarre, qui, parait-il, se serait suicidé en 1806. Sa mère avait une intelligence très vive, du goût, de l'esprit, beaucoup de charme. Éprise de la liberté, apprenant que Frédéric-Guillaume II offrait son alliance à la Pologne, à la condition qu'elle lui abandonnerait Dantzig, désolée de ce que sa ville natale allait perdre ses franchises, elle entraîna son mari dans un voyage à travers l'Europe, qui dura deux ans. A son retour, elle trouva conclu le marché qui cédait la ville libre à la Prusse : en vingt-quatre heures, elle fait ses préparatifs de départ et quitte Dantzig, avant d'y avoir vu entrer le premier soldat prussien. Après de nombreux voyages, elle se fixa à Weimar, au moment où les vainqueurs d'Iéna l'occupaient ; sa décision, son adresse tirèrent de difficulté plus d'un des illustres hôtes de cette ville : sa maison servit d'asile, et son salon retint les savants et les artistes. Gœthe ne fut pas le moins empressé. Après avoir longtemps joui de leurs hommages, elle quitta Weimar, dont le climat altérait sa santé : elle y fut rappelée par le grand-duc. Elle a écrit la vie de Fernon, grammairien, archéologue et critique, des relations de voyage en France, en Savoie, en Belgique, et des romans. Ces ouvrages ont été réunis en 24 volumes in-8. Elle parlait quatre langues. Elle excellait à saisir le ridicule et à manier l'ironie.

Schopenhauer ne s'entendit pas avec sa mère, prit sa liberté, et en usa pour étudier les sciences, les langues, et acquérir un savoir encyclopédique. Les revers de l'Allemagne le laissèrent très froid. Pour lui, le patriotisme est la vertu des sots.

En 1813, il passa sa thèse de doctorat : elle avait pour titre : *De la quadruple racine du principe de la raison suffisante*. « Ho ! dit sa mère, c'est donc un livre pour les apothicaires : » Il publia en 1819 son œuvre capitale : *Le monde comme volonté et comme représentation*. Tous les exemplaires restent chez le libraire. Entre deux voyages en Italie, il annonce qu'il ouvre un cours à Berlin ; personne ne se présente. Le choléra visite Berlin en 1831 : pris de peur, Schopenhauer s'enfuit à Francfort, qu'il n'a plus quitté. En 1839, la Société Royale des sciences de Norvège donne le prix à son *Essai sur le libre arbitre*, dans lequel il le nie. C'est le commencement de sa gloire tardive qu'il savourera avec délices. Il est moins heureux, l'année suivante, dans un autre concours ouvert par la Société Royale de Danemark, qui lui reproche d'avoir traité irrévérencieusement les grands philosophes allemands. Cet insuccès irrite Schopenhauer ; il redouble d'injures contre les *summos philosophos*, et les professeurs de philosophie qu'il accuse d'avoir organisé contre lui la conspiration du silence.

Une deuxième édition de son grand ouvrage, augmenté d'un second volume, paraît en 1844, vingt-cinq ans après la première. En 1851, il publie, sous ce titre : *Parerga und paralipomena*, un livre qui peut être considéré comme un troisième volume. Du reste tout ce qu'il a écrit, en y comprenant son *Essai sur le libre-arbitre*, et le *Fondement de la morale*, se rattache à la même pensée, cristallise autour de la même tige métallique rigide.

En 1860, il meurt subitement.

Il est difficile de trouver une vie aussi dénuée d'événements. M. Challemel-Lacour observe que la doctrine est inséparable du caractère, et qu'elle ne peut être expliquée que par une critique psychologique[1]. On est réduit à de très petits faits pour éclaircir le caractère de « ce jeune homme difficile « à connaître », disait Gœthe, mais ils abondent.

Il n'a eu aucun chagrin, car on ne peut considérer comme une traverse de son existence un

---

[1]. *Revue des Deux-Mondes* du 15 mars 1870. — Un Bouddhiste contemporain.

procès pour coups et blessures avec une vieille fille, sa voisine. Gwinner, dans sa *Biographie de Schopenhauer*, donne une place convenable, vingt-cinq pages, à ce seul épisode de la bataille pour la vie dans lequel son héros ait donné de sa personne. L'insuccès de son ouvrage n'a pu expliquer son pessimisme, puisqu'il est exposé précisément dans ce livre. Il n'a connu que deux émotions, le choléra et l'émeute : il a envoyé sa grande lorgnette d'opéra à un officier du régiment de Bohême, pour diriger le feu sur la « canaille « souveraine » qui élevait des barricades dans les rues de Francfort, en 1848.

Une grande fortune lui avait donné le loisir et le moyen de se livrer à son goût pour l'étude et les arts. Fichte l'a traité à tort d'hypocondriaque : il ne détestait nullement le monde et les plaisirs. Il se mettait au-dessus de la loi qu'il avait faite, de l'ascétisme et de la continence. « C'est une « rareté digne d'attention qu'un philosophe con- « temporain, auteur d'une doctrine étrange et pro- « fonde, qui conforme sa vie à sa doctrine, qui, « par exemple, est resté célibataire par *principe* « *métaphysique*, » dit M. Challemel-Lacour. Schopenhauer ne s'est pas marié par principe métaphysique, soit, mais pas par principe moral, car il a eu un enfant naturel.

Il s'était composé une vie des plus agréables,

partagée entre l'étude, la musique, le spectacle
et les petits soins (il portait son verre à la table
d'hôte). La gloire l'enivrait; il en jouissait sans
retenue, racontait, dans ses lettres, ses succès,
les hommages, les flatteries, les cérémonies du
« culte malsain » qui commençaient par un grossier encens : « R... m'a baisé la main: c'est là une
« cérémonie à laquelle je ne puis m'habituer, et qui
« fait partie sans doute de ma dignité impériale...
« —Hornstein me témoigne un respect exagéré : il
« se lève de table pour aller chercher mon garçon
« d'hôtel favori... — Le docteur K... entre, me re-
« garde fixement, si bien que je commençais à avoir
« peur, et il se met à crier: « Je veux vous voir! il
« faut que je vous voie! je viens pour vous voir! »
« Ma philosophie, dit-il, lui a rendu la vie. C'est
« charmant!... —Aujourd'hui l'on a fait de moi une
« photographie qui me rajeunit de vingt ans; mon
« front et mon nez sont rendus avec une perfection
« qui ne sera jamais surpassée : cela est inappré-
« ciable. — Le conseiller secret Kruger veut me
« faire peindre par le peintre Hammel. Je ne puis
« m'y soustraire, afin d'obliger la postérité... —
« Mon portrait, peint par Lunteschütz, est terminé
« et il est vendu. Wiesike s'est rencontré à temps :
« il l'a payé 250 florins. Mais ce qu'il y a d'inouï,
« c'est qu'il m'a dit très sérieusement qu'il voulait
« construire une maison pour y suspendre ce por-

« trait ! Ce serait la première chapelle élevée
« en mon honneur.

« Et que ne dira-t-on pas de moi en l'an 2100[1] ? »

Schopenhauer n'a eu qu'un amour, l'amour de lui-même, mais beaucoup de haine ; il haïssait Dieu, les femmes, en commençant par sa mère, et les professeurs de philosophie par-dessus tout, puis les hommes, et en particulier les Allemands[2], les religions, et notamment la religion juive, et enfin le reste.

Ces détails doivent suffire, mais ils ne sont pas déplacés. La connaissance du caractère de Schopenhauer, a-t-on dit, n'est pas inutile pour expliquer sa philosophie ; resterait à expliquer le caractère de cet homme *difficile à connaître*, énigme pour Gœthe. On serait peut-être plus près de la vérité en expliquant non seulement sa philosophie par son caractère, mais encore celui-ci par celle-là. Il s'est passionné pour ses horribles visions, s'est habitué à visiter cet autre monde, s'est plu à en peindre des tableaux à faire frissonner, non sans y croire.

Nous ne partageons pas l'avis de ceux qui préten-

---

1. *Pensées* de Schopenhauer. Fragments de correspondance.
2. « En prévision de ma mort, je fais cette confession que je « méprise la nation allemande, à cause de sa bêtise infinie, et que « je rougis de lui appartenir. » *Pensées* de Schopenhauer, p. 225. Il ne traite pas mieux les Français. « Les autres parties du monde « ont des singes ; l'Europe a des Français. Cela se compense. » *Idem*, p. 223.

dent que Schopenhauer n'a imaginé un système monstrueux auquel il ne croyait pas que pour épouvanter le public, jouir de la crédulité des philosophes, *philosophorum gens credula*, et rire lui seul de sa mystification [1].

Quand on trompe les hommes pendant une vie entière, c'est qu'on se trompe soi-même en même temps. En somme, le plus facile à abuser de nous et des autres, c'est encore nous.

La sensibilité (on a essayé d'expliquer par elle son caractère) nous paraît la moindre de ses qualités. Elle n'a pas été en état de faire équilibre à l'intelligence. Il a cherché deux grands plaisirs, celui de mépriser et celui d'étonner. Il a dédaigné toutes les satisfactions, encore plus les bonnes que les mauvaises, et il s'est donné la joie de les

[1]. « Le plus curieux, c'est que Schopenhauer lui-même était un « poseur. Il n'était nullement pessimiste : je l'ai connu person-« nellement. Je n'ai jamais connu un compagnon plus gai... Tous « les jours, du champagne, et d'une gaieté folle... Ce drôle de « philosophe ne connaissait pas la Bible. Il n'avait lu que les « Védas. Il se moquait aussi bien de la Volonté que de l'Impéra-« tif de Kant. Et moi donc !... » — Alexandre Weil. *Paris-Mensonge*, nº d'avril 1886. — A rapprocher de l'article cité de M. Challemel-Lacour, qui a vu aussi le philosophe à la table de l'hôtel d'Angleterre. « Ses paroles lentes et monotones, qui « m'arrivaient à travers le bruit des verres et des éclats de gaieté « de nos voisins, me causaient une sorte de malaise, comme si « j'eusse senti passer sur moi un souffle glacé à travers la porte « entrouverte du néant.. Je le quittai fort tard, et il me sembla-« longtemps après l'avoir quitté, être ballotté sur une mer hou-« leuse, sillonnée d'horribles courants... » — Qui sait si les deux portraits ne sont pas ressemblants! Schopenhauer s'est amusé avec M. Alex. Weill, et s'est amusé de M. Challemel-Lacour.

prendre dans la main des hommes qui en jouissaient naïvement, et de les couvrir de son mépris, en riant de leur stupéfaction. Il y a une jouissance supérieure aux jouissances, c'est de les refuser ; mais il est déraisonnable d'abandonner ces biens inférieurs si ce n'est pour un Bien supérieur, et ridicule de les repousser parce qu'on ne les comprend pas : l'envie arrive à rabaisser ce qu'elle renonce à atteindre. Le désintéressement de Schopenhauer n'a pas été universel, car, en ce qui concerne l'amour-propre, il a laissé voir son avidité sans la moindre précaution. D'autre part, il n'a pas connu le Bien supérieur : il a passé 72 ans sur la terre, sans se douter de ce qu'est le Bien, l'Amour. A-t-il compris, n'a-t-il pas compris ce qu'il méprisait ? Voilà la question.

10. — Voici les lignes principales, les grandes masses du système esquissées en quelques traits [1].

« Le monde est ma représentation. » En d'autres termes, il n'existe pas : ni ciel ni terre, ni arbres ni montagnes, ni hommes ni animaux. Tout ce que nous croyons voir, entendre, n'a d'existence que dans notre esprit. Lorsqu'un homme s'endort, le monde ne cesse pas d'être perçu : il cesse d'être. « Il n'existe que dans ces sphères qui sont « nos cerveaux, grosses comme des fruits de belle

---

1. Nous rappelons que l'analyse des systèmes de Schopenhauer et de M. de Hartmann est reportée à l'appendice.

« taille, et il périrait si ces gros fruits ne se repro-
« duisaient à foison comme des champignons. »

Qu'est-ce qui existe donc? C'est la Volonté : elle est la chose en soi.

Le monde n'existe qu'en nous : ses phénomènes, ce sont nos sensations ; ses lois, ce sont nos idées. Qui les produit? La Volonté. Elle est la cause unique, l'unité du monde, le fond universel, la réalité.

Cette expression *volonté* est prise dans un sens large : c'est le nom de l'espèce la plus élevée appliquée à tout le genre. Elle comprend la force, mais ce concept de force est ramené à celui de volonté qui nous est mieux connu par la conscience, et en conséquence est choisi comme le type.

La chose en soi n'est pas l'Intelligence : c'est un point essentiel du système. L'Intelligence n'est qu'un phénomène de la Volonté.

Au-dessus de l'Intelligence est la Sensibilité : c'est par cette dernière que la Volonté se révèle à nous : elle est sentie, non comprise.

La Volonté est universelle, indestructible : l'Intelligence est partielle, successive : aussitôt formée, la pensée se détruit, s'oublie. La Volonté est au-dessus de l'individualité, de la causalité, car elle est le tout, elle est la cause sans cause. L'Intelligence, avec les formes subjectives de l'esprit, le temps et l'espace, façonne l'individualité, les relations de cause à effet. La Volonté ne cause véritablement pas ; elle s'objective : ainsi notre corps est la volonté objectivée : ils sont donc identiques : nous les séparons par la faute de l'Intelligence qui connaît le corps, pendant que nous sentons la Volonté.

La Volonté est impersonnelle, sans but, sans conscience, sans liberté, fatale : il n'y a pas de différence entre la volonté et la force aveugle, entre le vouloir et le mouvement. La Volonté a la manie de s'objectiver, de produire des êtres : l'univers est son œuvre. La tendance du minéral, l'instinct du végétal, l'intelligence de l'animal sont de la Volonté. Les premières objectivations sont les Idées, les types des espèces.

La chose en soi, l'âme du monde, la Volonté, a précédé l'Intelligence, qui n'est qu'un accident malheureux de son histoire. Puisque la Volonté ne pense pas, elle ne se trompe pas. C'est l'Inteligence qui se trompe : c'est elle qui est coupable d'avoir fait ce misérable monde, en prêtant ses lumières à la Volonté, qui n'a rien à se reprocher, puisqu'elle ignore ce qu'elle fait.

Le monde n'existe que dans l'esprit, par l'Intelligence. Or, il est mauvais. La libération ne s'obtiendra que par l'anéantissement du monde.

La Volonté est absurde. Son vouloir l'entraîne

à s'objectiver, à produire un monde qui ne peut être que détestable, absurde comme elle. Le mal consiste à vouloir vivre. Vouloir est un effort né d'un besoin. Non satisfait, il cause de la douleur; satisfait, il engendre un nouveau besoin, et ainsi de suite. Donc vouloir, c'est souffrir, et comme vivre, c'est vouloir, toute vie est douleur. Toute satisfaction n'est que la suppression d'une douleur. La douleur est seule positive. Sans l'Intelligence, la Volonté ne réussirait ni à produire le monde ni à le détruire. L'Intelligence, qui s'est faite jusqu'ici sa complice, doit apprendre que la vie est mauvaise, et être engagée à tenir tête à la Volonté, à ruiner ses efforts, à nous faire repasser du monde actuel ou Sansâra, à l'anéantissement du monde ou Nirvâna.

Le premier affranchissement de l'intelligence est l'Art. L'Art est désintéressé : il fait oublier le désir de vivre, l'individualité, dans la contemplation de l'idéal ou des Idées Types.

L'égoïsme est la tendance à conserver la vie individuelle : l'individu, en affirmant sa volonté, nie celle des autres ; d'où l'égoïsme et l'injustice : celle-ci est positive : la justice n'est que négative, car s'il n'y avait pas au préalable d'injustice, il n'y aurait pas de justice. Trois moyens sont proposés pour vaincre l'égoïsme : la Pitié (mitleid), qui nous fait croire que tous les hommes ne sont qu'un, le Renoncement ou l'Ascétisme, enfin le Quiétisme.

Le second moyen est héroïque : il consiste à supprimer l'espèce humaine par une chasteté absolue. « La nature, toujours véridique et naïve, « atteste que si ce précepte devenait universel, la « race humaine s'éteindrait, et, d'après ce que j'ai « dit sur l'enchaînement des phénomènes de la vo- « lonté, je crois pouvoir admettre qu'avec sa ma- « nifestation la plus éclatante, disparaîtrait aussi « son reflet plus pâle, les animaux, ainsi qu'avec « la lumière du soleil s'éteignent les demi-teintes. « Or, la connaissance s'évanouissant totalement, « tout le reste du monde s'évanouirait de soi, car, « sans sujet, il n'est plus d'objet [1]. »

L'on n'a pas de peine à croire que si le précepte devenait universel, l'espèce humaine s'éteindrait, mais on aura peut-être plus de peine à lui persuader de le pratiquer : aussi Schopenhauer fait-il une guerre furieuse à la femme, qui est l'instrument de l'Intelligence pour maintenir la vie.

L'attrait de Schopenhauer est son originalité comme philosophe et surtout comme écrivain : aussi l'on n'a pas manqué de la lui contester et de l'accuser de plagiat. Il faut le justifier, car il convient d'être juste même envers un philosophe qui

1. *Le monde comme volonté et comme représentation*, traduction Cantacuzène, I, p. 609.

prétend que la justice est négative. On lui reproche d'avoir pillé Chamfort et beaucoup d'au'res. N'en a-t-on pas dit autant des plus illustres philosophes ? Bacon aurait mis à contribution Roger Bacon. Hume et Kant auraient emprunté leurs objections à Ænésidème, Spinoza sa méthode géométrique à Alain de Lille, Leibniz son optimisme à Abeilard, enfin la moitié des philosophes aurait vécu aux dépens de l'autre.

Nous nous engagerions à montrer que Schopenhauer n'a rien dit qui n'ait été dit. Dans le Phédon, la réflexion de Socrate, lorsqu'il se frotte les jambes délivrées de leurs fers, a pu suggérer au philosophe pessimiste la théorie de la douleur. Mais, bien plus, nous la trouvons très nettement proposée dans un petit livre de Scaliger (*Problemata Gelliana*. Amsterdam, 1643, problema LXIV) : « Utrum si sustuleris dolorem, voluptas extinguetur ? » Schopenhauer l'a-t-il lu ? Dans ce cas, il y aurait trouvé aussi une autre question, à savoir : si la justice ou l'injustice est seule positive. « Quid vero insulsius quam dicere : nisi injuriæ essent, sensus justitiæ esse non potest. » Enfin il aura pu voir cet autre problème : « Quamobrem fœmineus sexus maximo obvius est calumniis ? » avec cette explication qu'il n'a pas adoptée : « Quin et ipse (homo) imperfectus est, sed judex suus est, suamque causam agit » (p. 326).

Athénée a conservé ce fragment du poète comique Timoclès : « Mon ami, écoute bien ce que « j'ai à te dire. L'homme est un être dont la vie est « condamnée par la nature à la souffrance et est « sujette à toute espèce de maux : il a donc dû « chercher et il a trouvé des moyens de se consoler. L'âme oublie ses douleurs propres, quand, « par une sorte d'enchantement magique, elle est « comme fascinée par les douleurs d'autrui ; elle « sort de cette participation sympathique à la fois « charmée et meilleure. » N'est-ce pas la théorie de la pitié ?

On sait que les Manichéens condamnaient le mariage, parce qu'il ne faisait que perpétuer la captivité des âmes.

A quoi bon poursuivre ? Si Schopenhauer a pris quelque chose, il l'a si bien transformé qu'on ne le reconnaît plus. Il lui appartient légitimement par ce qu'on appelle en droit civil le droit d'accession. Un de nos grands écrivains ne se faisait pas de scrupule de prendre son bien où il le trouvait. Schopenhauer en a fait autant pour le mal.

Le système entier ne se prête pas à un examen philosophique : la plus grande partie est du domaine de la fantaisie : c'est la plus intéressante. Schopenhauer est un remarquable écrivain. Par le mélange des émotions pessimistes, la crainte, la pitié, φόβος καί ἔλεος, et le mépris, il obtient des effets saisissants. Il convoque la sainteté, la douleur ; on entend une voix grave de prédicateur qui amène sur les bords des abîmes qui effraient la pensée, et soudain le ricanement du pessimiste qui glace d'effroi : on croit être précipité.

Voilà les qualités qu'on ne peut refuser à Schopenhauer. En ce qui concerne sa philosophie, nous ne sommes pas disposé à la louer. Les principales théories pessimistes seront examinées plus loin. Nous nous bornons ici à protester contre des erreurs qui, dans la bouche du philosophe, deviennent des injures à la vérité [1].

11. — M. de Hartmann n'appartient pas à l'histoire. Tout ce qu'on peut dire de lui, puisqu'il nous a conviés à contempler sa félicité au sein de sa famille, c'est que ses malheurs ou son caractère n'expliquent pas son pessimisme. Dans de nombreuses publications, il a abordé tous les sujets, depuis l'histoire de son propre développement jusqu'à celui de la nature, le darwinisme et la religion de l'avenir. Plus heureux que Schopenhauer, dont il balance la réputation, il a obtenu tout jeune un succès immense. *La philosophie de l'Inconscient*, publiée en 1869, a remué tous les

---

1. Le mérite de Schopenhauer comme physicien et physiologiste est reconnu. A ce point de vue, il a été étudié par M. Janet, *Revue des Deux-Mondes*, 15 mars, 15 juin 1877.

esprits en Allemagne. M. Nolen, qui l'a traduit, vante la prodigieuse érudition, non moins que le style de l'auteur. Il avait 27 ans. Cette érudition si précoce a été vivement contestée, pour les sciences naturelles. Quant à l'admiration des agréments de son style et au succès de sa philosophie, c'est un secret de plus à ajouter à ceux de l'Inconscient, dont M. de Hartmann n'a deviné aucun.

Nous connaissons la pensée qui l'a dirigé. Un chapitre de l'Anthropologie de Kant : « Des idées que nous avons sans en avoir conscience, » la lui a suggérée. Le sujet est beau et suffirait pour occuper un homme. Mais M. de Hartmann ne s'enferme pas dans la psychologie et la logique ; il a poussé ses recherches dans tous les coins du monde.

Voici sa méthode. Il couvre sa table de livres de physiologie, de zoologie, de sciences de toute sorte, et les feuillette. A mesure qu'il rencontre un phénomène que nous ne pouvons ou ne savons comprendre, il le met sur le compte de cet inconnu à qui il a conféré le titre d'Inconscient.

Qui fait remuer les pattes de l'insecte ? Il n'en a pas conscience, et nous non plus quand nous levons la main. Donc c'est l'Inconscient. — Qui fait repousser la queue du lézard ? Nous l'ignorons. C'est l'Inconscient. — Qui apprend au furet à se défier des vipères et non des serpents qui ne sont pas venimeux? Qui forme notre corps, qui le conserve, qui le guérit? Toujours l'Inconscient, cette « anus fatidica », comme disait Varron, cette sorte de sorcière, ignorante, débile, et qui sait tout, qui peut tout. Quand nous avons lu le premier volume consacré à la Phénoménologie de l'Inconscient, que savons-nous de plus? Rien. Malgré l'appareil scientifique et le déploiement de chiffres faits pour en imposer, les phénomènes sont aussi obscurs : nous les attribuons comme auparavant à un auteur inconnu. Seulement, il y a une chose qui nous est connue, c'est son nom, parce que M. de Hartmann le lui a donné. Il s'appelle l'Inconscient.

Voilà pour la Cosmologie. Plus hardi que Schopenhauer, M. de Hartmann, son disciple et son rival, qui le continue comme Aristote a continué Platon, en le contredisant autant que possible, nous offrira une Cosmogonie. Ici il n'y a plus de secrets pour lui. Ce n'est pas seulement le nom de l'Inconscient qu'il sait à fond, mais sa nature et son histoire. Pour se distinguer de son maître, qui avait fait un drame bien sombre, M. de Hartmann nous donne une tragi-comédie. Le programme du spectacle nous suffira.

L'Inconscient se divise en deux principes, la Volonté et l'Idée, qui finit par arriver à la Conscience. Mais, à l'origine, la Volonté n'était que le vouloir vide. « Tant que le contenu ne s'a-« joute pas au vouloir vide, la Volonté semble com-« me prendre sans cesse son élan pour réaliser un « saut qu'elle ne fait jamais... L'état du vouloir « vide est donc une éternelle aspiration vers un « contenu qui ne peut lui être donné que par l'Idée : « c'est une souffrance absolue, un tourment sans « mélange de plaisir, même sans trêve... » L'Idée se détache du sein maternel de la Volonté et lui donne un contenu. Celle-ci goûte quelques moments de tranquillité : mais bientôt l'Idée arrive à la Conscience.

« La Conscience exprime la stupéfaction que « cause à la Volonté l'existence de l'Idée qu'elle « n'avait pas voulue et qui se fait pourtant sentir à « elle... Tout à coup, au sein de cette paix que « goûte l'Inconscient avec lui-même, surgit la ma-« tière organisée dont l'action, suivant une loi né-« cessaire, provoque la réaction de la sensibilité et « impose à l'esprit étonné de l'individu une idée qui « semble tomber du ciel... L'étonnement de la Vo-« lonté devant cette révolte contre son autorité, la « sensation que fait l'apparition de l'Idée au sein de « l'Inconscient, voilà ce qu'est la Conscience... »

Les agitations de la Volonté recommencent. D'ailleurs le monde qui s'est produit dans ces circonstances est pitoyable. La Conscience, qui sait à quoi s'en tenir sur ces défauts, profite de sa supériorité intellectuelle sur la Volonté pour la pousser, moitié de gré moitié de force, à anéantir le monde.

Les hommes seront les instruments de la libération : ils seront les sauveurs du monde en le détruisant. Un jour, ils se réuniront dans une volonté commune : se tenant par la main, faisant des efforts incroyables, ils verront le monde craquer, se fendre et disparaître, comme une fusée qui s'éteint, dans le néant, en entraînant ses libérateurs.

12. — Tels sont les systèmes des deux illustres pessimistes. La nouveauté paraît être leur qualité la plus remarquée. Ne consisterait-elle pas simplement à dire le contraire de ce qu'on croyait jusque-là? La vie est présentée à l'envers. On la croyait bonne. Voyez que de maux !

C'est la base du système. La conclusion est la Rédemption retournée. Ce n'est plus Dieu qui sauve l'homme : c'est l'homme qui sauve Dieu !

L'école pessimiste, on pourrait même dire l'église, car la mémoire de Schopenhauer est l'objet d'un *culte malsain*, a pris, en Allemagne, un développement considérable, que la décadence de l'Hégélianisme, au moment où s'offrait la nouvelle doctrine, est loin d'expliquer. Des discussions passionnées se sont engagées entre les pessimistes et leurs adversaires, hégéliens, socia-

listes, théologiens, entre les pessimistes eux-
mêmes. Les fidèles se sont fortifiés dans leur foi,
malgré leurs divisions, et se sont multipliés. La
doctrine paraît s'être établie solidement en Allemagne, et menace de se propager dans le reste
du monde.

Schopenhauer eut de zélés disciples qu'il appelait ses apôtres et qu'on a nommés ses évangélistes, qui commencèrent à propager la doctrine.
Gwinner, son exécuteur testamentaire, écrivit sa
biographie, en 1862.

L'année suivante, Lindner et Frauenstädt publiè-
rent sa correspondance, sous ce titre : « *De lui,
sur lui,* » et, « *Mémorabilien* ».

Le dernier fit œuvre de vulgarisation dans ses
« *Lettres,* » et ses « *Nouvelles lettres sur la philosophie de Schopenhauer* [1] ».

Leur ardeur les amena à corriger la doctrine
du maître, pour la rendre plus acceptable, sous
le prétexte de l'interpréter. Ainsi le schisme se
glissa dans l'église. Comme l'Hégélianisme, le
Pessimisme eut sa gauche et sa droite.

Bahnsen enchérit sur Schopenhauer. Pour lui,
pas de ce soulagement que donne l'art, la contemplation de l'Idée. Effectivement, c'est se
contredire que de prétendre trouver un peu de

---

1. Il avait publié, dès 1854, un exposé de la philosophie de
Schopenhauer.

paix dans la vue de l'Idée, et la paix totale dans la disparition de l'Idée, obtenue par l'ascétisme. Mais ce n'est pas une contradiction qu'il cherche à éviter, car il supprime à la fois l'art et la délivrance ; il n'espère même pas l'anéantissement final.

Rien n'est plus sombre et plus décourageant que Bahnsen. Lorsqu'a paru la Philosophie de l'Inconscient, il s'est élevé de toutes ses forces contre M. de Hartmann, qui se permettait de réhabiliter l'élément intellectuel. (*Zur Philosophie der Geschichte.*)

Au contraire, Frauenstädt et Taubert ont adouci la doctrine : le premier trouve même que Schopenhauer n'est pas, à proprement parler, un pessimiste. Taubert joue le rôle de Mélanchthon dans la nouvelle Réforme : il est accommodant, il est peut-être plus optimiste que pessimiste. Il est d'avis que le pessimisme donne du piquant à nos plaisirs et double la jouissance, en attendant qu'il nous débarrasse de la souffrance, par la délivrance finale. « Il entoure le plaisir d'un cadre noir qui fait ressortir et embellit le tableau. » (*Der Pessimismus und seine Gegner.*)

Schopenhauer a eu de nombreux disciples, Emdem, Dorguth, Ky, Asher, et combien d'autres qui combattirent le bon combat. Dès 1880, Laban dressait le catalogue de tous les ouvrages parus. (*Die Schopenhauer-Literatur.*)

M. de Hartmann a eu, outre d'innombrables admirateurs, un disciple qui en vaut beaucoup : c'est lui-même, qui, sous le voile de l'anonyme, a pris sa défense : il fallait le dévouement d'un tel disciple pour soutenir toutes les attaques.

Le clergé protestant, qui avait d'abord montré de la sympathie, sans doute parce qu'il calculait que le pessimisme allait faire diversion à l'hégélianisme, et qu'il aimait moins encore l'Idée d'Hégel que l'Inconscient, était promptement revenu de sa bonne impression. Le succès de M. de Hartmann n'était pas fait pour le rassurer.

Volkelt répondit en Hégélien : il refit le bilan des biens et des maux, en suivant du doigt les colonnes et les chiffres. (*Das Unbewusste und der Pessimismus.*)

Jean Huber s'est placé au même point de vue. (*Der Pessimismus.*)

Les socialistes, qui sont essentiellement optimistes, répondirent avec vigueur aux attaques des pessimistes. Dühring s'est surtout signalé : sa conclusion est précisément celle de Traubert : le malheur relève le goût du plaisir : ce n'est qu'un assaisonnement. (*Der Werth des Lebens.*) Mais il est beaucoup plus logique que Traubert, car, puisque le plaisir est doublé par la souffrance, on aurait grand tort d'anéantir une vie si agréable. Pourquoi s'arrête-t-il ? Peut-être même serait-il maladroit de chercher à diminuer la souffrance. Un autre socialiste, l'auteur de l'*Histoire du Matérialisme*, Lange, essaie une conciliation entre l'optimisme et le pessimisme : les faits poussent au pessimisme, l'optimisme relève de l'Idée. — Mais qui a raison des faits ou de l'Idée ? lui demande-t-on. — On n'en peut rien savoir : par conséquent, il faut se placer dans un juste milieu. — Il est pourtant difficile de se placer dans un juste milieu entre deux contradictions, d'être à la fois optimiste et pessimiste.

Waihinger déclare le problème insoluble. (*Hartmann, Dühring und Lange.*)

Le pessimisme eut aussi à essuyer les critiques de la science.

Funck Brentano crut pouvoir démontrer que les opérations mentales inconscientes sont sans effet sur les phénomènes conscients. (*Psychologie.*) Cette proposition ruinerait effectivement la théorie de M. de Hartmann : mais elle est bien loin de la vérité.

Ce qui a dû être sensible à celui-ci, ce sont les coups des naturalistes, de Stiebeling, Thobias, et par-dessus tout de Schmidt, dont l'ouvrage a été traduit en français : « *Les Sciences naturelles et la Philosophie de l'Inconscient.* » La réputation d'érudition et l'autorité de M. de Hartmann en ont été fort ébranlées : or, le crédit de sa doctrine reposait sur ses démonstrations scientifiques.

Oscar Schmidt le traite durement, nie sa compétence, l'accuse d'avoir fait une compilation dans des ouvrages sans valeur, et déclare que les sciences naturelles déclinent sa protection et même son alliance.

La science n'a pas toujours été aussi heureuse. Meyer a expliqué le pessimisme de Schopenhauer par l'état pathologique du philosophe et même de ses ascendants, procédé qu'il est permis de ne pas louer.

Enfin l'ironie aussi a été employée par Pfeiderer, qui se borne à exposer les anciens arguments optimistes, par Zeller, lequel ne prend pas au sérieux Schopenhauer et le paradoxe du pessimisme.

Fisher a été plus loin : il a tourné en ridicule les conceptions de M. de Hartmann, et a fait une charge bouffonne de l'Inconscient et de ses mésaventures.

Tous ces débats paraissent avoir été sans profit pour la science et même sans effet sur la propagation du pessimisme.

L. Weiss et Jürgen Bona Meyer ont eu beau s'agiter, ils n'ont pas arrêté une expansion presque fatale. La discussion faisait beaucoup de bruit, mais de l'orage il ne sortait pas d'éclair. Les parties s'aveuglaient en se jetant aux yeux de la poussière d'arguments, dont aucun n'était assez solide pour être remarqué.

Que vaut, par exemple, celui de Strauss, disant sérieusement que, puisque le monde est mauvais, la démonstration des pessimistes est par conséquent mauvaise, et qu'il ne faut pas les écouter !

Alors, ne pouvant arrêter le torrent, on a essayé d'expliquer son origine et sa marche, de prévoir son cours.

Au lieu de voir la cause, on n'a vu que des circonstances. On a attribué ce succès à la disposition d'esprit des Allemands que la campagne de France a mis en contact avec une civilisation plus raffinée qui leur a fait perdre leur antique vertu, comme il était arrivé aux Romains, après leurs conquêtes en Orient, ou bien on l'a expliqué par le talent de Schopenhauer, l'adresse même de M. de Hartmann, qui s'y est pris de manière à captiver l'intérêt par son œuvre, mélange habile de science et de surnaturel, de calculs et de mythes.

La doctrine ne se propage pas chez les savants et chez les philosophes, mais chez les lettrés et même chez ceux qui ne le sont pas, circonstance qui n'est pas rassurante.

Un fait paraît certain. Deux torrents, le pessimisme et le socialisme, venant de deux sources opposées, roulent et grossissent, en Allemagne,

La nature des torrents n'est pas de se détruire les uns les autres, mais de joindre leurs ravages. Qui les empêchera d'inonder l'Allemagne?

En Angleterre, la vie de Schopenhauer par miss Zimmern a fait connaître le pessimisme, qui est depuis lors l'objet de l'attention des philosophes. James Sully l'attribue à l'état pathologique des Allemands, développé par les circonstances. (*Le Pessimisme.*) M. Adamson a trouvé un argument piquant : puisque la volonté est tout le monde et qu'il n'y a rien hors de lui, comment peut-elle avoir besoin d'une chose qui n'existe pas? On peut encore observer que M. Mallock a fait aux positivistes une réponse qui s'adresse également bien aux pessimistes. (*La vie : est-ce la peine de vivre ?*)

On dit que le nihilisme, en Russie, est dû aux sophistes allemands, notamment aux pessimistes.

En France, M. Foucher de Careil paraît être le premier qui ait attiré le regard sur l'étrange figure de Schopenhauer, qu'il avait vu à cette célèbre table d'hôte de l'Hôtel d'Angleterre, qui lui a tenu lieu de Portique ou d'Académie. Le titre de son ouvrage « *Hégel et Schopenhauer* », réunissant ces deux noms, suffit à produire de l'émotion. Le pessimisme a fait naître depuis une quantité d'ouvrages et d'appréciations.

M. Caro ne voit qu'une crise spéciale à l'Allemagne, sans portée, sans avenir. (*Le Pessimisme.*)

Bien différente est l'opinion de M. Funck-Brentano. Il l'accuse, en termes exprès, d'être le père du nihilisme, qui n'est que son premier né, auquel il donnera des frères aussi mauvais que lui [1]. (*Les Sophistes allemands et les nihilistes russes.*)

L'attention, la curiosité redoublent, non sans raison. Les conférences [2], la chaire elle-même [3] instruisent ou préviennent le public.

Mais jusqu'ici le pessimisme n'a pas eu d'autre effet chez nous que d'exciter cette attention, cette curiosité. On en parle jusqu'au dégoût, mais on ne le connaît pas : c'est notre usage.

1. M. Funck-Brentano est sans pitié pour M. de Hartmann. Il prétend qu'en remplaçant, dans son livre, le mot *Inconscient* par celui d'*Abracadabra* il ne perdrait rien de sa valeur et serait aussi lumineux.
M. Franck l'avait jugé avec plus de bienveillance. (*Les Philosophes modernes.*)
2. Conférence de M. Brunetière au cercle Saint-Simon.
3. Conférences de M. l'abbé Perraud, en 1887, à Saint-Roch.

DEUXIÈME PARTIE

DISCUSSION

PREMIÈRE SECTION

LES THÉORIES. — LA VÉRITABLE THÉORIE

1. — *Dieu a voulu nous faire mériter le bonheur. — Pas de grandeur sans mérite. — Pas de mérite sans liberté.*

Dieu est le Bien, le Beau, dont la vue, quoique imparfaite, est tout ce qui nous fait jouir. Il a voulu créer des êtres pour les faire participer à la jouissance du Bien et du Beau.

Il lui aurait été possible de nous constituer dans un état tel que nous n'aurions pu faire autrement que de faire le bien et de jouir du Bien, ce qui est la même chose. Cet état n'aurait pas été la perfection. L'homme eût été une machine à jouissance.

Il n'y a pas de dignité sans liberté [1]. Mais la

---

[1] « La liberté est à l'homme ce que la puissance est à Dieu. » Herbert de Cherbury.

liberté n'a pas de sens, si l'on ne peut choisir. Elle n'est rien en elle-même, n'étant qu'un moyen. Son avantage est de permettre de subir une épreuve avec succès, de *mériter*. Quand on a mérité la félicité, on la doit à soi. A cette condition seulement, on est un être par soi, on est heureux et grand. « *Si tollis pugnam, tollis coronam.* » (S. Bernard.)

Cette vie est un temps d'examen ; le monde, la salle publique ; la mort, le signal de la fin. Nous sommes faits, nous, pour être heureux, mais le monde est fait seulement pour nous mettre en état de le devenir, en méritant. Il est donc bon s'il remplit cet objet.

2. — *Pas de liberté sans mal.* — *Nous seuls faisons le mal : si Dieu le faisait, nous ne serions pas libres.*

Nous ne serions pas libres, si nous ne pouvions faire le mal : l'examen ne serait pas sérieux. Le mal a donc sa cause dans l'homme, son origine dans la liberté. Dieu n'a pas dû mettre près de chaque homme un ange qui se serait placé en travers du chemin du mal, en le menaçant d'une épée flamboyante.

La liberté étant donnée, il n'est pas possible que le mal ne se produise pas. Elle suppose l'alternative du bien et du mal, du mal qui n'était pas, mais que l'homme va pouvoir faire. Elle n'existe que dans un état provisoire inférieur, puisque le mal s'y trouve avec elle, et pour conduire à un état définitif, supérieur, où il n'y aura plus de mal, et, par conséquent, plus de cette liberté devenue désormais inutile à notre grandeur. Le mal et la liberté sont la condition l'un de l'autre, deux corrélatifs nécessaires.

Dieu est-il cause du mal? Nullement. C'est l'homme qui le fait. Voir, prévoir, n'est pas faire, surtout quand c'est un être qui prévoit et un autre qui fait. La comparaison de Bayle, le père qui donne un couteau à son fils, sachant qu'il se percera le sein, est fausse. Le législateur qui fait une défense pour le bien général sait qu'elle sera violée par quelqu'un : est-il le coupable?

Dieu cause du mal ruine la liberté de l'homme. Effectivement le mal que je fais, c'est Dieu qui le fait, puisqu'il est sa cause, non moi : je ne suis donc plus libre. Singulière interversion des rôles! L'on croyait que l'homme, faisant le mal, offensait Dieu ; c'est, au contraire, Dieu qui, lui faisant faire le mal malgré lui, offenserait l'homme.

Si la liberté existe, on n'a pas besoin d'en demander davantage ni de remonter plus loin. La chaîne des causes commence là ; il n'y a rien au delà du premier anneau : là est le point de départ, la cause suffisante et complète, cause autant que Dieu. Il y a un intervalle vide entre l'homme libre et Dieu, sinon le mouvement de l'homme viendra de Dieu, et l'homme ne sera plus libre.

Il est inutile de prouver que ce monde est le meilleur des mondes possibles : nous n'en savons rien et nous n'avons pas besoin de le savoir ; imprudent système que celui qui borne la puissance de Dieu, qui professe connaître sa nature, et renvoie à des preuves cachées au fond du ciel, où personne ne peut aller les vérifier. Le monde est très bon pour son but qui est très bon aussi : cela suffit.

Nous demanderons-nous si ce monde est tout ce qui a pu être fait de mieux pour notre plaisir actuel ? Nullement. Ce qui est nécessaire, ce n'est pas que le monde soit bon et un séjour heureux, mais que l'homme soit bon et aussi heureux que possible. Il ne peut le devenir et obtenir la félicité qu'en la gagnant par l'épreuve. Le monde qui doit l'éprouver ne doit donc pas être le plus agréable des séjours.

En résumé, la grandeur n'existe pas sans mérite, le mérite sans liberté, la liberté sans mal. Sans cette imperfection, notre perfection ne serait pas possible.

3. — *Comment l'homme peut-il faire le mal ?*

L'homme ne peut faire le bien avec liberté, s'il ne peut choisir entre le bien et le mal, et se déterminer pour ce dernier.

Demander comment il est libre et comment il

peut faire le mal, est une même question. Et c'est un formidable problème.

En vérité, l'homme faisant le mal est une chose qui paraît aussi difficile à comprendre que Dieu le faisant. Nous n'avons plus à justifier Dieu, puisque nous avons dit que l'imputation s'arrête à la liberté de l'homme. Nous n'avons pas à justifier l'homme, puisqu'il est au contraire responsable; mais l'homme n'a à lui que son acte libre; tout le reste, homme et monde, vient de Dieu. Or, il nous faut expliquer comment l'homme peut trouver dans le monde, œuvre divine et bonne (qui, n'étant pas libre elle-même, ne doit pas produire le mal sans qu'il vienne de Dieu), les moyens de faire le mal, comment il peut trouver dans sa pensée des motifs de préférence pour le mal. De Dieu, il ne peut venir que du bien. Tout le mal doit venir de l'homme.

Il faut que les moyens de faire le mal viennent de Dieu et cependant ne soient pas mauvais, puisqu'il ne peut rien faire de mauvais, — et, en outre, que les motifs de faire le mal soient bons, puisqu'ils séduisent l'homme, et toutefois ne viennent pas de Dieu qui ne doit pas faire un bien mauvais, un bien produisant le mal, encore moins qu'un mal produisant le bien.

Il faut une imperfection, le moyen, qui ne soit pas imputable à Dieu, une perfection, le motif.

dont on ne puisse faire honneur à Dieu. Le monde est bon : l'homme ne doit désirer que le bien et le bonheur. Le mal n'existe pas. Cependant, sans lui, l'épreuve n'est pas possible.

Comment la sagesse divine s'est-elle tirée de ces difficultés ?

4. — *Aperçu de la solution qui va être proposée.*

L'étude du monde va nous l'apprendre. Tout nous prouvera qu'il a été fait pour servir à l'épreuve.

L'homme doit avoir la possibilité de faire le bien ou le mal. Il n'y aurait pas de mal sans erreur, et pas d'erreur sans ignorance.

L'ignorance qui est notre état, à notre point de départ dans la vie, n'est pas naturelle. Ames créées par Dieu à son image, n'ayant que lui à voir, nous devrions le connaître. Ce qui est étonnant, c'est qu'on ne connaisse pas tout, qu'on ne puisse pas tout, qu'on ne sente pas tout. C'est la science qui nous est naturelle, non l'ignorance.

Dieu a créé la matière, non pas pour nous faire connaître, mais pour nous empêcher de connaître ; il est masqué par elle. Tirée du néant, elle n'a rien à elle. Dieu lui a donné ses propriétés, comme il a voulu : c'est pour cela qu'on ne connaît pas ses lois par la raison, mais par l'expérience : c'est une infériorité. — De là, l'ignorance.

La matière est fragmentée en une quantité

innombrable d'objets, pour diviser notre intelligence, notre volonté, notre sentiment. Au lieu de l'intelligence pleine, nous avons des pensées; au lieu de l'état, nous avons des actes, des efforts; au lieu du bonheur continu, des émotions momentanées. — De là, l'erreur.

Cette fragmentation multiplie les occasions de se tromper, de faire le bien ou le mal, de réparer nos fautes, de recommencer l'examen.

[5. — *Combien nous sommes loin de la perfection*.

Le meilleur moyen de nous rendre compte de notre situation est de la comparer à l'état de perfection que nous pourrions imaginer, en ne laissant plus rien à faire aux désirs et à l'espérance, dans lequel nous posséderions tout et toujours. Or, au lieu de la plénitude de l'être, nous commençons par être une goutte d'eau, et nous finissons par être une pincée de poussière. Entre ce commencement et cette fin, nous n'emplissons pas à la fois le peu de temps qui les sépare : nous ne sommes que successivement : le présent, l'être véritable, est si court qu'entre deux battements du cœur il y a un temps où nous avons cessé d'être et où nous ne sommes pas encore : nous courons pour échapper à l'abîme du passé qui s'allonge derrière nous, la terre s'écroulant sous chacun de nos pas dès que le pied l'a quittée.

Nous n'avons que deux dimensions, le temps et l'espace, et, dans la deuxième, notre place n'est pas plus grande ; la longueur de notre bras mesure ce qu'il peut atteindre, pendant que la longueur de la vue montre ce qui lui échappe. Cet être est si fragile que ce n'est que par l'effort d'un continuel renouvellement que nous le soutenons : c'est moins l'être qu'une suite d'êtres : la matière s'écoule dans le corps, les pensées se succèdent dans l'esprit : nous sommes comme la rivière qui est l'eau passant sans jamais revenir, non la terre immobile de ses rives qui la regarde couler.

Loin d'être tout, ce rien que nous sommes est dans le vide, isolé, en opposition avec les autres êtres : quand nous voulons nous étendre vers eux, nous trouvons la résistance. Ce tout, que nous devrions être et avoir, est ce que nous ne sommes pas, ce que nous n'avons pas. Chaque homme est placé comme un point dans l'univers, pour le désirer tout entier : de là, il s'efforce de l'occuper : il veut l'infini, et se débat contre la poussière voisine qui l'arrête. Ceci est la vérité : nous avons droit à toute la nature, à l'amour de tous les hommes, à Dieu, car, si nous ne sommes pas Dieu, nous devons le posséder. L'angoisse de la mort, quand nous voyons s'abîmer le peu que nous avons, n'est rien auprès de celle de la vie, quand nous regardons toujours s'éloigner ce tout que nous ne pouvons avoir. L'amour est le fond de notre être : nous le savons à ce que tout nous manque : le plus grand des biens devient la douleur elle-même.

Cependant Dieu pouvait nous donner toute science et toute félicité. L'âme, sortant du néant, serait entrée dans l'éternité sans passer par le temps. Elle n'aurait pas su ce qu'est une limite, une fin, une espérance, une durée dans l'éternité, un lieu dans l'immensité, une part dans l'infini et la privation du reste.

Or, en ce monde de matière, nous ne voyons que le fini, le multiple. D'innombrables objets nous entourent que nous ne percevons que par leur forme, c'est-à-dire par leurs limites. La forme est l'ensemble des limites. Le propre de l'erreur est de ne pas voir les limites, de réunir ce qui est distinct, de séparer ce qui est uni.

Aucun de ces objets ne satisfait tous nos besoins. A celui-ci qui est solide nous demandons un appui pour notre corps, à celui-là la lumière, à un autre la chaleur, la nourriture. Aucun ne nous révèle toutes les idées : ce chêne, ce lys montrent la beauté, cette mer la grandeur, ces montagnes la puissance, le ciel la majesté, la terre notre misère et notre tombe, la femme l'amour et la douleur, le nuage, l'eau qui coule, la feuille qui tombe, le mouvement, le changement, la fragilité, enfin tout, grain de sable ou femme, par opposition, l'infini. Il faut saisir tout objet, apprendre toute chose, les uns après les autres, car ils ont chacun leur utilité et leur enseignement. La ligne droite ne nous dit pas tout ce que dit la courbe, le souffle d'air ne nous donne pas ce que nous donne la goutte d'eau.]

[6. — *Comment sommes-nous si éloignés de la perfection ? — Problème de la connaissance : comment Dieu, véritable objet de la connaissance, se cache-t-il ?*

Pourquoi ce monde est ainsi fait, nous ne l'ignorons plus. Dieu a dressé cet échafaudage pour l'arène de l'épreuve.

Mais pourquoi l'a-t-il bâtie ainsi? Pourquoi a-t-il fait de sa création le monde du fini, du multiple, des innombrables objets incomplets, des innombrables êtres qui se répètent dans leurs espèces, le monde de la fragmentation, brisé en mille morceaux?

Et voici ce qui doit nous étonner davantage. C'est l'Unité absolue et immuable, infinie et indivisible, qui existait seule depuis l'éternité. Comment Dieu a-t-il pu diviser l'infini, morceler l'absolu, pour les distribuer en qualités partielles et diverses entre les objets finis de ce monde, qui, au lieu de la vérité absolue, ne nous révèlent plus que des idées, au lieu de la pleine félicité ne nous font plus sentir que des besoins ? Comment le Créateur a-t-il opéré cette incompréhensible transformation de l'Infini en fini, de l'Unité en multiple, du Nécessaire en contingent, de l'Immuable en changement, en destruction, enfin en mort ?

Son artifice est bien caché. En effet, l'absolu est ce qui existe avant tout et par-dessus tout, ce qui ne peut pas ne pas exister : notre âme devrait le voir naturellement, et en réalité ne voit que lui, car il est nécessaire, et, en sa qualité de nécessaire, nous ne pouvons pas ne pas le voir, et, sans lui, nous ne verrions pas le contingent. Cependant nous sommes tellement pris par ces objets finis et contingents qu'à peine voyons-nous, comme dans une nuée, l'Infini, l'Absolu. Nous ne pouvons plus même nous expliquer comment, sous l'accidentel, nous percevons le permanent, sous le divers le régulier, sous le différent l'ordre, sous le contingent le nécessaire, sous le fini l'infini. Sans la sensation, nous n'arrivons pas à la pensée. Le nécessaire éternel précède dans l'âme la vue des objets contingents : il est primitif et essentiel : et cependant, avant la sensation qui nous donne le contact avec la matière, ce nécessaire qui existe nécessairement est en nous comme s'il n'était pas ; mais qu'un peu d'éther vibre près de l'œil ou de l'oreille, le monde s'illumine et retentit.

C'est ce nécessaire invisible et préexistant qui

nous rend visible le monde et le fait être pour nous. Il y a donc en l'âme une faculté latente, une faculté du nécessaire, de l'absolu. C'est elle qui est l'essence de l'âme, et non pas une pensée déterminée, une pensée d'objet, comme le voulait Descartes. Comment une pensée quelconque, une proposition quelle qu'elle soit serait-elle essentielle à l'âme, puisqu'aucun objet et par conséquent la pensée de cet objet n'est nécessaire et essentielle [1] ?

Comment se fait-il donc que l'infini soit comme dénaturé, brisé et distribué entre les mille objets, et comment notre âme ne voit-elle plus que ces fragments, ne perçoit-elle rien sans eux, croit-elle ne découvrir l'infini qu'après le fini et par le fini, ce qui est le renversement de la vérité ?

Sans sensation, pas de perception. Une tête d'ange sans corps, au milieu de l'éther, ne verrait rien, pas même l'éther : mais si un objet brise le rayon, les couleurs apparaîtront. Supposons que

---

1. Nous pouvons penser dans le sommeil, dit Descartes, mais nous ne nous en souvenons pas. A ce compte, on pourrait tout aussi bien prétendre que nous pensons depuis le commencement du monde : seulement nous ne nous en souvenons pas. — L'essence de l'âme est la pensée. — Mais aucune pensée, en particulier, n'est nécessaire à l'âme : qu'on en cite une seule, sans laquelle l'âme n'existerait pas. Si aucune pensée n'est nécessaire, comment la pensée est-elle nécessaire à l'âme ? La pensée n'existe pas sans une pensée, et n'est pas quelque chose de plus que toute pensée. — Dans le nouveau-né, l'âme n'existait donc pas avant la première pensée ?

Dieu ait créé et placé une âme au sein de notre antique nébuleuse : elle n'aurait rien perçu, rien conçu, pas même l'idée de l'être, sa propre existence ; que si Dieu avait fait briller à côté d'elle une seule bulle d'air, l'âme concevait la différence, la ressemblance, l'être, l'unité, le nombre, le lieu, l'espace, la durée, le temps, la continuité, la fin, l'ordre, la cause, et le reste des Rapports du nécessaire au contingent, par le moyen desquels nous percevons tout, qui sont l'Intelligible.

Un autre phénomène n'est pas moins digne d'attention. Ce n'est pas seulement une première sensation qui est indispensable à la pensée, mais une sensation actuelle, la sensation continuelle, le contact permanent avec le fini. Dans le sommeil, la syncope, la pensée s'arrête, parce que non seulement les organes des sensations, mais encore le cerveau, autre organe qui conserve et représente les sensations, instrument de la mémoire matérielle, perdent le contact avec le fini. L'infini tient tant à se cacher derrière le masque épais de la matière que, lorsqu'elle fait mine de s'écarter de la face de l'âme, il s'enfuit. En perdant le plus misérable des objets, un fragment de matière, l'âme perd tout et semble rentrer dans le néant.

Tel est l'empire du limité, du fini, dans ce monde brisé en morceaux.

Chercher comment Dieu a communiqué à ce monde la Perfection éternelle, le Bien absolu, l'a disséminé en qualités entre les objets, a distribué entre eux les idées, est le problème de la Connaissance. L'on s'est aperçu que nous le posons d'une manière toute nouvelle.]

[7. — *Problème de l'ignorance.* — *Pourquoi Dieu a créé la matière.* — *Elle n'a pas de qualités essentielles.*

Mais il est un autre problème supérieur qui domine la position de celui-ci, d'où l'on peut distinguer, comme d'une hauteur, toutes les lignes rentrantes et cachées du premier : c'est le problème de l'Ignorance. Il faut savoir, non pourquoi nous connaissons, car l'Intelligence, étant une qualité divine, éternelle, qui nous est communiquée, ne peut avoir une explication par les moyens contingents, temporaires, de ce monde, mais pourquoi, ayant une âme qui naturellement doit tout savoir, nous ignorons tout.

La création est admise par la philosophie. Elle a bien voulu recevoir ce cadeau de sa sœur, la théologie. Mais de cette idée qui a manqué au puissant génie de l'auteur du *Timée*, et à Aristote, dont le Dieu ignore le monde, les philosophes n'ont pas tiré les conséquences qui sont immenses. Par la création, ils ne font qu'expliquer l'origine de la matière, que de se tirer de l'embarras que leur cause la coexistence de Dieu et de la matière, et c'est tout. Il y a mieux à faire : c'est d'expliquer par la création le mal, et en premier lieu l'ignorance, car s'il n'y avait que Dieu et notre âme, nous ne serions pas ignorants ; l'intelligence serait à l'abri de l'erreur, la volonté de la tentation. Il n'y aurait plus de problèmes. Toute question vient du mal. La matière explique l'imperfection, le mal ; et la création, la matière. En regardant attentivement de ce côté, nous allons voir une lueur éclairer l'océan de l'insondable.

La matière est créée. Qu'est-ce que créer? C'est tirer de rien. Puisque la matière n'était rien, elle n'avait rien. Tout ce qu'elle a n'est pas d'elle, n'est pas à elle.

Elle n'était pas, enseigne-t-on, mais elle n'attendait qu'un mot pour paraître : sa nature était décidée, ou prévue, ou possible, de toute éternité ; puis Dieu a pris tout à coup son parti de créer, et il est allé la chercher dans un coin du néant où elle était roulée, où elle était en attendant d'être. Il paraît qu'il est obligé à certaines précautions quand il crée : quand il s'est agi de la matière, il a dû la créer selon sa formule éternelle : ainsi il lui aurait fait injure s'il ne lui avait pas confié la force, quoiqu'elle ignore complètement qu'elle possède la force et qu'elle ne soit pas en état de s'apercevoir d'une injure. Mais il n'en est pas du bien et de la raison comme de la matière : lorsque Dieu n'a eu affaire qu'à eux, la liberté d'indifférence lui a laissé toutes les facilités : il a pu, à cet instant solennel, faire du bien le mal et du mal le bien, sans autre motif que son bon plaisir, statuer que désormais un et un feraient deux, sans qu'il y ait eu jusque-là aucune raison pour qu'il en fût ainsi. En ce monde, pour la partie faite d'éther et de pierres, de gaz et de chair, Dieu est obligé d'accepter le meilleur des mondes possibles, mais, pour ce qui est du bien et de la raison, ce qu'il choisit les yeux fermés, n'importe quoi, ne peut manquer d'être le meilleur possible, puisqu'il le devient par le choix seul. Tels sont les enseignements un peu discordants de la philosophie, dont les erreurs, ne l'oublions pas, font aussi partie du meilleur des mondes possibles.

Une fausse conception de substance, dont la philosophie cartésienne n'a pas su se défaire aussi bien que du reste, l'a ramenée en arrière après un grand cercle, et son élan n'a servi qu'à la faire tomber dans de plus graves erreurs, parmi lesquelles nous n'oublierons pas celle de Spinoza. Ce qui s'impose à Dieu nuit à la liberté de Dieu : l'erreur de la substance amène celle de la liberté. C'est avec la substance, avec le faux assemblage des qualités à l'être, qu'on imagine les essences et qu'on en veut trouver à la matière, parce qu'il y en a pour l'esprit.

On n'a pas le droit de passer ainsi de l'Infini au fini, de conclure du Nécessaire au contingent. Parce que nous avons une idée de substance qui vient de l'absolu et lui convient, nous ne sommes pas autorisés à croire qu'elle convient, telle qu'elle est, à tout, même à la matière : nous avons aussi l'idée de l'unité qui convient à Dieu et aux âmes faites à son image, mais que nous aurions tort d'appliquer à la matière. Dieu assemble comme il veut les qualités à l'être, les qualités brisées à cette autre qualité brisée qui est l'être ; mais il n'y a pas de nécessité dans ces assemblages autour de l'être. L'être est une qualité comme une autre : sans lui, l'assemblage n'est pas encore ou cesse d'être, et c'est tout. Il y a loin de l'être à la substance. Singulière substance que celle qui est liée nécessairement à toute sorte de qualités comme un porte-manteau où se suspendent des manteaux pour toutes les épaules.

La matière n'a pas d'essence. Dieu aurait pu lui donner d'autres qualités, d'autres formes, en pétrir d'autres êtres. Il lui a donné une façon durable. Voilà ce que c'est que ses Lois. Rien ne sort d'elle, rien n'est à elle, pas même ce qu'on appelle la Nature.

La matière étant dénuée de qualité par elle-même, n'a pas le pouvoir de se mouvoir ni de changer. N'ayant pas l'être, elle n'avait pas le mouvement. Le mouvement, le changement, en d'autres termes la force, viennent donc de Dieu.

Sans doute, dira-t-on, mais elles lui appartiennent maintenant, puisque Dieu les lui a données. Elle a reçu la force comme elle a reçu l'être. — Mais êtes-vous seulement sûr qu'elle a l'être? Autre chose est être, autre chose avoir l'être. L'âme immortelle, non seulement est, mais a l'être, comme elle a l'intelligence, la volonté. J'ai l'être de mon âme, et Dieu a celui de mon corps, car le premier est immortel et le second dépend de Dieu. La matière ne sait pas qu'elle a l'être, la force : ils sont non à elle, mais à Celui qui les maintient et les dirige. Si elle ne sait pas qu'elle se meut, ce n'est pas elle qui se meut ; si elle ignore où elle va, ce n'est pas elle qui y va ; si Dieu la fait être, ce n'est pas elle qui a l'être. Donnez une âme au monde, comme les stoïciens, remplacez-le par des monades; ou ôtez-lui la force.

Le mécanisme et le dynamisme sont des rêves de grands hommes : la matière n'a pu avoir la force un seul moment. Il n'est pas vrai que Dieu lui a donné le branle, la chiquenaude de Pascal, au premier jour, et qu'elle a continué seule, ou qu'il s'en est remis à elle du soin de se mouvoir, qu'il lui a confié la force elle-même, sauf à la lui reprendre le dernier jour. Nous n'avons pas à nous demander si Celui qui ne compte pas son éternité par jours a voulu au commencement ou veut encore maintenant que les astres recommencent leurs orbites, que les corps graves tombent sans se lasser, que l'eau et le sang roulent dans les rivières et les veines. Puisque tout vient de Dieu et que le Tout-Puissant n'a pas plus de peine à vouloir encore aujourd'hui qu'au temps des six jours de la création, sa gloire n'est pas intéressée à ce qu'il fasse aller le monde ou le laisse aller. Quant à la gloire du monde, qui serait plus grande, paraît-il, s'il avait la force à lui comme l'homme a la liberté à lui, nous laissons le soin de s'en occuper au philosophe qui a été plus jaloux de donner la force au monde qu'à l'homme la liberté; pour nous, le meilleur des mondes est celui qui dépend le plus de Dieu, et sa Providence ne nous semble pas un motif de déprécier sa création.

La matière n'a pas de qualité par elle-même : elle n'a donc pas de qualité essentielle : l'étendue est si peu l'essence de la matière qu'elle n'existe que dans l'esprit : elle est un de ces rapports du nécessaire au contingent qui sont éminemment spirituels et font partie de l'intelligible.

La solidité, qui est une manière de support, de substance de l'étendue, ne lui appartient pas davantage : elle n'est, comme le son et la couleur, qu'une sensation, elle n'est que la résistance dont l'esprit s'empare et dont il fait, à l'aide de l'étendue, la solidité; mais la matière n'en est que l'occasion.

[8. — *C'est la nullité de la matière qui l'a fait choisir par Dieu pour être l'instrument de l'ignorance. — Sa division en objets. — Distribution arbitraire des qualités entre les objets.*

La matière n'a ni essence ni force : s'il fallait lui prêter une essence, celle qui l'aurait fait choisir serait sa nullité, son dénûment qui laissait à Dieu toute facilité de la diviser en morceaux ; c'est d'elle plutôt que de l'amour que l'on pourrait dire, selon la triste fiction de Platon, qu'elle est la fille de Penia.

Lorsque Dieu crée une âme, laquelle a une essence et est à l'image de son créateur, il ne peut lui imposer que les lois éternelles de l'esprit, telles que l'amour et la justice. Mais à quoi est-il tenu envers la matière ? Il a donc pu la diviser comme il lui a plu, pour en faire la multitude des objets, innombrable selon l'espace, et même selon le temps, car il a voulu que rien ne dure, que la matière ne fît que passer à travers les formes et les espèces, tant il tenait à multiplier autour de l'homme les êtres et les choses entre lesquels il se disperse, qui lui échappent et s'écoulent encore plus vite que lui.

Cela seul se divise qui, n'ayant pas de qualités,

peut impunément se diviser. Le caractère de la matière est la divisibilité.

Dieu l'a donc divisée en parts inégales que le mouvement met en des situations diverses. Ainsi ont été constitués les objets. Et il a décidé que chacun montrerait seulement une part de la vérité absolue à l'homme qui aurait la peine de les rassembler.

A-t-il donc réellement brisé l'absolu, fragmenté la Qualité Unique en plusieurs qualités qu'il a distribuées entre les objets, qu'il leur a communiquées, ou chaque objet n'est-il qu'un signe arbitraire qui ne désigne qu'une part de l'absolu ?

Examinons d'abord le sensible. La couleur, le son sont-ils communiqués réellement à la matière ? Non. Ils n'existent que dans l'esprit. Mais n'existent-ils dans l'esprit que parce qu'ils existent dans la matière ? Non encore. Les vibrations, les situations de l'objet et de l'organe ne sont qu'une condition de l'apparition de la couleur à l'esprit. L'existence de cette condition est très réelle, et, en ce sens, la couleur est objective. Mais il n'y a pas de rapport nécessaire entre la vibration et la couleur ; celle qui produit le violet aurait pu produire le rouge ; un autre moyen que la vibration pouvait faire voir la couleur : tout a été réglé arbitrairement par Dieu. Le sensible lui-même n'est pas nécessaire : il pouvait ne pas être ou être autrement. Aussi est-il inutile de l'interroger davantage, puisque le problème ne concerne que le nécessaire. Venons donc à l'Intelligible.

L'Intelligible ou les Rapports du nécessaire au contingent, être, unité, ordre, cause, but, sont-ils éternels, absolus? Puisqu'ils sont les rapports du nécessaire au contingent, ils participent aux deux natures : sans le contingent, ils n'existeraient pas ; en ce sens, ils ne sont pas éternels ; par exemple, s'il n'y avait pas de matière, il n'y aurait pas de longueur, de lieu, de forme, d'étendue, d'espace : sans le nécessaire, ils existeraient encore moins; sans l'infini, nous n'aurions pas l'idée d'espace, d'étendue, de forme, de lieu, de longueur : l'espace est le rapport de l'infini à la matière.

Les Rapports sont précisément ces qualités fragmentées, ces parts de la Qualité Unique ou Perfection absolue, infinie, éternelle.

Or ils ne sont pas communiqués réellement à la matière, ils ne pénètrent pas les objets : ceux-ci les montrent à l'intelligence; ils n'existent que dans l'esprit ; par exemple, la différence n'existe ni dans l'un ni dans l'autre de deux brins de paille, mais l'esprit la conçoit à leur vue.

Les objets ne sont donc que des signes, des conditions qui les font paraître.

Ces signes, qui éveillent l'intelligible, sont-ils arbitraires, comme ceux qui évoquent le sensible?

Non, car, pour ce dernier, tout est contingent, le signe et la chose signifiée, mais l'intelligible qui procède du nécessaire le transmet, le porte jusqu'au fond de la matière. Les énormes montagnes, la vaste mer donnent l'idée de puissance, de grandeur que ne donneraient pas le grain de sable, la goutte d'eau, puisque celle-ci exprime la petitesse que l'océan à son tour serait incapable d'exprimer.

Prenons un rapport élémentaire. Deux couleurs ou deux lignes suffisent pour donner les idées de ressemblance, différence, nombre, unité, être, substance, continuité, ordre, lieu, espace, grandeur, forme : rien, pas même la différence, n'est dans la matière. Venons à un rapport élevé. Le choix d'un objet qui désigne la beauté a-t-il été arbitraire ? Un objet fruste et terne, informe, pouvait-il, si Dieu l'avait essayé, l'exprimer aussi bien que la fleur ? Mais c'est la forme qui est l'élément de la beauté. Mais c'est la ligne, qui est l'élément de la forme. Or, n'avons-nous pas dit que la forme n'est pas dans la matière ? La ligne qui est la forme naissante n'y est pas non plus. Nous avons beau descendre au fond de la matière, nous ne voyons devant nous que les rapports ; les signes se dérobent. Qu'est-ce qui appartient donc à la matière, qu'est-ce qui lui est communiqué, comment est-elle signe, le signe de la différence, de la ligne ? Si nous l'ignorons, comment saurons-nous s'il est arbitraire ?

Nous le découvrirons en son temps : si nous ne tenions le signe, comment arriverions-nous à la chose signifiée ? Bornons-nous ici à dire que l'Intelligible descend dans la matière, y circule, mais ne s'incorpore pas avec elle : il la dispose comme le potier l'argile. Ce qui tient l'eau, c'est la cavité du vase et non la cloison d'argile : la cavité est hors de l'argile. Le monde tient l'idée comme le creux du vase tient l'eau.]

[9. — *De quelle manière cette fragmentation cause notre ignorance et notre impuissance.*

Ainsi Dieu a brisé la vérité en fragments, les a dispersés dans l'univers, pour nous empêcher de l'embrasser d'un regard, pour nous soumettre aux conditions de l'épreuve, dont la première est l'ignorance.

Où sont ces fragments de la vérité ? En Dieu ? L'absolu lui-même est-il brisé ? C'est une pensée folle : Dieu est immuable. Il n'en est pas de l'absolu comme de la matière divisible : c'est elle qui nous fait paraître l'absolu divisé. Dieu est si grand dans sa puissance qu'un grain de poussière lui suffit pour se cacher.

Ces fragments de la vérité sont-ils dans la matière ? Non. Elle ne possède rien, ni le tout ni les parties.

Ils sont dans l'intelligence, car ils sont les Rapports, l'intelligible. En disant que l'intelligible est dans l'intelligence, nous n'avançons rien d'incroyable.

L'on constate ici l'erreur de la vision en Dieu : nous ne voyons que des fragments ; il n'y en a pas en Dieu. Mais, d'un autre côté, si l'on ne connaissait à la fois le nécessaire et le contingent, Dieu et la matière, on ne percevrait pas leurs rapports. Ceci condamne ceux qui croient ne voir qu'en Dieu et ceux qui croient que l'on peut se passer de Dieu. Il est la lumière qui illumine tout homme venant en ce monde. Cette lumière des âmes est comme l'éther, la lumière invisible qui baigne nos yeux et n'est vue que lorsqu'un objet la divise.

Des âmes créées par Dieu, à l'image de Dieu, se trouvant face à face avec Dieu, devraient donc tout connaître. C'est la science, non l'ignorance qui nous est naturelle. Ce qui est étonnant, ce qui demande à être expliqué, ce n'est pas que nous connaissions quelque chose, mais que nous ne connaissions pas tout. L'âme devrait tout connaître, tout pouvoir. Notre angoisse vient de cette privation de ce qui nous est dû. Au lieu de découvrir la vérité, aussitôt créés, nous ne trouvons que sa figure dans la matière. Nous déchiffrons son symbole dans le livre du monde, où Dieu, qui ne veut pas se montrer, a consigné ce qu'il lui plaît de nous faire connaître, dans des pages, les unes claires, les autres obscures. Nous n'apercevons que son image dans un miroir terne, nous ne saisissons que des traits, des fragments, une énigme, comme dit S. Paul.

La pensée et l'acte sont des restrictions de l'intelligence et de la jouissance, lesquelles devraient être continues et perpétuelles : ce sont des imperfections. L'état se rapprochant plus de la perfection est un acheminement vers cet idéal. L'acte est un effort pour obtenir l'état.

C'est la nécessité de l'épreuve qui a divisé le monde en objets pour y introduire l'ignorance, y donner accès à l'erreur, qui a divisé notre intelligence et notre puissance en fragments appelés pensées et actes, afin de donner du choix et de l'exercice à la liberté, de lui permettre de fonctionner. L'état, dont le caractère est la durée, une sorte d'immutabilité, ne se prête pas au jeu de la liberté. L'objet révèle l'idée et fait produire à l'intelligence la pensée. La pensée est une division, un fragment de l'intelligence, que nous ne pouvons avoir entière, et l'idée ou rapport une division, un fragment de l'intelligible que nous ne pouvons voir complet. L'âme elle-même, qui n'a pas de lieu, est exilée de l'infini dans un coin du monde visible de la hauteur du cerveau : elle y est parce qu'elle y a son corps et tous ses intérêts. Comme le reste est fermé pour elle, toute sa vie se concentre dans ce petit rayon que ses sens atteignent.

Et cependant elle devrait avoir toute science. Et la preuve qu'elle devrait tout connaître, c'est qu'elle connaît tout sans le comprendre. Comment saurions-nous donc qu'il y a de l'inconnu, qu'il y a plus de choses que nous ne faisons qu'entrevoir et deviner que de celles que nous voyons et saisissons? Ne trouvons-nous pas en nous tout l'inconnu de la nature, tous les mystères de notre être? Ce que nous sentons, ce que nous souffrons échappe à l'intelligence qui ne connaît que l'agitation de la surface et non les profondeurs douloureuses : elle penche sa lumière sur les abîmes sans voir le fond : c'est pourquoi nul homme n'a jamais pu exprimer ce que souffre un homme.

Notre âme est un autre univers où se jouent des forces sur des êtres innombrables ; nous y sommes aussi isolés et perdus que dans le désert : on y voit souffler des vents, courir des nuages, s'abattre des tempêtes comme aux premiers jours du globe : dans ce chaos d'un monde en formation qui sort de l'ignorance, paraissent des choses incomplètes, vagues, lumineuses, ténébreuses : la raison, comme un homme qui s'abrite dans un orage, voit avec stupeur les éclairs de l'intelligible qui l'effraient plus que la nuit.

L'homme est esprit, Dieu est esprit et vérité. Pourquoi l'esprit ne voit-il pas l'esprit? Pourquoi, au sein de la lumière, être comme dans les ténèbres? En vérité, c'est le vrai problème. La question est bien posée quand on se demande, non : « Comment se fait-il qu'on connaisse? » mais, « Comment se fait-il qu'on ne connaisse pas tout? » C'est la matière qui a servi à Dieu à cacher la vérité.

Nous sommes persuadés que Dieu a la vision de la matière, non seulement de ses surfaces éclairées, mais d'elle-même de part en part : il n'a pas un appareil visuel supérieur, il voit comme esprit. Quant à la matière, elle est étrangère à Dieu comme à nous. La différence entre lui qui la voit toute et nous qui ne la devinons qu'à travers la sensation et les rapports vient-elle de la matière ou de l'esprit? Comment se l'expliquer venant de l'esprit, puisqu'il est de sa nature de voir?

Dieu voulait que l'homme eût de la connaissance et de l'ignorance. L'esprit connaît tout ce qui est de l'esprit; c'est pour avoir une chose que l'homme ne connaîtrait pas naturellement que Dieu a créé la matière. Il l'a tirée du néant parce qu'elle est étrangère à l'esprit ; il l'a choisie parce qu'elle n'est rien, parce qu'elle est du pur contingent et que l'esprit ne connaît naturellement que le nécessaire. Il l'a disposée comme il lui a plu, selon des volontés arbitraires : ces arrangements restent un secret pour nous. C'est ainsi que nous savons ce qu'il y a de nécessaire dans la raison d'un homme, non ses volontés particulières. Dieu nous fait entrer dans un monde contingent où il nous donne tout à deviner.

Les phénomènes ne sont pas nécessaires, car ils pourraient être autrement. Les lois de la matière ne se connaissent que par l'expérience. Cette condition que les savants considèrent comme un honneur n'est qu'une marque d'infériorité. Ce qui est raison se découvre par la raison seule : notre pensée intérieure, dans le silence et la solitude, trouve ce qu'elle cherche hors de la région du contingent et du naturel : c'est une opération ordinaire. Nous devinons les yeux fermés tout ce qui concerne la raison, le bien. Au contraire, les lois de la matière sont des applications de la raison tellement éloignées que le rayon, à cette distance du foyer, devient imperceptible. Les faits arrivant à être indifférents et arbitraires ne peuvent plus être connus qu'expérimentalement. Nous ne pouvons nous élever au-dessus des phénomènes, savoir ce qu'ils veulent dire, pénétrer les secrets que peu à peu, en suivant les fils ténus, presque imperceptibles du nécessaire qui relient, tous les objets et les attachent à un sommet unique dans la main de Dieu : on ne peut tout voir que de cette hauteur.

Telle est la cause de notre ignorance : elle est aussi celle de notre impuissance. De même que l'esprit n'a de science naturellement que du nécessaire et non de la matière contingente, il n'a de pouvoir naturel que sur l'esprit, non sur la matière, chose nouvelle, créée par Dieu qui a gardé le secret du mouvement. Nous n'agissons sur elle que par sa permission et sans savoir comment notre âme remue notre main.

Enfin la matière, cause de l'ignorance et de l'impuissance, est encore occasion de l'erreur. Les qualités sont dispersées entre les objets, nous offrent les moyens de les confondre, d'attribuer le bien et de demander le bonheur à ceux qui ne les ont pas.

La matière lourde et épaisse, opaque, inerte, borne notre vue, résiste à notre volonté, nous écrase. Nous ne voyons qu'un petit cercle, nous n'agissons qu'à la longueur de notre bras, nous ne pouvons que nous déplacer et déplacer quelques poignées de matière, l'approcher ou la repousser. Nous ne connaissons, nous ne pouvons que par les saccades de la pensée partielle, de l'acte intermittent.

De peur que nous ne nous détournions de la matière pour le regarder lui-même, Dieu ne s'est pas contenté de nous placer au milieu d'elle, il en a enveloppé l'âme, il a fixé à l'âme par la vie cette chose morte, il lui a donné un corps qui, à s'y tenir, à la respirer, à s'en nourrir, absorbe sa pensée, l'entraîne dans son repos, l'étend dans son immobilité. Il faut que la matière nous dérobe l'Esprit, nous prive de la vision béatifique, nous rationne la jouissance. Créée en vue du mérite, elle nous éprouve par le choix, l'effort, la privation.

L'intelligence mérite par le choix du bien, la volonté par l'effort, le sentiment par la privation.]

10. — *L'ignorance.* — *La responsabilité.* — *En quel sens il n'y a pas de mal sans erreur.*

L'origine du mal est dans l'erreur, la condition de l'erreur est l'ignorance.

Si l'on possédait la vérité, il serait impossible de faire le mal. Il n'y aurait pas d'épreuve, par conséquent pas de mérite. L'ignorance est donc nécessaire.

Nous avons vu les fonctions générales de l'ignorance, de l'erreur, du mal. Nous allons faire la description des organes, du mécanisme, et en dernier lieu nous le verrons jouer dans la tentation.

Le mal a pour condition l'ignorance, et il est différent de l'ignorance. Celle-ci est notre état au début. Elle est d'abord une imperfection sans responsabilité, une condition qui servira également au mérite, si nous acquérons avec effort la vérité, si nous faisons le bien, et au démérite, si nous nous jetons dans l'erreur, si nous faisons le mal. Elle est la condition du bien et du mal.

L'ignorance, dans le principe, n'engage pas la responsabilité : l'erreur ne l'amène pas toujours, le mal l'entraîne. Les trois régions se touchent et n'ont pas de limites tracées. Il y a un moment où l'on est responsable de son erreur et de son ignorance, précisément parce que l'on ne fait le mal que par elles. Elles le permettent et y conduisent : on le savait. On n'ignorait pas que, dans ce pays inconnu, il y avait des précipices : on s'y est aventuré la nuit : on roule tout à coup ; on le regrette, mais on est responsable d'y être allé.

On ne fait guère le mal pour le mal : ceux qui le font sciemment, froidement, ont encore besoin de s'abriter derrière des sophismes qui leur en cachent l'horreur. Existe-t-il même de tels hommes ? On peut ne pas plus y croire qu'au phénix ou à la licorne.

Les crimes les plus monstrueux sont commis à la suite d'une longue erreur. Les spectateurs les voient et frémissent d'épouvante : les criminels ont perdu la faculté de les voir. Ils n'ont devant les yeux que l'erreur, c'est-à-dire un bien faux. Le mal ne perd rien de sa laideur. Au contraire, il est double, erreur et mal.

THÉORIE

Celui qui le commet avait déjà commis une suite de fautes cachées, allant en croissant, depuis la première, d'une petitesse imperceptible, jusqu'à la dernière, la seule qui apparaisse et qui semble démesurée. Il est coupable de ces erreurs volontaires et responsable du crime. Dire que l'on ne fait le mal que par erreur, à entendre par là que l'erreur est involontaire, c'est ruiner tout l'édifice moral.

Le principal, dans la responsabilité, est de laisser se former l'erreur dangereuse. Notre état mental est le résultat des jugements, des réflexions de toute notre vie ; nous avons amassé un capital intellectuel par notre activité, notre intelligence, notre mérite. Les uns l'accroissent pour le bien, les autres pour le mal. La liberté y puise facilement par la mémoire, et peut chercher péniblement des motifs nouveaux par l'imagination.

Elle peut précipiter son action, après un seul regard sur son capital, qui forme une masse énorme de motifs, bons ou mauvais, ou bien avoir la prudence d'attendre, de laisser mûrir ses réflexions, de chercher, de consulter, de tenir ferme jusqu'à ce que le mouvement qu'a causé dans son esprit l'occasion, la suggestion, soit apaisé : elle peut encore fuir, fermer les yeux, pour ne pas s'exposer.

La volonté toujours libre peut s'échapper, résister ou s'abandonner, et c'est le parti ordinaire, car, pour lutter, elle est obligée de puiser ses défenses dans ce capital d'idées qui la tente, d'emprunter des secours à cette force même qui la pousse. Nous avons dit que nous ne sommes pas en présence d'une idée, mais de toutes les idées passées; ce n'est pas un grain de poussière que nous portons, mais tout un monde; nous le voyons tel que nous l'avons formé nous-mêmes, faux ou véritable, trompeur ou vrai, pour notre perte ou notre salut. Chaque minute l'augmente. C'est toute la vie qui est rassemblée dans le moment. Tous nos actes nous poussent par derrière; devant nous, toutes nos idées nous entraînent. Plus on va, plus il faut de désespérés efforts pour n'être pas renversé.

L'on conçoit qu'au commencement de la vie, le capital étant encore léger, composé de réflexions bonnes, mauvaises, en nombre à peu près égal, la volonté peut se décider avec plus de liberté pour le bien, pour le mal, et, d'autre part, que devenus vieux, il nous soit malaisé, bons, de faire le mal, mauvais, de faire le bien.

On est responsable de chaque acte, de chaque pensée en apparence insignifiante, parce qu'ils conservent leur effet jusqu'à la fin : contrairement à ce qui se fait dans la matière, dans l'esprit, le mouvement ne s'arrête jamais. Ainsi se forme ce capital dont le poids est, en fait, presque toujours décisif. A la fin la volonté n'use plus de sa liberté que pour donner son assentiment au mouvement qui l'entraîne d'accord avec elle, pour signer sa capitulation. Mais il y a eu un temps, au commencement, où l'homme seul et de lui-même s'est décidé à entrer dans l'un des chemins, où l'on ne peut plus revenir sur ses pas, qui s'écartent de plus en plus jusqu'à se perdre de vue.

Comment a-t-il donc choisi ? A ce carrefour d'Hercule, on ne rencontre pas deux divinités à l'entrée de deux voies creusées : il n'y a pas de trace de sentier ; les pieds légers des enfants n'ont pas usé le gazon uni par toute la plaine. On est forcé de marcher; on est forcé de penser et d'agir. Dans cette période de la jeunesse ou de l'enfance, ces pensées, ces actes paraissent peu importants, mais, pour chacun, on a opté pour le moins sûr, le moins bon, le moins grand, le moins digne, le moins noble. Notre nature est le produit de milliers de petits jugements en eux-mêmes et isolés, insignifiants, comme un torrent de milliers de goutte d'eau.

Notre nature a fait nos jugements, nos jugements notre nature.

Notre nature fait le mal.

Sous une autre forme, nous pouvons dire que l'erreur fait le mal et le mal l'erreur : notre nature, devenue faible et vicieuse, fournit l'erreur au mal, s'entretient d'excuses et d'illusions. C'est plus que ce qu'on appelle, pour la matière, la conservation des forces, c'est l'augmentation réciproque des forces.

Au premier pas, on a formulé avec pleine liberté le premier jugement, dans un moment où le bien et le mal étaient presque invisibles, tant ils se tenaient dans l'éloignement de l'esprit ignorant. Lorsqu'on s'est rapproché, qu'on s'est trouvé en présence du mal, de sa face mauvaise et hébétée, mal et erreur, on ne l'a plus vu, on n'a pas eu de saisissement. Enfin, au dernier pas, lorsqu'on est tombé lourdement, on était encore responsable, quoique la liberté ait été en diminuant. L'on avait fait tant de mauvais jugements que la balance a penché, qu'on a été entraîné, avec la conviction de ne pas faire le mal, par un poids dont on a eu le tort de se charger, étant éclairé et libre.

Schopenhauer prétend que le caractère de chacun détermine ses actes. Cette doctrine n'a de vrai que l'apparence. En effet, le caractère, ou le capital de jugements et d'habitudes acquis, a une grande influence sur la conduite. Mais ce caractère, chacun se l'est fait, avec les données, les matériaux qu'il a reçus en naissant : de même la nature nous donne les traits du visage, mais on fait sa physionomie.

11. — *Le mal est une erreur.* — *Celui qui le fait est une dupe.*

Nous ne devons pas négliger de tirer la conclusion des vérités que nous avons éclaircies. Il a été établi que l'erreur est le préliminaire du mal : ils sont inséparables : la racine de la responsabilité part du sous-sol de l'erreur. Il nous faut une formule plus nette : le mal est erreur. Celui qui le commet se trompe ; il est une dupe.

C'est une confusion que notre haine ne va pas lui éviter. Tout se résout en inintelligence. Plus les vérités qu'on ne sait pas voir, qu'on méconnaît, sont grandes, plus l'inintelligence est grande. Le mal vient de ce qu'on ne le voit pas : il est la plus grande preuve, la dernière expression de l'inintelligence. Les grandes vérités occupent devant les yeux une place immense : on a été en leur présence toute la vie, non un moment : ce ne sont pas des circonstances atténuantes. On devient ridicule pour un écart bien signalé sur de petites choses, entre l'erreur et la vérité. Il n'y a pas deux natures d'inintelligences, mais deux ordres de vérités, celles qui sont importantes ou non : c'est donc la gravité de la faute qui préserve d'un sourire de mépris.

Le mot trop dur, imbécillité (faiblesse), doit entrer dans le vocabulaire philosophique, car il n'y a que lui qui puisse caractériser le mal. Il est permis de se servir d'un remède cruel, s'il est efficace. Le reproche d'inintelligence est le plus propre à guérir du mal. Un homme convient avec moins de peine d'avoir fait de mauvaises actions que d'avoir un mauvais jugement : en vérité, on ne commet pas celles-là sans celui-ci.

La maxime de Socrate, « pas de faute sans erreur, » ruinerait la morale, si elle faisait dépendre nos bonnes ou nos mauvaises actions d'un état intellectuel involontaire. Cet état lui-même doit dépendre de la volonté.

Notre âme, en son cerveau, est dans la même situation que l'homme en cet immense univers. Il n'y paraît que comme un point : il se choisit un abri, laboure un champ et sème : la nature, la terre, la graine, la pluie, le soleil font le surplus. Après avoir semé, le laboureur s'en est allé : quand il revient, en été, le blé balance ses épis. De même, dans notre âme on jette une graine d'ivraie ou de blé : la raison, comme le soleil, la fait mûrir : le mal ou le bien envahit le champ. La volonté n'a fait qu'une partie de l'œuvre, très petite, mais décisive pour la vie : elle s'est trompée sur la graine : elle a été inintelligente.

Bien entendu il y a dans le sol des parties incultes : il existe des erreurs involontaires. La cause de l'inégalité des esprits est double ; il y a des différences naturelles, organiques, qui ne dépendent pas de la volonté. Mais que le sol soit plus ou moins fertile, il dépend de nous de n'y pas semer des plantes nuisibles.

Il ne paraît pas possible qu'un esprit ne voie pas Dieu; s'il le voit, il ne peut mériter? Dieu a résolu ces deux difficultés en créant la matière. Mais une autre difficulté se présente.

Si Dieu est déguisé, si on ne le voit pas, on est excusable; donc il n'y a pas de mérite, il n'y a pas même de mal.

[L'ignorance est une condition nécessaire de l'épreuve. Or, elle n'est pas la nuit, mais le demi-jour, l'aube du jour sans fin. Si elle doit empêcher de voir pleinement l'irrésistible vérité, elle doit la laisser entrevoir et exercer son attrait. Dieu est le Bien : le Bien est donc encore au-dessous de l'horizon ; mais ses rayons nous éclairent déjà : les rapports de Dieu aux hommes, des hommes entre eux, les lois morales sont visibles. Le sentiment atteint le bien mystérieux ; l'intelligence possède la morale : ils s'entraident. Les choses métaphysiques ne sont pas divisibles comme les physiques : elles n'ont pas de parties ; on ne va pas de l'une à l'autre par-dessus des intervalles. L'esprit ne va pas de la morale au bien et réciproquement : ils sont un et lui-même est unique. Nous n'avons qu'une vue, quoique nous ayons un organe de vision double ; quoique nous ayons intelligence et sentiment, nous voyons ensemble le bien et ses lois. Observer la loi fait aimer le bien, aimer le bien fait observer la loi, de sorte que le meilleur moyen de trouver la vérité est de chercher le bien : il est le goût de la vérité.

La science appartient à l'intelligence, parce qu'en son domaine sont les objets innombrables de la matière divisible, dont elle a à assembler tous les rapports. Le sentiment a affaire à l'Un. Il ne faut qu'un regard pour voir le soleil : il en faut beaucoup pour voir tous les objets qu'il éclaire. Le sentiment n'a donc pas de science. Aussi les ignorants ont, par le sentiment, contact avec le bien, accès à la source même des vérités nécessaires, dont les savants ne connaissent que des canaux, et ils nous donnent le singulier spectacle d'hommes simples et sans lettres plus sûrs et plus fermes que des philosophes.

Le bien, qui est la qualité divine, amène à reconnaître la personnalité divine. Si on goûte, si on aime le bien, on est entraîné dans une voie où il apparaît successivement et logiquement, aussi grand que possible, aussi tout-puissant que possible, aussi réel que possible, conscient, infini, éternel, absolu, personnel, Dieu.

Voilà pourquoi on est responsable de l'erreur, voilà pourquoi on n'est pas excusable de ne pas voir, de ne pas aimer le bien.

C'est là la preuve ontologique vulgaire. Celle des philosophes vise l'absolu de l'être et non l'absolu du bien ; elle n'est pas à la portée de tous ; elle n'a pas le consentement du genre humain. L'autre se déploie toute seule dans l'entendement de tous, parce que le bien, quoiqu'il soit le plus éloigné, est le plus facile à connaître, comme le soleil qui étend partout sa lumière et sa chaleur.

Dieu a eu en vue l'universalité des hommes, même ceux qui ne sont pas savants. Comme tous débutent par l'ignorance, c'est donc une preuve antérieure à la science qu'il a dû leur donner.

Le soi-disant ignorant, le vulgaire, ne croit pas sans preuve ; il en a une suffisante. Il ne se trompe pas quand il croit à Dieu, car il le voit : en s'attachant au bien, il tient Dieu. Dans le désordre des opinions, les séductions, les belles paroles ne viennent pas à bout de cette preuve : il branle la tête et dit : « Ce n'est pas là le bien. Le bien veut qu'il y ait un Dieu. »

Savants, vos preuves ont autant ou plus de certitude : elles donnent moins de sécurité. Celle-là se tirerait bien de votre examen. Le bien est absolu ou il n'est pas. Que vaut-il ? D'où vient-il ? De Dieu, d'une chose ou force inférieure, inconsciente, ou de l'homme ? l'un des trois. S'il vient de l'homme ou de la force inférieure, inconsciente, il ne vaut que ce qu'ils valent, et que ce qu'ils peuvent donner, c'est-à-dire rien. Le bien est une qualité, et la qualité, est cela seul que nous aimons et tout ce que nous aimons. Une qualité qui n'a plus de valeur ne nous laisse plus rien à aimer. Si le bien ne vient pas de Dieu, mais de la chose inférieure ou de l'homme, il n'est pas absolu, puisque Dieu seul est absolu. Il peut donc changer. Ce qui est mal peut devenir bien, ce qui est bien peut devenir mal : il n'y a ni bien ni mal. Donc le bien est absolu ou il n'est pas.

Nous reprendrons cette démonstration dans la dernière partie.

12. — *Origine de l'erreur.* — *Un nouveau chapitre des causes finales : les merveilles de l'erreur.*

Un phénomène qu'on ne se lasse pas d'admirer, c'est l'erreur.

Ce qui est étonnant, ce n'est pas que l'âme connaisse, mais qu'elle ignore, que l'intelligence ne voie pas tout, que le sentiment ne sente pas tout, que la volonté ne veuille pas tout le bien. Cet aveuglement est contraire à l'ordre qui demande que tout soit bien, que l'intelligence soit aussi étendue que l'intelligible. On croirait que c'est ce qu'a pu faire de plus fort la puissance divine qui, là, paraît s'écarter elle-même du bien, et qui n'a pu le faire qu'en vue du mieux, mais enfin a employé un moyen qui s'éloigne de la forme du bien. C'est donc un phénomène inexplicable, le dernier problème que l'homme découvrira, puisqu'il est lui-même la cause de son ignorance.

La difficulté de produire l'ignorance n'est rien auprès de celle d'obtenir l'erreur. Il est nécessaire que, pour mériter, l'homme accueille le vrai, fasse le bien; il est indispensable qu'il puisse voir la vérité et l'erreur, qu'il puisse choisir entre le bien et le mal. Il trouve les voies tracées, mais elles ne doivent pas être enserrées entre des barrières qui l'empêcheraient de s'écarter. L'illusion doit se tenir à côté de la réalité; les reflets de la lumière divine doivent lui permettre de s'égarer, les échos de s'éloigner de la voix de la Raison.

Dieu n'a pu mettre que du bien en ce monde; on concevrait difficilement qu'il ait fait et y ait placé le mal, lui ait donné l'apparence du bien avec sa jouissance, qu'il ait façonné un bien faux, un appât pour séduire l'homme. Le bien seul est désirable.

C'est donc un merveilleux ouvrage que la disposition de ce monde, où Dieu n'a mis que vérité et que bien, mais de manière que l'homme puisse y trouver l'erreur qu'il prend pour la vérité, un mal qu'il prend pour le bien. Car, pas plus que l'erreur, le mal n'a d'existence, de réalité, de valeur, de sens, de jouissance. L'homme qui les

8

préfère n'a rien entre les mains, alors qu'il s'estime habile et heureux.

On célèbre la gloire de Dieu en exposant les merveilles du bien dans la nature : il y aurait autant à dire, en montrant celles du mal. Ne nous refusons pas la satisfaction d'offrir aux athées et aux pessimistes ce chapitre inédit des causes finales : c'est l'objet de cette étude.

L'admirable mécanisme du mal se montrera plus particulièrement quand nous étudierons la tentation. Ici contentons-nous d'une réflexion en ce qui concerne l'erreur. Depuis le commencement du monde, on s'en plaint, on se désespère, on la maudit : consacrons enfin un instant à l'admirer.

Est-ce que l'erreur pourrait naître d'un monde qui serait en désordre ? Non. Le désordre ne peut donner que ce qu'il a, la confusion. Mais si le monde contient la vérité et par conséquent l'ordre, comment peut-il donner lieu à l'erreur ? L'homme est créé dans un état d'ignorance, mais cette condition ne suffit pas. L'ignorance n'est pas le moyen suffisant de l'erreur. En effet, ce qu'on ignore reste invisible, ce qu'on sait à moitié est vu à moitié : cependant il n'y a pas là matière à erreur. D'abord, rester dans l'ignorance, éviter de s'aventurer dans l'inconnu serait le parti le plus sûr : mais le cas est prévu. L'homme ne peut demeurer immobile ; il a à faire des actes, même pour vivre : la nécessité le lance avec force dans la vie et il ne s'arrêtera que pour mourir. Mais alors découvrir l'inconnu ne lui serait-il pas plus facile que de le suppléer par l'erreur ? Non. Car la moitié de ce qu'il rencontre est incompréhensible. Il ne peut comprendre aucun des objets avec lesquels il est mêlé, ni la nature, ni les êtres qu'il aime ou craint, ni lui-même : il ne comprend que les rapports entre eux, il ne pénètre que dans l'espace, les voies libres entre ces êtres dont il fait le tour, errant partout et ne pouvant rien saisir. Cependant il est pressé d'agir, de posséder, de jouir, il précipite donc ses jugements, confond des myriades d'êtres, de rapports, assemble ses fantômes, se trompe, s'entête.

L'admirable artifice divin se voit bien maintenant d'ici. L'erreur ne peut paraître néant et désordre (quoiqu'elle ne soit pas autre chose), sinon elle ne séduirait, n'arrêterait personne, elle ne remplirait pas son but. Elle doit avoir l'appui de la logique, des preuves, des conséquences, des vraisemblances, la rencontre d'explications heureuses : la proposition fausse doit occuper la même aire que la vraie, et les arguments doivent se balancer en apparence. Le fantôme doit ressembler à la vérité pour tromper un autre que celui qui aime la vérité. C'est pour cela que le monde est fragmenté en tant de milliers de morceaux, d'êtres, que rien n'est plus facile que de se tromper en prenant l'un pour l'autre. Chaque ligne de la construction paraît se multiplier, s'agencer parfaitement à toutes les autres et former, non un seul édifice, mais mille. Chacun voit le sien. Des mondes imaginaires se dressent, durant un jour ou des siècles. Le grand nombre s'évanouit dès que leur auteur pense à autre chose ou meurt lui-même : quelques créateurs le font voir, admirer et fondent des écoles. Ce ne sont pas des chaos, mais des cosmos. La plupart des hommes n'achèvent pas la sphère d'un monde : ils se contentent d'habiter les imaginaires des autres : mais il n'est personne qui n'en ait fait au moins quelque morceau.

Pourtant il n'y a que la vérité devant nous. Et toutes ses lignes, les milliers de propositions vraies paraissent sous un tel jour dans ce kaléidoscope, que chacune miroite, rayonne et se prête à un nombre illimité d'erreurs.

Que l'on compte, si l'on peut, toutes celles qui ont vu le jour, depuis Thalès en philosophie, celles de la théologie, de la physique, de toutes les parties de nos connaissances. Nos neveux en verront bien d'autres: nous autres, Grecs, nous ne sommes que des enfants. Dieu a donné un visage impassible à la nature. Elle n'arrête pas les égarés qui parcourent son labyrinthe : ils vont dans tous les sens, ne trouvent nulle porte fermée, et chacun s'imagine qu'il est enfin parvenu à la chambre où sont cachés les trésors. Elle n'a pas découragé Schopenhauer ni M. de Hartmann. Elle retient son sourire quand elle voit les sceptiques rester à la porte, n'osant entrer nulle part, quand elle entend les athées, après avoir admiré les merveilles vantées par leurs pères, tenir ce raisonnement : « Personne n'a fait ce labyrinthe, qu'il est donc bien fait ! » ou lorsque les idéalistes se heurtent aux murailles, persuadés qu'elles n'existent que dans leur pensée. Elle laisse nos savants contemporains creuser dans les souterrains les couches géologiques, courir sur les toits à la recherche des générations spontanées, ou trouver au fond des citernes du bathybius. Elle ouvre son laboratoire où de formidables arguments contre Dieu sont découverts. Elle a des trappes où les erreurs préparées depuis le commencement attendent les dupes qui auront leur jour de gloire pour y être tombé. les premiers. Les positivistes ont trouvé la leur lorsque les âges théologique et métaphysique se sont écoulés, et d'autres trappes aussi anciennes s'ouvriront à de nouvelles erreurs jusqu'à la consommation des siècles [1].

1. Voir la théorie de Schopenhauer sur l'erreur. Elle est imputable à la raison, vol. I, p. 243-246.

13. — *L'habitude*. — *Pourquoi la jouissance, les émotions sont rares.*

Outre l'ignorance et l'erreur, il existe un troisième agent : il convient d'en dire un mot, d'autant plus que son rôle est très méconnu. Nous lui conserverons provisoirement son nom, l'habitude [1].

Il n'est pas d'homme qui n'ait eu un instant d'émotion heureuse : il n'a duré qu'un jour, une heure, une minute, mais, enfin, on l'a eu. On ne l'oublie pas, tant il tranche sur le reste de la vie : il n'y ressemble pas.

Comment se fait-il que cette émotion n'ait été que momentanée? Le fait est digne de toute notre attention. Le monde est identique avant et après : on était ce qu'on a toujours été, avant et après. Cependant l'on n'a senti le fait permanent que pendant la durée d'un éclair. Nous avons ici en jeu un intérêt considérable, car, si ce qu'on a ressenti exceptionnellement, nous le sentions continuellement, la vie serait heureuse.

De sa fenêtre, on a regardé mille fois la même campagne : elle ne s'est illuminée qu'un certain matin. Les autres fois on l'a vue sans la voir. Puisque la nature a resplendi tout à coup, puis-

---

[1]. Schopenhauer a de nombreux passages sur l'*ennui*, à comparer. Voir notamment : *Pensées* de Schopenhauer. — *Douleurs du monde.*

qu'une femme qu'on avait déjà vue souvent sans émotion et qu'on a peut-être revue ensuite sans plaisir, a remué l'âme, pourquoi n'a-t-on été ainsi qu'un moment ? Pourquoi, de toutes les femmes qui nous entourent, aucune n'a-t-elle produit cet effet ? Pourquoi celle qui l'a produit n'est-elle pas la plus belle ? Pourquoi la plus parfaite n'obtient-elle pas de tous l'effet qu'elle mérite ?

Ce n'est donc pas le monde qui manque d'agrément, c'est l'homme qui ne sait pas les voir. De même qu'il ne sait pas tout, il ne sent pas tout. Les émotions sont les intervalles où l'on sent. Le reste de l'existence, on ne vit pas, on végète dans la torpeur, l'ennui, le dégoût, le froid de la nuit mentale.

Que de beautés perdues dans les déserts, les solitudes, où la voûte des cieux étale sa splendeur, où les fleurs meurent sans un regard ; mais que de choses perdues autour de nous, en plein cénacle des hommes !

Toutes les beautés sont-elles senties ? Presque aucune. Notre âme ne s'en aperçoit pas plus que notre corps des étonnants phénomènes physiques dans lesquels il est engagé, ses molécules en renouvellement, l'air qu'il respire, l'atmosphère qui l'écrase de tous côtés pour le soutenir, l'équilibre des forces qu'elles maintiennent en luttant de leurs terribles puissances égales. Peut-être l'enfant qui vient de naître les a-t-il sentis aussi un moment : quand il a ouvert pour la première fois les yeux, il a eu la secousse des flots de l'océan de l'éther qui faisaient irruption : son oreille a été remplie du tonnerre des vibrations du monde que nous n'entendons plus du tout : l'habitude a eu bientôt détruit ces sensations à jamais.

Tout est donc plein de beautés ? Nous le croyons. Nous pensons que ce que l'habitude a rendu insignifiant recèle en vérité de quoi nous inonder de délices. Si Dieu avait donné à chaque homme, une fois dans sa vie, dans la force de son âge, l'étonnant droit de créer un monde comme celui que nous habitons, une planète merveilleuse avec ses océans, ses continents, ses végétaux, qu'il eût pu disposer à sa fantaisie, comme nous faisons d'un jardin, en disant « Fiat », il semble que notre puissance dépasserait toute proportion avec celle que nous nous connaissons. Il nous en a donné une plus grande. Nous créons, non pas un monde inintelligent et insensible, mais un homme qui du regard traverse l'univers, de la pensée l'enveloppe en ses confins, qui y pensera à peine tant il y a de choses supérieures à la matière qui occuperont son esprit. Un enfant qu'on fait naître, à qui l'on communique sa propre âme, sa pensée, ses désirs, son admiration, son amour, c'est bien plus qu'un monde. Le tourment de l'ambition, le désir de dominer, de conduire, de persuader, a là son véritable exercice : les conquérants se trompent quand ils s'emparent de milliers de lieues couvertes d'habitants. L'emploi légitime de l'ambition est de conquérir à la vérité. C'est bien assez d'un enfant qui croie avec amour, pour satisfaire le plus avide.

Tout est plein de beauté. Cette proposition n'est pas pour déplaire. Elle ruine le pessimisme d'un Schopenhauer, d'un Hartmann ; elle confirme celui du sytème du mérite. Dieu a fait un monde digne de lui : il n'est pas l'œuvre maladroite, déplorable d'une Volonté inintelligente, d'un Inconscient. Toutefois, nous ne jouissons pas, parce qu'il nous faut mériter. Nous n'avons que des vues rapides, nous ne pouvons rien retenir. Le ciel est toujours radieux, mais un brouillard qui dépasse à peine nos têtes nous empêche de le voir autrement que par échappées. Cependant rejoignez les deux ou trois moments où l'œil a percé jusqu'au bleu de la voûte et ressenti la chaleur, et faites-en une vie : elle ne sera pas malheureuse.

Notre malheur est de ne pas tout sentir, comme de ne pas tout connaître. Ce ne sont pas seulement des surprises que nous avons, qui ne peuvent pas durer. Le plus souvent, le désir a précédé longtemps la jouissance : elle n'en est pas moins fugitive : nous en donnerons un exemple bien simple : un amateur de livres est satisfait quand il en possède un qu'il cherchait : pendant un instant celui-là l'emporte sur tous les autres ; mais ces autres, il les avait autant désirés et il n'y pense plus : et celui-là, il n'y pensera plus quand il aura mis la main sur un nouveau. Ne nous dissimulons pas qu'il en est de même quand il s'agit d'un désir plus véhément et d'un être plus cher que n'est un livre.

Nous allions nous demander si ce n'est pas parce qu'il ne sait pas tout que l'homme ne sent pas tout. D'après ce que nous venons de voir, la réponse ne paraîtrait pas devoir être affirmative, car ce que l'on a désiré longtemps doit être bien connu en toutes ses circonstances.

Le sentiment s'efface: le phénomène est-il dû à l'ignorance ? Non, puisqu'on a connu. Ce qu'on a une fois vu se voit toujours. La vérité ne s'échappe pas comme le sentiment : quand le sentiment a disparu, on en a la mémoire quoiqu'il n'existe plus.

Le sentiment n'a-t-il été obtenu que grâce à un concours d'idées qui se sont bientôt dispersées et l'ont emporté dans leur fuite ? Par quelle fatalité ne les garde-t-on jamais assemblées comme on fait par exemple des membres d'un raisonnement ? S'il ne s'agit que de quelques idées, est-il vraisemblable qu'elles n'aient traversé l'âme qu'une fois, que, se trouvant si bien ensemble, elles n'y fassent pas séjour ?

On peut obtenir une preuve directe contre le système qui charge l'ignorance du crime de nous priver du sentiment. L'enfant a une félicité que nous ne pouvons expliquer, puisqu'il est ignorant, puisqu'elle n'est pas causée par des motifs dont la raison se rende compte, et que nous-mêmes ne pouvons la désigner autrement que par les termes incompréhensibles de joie de vivre. Elle n'est pas troublée par la connaissance des conditions de cette vie qui nous l'ont empoisonnée. Donc il sent, il est heureux, quoiqu'il ignore, et par ce qu'il ne sait pas.

Une objection se présente. L'enfant qui a des émotions que nous n'avons plus, attribuées à l'ignorance ou existant malgré l'ignorance, n'a pas celles que nous avons et que nous devons à la science. Quand son œil s'est ouvert pour la première fois, tout l'univers s'y est précipité : une pluie de merveilles est tombée de l'infini dans un point : l'enfant ne s'en est pas rendu compte. La sensation a pu être extraordinaire, le sentiment a été nul. En grandissant, il a admiré à mesure qu'il a su.

Est-ce exact ? Il a acquis peu à peu et presque sans étonnement la connaissance d'un monde à la manière de l'écolier qui, sur les chefs-d'œuvre classiques, ne connaît que la peine de les étudier. L'habitude dont le rôle est d'éteindre le sentiment dès qu'il s'allume, le devance elle-même, et, dans la longue familiarité de l'étude, étouffe l'émotion avant qu'elle ne naisse.

Qu'on s'imagine quelle serait l'extase d'un être sortant du néant avec un esprit adulte, ouvrant tout à coup des yeux de vingt ans sur l'univers.

L'objet de la science n'est pas la chose émouvante, mais les dessous, les moyens, les conditions, multiples, cachés, tandis que la chose est simple, complète, réelle, plus saisissable. On ne peut savoir qu'après un long voyage en circuit, alors qu'il est trop tard pour sentir.

Les moments les plus désagréables ne sont pas dus aux maux aigus de l'âme, mais à ses maux chroniques; les plus mauvais jours ne sont pas ceux où quelque événement violent, quelque misère brutale nous frappe. La lutte excite, éveille l'amour-propre, le ressentiment.

Si le danger est matériel, il ne laisse pas à l'esprit le loisir de se lamenter; si la crise est morale, aussitôt tout l'être s'échauffe, il conçoit l'espoir de triompher. Les émotions causées par les maux ne sont pas sans agrément, parce qu'ils sont salutaires. Toute lutte est bonne. La partie mauvaise de la vie n'est pas celle qui ne dure que pendant quelques instants de surexcitation, mais celle qui remplit presque tous nos jours. Ces jours-là pèsent sur nous : la torpeur, l'ennui, la sécheresse de l'existence quotidienne avec sa monotonie, les occupations fastidieuses, l'accablement de l'âme, le vide de l'esprit, le dégoût du cœur, les difficultés misérables de la fortune, les désagréments de la matière nous gênent douloureusement. L'on pourrait appeler ce temps le remplissage de la vie ; comme un objet précieux enveloppé d'une matière sans valeur qui le préserve, nos émotions sont perdues au milieu d'une vie terne et monotone. Le charme des lettres, poésie, roman, vient de ce qu'elles dégagent de la gangue ce qu'il y a de brillant, de ce qu'elles ne montrent que les heures vivantes de la vie [1].

On connaît le remède. Il faut agir au lieu de subir; on cherche, on s'efforce de faire prendre à sa pensée un nouveau cours, parce qu'en s'arrêtant sur les mêmes objets elle en a perdu le goût. L'œil est fatigué de ce qu'il ne cesse de voir; on regarde par la fenêtre, on descend dans la rue, on se mêle aux hommes, on épie tout ce qui est neuf.

Le besoin de société est celui de s'agiter pour renouveler ses pensées et rafraîchir les regards. Le neuf le plus insignifiant a son prix ; la conversation le plus souvent ne consiste qu'à dire ce que

1. Schopenhauer attribue, à tort selon nous, ces moments de lucidité et d'émotion à l'oubli de l'individualité. *Voir* vol. I, p. 315.

chacun sait ; c'est un mouvement qui n'est pas tout à fait inutile, puisque c'est un mouvement.

L'habitude a des effets plus grands que le sommeil qui prend un tiers de notre vie : elle la prend toute ; comme lui, elle est pour l'âme une image de la mort. Le remède est le changement ; les idées se posent et restent immobiles : il faut les agiter.

La matière suscite, excite les idées : il faut la changer autour de nous, ou se déplacer, varier le milieu, la disposition des objets qui nous entourent, l'habitation, les occupations. La douleur, les contrariétés nous rendent au moins le service de secouer nos idées.

Les pages d'histoire qu'on relit de préférence ne sont pas celles qui peignent les âges d'or, les moments de tranquillité des peuples, mais les catastrophes. Dans un musée, la foule se presse plutôt devant un tableau de bataille que devant une idylle. Les événements tragiques, les crimes sont les délices du vulgaire.

Dans la nature, le beau a l'immobilité qui sied à ce qui, étant heureux, doit être durable. Les Arcadies sont calmes avec un ciel bleu, sans nuage, à peine un zéphyr dans les myrtes. Mais on se lasse plutôt de ce tableau uniforme, invariable, unique, que des paysages du Nord, changeants, inattendus. Le mouvement, la force, la puissance appartiennent aux mers soulevées, aux vents déchaînés, aux nuages fuyants sur les bruyères, spectacle triste, mais plus émouvant, parce que le changement empêche l'habitude et nous laisse sentir.

Le remède qui est le changement, la nouveauté, la variété, nous révèle la nature du mal : c'est l'habitude. Or, pourquoi celle-ci use-t-elle le charme des objets? Parce qu'on les connaît. C'est la connaissance complète, la science de l'objet qui a éteint le sentiment. Ce n'est donc pas l'ignorance, mais la science qui nuit au sentiment.

Qu'est-ce donc que ce mot Habitude, dont on fait un si grand usage?

14. — *L'explication par l'habitude est insuffisante.*

Un homme fait tous les jours la même promenade. Il est plus disposé à répéter l'action ; c'est l'habitude. Mais le tableau qu'il a sous les yeux pendant cette promenade, s'efface de plus en plus : chaque objet, à force d'être vu, perd son pouvoir. C'est encore l'habitude. A son retour, si un étranger le visite dans sa chambre, celui-ci y apercevra dix particularités que le maître ne voit plus. L'habitude a donc deux effets contraires, elle fait, elle défait. Elle favorise l'acte du corps ou de l'âme, l'action ou la pensée ; elle nuit au sentiment : les exemples abondent, habitude de la marche, d'un métier pour le corps, du calcul, pour l'esprit.

Quant à l'acte, elle ne donne pas seulement l'habileté résultant de l'exercice, mais encore la disposition, l'entrainement à recommencer ce qu'on a déjà fait, ce que font les autres. Elle remplit, pour l'acte, le rôle de l'opinion pour la pensée. Ce que nous faisons par habitude, nous le faisons pour imiter ; il faut moins d'effort pour recommencer que pour commencer, pour répéter que pour imaginer. Elle vient de l'inertie : on prend les actions et les idées des autres, parce que l'imitation est plus facile que l'invention.

La conformité aux idées du grand nombre procure la sécurité d'esprit, et la conformité à ses actes, la tranquillité : il y a sans doute une loi du niveau de l'opinion dans les cerveaux, comme celle des liquides dans les vases communiquants.

On expliquerait la plus grande partie de l'homme, de l'histoire, de l'humanité, par l'habitude et l'opinion : les premiers hommes ont pris au hasard une voie : tout le reste a suivi.

L'habitude a deux effets contraires : voyons s'il faut lui faire honneur d'être utile à l'acte, et un crime d'être nuisible au sentiment. L'inertie l'a déjà dépouillée de l'initiative, quant à la propension à recommencer les actes : quant à la facilité à les faire qu'on attribue à l'habitude, elle est due à la répétition de l'acte, à l'exercice, c'est-à-dire, en définitive, à l'inertie encore, qui fait que toute activité prend plus facilement un chemin déjà suivi, des ornières creusées.

Ainsi l'inertie ôte à l'habitude ce qu'on lui a donné avec trop de générosité.

Autre dépossession pour les actes de l'esprit. Quelques psychologues ont été jusqu'à dire que la mémoire est une habitude. Mais répéter pour mieux savoir, c'est exercer une faculté : si la faculté de retenir n'existait pas, elle ne se perfectionnerait pas par l'habitude : cet acte, comme tous ceux de l'esprit et du corps, est l'usage d'une puissance : l'acte du bras suppose une force des muscles que l'exercice perfectionne, mais ne produit pas.

Gardons-nous de confondre l'habitude avec l'attention.

Si nous considérons le résultat, la facilité obtenue par l'exercice pour les actes du corps et de l'esprit, nous verrons qu'elle est en raison inverse de l'attention. Quand on a acquis une certaine aisance à faire un acte, l'on n'a plus à s'en occuper : l'on a d'autant moins d'attention à donner qu'on a plus d'habitude, c'est-à-dire que l'inertie a plus enrayé l'activité dans une ornière [1].

1. Il ne faut pas confondre l'instinct avec ce que nous appelons l'habitude. L'instinct la devance et il est infaillible. Dieu nous a dispensés, pour les choses de l'instinct, de l'exercice du corps et de l'attention de l'esprit. M. de Hartmann s'appuie sur cette infaillibilité pour attribuer l'instinct à l'Inconscient.

L'attention retient volontairement la pensée que nous désirons regarder; l'habitude l'immobilise, malgré nous, quand nous aurions intérêt à nous en débarrasser.

Du reste, l'attention n'a pas la puissance qu'on croit : elle ne renouvelle pas les idées, elle n'en introduit pas, elle se borne à mieux considérer celles qui passent. C'est ainsi que l'œil regarde les aiguilles d'un cadran, mais ne les fait pas tourner. La circulation des idées dans notre cerveau ressemble à la circulation du sang dans notre corps. Le corps est bien à nous, mais le sang circule sans nous : on peut l'activer, mais indirectement, par l'exercice, le saut. Pour introduire des idées neuves, il faut se remuer, les provoquer par la sensation, la lecture, la vue, la conversation.

Dans cette rotation d'idées, l'attention arrête le plus qu'elle peut celles qu'elle veut retenir : c'est elle qui a le soin de perfectionner la mémoire. Ainsi, lorsqu'elle a aidé à former un jugement, elle abandonne les notions qui lui ont servi, comme des matériaux inutiles, et ne livre que celui-ci à la mémoire. Comme nous tâtonnons sans cesse, comme nous refaisons nos appréciations sur la sécurité, sur le bonheur, sur les êtres qui sont dans le cercle de notre vie, c'est surtout des jugements que nous confions à la mémoire, et nous les lui retirons presque aussitôt pour lui en donner d'autres. Tout ce travail est trop personnel pour qu'on puisse l'attribuer à l'habitude.

Mais si l'attention ne renouvelle pas la pensée, l'habitude l'empêche de se renouveler.

L'on accuse l'habitude de nuire au sentiment. On fait le même reproche au temps, et peut-être les confond-on tous les deux. Comment le temps peut-il détruire ? Comment la durée peut-elle effacer ? Le temps a-t-il vraiment une faux ?

Nous distinguerons la sensation du sentiment, et, pour la première, nous accorderons à l'habitude plus qu'on ne lui donne.

Il y a des choses qui, à l'origine, indifférentes, deviennent par l'habitude agréables, indispensables, et montent au rang de besoins factices : tel est le tabac. Qui sait si un bon nombre de nos sensations, et des plus célèbres, n'ont pas eu cette humble origine ? On s'expliquerait ainsi la différence des goûts pour les aliments [1].

Mais comme le sort de l'habitude est d'avoir des

---

1. On expliquerait de cette manière la différence des goûts particuliers, des répugnances, mais non le goût spécial des aliments, car, acquis comme on vient de le dire, celui-ci serait uniforme pour tous les hommes et on ne voit pas comment ils se seraient entendus pour distinguer les saveurs si variées, et conviendraient qu'un même objet est salé ou sucré. Les idéalistes, à un autre point de vue, auraient bien dû examiner cette question. Mais on se rendra compte très bien comme quoi les uns aiment, d'autres n'aiment pas un certain aliment.

effets contraires, ce qui prouve bien qu'on se trompe sur la cause véritable, elle émousse les sensations les plus importantes : c'est un phénomène bien connu.

Elle produit les petites sensations, elle détruit les grandes. Son rôle est de ramener à la médiocrité qui lui convient, la sensation.

Le vice qui n'écoute pas l'avertissement se punit lui-même en affaiblissant sa jouissance [1].

Ici encore on attribue à l'habitude ce qui est dû à l'esprit : pour les petites sensations, c'est une association d'idées erronée ; pour les grandes, c'est le désenchantement, une partie de la science.

En ce qui concerne le sentiment, nous sommes décidés à retirer toute influence à l'habitude. En somme, elle n'est pas ce grand agent qu'on croit. Elle n'est qu'un état, un résultat : ce n'est que pour être plus aisément compris que nous lui avons conservé son titre et ses dignités, en commençant ce chapitre. Tous ses effets doivent être rapportés à d'autres causes. On les met à tort sur le compte de cet auteur apocryphe. Elle n'existe pas.

15. — *Explication par le sentiment.* — *Théorie du sentiment.* — *L'intelligence et le sentiment.*

Nous sommes en état maintenant de résoudre

---

1. Les aliments fades, le pain sont ceux dont on se lasse le moins. — Comparer ce que dit M. de Hartmann sur la souffrance produite par la durée de la sensation du plaisir.

la question : « Pourquoi le sentiment n'est-il pas durable? »

Nous avons vu déjà que notre intelligence est fragmentée en pensées, notre puissance en actes. Le motif, nous l'avons appris; pour mériter, pour user de la liberté en bien et en mal, il est nécessaire qu'il y ait à choisir, qu'il y ait des alternatives, plusieurs questions à l'examen, beaucoup de réponses à faire, de résolutions à prendre, d'actions à exécuter. Le moyen, nous l'avons constaté. C'est la multiplicité des objets. Dieu les a faits pour disséminer nos pensées, nos affections de tous les côtés.

Le sentiment n'est pas durable : cette intermittence équivaut à une fragmentation. Notre intelligence aurait dû tout savoir, notre puissance tout pouvoir, notre sentiment tout sentir. Nous savons par parties, nous pouvons par saccades, nous sentons par intervalles. C'est aussi la nécessité de l'épreuve qui en est cause. En effet, si le sentiment avait été durable, nous aurions été heureux. Or, quoi de plus incompatible avec l'épreuve? Possédant le prix, nous n'aurions pu rien faire pour l'acquérir avec effort.

Rappelons-nous nos principes. Dieu a créé la matière pour se montrer et se cacher : lui, qui est le Bien et Beau, ne se découvre pas; mais il a disséminé entre les innombrables objets de la matière, des parts finies de ses qualités infinies. Nous voyons l'Infini en énigme, comme dans un miroir brisé en morceau.

Les rapports de l'infini au fini, du nécessaire au contingent, sont l'intelligible. L'intelligible n'est donc pas l'infini, mais ses rapports au fini.

L'Infini reste incompréhensible, au-dessus de l'intelligence. — Qui le voit ? Le sentiment : il dépasse l'intelligence; aussi il ne comprend pas ce qu'il sent. Il faut voir Dieu et ne pas le voir, il faut le connaître, et ne pas le comprendre, lui, le Bien, le bonheur, pour que l'épreuve soit possible.

Or, si la matière, qui montre l'intelligible, le rapport de la qualité infinie au fini, ne contient pas le rapport, comment contiendrait-elle la qualité infinie elle-même !

Aurons-nous de la peine à expliquer maintenant pourquoi le sentiment, impression du Bien et du Beau, n'est pas durable ?

Les êtres créés montrent le Bien et le Beau, mais ne les possèdent pas. L'impression, le sentiment est donc incomplet, insuffisant, délicieux et douloureux, et il ne dure pas : nous apprenons bientôt que l'objet ne contient rien, qu'il n'est qu'un signe. Ce que nous attribuons à l'habitude est le résultat de notre science : alors nous savons si bien l'objet que nous reconnaissons qu'il n'y a rien à en attendre.

Les qualités sont disséminées entre les innombrables êtres et objets que Dieu a façonnés avec la matière : ce que nous demandons à chacun, c'est tout ; ce qu'il a, ce n'est presque rien.

Ce peu, l'a-t-il ? Non : il le montre et ne le possède pas. La goutte de rosée suspendue à chaque feuille, à chaque brin d'herbe, montre en son léger miroir le monde, le ciel bleu, la terre verdoyante. Possède-t-elle le monde ? Un mur réfléchit la lumière, mais n'a pas la lumière ; les créatures renvoient à nos yeux la beauté qui n'appartient qu'à Dieu, l'homme comme une muraille de pierres brutes, la femme comme un mur blanc et poli qui éblouit. Cependant ils l'ont réellement, puisque Dieu les a choisis pour les montrer ; la beauté les désigne comme l'eau désigne le ruisseau et le fleuve. S'ils ont véritablement les qualités, il n'en ont qu'une véritablement à eux et venant d'eux, c'est le mérite.

La science consiste à savoir les qualités d'un objet, c'est-à-dire qu'il en possède peu. Le sentiment et l'intelligence cherchent côte à côte ; quand la curiosité de l'intelligence est satisfaite, le sentiment a une déception.

Lorsqu'on sait, c'est-à-dire lorsqu'on a l'habitude, on est désenchanté. Tout ce que touche la science se flétrit : au rebours de Midas, elle change l'or en plomb.

Faut-il se lamenter? Non, il faut se réjouir. Nous le sentirons plus tard ce Bien, ce Beau; il est aussi grand que possible, infini, absolu, Dieu. Ne méprisons pas ces objets, parce qu'ils ne l'ont pas. Honorons-les, parce qu'ils le montrent, le promettent. Heureuse déception qui nous révèle que le bon est trop bon pour être compris, que le bonheur est trop grand pour être embrassé.

Si Dieu, qui ne se fait que connaître seulement se laissait comprendre, notre nature ne supporterait pas sa gloire : le sentiment, cette fois encore, ne serait pas durable, parce que nous serions dévorés par le feu ; c'est ainsi que si nous respirions une atmosphère d'oxygène pur, notre corps serait consumé. L'habitude est comme l'azote, sans vertu, qui, étant délayé dans l'oxygène, le tempère et lui permet d'entretenir la vie.

Quelle relation y a-t-il donc entre l'intelligence et le sentiment? Il entre jusqu'au plus intime de notre âme, il y est comme ce qu'elle a de plus cher, de plus profond, et nous essayons en vain d'en approcher la lumière. Il est obscur, impénétrable à l'intelligence.

Notre volonté, elle, n'est pas inconnue de notre intelligence. Nous voulons : nous avons une idée très claire du fait, des motifs, du phénomène et de ses circonstances, de sa nature. Nous sentons : voilà une chose d'un ordre nouveau dans l'âme, qui ne ressemble en rien au reste.

Qu'une chose spirituelle soit étrangère à l'intelligence, et que ce soit la meilleure, le sentiment, voilà ce qui confond. L'intelligence ne le règle pas, ne le précède pas, ne l'accompagne pas : elle n'est pas sa condition pour être, elle ne sait pas quelle est sa manière d'être, ce qu'il est. Elle ne sait rien sur lui et il est inutile de l'interroger. Il se révèle lui-même à nous, ou plutôt en nous, et il est la seule chose qui n'ait pas besoin de passer par l'intelligence pour arriver à nous.

Si, au lieu d'examiner leur nature, nous considérons les faits dans la conscience, nous voyons que leur action réciproque, si elle existe, est un mystère : le sentiment n'entraîne pas l'intelligence par son mouvement, celle-ci ne le convainc pas par sa lumière. Quelquefois, quand le sentiment s'exalte, l'intelligence reste froide : quand celle-ci découvre un ciel radieux et veut s'élancer, le sentiment commence une tempête de tristesse. Qui ne sait, par expérience, que l'une plaide avec passion une cause bonne ou mauvaise, s'épuise pour entraîner le sentiment qui demeure ferme et ne l'écoute même pas, comme s'il voyait des choses qui restent invisibles à l'autre ? Qui n'a entendu dire que l'homme fortement épris, le sentiment bien gonflé d'amour, est sourd à la raison ? Nous les éprouvons tous les jours, les joies sans motif, les tristesses sans cause, la visite inconvenante d'une gaieté inconnue au milieu d'une réalité douloureuse : nous sommes les témoins et la victime des querelles de ces deux parts de nous, ce couple d'époux qui grondent, boudent, se parlent avec ironie et ne désirent que vivre unis.

Nous nous expliquons bien qu'ils diffèrent d'effet, mais non de nature, que l'impression du vrai ne soit pas celle du bien, mais non que ce qui les ressent ne soit pas le même ; qu'il y ait une région bonne et raisonnable où l'intelligence ne puisse accéder, c'est une pensée à laquelle on ne peut se faire. Il manque quelque chose au sentiment s'il n'est pas en même temps intelligence. Le bien, non seulement nous ne pouvons l'atteindre, le posséder, mais encore l'intelligence ne peut le comprendre, et il est pourtant la seule cause de notre bonheur : c'est de quoi nous désespérer.

Toutefois, ne confondons pas l'intelligence avec la conscience : le sentiment n'est pas un nouvel Inconscient. Nous sentons que nous sentons.

En outre, nous avons autant de certitude du bien par le sentiment, que du vrai par l'intelligence.

Après les avoir trouvés différents, nous commençons à reconnaître qu'ils se ressemblent : tous les deux connaissent.

L'intelligence a-t-elle cette prérogative d'universalité qu'on lui attribue ? Elle doit s'étendre partout, et tout ce qu'elle n'atteint pas est frappé de suspicion. Comment expliquer ce besoin ?

D'autre part, le sentiment n'a-t-il pas le droit de revendiquer la suprématie ? L'intelligence n'est qu'un moyen de comprendre pour jouir : étant moyen, elle est donc secondaire, car c'est le but qui est le principal : elle ne ferait que conduire au sentiment : elle ne serait que le degré de l'escalier. Encore plus bas, l'être n'est qu'un moyen, car ce qui importe n'est pas d'être, mais la manière d'être. Être sans qualités ne vaudrait pas mieux que le néant. Nous, hommes, nous avons l'être comme moyen d'avoir l'intelligence. Mais savoir sans jouir serait un supplice. L'intelligence ne serait à son tour que le moyen du sentiment, et cette fois on ne peut monter plus haut.

Ne serait-elle pas plutôt la même chose que le sentiment au lieu d'être sa servante ou sa compagne ?

Tous les deux nous révèlent ce qui est. L'intelligence, si l'on examine bien son pouvoir, ne va pas loin, ne pénètre jusqu'au fond de rien : elle ne se meut que dans le vide qui est entre les choses, elle ne nous fait connaître que leurs rapports. Elle aide le sentiment, elle l'a même éveillé la première fois, mais depuis il connait le bien par lui-même et n'emprunte pas ses yeux.

Elle n'est donc pas aussi étendue que le sentiment : si on mesure leur longueur, elle est plus courte.

La lumière a des rayons lumineux que nous voyons s'étager dans le spectre; et elle a des rayons calorifiques, qui sont invisibles.

Il y a une seule lumière pour l'âme : elle a des rayons lumineux qui sont l'intelligence; et elle a des rayons calorifiques qui sont le sentiment. Ceux-ci sont invisibles : on sent, on ne comprend pas.

Il y a une seule connaissance, à savoir, des rapports de l'infini au fini par l'intelligence, de l'infini par le sentiment. L'infini est incompréhensible parce qu'il n'a pas de formes, c'est-à-dire de limites, et que comprendre un objet, c'est distinguer ses limites, le peu qu'il a parmi ce qu'ont les autres et ce qu'il peut avoir. Mais s'il n'a pas de limites, on le connaît tout, tout l'infini !

Tout objet étant compris par le rapport à l'infini fait voir l'infini et celui-ci se voit tout entier.

Et c'est parce qu'on le connaît, qu'on comprend son rapport à l'objet, qu'on perçoit l'objet.

Rien ne se comprend que par son rapport à l'infini : s'il n'y avait que du fini, rien ne serait visible. Sans Dieu, l'âme n'apercevrait pas un grain de poussière.

Et c'est parce qu'on connaît l'infini entier, le nécessaire, ce qui doit être, qu'on sait comment chaque objet qui est doit être, qu'on suit les conséquences logiques et morales. C'est une erreur de croire qu'on n'aperçoit du monde qu'un point, d'où l'on voyage successivement vers d'autres : il a apparu soudain à l'âme dans toute son étendue et avec sa profondeur. Notre âme a vu aussitôt tout le nécessaire. La lumière éternelle qui vient de Dieu, plus rapide que celle qui vient des astres, a inondé l'espace du monde de la pensée. Sans doute l'âme n'aura pas assez de toute notre vie pour observer les détails du milieu borné où est le corps, pour apprendre par l'expérience comment Dieu a arrangé arbitrairement sa matière, mais elle connaît tout, sauf à comprendre, quoique mille et mille ans ne doivent pas suffire pour le comprendre.

L'intelligence et le sentiment sont-ils une chose unique? Non, si l'on entendait par là qu'on n'a le sentiment que de ce dont on a l'intelligence; ce serait méconnaître, nier le premier; oui, en ce sens que l'âme est une, qu'elle n'a pas plusieurs facultés mais une faculté unique; c'est la diversité des objets qui produit celle des impressions.

Nous ne voulons pas les confondre, mais les unir; nous ne nions pas le sentiment, nous l'augmentons; nous lui ajoutons la connaissance.

Au lieu de l'en priver, de les séparer, de lui maintenir sa fausse situation d'Inconscient, nous établissons comme une vérité qu'il importe de dégager, d'affermir, qu'il ne peut exister sans connaissance, qu'on ne sent que parce que l'on voit, dans une seule vibration. Le sentiment est un moyen de perception sûr, une cause légitime d'action, qui n'a rien à envier à cette autre division de la connaissance appelée l'intelligence : le goût du bien est le principal agent de la liberté et du mérite.

Nous savons pourquoi Dieu a morcelé nos pensées, nos actes, nos sentiments. A leur tour, l'intelligence, la volonté, le sentiment ne sont que la fragmentation d'une faculté unique qui est unique en Dieu, qui le sera en nous. Le bien ne sera pas toujours incompréhensible : le connaissable se manifestera, s'ouvrira le premier jour de l'autre vie. Alors l'objet devenu de même sorte, compréhensible, produira une impression de même sorte en l'âme devenue une. Nous n'aurons plus une intelligence et un sentiment : celui-ci comprendra et sera compris, deviendra intelligence ; celle-là sentira parce qu'il n'y aura plus d'autre objet que le Bien sans voile, qui se fera sentir en même temps que comprendre, qui nous donnera toute la science et toute la félicité [1-2].

[1]. S. Bonaventure a dit que la science s'obtient non par le développement de l'intelligence, mais par un cœur pur.
Vauvenargues : « Les grandes pensées viennent du cœur. »
M. Ravaisson : « Qu'est-ce qui juge le bien, sinon ce qui est fait pour lui, sinon le cœur ? Et pourquoi ne dirait-on pas, avec Pascal, que c'est le cœur qui juge les principes ? »
Le cœur, est-ce autre chose que le sentiment ?
[2]. Schopenhauer donne un rang honorable au sentiment et

16. — *Le bien est absolu*. — *La morale est la science la plus élevée.*

Nous n'avons encore rien dit, puisque nous n'avons pas parlé du bien : nous ne savons rien encore. Dans ce monde immense, il n'y a que le bien à voir. Lui seul existe. Tout le reste n'est que pour lui, n'est rien en soi.

Il n'y a que le Bien ou Dieu, puis nous, pour en jouir. Nous en jouirons pleinement quand toute cette fumée d'un moment sera dissipée.

Qu'est-ce que le Bien? Y a-t-il rien de meilleur? Non. Y a-t-il rien de meilleur que Dieu? Non. Dieu et le bien sont donc une même chose. Mais comme nous ne comprenons que les rapports, nous sommes portés à ne voir dans le bien que des rapports, une abstraction, au lieu d'en faire le Dieu vivant. Le bien est en quelque sorte la nature de Dieu, sa manière d'être.

Et qu'est-ce que le bien en ce monde? C'est aussi la nature des êtres, la manière suivant laquelle ils doivent être, car Dieu a fait la créature pour le bien, et, comme il n'y a pas deux biens, la différence entre lui et elle est de degré et non de nature.

lui attribue plus de valeur morale qu'à la raison ; en effet, il a la lucidité et l'infaillibilité de la connaissance intuitive qui manquent à la raison.

Quant à M. de Hartmann, il attribue le sentiment à l'Inconscient, attendu qu'il n'est pas éclairé par l'intelligence. — Cependant on a autant conscience de son sentiment que de son intelligence.

Il n'y a pas d'erreur plus douloureuse à contempler que celle des hommes les mieux intentionnés, des philosophes, des moralistes, qui se demandent ce qu'est le bien, et qui ne trouvent que des solutions indignes. Qu'on ne le comprenne pas, rien que de naturel, puisqu'il est divin. Mais ne pas le connaître, prendre pour le soleil un grain de poussière sur lequel il brille..., quoi de plus désolant ? Y a-t-il donc rien de plus précieux ? Quand vous avez fait du bien une chose insignifiante, que vous reste-t-il ?

C'est l'utilité. — Ce n'est que cela ! — C'est la sympathie. — Une petite étincelle sans flamme, de l'amour. — C'est l'ordre, une certaine disposition des choses. — Mais que valent cette disposition et ces choses ? — C'est la liberté pour la liberté. — De quoi faire ? Tout indifféremment ? S'il n'y a rien de bien, à quoi bon ? S'il y a du bien et du mal, c'est le bien, l'objet, et non la liberté, le moyen, qu'il faut voir. — C'est l'impératif catégorique. C'est le devoir pour le devoir. — On doit donc faire une certaine chose et non une autre. Mais pourquoi ? Qu'est-ce qu'elle signifie ? Rien ! A quoi bon le devoir ? Elle est bonne ? Alors c'est donc ce bien que vous devez obtenir et il n'y a qu'un devoir que parce qu'il y a un bien. — Enfin pour Schopenhauer et M. de Hartmann, le bien ce n'est rien. Il n'existe pas.

Je veux que le bien soit aussi grand que possi

ble. que j'en aie le plus possible en mon être, et que j'en jouisse le plus possible dans les autres êtres.

Comment ceux qui méconnaissent le bien jugent-ils la morale? Ils lisent, comme tout le monde, dans la conscience, les commandements, et les observent, mais n'en ont qu'une conception basse. C'est la pitié, ce pauvre diminutif de l'amour, c'est l'ascétisme. Ou ils l'expliquent par les circonstances prochaines; on est heureux quand ils ne prennent pas ces commandements pour des préjugés transmis par l'hérédité, ou qu'ils ne se croient pas le droit de faire la morale de toutes pièces. Étant donné des faits, des besoins, on s'arrange pour en tirer le meilleur parti possible.

Le Bien, c'est l'absolu : et on entreprend d'y faire des changements pour mieux l'accommoder!

C'est l'essence : et on n'y voit qu'une combinaison à former, à l'aide de la raison, de choses qui se sont trouvées juxtaposées sans raison! La loi vient de la nature des choses : s'il est en notre pouvoir de leur faire une loi, c'est que leur nature était assez nulle pour n'en pas comporter. La chose n'avait en conséquence aucune valeur et notre loi ne peut lui en donner.

Notre loi morale vient de notre nature : l'une fait juger l'autre : si nous faisons la loi, notre nature est insignifiante. Si notre nature participe à l'absolu du bien, la loi est immuable. C'est la marque de notre valeur.

On est confondu quand on pense à la place petite et modeste qu'occupe la morale dans la science. Il n'y a cependant pas d'objet que l'on devrait être plus pressé d'étudier que nous-mêmes, et le premier soin, dans cette étude, ne serait-il pas mieux consacré à la recherche de notre but qu'au fonctionnement de nos organes ? L'important est ce qu'est le bien et ce que nous en pouvons posséder. La clef du mystère est dans notre nature, et la loi morale nous la fait connaître. La morale n'est pas une partie de la science, mais le dernier mot, l'objet de la science. Les hommes, qui recherchent les difficultés, devraient se persuader qu'il en est d'elle comme de l'astronomie, parmi les sciences : il faut savoir tout le reste pour l'aborder.

Il semble que nos actions n'offrent que l'intérêt relatif et momentané de relations accidentelles avec les objets qui nous entourent, vivres, vêtements, habitations, et avec les autres hommes qui s'en partagent avec nous la possession : la loi morale nous prescrirait la manière de bien nous comporter avec nos semblables dans les circonstances difficiles que font naître ces compétitions. Si c'est là toute la loi morale, nous demanderons maintenant pourquoi les hommes s'alimentent, s'habillent et s'abritent, car c'est là le but, et la morale n'en est que le moyen ou plutôt qu'un des moyens, comme l'économie politique et la technologie. On répondra sans doute que c'est pour vivre, sans souffrir du froid et des intempéries. L'aliment, l'habitation deviennent à leur tour des moyens, et la vie, le but. Mais pourquoi vit-on ? Il ne reste plus qu'à répondre que c'est pour passer le flambeau de la vie à une autre génération. Et celle-ci pourquoi vit-elle. — Pour la suivante et ainsi indéfiniment ? Les générations auront la satisfaction de se procurer des aliments de plus en plus facilement, et d'édifier des maisons de plus en plus commodes et ornées. — C'est tout ? Le rêve est bien pauvre. Mais puisque le bien est épuisé par cette loi morale qui n'est qu'un moyen de ce but médiocre, que reste-t-il donc pour vous faire croire que votre vie conserve un agrément quelconque ? Pourquoi ne niez-vous pas franchement le bien et n'êtes-vous pas pessimistes [1] ?

Qui croira que Dieu a créé le monde avec tous ses êtres, puis seulement alors se soit avisé de trouver une loi morale pour accommoder l'homme avec les circonstances, ou encore qu'il n'y ait pas songé, ou qu'il n'ait pas voulu s'embarrasser de

1. *Pensées de Schopenhauer*, p. 68. « Ce qui occupe tous les vivants, etc. »

ce soin et en ait laissé le souci à l'homme?

N'est-il pas plus probable qu'il a vu ce qu'il voulait faire de l'homme et ce qu'il voulait que l'homme fit, avant de le créer. Il a voulu le faire participer au bien. Il a donc fait sa nature telle qu'il pût en jouir; les actes de l'homme sont l'exercice de cette nature ; la loi morale, la règle de ces actes.

La morale n'est pas née des circonstances, n'est pas un résultat imprévu, une combinaison accidentelle. Ce sont ces circonstances, ce milieu, ce monde qui sont un accessoire, un moyen de mettre en œuvre, pour le moment fugitif de la vie, notre nature éternelle.

17. — *L'acte. — La loi morale est la manière de jouir. — L'existence, l'intelligence, la volonté, la liberté ne sont que des moyens. — Le but est la jouissance, l'union de l'âme et du bien par l'acte.*

L'acte est notre principal : notre nature n'est que notre puissance de jouir du bien. L'acte est la forme donnée par Dieu à notre jouissance.

Il nous en indique la mesure, il nous révèle donc notre but, le degré que nous pouvons atteindre dans la possession du bien. *La loi morale*, ou la loi de l'acte, *est la manière de jouir*.

Nous ne comprenons que par les rapports ; c'est par leur aide que nous obtenons l'idée de ce qui est principal. Les rapports du but et du mode désignent, constituent ce qu'il y a de principal. C'est l'acte qui montre ce but et qui est lui-même ce mode; le but est de jouir du bien.

Les lois de ces actes sont les lois éternelles du bien. Voilà ce qui fait l'horreur du mal, ce qui justifie la sévérité de la punition.

Dieu a tracé les voies à notre activité, a moulé nos actes. Ils ont un sens profond, une valeur immense, quelque insignifiants qu'ils paraissent, car la nécessité de l'épreuve les dénature pour ainsi dire; ils ne sont qu'une esquisse de notre puissance future. Nous conservons la vie par le travail, nous apprenons avec peine, nous luttons avec la nature, nous donnons l'existence à d'autres êtres, nous nous aidons; ces pauvres actes indiquent que nous vivrons éternellement, que nous aurons la science, la puissance, que nous aurons l'amour.

Nous n'en avons encore qu'une étincelle, mais nous savons qu'elle grandira et dépassera le soleil en splendeur. La loi de la chaleur est la même pour l'étincelle et pour le soleil. Dieu a réglé les actes de notre amour de l'homme et de la femme: sa loi morale est donc éternelle, grande et sacrée.

On a peine à reconnaître le bien, même dans la vertu. C'est lui pourtant: tout défiguré qu'il est par la nécessité de l'épreuve; on y découvre encore sa qualité et la promesse de ce qu'il sera. La résignation à supporter les misères laisse apercevoir la puissance. La charité, qui ne s'exerce que dans les circonstances humiliantes ou douloureuses, le pardon des injures, le soin des pauvres, des malades, est toujours l'amour.

Notre nature est écrasée par les maux, mais nous ne changerons pas de nature, dans la vie future. Le bien est caché, séparé de sa félicité, même effrayant à voir, pourtant le bien ne changera pas. Donc tout ce que nous désirons aujourd'hui, nous sommes sûrs de l'avoir : c'est aimer qui nous fait plaisir : nous aurons l'amour. Il n'y aura que sa grandeur qui nous paraîtra changée, car nous ne la concevons pas.

L'acte est le principal. C'est par lui qu'on possède le bien, dans ce monde. Il nous indique ce que nous sommes destinés à en posséder plus tard, lorsque nous serons relevés de notre imperfection temporaire, au jour de la restauration.

Le reste n'est qu'une préparation, la série des moyens qui n'a de valeur que d'amener au but, l'acte.

Être n'est rien en soi : c'est un moyen. Ce qui a de la valeur, c'est la manière d'être. Une pierre, un brin d'herbe, un nuage mouvant ont l'être; depuis qu'il y a des hommes et de la matière, il y à l'erreur et le mal, qui, eux aussi, ont une existence. Ce qui importe n'est donc pas l'être, mais les qualités. Le singulier genre de bonheur que Spinoza suppose à toute chose, et qui consiste à persévérer dans l'être, n'a de signification qu'autant que le mode d'être est bon; c'est donc cette bonté et non plus l'être qui doit préoccuper, et l'on désire persévérer dans la bonté plutôt que dans l'être, qui ne mériterait pas ce souci, si l'on était malheureux. Être sans qualité équivaut à ne pas être.

L'homme est et pense. L'intelligence n'est rien : c'est un moyen. Elle voit le bien, mais tant qu'on n'a pas passé à l'acte, c'est comme si l'on n'avait rien. L'âme qui verrait le bien, le beau et ne pourrait agir, c'est-à-dire les posséder, aimer et jouir, souffrirait. D'après la doctrine chrétienne, les damnés voient, au Jugement, la vérité, reconnaissent enfin le bien, et c'est leur supplice de les avoir vus et de ne plus pouvoir en jouir, de ne plus pouvoir agir. Sans sortir de ce monde-ci, nous savons trop que la cause de notre malheur est la vue des biens désirables, sans le pouvoir de faire les actes de la possession.

L'acte est tout.

Qu'est-ce que cette liberté dont on nous fatigue les oreilles? — Un moyen. Un voyageur affamé arrive dans une hôtellerie et entre dans une salle où se trouvent deux tables, l'une chargée de mets, l'autre nue. L'hôte l'invite à prendre place. Le voyageur reste immobile entre les deux tables, les regardant tour à tour. — « Voici le dîner servi et une place. Que voulez-vous ? » — « Je veux la liberté de choisir entre les deux tables. » — « Ce n'est pas le pain et le sel que vous voulez, mais la liberté ? Eh bien ! vous l'avez. Puisque c'est tout ce que vous désirez, vous êtes satisfait. Adieu. »

Quand serons-nous débarrassés de cette liberté ! C'est à elle que nous devons l'injustice, le mensonge, la bassesse, la trahison, l'ingratitude.

Quand verrons-nous le bien si clairement que nous ne pourrons plus ne pas l'aimer ? Quand aurons-nous la paix et la grandeur, la jouissance du bien et la gloire de l'avoir méritée ? Quand la volonté, toujours suivie de sa liberté, cessera-t-elle d'avoir besoin et de s'occuper de sa compagne, jadis infidèle, maintenant inutile ?

Qu'est-ce que cette volonté ? Voulons-nous le mal réel ? Voulons-nous le bien réel ? Puisque c'est lui que nous voulons, il est le but ; la volonté n'est que le moyen. C'est parce que nous sommes ignorants, parce que nous ne pouvons pas nous entendre, que nous tenons à notre liberté, à notre volonté.

S'il nous était donné de voir le bien, nous ne

nous demanderions pas si nous allons le vouloir librement.

Lorsqu'on a l'acte, on a la liberté, la volonté : ce ne sont pas des choses ajoutées, ayant une existence propre, ce ne sont pas des dons particuliers distribués un à un : il suffit que Dieu ait créé l'âme et lui ait assigné l'acte ou la manière de posséder le bien.

L'acte implique la liberté de le faire. L'âme simple contient la volonté du bien qui est dans sa nature. La liberté, la volonté sont de droit, elles sont des conditions tellement simples, primitives, qu'elles échapperaient au regard, qu'on n'y ferait pas attention, si l'on ne tenait à la prérogative d'en user pour le mal.

Et aussi, reconnaissons-le, c'est par elles que nous méritons ; nous n'avons de vraiment à nous que cela pour acquérir le reste. Nous les aimons comme un soldat ses armes dont dépend sa vie.

L'acte est tout. Mais il n'a de valeur que parce qu'il procure la possession d'un bien ; il n'est encore qu'un moyen, mais supérieur à ceux que nous avons énumérés, qui ne sont que les premiers degrés, la préparation à l'acte. Celui-ci donne le bien à l'âme qui éprouve le sentiment. Cette union par l'acte produit le dernier terme, le but définitif, le sentiment. Il est l'impression du bien, la jouissance.

L'âme qui l'a sentie, la désire, appelle le bien qui la cause. L'acte a produit le circuit du double courant de l'amour, en rattachant le bien à la jouissance, Dieu à l'âme. L'amour unit deux êtres, et réunit entre eux la totalité des qualités et des modes d'être : chacun d'eux est à la fois et corrélativement actif quand il désire, quand il donne, passif quand il reçoit.

18. — *Le sentiment a-t-il un objet réel ? — Question pessimiste : la douleur est-elle seule positive ?*

Le sentiment a-t-il un objet ? Est-il réel ? Oui. La sensation a un objet, le feu qui échauffe et brûle, le fruit qui désaltère. A la vérité, la sensation n'est pas objective, en ce sens que le goût du fruit serait en lui aussi bien que dans la bouche, l'odeur aussi bien dans la rose que dans les narines : mais ce n'est pas une objection à la réalité, car il y a dans le fruit et la fleur de quoi produire l'odeur et la saveur. Ils sont des causes, et, pour le nier, il faudrait nier toutes les causes qui ne sont jamais semblables à l'effet et n'en existent pas moins.

Il n'y a d'exceptions à cette dissemblance que pour l'amour dont la condition est d'être identique dans les deux êtres qui s'aiment. L'étincelle électrique produit des effets qui ne lui ressemblent pas : mais l'amour produit l'amour.

De même le sentiment a un objet. Est-il de nature uniforme, soit positif, soit négatif ? Cette question nous amène à examiner la proposition de Schopenhauer, à savoir : que la douleur seule est positive [1]. Uniforme négatif n'a pas de sens ; c'est une redondance de deux expressions équivalentes : ce qui n'existe pas est uniforme. Autant dire que le sentiment ne correspond à rien de réel, n'est qu'une illusion.

Est-il uniforme ou non, mais positif dans l'une tou l'autre alternave ? Cherchons une analogie dans la sensation. La chaleur produit le bien-être dans notre économie, lorsqu'elle est dans une juste proportion, la souffrance, lorsqu'elle est en excès ou lorsqu'elle manque. On reconnaît l'uniformité de l'objet dans les deux premiers cas, le défaut d'existence de l'objet, dans le troisième ; mais il y a une différence de sensation dans le sujet, aux deux premiers cas, malgré l'uniformité.

La conclusion est très importante ; c'est que, si la sensation a un objet réel, elle n'a pas de relation avec lui, attendu que l'uniformité, dans l'objet, ne correspond pas à la variété des états dans le sujet ; le feu est toujours le feu, mais l'homme est réchauffé ou brûlé.

D'autre part, les aliments nous donnent une abondance d'exemples d'objets variés produisant

1. Voir cette théorie, vol. I, p. 510.

une diversité bien exacte d'impressions. La plus riche des sensations, la vue, ne peut pas même compter ses trésors : heureusement elle est aussi la plus noble.

Nous sommes donc amenés à admettre deux grandes divisions dans la sensation, suivant que le corps vit, on jouit de la vie : pour l'être, l'âme est prévenue par la souffrance de ce qui nuit au corps, mais ne sent presque pas ce qui lui convient; pour le mode d'être ou la jouissance, elle a des sensations fortes et variées. L'uniformité dans l'objet suffit pour le premier cas : le deuxième mérite la variété.

Quelque chose de semblable se trouve dans le sentiment. Il y a aussi une grande distinction à faire, en ce qui concerne l'âme, entre l'être d'abord, puis la qualité de l'être. De même que le corps n'existe pas sans une réunion de fonctions, ou du moins est mal, d'une façon insuffisante si elles sont altérées par les infirmités, la maladie, de même l'âme n'atteint la plénitude de l'être qu'à la condition d'obtenir tout ce qui doit la constituer en état de jouir; c'est le premier degré inférieur, l'être. Ensuite elle jouit : c'est le deuxième degré, la qualité de l'être ; c'est le seul qui compte. Les deux grands besoins que nous connaissons si bien répondent à ces deux parties; l'amour-propre observe si nous possédons ce qu'il nous faut, se réjouit de l'avoir, excite à l'acquérir, souffre quand on nous le conteste, quand on nous refuse l'intelligence, la science, la moralité : l'amour, au-dessus, réclame bien davantage, la jouissance du bien et du beau : le sujet, une fois en état d'obtenir la jouissance, veut l'objet qui la lui donnera.

Il y a deux sortes de sentiments comme deux sortes de sensations, suivant que c'est l'être ou la qualité de l'être qui est intéressé. Ce n'est que dans le deuxième cas que l'objet et le sentiment sont positifs : dans le premier, le sentiment est douloureux, non parce qu'un objet réel le produit, mais parce que le sujet manque de ce qu'il doit avoir : c'est ainsi que le corps souffre du froid, non que le froid existe, mais parce que la chaleur fait défaut.

Nous signalerons une différence entre la sensation et le sentiment. Le corps est prévenu par la faim qu'il a à faire un acte pour maintenir son être. Une fois repu, la sensation de souffrance s'évanouit.

L'âme n'a pas de ces discontinuités : il lui faut un état permanent de plénitude de l'être et de la jouissance : sa nature est de sentir : elle ne peut se passer un instant de la satisfaction d'être complète, et de la jouissance de posséder tout. C'est dire que sa souffrance n'a pas de relâche.

La chaleur peut manquer, car c'est un objet créé qui est ici, qui n'est pas là. Mais le Bien, le Beau, l'Amour, Dieu enfin, est partout et toujours. Comment l'Objet peut-il donc se dérober, ne pas produire parfaitement et continuellement son sentiment dans l'âme? C'est l'étonnant problème que nous nous efforçons de résoudre.

La conclusion de cette analyse a une portée considérable : elle ne répond pas seulement à la proposition de Schopenhauer : « La douleur est seule positive, » mais à une question qui la dépasse. Le sentiment agréable a seul un objet. Donc si la douleur physique en a un, ce qui ne fait pas injure à Dieu, la douleur morale n'en a pas.

En attendant que nous prouvions que le mal moral ne lui est pas imputable, nous pouvons dire que la souffrance morale n'est pas son œuvre. En tout l'univers, il n'a pas créé un seul atome mauvais pour l'âme. Sentir, c'est connaître le bien et il n'y a que du bien à connaître, à sentir.

Nous souffrons de l'injure, de l'injustice, de la mort de ceux que nous aimons : c'est une partie nécessaire de notre âme qui nous manque tout à coup, c'est, dans notre monde intérieur, des abîmes qui se creusent, des régions qui s'effondrent. Le sentiment douloureux est réel, mais sans objet réel; il est négatif; c'est la privation, la privation momentanée. Nous montrerons qu'il n'y a pas un objet de douleur physique, pas une cause de douleur morale, pas un être dans la nature, pas un fait des hommes qui puisse nous n...re et qui ne tourne à notre bien, si nous le voulons.

Résumons en peu de mots la différence de cette théorie et du système de Schopenhauer.

Les maux eux-mêmes sont précieux, sont un moyen utile de mériter, peuvent passer pour un bien. En outre ils sont négatifs. Le bien est positif, et même la seule chose véritablement positive. Tout le reste, l'homme lui-même, n'existe que pour en jouir.

Pour l'être, la jouissance, le bien-être se sentent peu : mais l'on est averti de ce qui nuit par une souffrance assez vigoureuse pour vous bien avertir, et qui est causée par une privation, par le défaut.

En ce qui concerne le mode d'être, la sensation agréable ne peut être que momentanée, et il n'y a pas lieu de s'en plaindre, surtout si l'on écoute M. de Hartmann, qui range parmi les maux la fatigue d'une sensation agréable prolongée. Quant au sentiment, comme la jouissance devrait être continue, éternelle et qu'elle est rare et jamais complète, la souffrance est continuelle.

Ces propositions : « La douleur est seule positive. — Le plaisir est la cessation d'un besoin [1] »

---

[1]. *Pensées de Schopenhauer*, p. 71. « Nous sentons la douleur, mais non l'absence de douleur; nous sentons le souci, mais non

ne trouvent nulle part une confirmation [1].

19. — *Le dernier terme n'est pas l'acte, mais la jouissance. — Relation de l'acte et de la pensée.*

L'acte a des bornes déterminées par la matière, pour la forme et pour le temps. La courte durée vient de ce que le corps exécute sur la matière une opération, qui peut être sans doute recommencée, mais qui est bientôt finie.

Le sentiment ne lui survit pas longtemps, mais ce n'est pas pour la même raison, car sa nature est d'être permanent, comme celle de l'acte d'être momentané. Il est convoqué par l'acte. Mais une fois qu'il a répondu à l'appel, qu'il est présent, pourquoi s'en va-t-il? Il devrait rester, car il est un état, tandis que l'acte ne doit pas durer, parce qu'il n'est qu'un acte. Nous en avons expliqué la raison, quand nous avons traité de l'habitude. C'est ici le lieu d'ajouter que nous pressons le départ de ce fugitif par notre agitation, en faisant de nouveaux actes, en suivant de nouvelles pensées. La fragmentation de notre intelligence en pensées,

l'absence de souci ; la crainte, mais non la sécurité. Nous sentons le désir et le souhait comme nous sentons la faim et la soif, mais à peine sont-ils exaucés, tout est fini, ainsi que la bouchée qui, une fois avalée, cesse d'exister pour notre sensation. Ces trois plus grands biens de la vie, santé, jeunesse et liberté, aussi longtemps que nous les possédons, nous n'en avons pas conscience, nous ne les apprécions qu'après les avoir perdus, car ce sont là aussi des biens négatifs... »

[1]. Antisthènes disait que la douleur est seule positive, et Platon que le désir violent est une douleur.

THÉORIE

de notre puissance en actes, a cette utilité prévue pour l'épreuve, de donner à notre volonté l'occasion de persévérer dans le bien, de revenir de l'erreur, de prolonger l'examen, de ne pas se faire condamner sur une seule question.

Ce qui est à expliquer, c'est que nous ne sachions pas tout, que nous ne puissions pas tout. Pourquoi n'exerçons-nous pas notre puissance sur la matière universelle jusqu'aux confins des mondes, où finit la rive baignée par l'éther pur, comme nous faisons sur notre sol, sa boue et ses pierres, et ne construisons-nous pas des soleils comme nous bâtissons des maisons ?

C'est parce que Dieu a créé cette matière pour borner notre puissance comme pour limiter notre science : elle est une chose neuve et contingente dont il a gardé le secret du mouvement. Ainsi il a ramené momentanément notre juridiction, de la longueur du rayon de l'univers à celle d'une petite mesure qui est à peu près la moitié de notre stature, le bras. Notre corps, nos mains étant matière ne peuvent agir sur elle que conformément à ses lois, lois qu'il lui a plu de lui donner et de nous cacher. Il n'a mis nos corps au milieu des corps que pour nous enfoncer dans le limon de la terre, pour restreindre notre puissance d'action qui était naturellement illimitée.

Si réduit qu'il soit, l'acte est notre principal :

tout le reste ne fait qu'y préparer. Est-il le dernier terme, le but? Pas encore. Il est la dernière chose que nous faisons, nous, mais, comme nous n'avons rien de notre propre fond, ce que nous faisons n'est qu'un moyen d'obtenir le bien de celui qui le possède ou des créatures qu'il a chargées de nous le donner.

L'acte procure le sentiment, et celui-là est enfin la jouissance.

De même que la vision n'est que la vue de quelque chose et que ce que l'on voit est le principal, dans le sentiment, c'est ce qui le cause ou le bien, qui est tout.

Quel rapport y a-t-il entre l'acte et le sentiment? Il n'y en a pas de réel; il est factice. L'acte est physique; or, la matière ne peut avoir rien de ce qui appartient à l'esprit, ni pensée, ni sentiment, ni bien. Point d'analogie, point de relation entre les deux. Nous avons vu que la matière, dans son organisation, n'était qu'un signe du bien. Dans l'action de l'esprit sur elle, elle n'est que le signal qui convoque le sentiment. Elle est comme la cloche qui amène une prière à la pensée du fidèle. Le bien dans la matière, à l'état statique, c'est-à-dire la forme, est comme un symbole; à l'état dynamique, en l'acte, il est comme un appel. Celui-ci ne contient pas le bien, n'est pas la cause suffisante du sentiment, il est la condition, l'occasion de sa production.

Il y a bien des degrés de dignité dans les actes, car il en existe pour toute la hauteur de notre destinée, depuis ceux qui ont pour but de conserver l'être, jusqu'à ceux qui sont le prix de la vie : à mesure qu'ils montent, la part physique est moindre et la part spirituelle augmente. L'homme qui tue un animal pour sa nourriture fait un acte presque tout physique, avec une parcelle de sentiment. Le baiser de la mère à son enfant est presque tout sentiment, avec un simple contact physique. Aux bas échelons, la sensation supplée le sentiment qui ne s'abaisse pas ainsi. Plus on s'élève, plus domine la pensée, ce qui montre bien le défaut de rapport entre l'acte et le sentiment.

Sans doute, l'acte est indispensable, mais comme une formalité de la nature : c'est ainsi que, dans la vie civile, on n'arrive pas à une dignité, par exemple celle de général, sans une nomination. L'acte est nécessaire pour être époux et père.

Mais la pensée est plus utile : l'acte sans la pensée ne donne rien. La pensée sans acte peut donner un bonheur éthéré et pur, comme l'espérance, le dédain, la contemplation. Les contemplatifs méprisent presque tous les actes. De la réunion d'une pensée complète et de l'acte dépend le bonheur.

L'acte est un moment du temps, quelques points de l'espace.

La pensée les contient tout entiers. Si nous savions tout et bien, nous aurions une pensée immobile et identique. L'acte est simple, et peut être fait facilement, avec perfection : en d'autres termes, nous ne pouvons rêver de l'améliorer dans sa nature et dans sa durée. L'ambition des hommes est seulement de le répéter. Les actes seront changés, amplifiés dans une vie future supérieure, mais, comme nous sommes, nous ne pouvons les faire mieux ; on peut, il est vrai, les faire mal ou être empêché de les faire. Quant à la pensée, elle est sans mesure, et nous pouvons travailler à l'étendre, sans arriver à lui faire embrasser la vérité tout entière. C'est elle qui est l'objet de notre perfectionnement par l'éducation, la science. L'intérêt, la valeur de nos actes tiennent à nos pensées présentes. C'est à cause d'elles que l'artiste, l'homme de goût font le même acte qu'un rustre avec un plaisir différent [1].

On a lieu d'être surpris de nous voir placer l'acte, une chose physique, au-dessus de l'intelligence qui n'est que son moyen, et au-dessous du sentiment, dont il n'est que la condition. Cette

---

[1]. La sensation n'est rien sans la conscience, par exemple dans l'anesthésie, et est soumise à la pensée qui la grossit ou la diminue par la distraction, l'attente, l'imagination, la fait dompter par la volonté comme ont fait les martyrs.

Personne n'a le même sentiment, la même sensation : on ne les a jamais deux fois semblables.

THÉORIE

séparation de l'intelligence et du sentiment, que nous avions déclarés de même nature, semble une inconséquence. Nous ne les cantonnons de chaque côté de l'acte qu'en apparence. Précisément parce que l'acte n'est qu'une condition, et n'est que momentané, il disparaît entre les deux quand il a joué son rôle, et les laisse en présence. Il ne reste que l'intelligence des rapports et le sentiment du bien, le premier éclairant le second.

Pour ne pas prolonger cette analyse, nous ne remonterons pas l'acte jusqu'au moteur, la volonté, et nous ne regarderons pas se former dans cette profondeur, le désir, la résolution, qui peuvent ne pas réussir à produire l'acte, mais qui sont imputables pour le mérite. Nous nous contenterons de rappeler que l'acte est une fragmentation de l'état et lui est inférieur. Que seraient la pensée parfaite, la puissance parfaite, arrivées jusqu'à l'état ? Nous n'en avons pas l'idée. L'état n'est pas l'immobilité. L'acte devrait même alors rester supérieur à la pensée, car une fois qu'on sait tout, on est à jamais dans le même état, mais on peut encore user de sa puissance, et, si elle est infinie, faire un nombre infini d'actes neufs. On peut penser à la fois tous les possibles, mais on ne peut les exécuter à la fois. Mais il est plus prudent de ne pas aborder ces régions mystérieuses.

La réflexion qui va suivre n'est pas déplacée ici. Notre pensée dépasse la matière et voit Dieu : notre acte n'agit que sur le monde.

Nous avons des actes pour jouir de la nature et des êtres, actes pour l'entretien de la vie, pour l'amour : l'homme communique avec tous les hommes, s'unit à une femme, perfectionne son milieu, travaille la nature, jouit de ses beautés. Mais il n'y a pas d'acte de l'homme à Dieu.

Cette disproportion entre l'idée qui va à Dieu et l'acte qui n'agit que sur la matière du monde est cause de la tristesse humaine. C'est la Religion qui emplit ce vide immense et met en contact la créature avec Dieu par des actes. Quand la Religion n'est plus écoutée, est-il étonnant que cette tristesse augmente? Il faut ces actes. Celui qui n'a pas le malaise de ce vide, qui ne sent pas le besoin de cet acte, n'a pas toutes les dimensions de l'âme humaine; elle se mesure à ses désirs; s'ils ne sont pas satisfaits, elle souffre d'autant plus qu'elle est plus grande.

L'acte est la possession du bien qui produit le sentiment, avec le concours de l'intelligence. Il est le mode de la jouissance.

20. — *Réhabilitation de la jouissance.*

La jouissance ! Faut-il en être réduit à la réhabiliter ! Par quelles mains indignes a-t-elle donc été flétrie, pour que ce goût du bien divin ne soit désiré qu'avec défiance et tremblement par les âmes pures !

Du premier regard intérieur, on reconnaît le courant magnétique tourné invinciblement vers la jouissance. Nous ne sommes occupés qu'à l'extraire de tout objet. C'est la pensée, l'œuvre humaine.

Les écrivains tirent des événements tout ce qui peut en alimenter le désir, ils cherchent le côté qui la montrent. La différence unique entre les hommes est de ceux qui jouissent de suite, facilement et grossièrement, et de ceux qui ne veulent que ce qui est pur et vrai, de ceux qui se précipitent et de ceux qui attendent. Le martyr sur le chevalet, le moine dans sa cellule sont des forcenés de jouissance.

Ce n'est pas assez de l'avoir souillée; on veut nous faire honte de la chercher, on nous reproche de pratiquer la vertu en vue du bonheur. Quelle délicatesse ! Saint Laurent sur son gril n'en a pas fait assez : ceux qui se privent, toute leur vie, à côté des sollicitations de la fortune, de la beauté des femmes, pour jouir plus tard de la récompense divine, sont, paraît-il, lâches et intéressés.

La vertu, sans la récompense, suppose l'homme, non d'une perfection au-dessus de ses forces, mais d'une sottise au-dessous de toute expression.

Il y a réellement en chaque femme un attrait qui nous appelle avec raison, une beauté particulière à laquelle il faut renoncer. Le mariage est un acte de renoncement ; moyennant une petite part tombée sur une seule femme de la beauté disséminée sur toutes, on fait abandon du reste. Tout acte de vertu nous fait perdre un avantage, soit la fortune, soit même la vie. Il serait absurde de tout jeter dans l'abîme du temps et d'arriver nu à la mort, si ce n'est en vue d'un bien supérieur dans une autre existence éternelle.

Qu'on ne soit pas dupe de ces exagérations de gens qui, ne pratiquant pas la vertu ordinaire, se dédommagent en propos et en imagination, en demandant des choses extraordinaires, de ces outranciers de la guerre au mal, lesquels restent dans leurs foyers [1].

[1]. L'horreur de Schopenhauer pour la jouissance l'a amené à louer toutes les théories qui lui sont hostiles, lesquelles sont fort diverses et tendent à un but opposé à celui qu'il envisage. Il n'y a qu'un rapport très éloigné entre Kant, Madame Guyon et Saint François d'Assise, Saint Philippe de Néri, l'abbé de Rancé, Sainte Elisabeth de Hongrie. Les saints cherchent le bien, c'est-à-dire brûlent de l'amour de Dieu et des hommes, des pauvres, des infirmes. Il n'y a pas d'amour sans jouissance, même quand on baise les ulcères des mendiants, comme Sainte Elisabeth.

« On ne peut admirer assez l'accord, la parfaite unanimité des sentiments que l'on remarque, si on lit la vie d'un saint ou d'un pénitent chrétien et celle d'un hindou... Tant d'accord entre des peuples si différents, c'est là une preuve qu'il ne s'agit pas ici, comme l'avancent avec tant de complaisance les plats optimistes, d'une aberration, d'un égarement de l'esprit et des sens ; tout au contraire, c'est un côté essentiel de la nature humaine, un admirable côté qui rarement se fait jour et qui s'exprime dans cet ascétisme. » Les ascètes de l'Inde pratiquent l'amour du prochain et même des animaux, la bienfaisance,

THÉORIE

Le bonheur n'est pas une chose en soi, isolée, indépendante : il accompagne la chose en soi, le bien. Lorsqu'on aime le bien, lorsqu'on le fait, on cherche la chose en soi principalement, mais ce n'est pas une raison pour se priver de sa qualité, pour refuser sa conséquence. En vérité, il serait trop étrange que la perfection intellectuelle et morale ne fût pas accompagnée de satisfaction, que le bien et la félicité aient divorcé. La jouissance doit-elle observer la neutralité entre le mal à gauche et le bien à droite, ou appartient-il aux méchants seuls d'être heureux et aux bons d'être malheureux?

Le bonheur et le bien ne peuvent être arrachés l'un de l'autre : pour l'épreuve, ils sont un peu écartés momentanément. Si le bien eût été uni

la mansuétude, comme le reconnaît Schopenhauer, ce qui rend peut-être douteux que ce qui les pousse soit la constatation de l'illusion du *principium individuationis*, et que le but où ils vont soit l'anéantissement général, qui comprendrait ceux qu'ils aiment. Quant aux chrétiens, « l'esprit intime de l'ascétisme en « général c'est que l'on se sent digne et capable d'une existence « meilleure et que l'on veut fortifier cette conviction par le mé- « pris de toutes les vaines jouissances de ce monde. » (*Pensées de Schopenhauer*, p 191, 187.)

Les ascètes voient mieux le mal et le bien, détestent et aiment davantage.

Pour jouir du bien, d'autant qu'ils souffrent plus pour lui, ils sacrifient tout ce qui n'est pas lui. L'erreur de Schopenhauer est donc grande. Ne plus voir le bien, ne plus le distinguer du mal amène, non pas l'ascétisme, mais l'indifférence, et celle-ci amène la jouissance grossière. Moins vaut le plaisir, plus il en faut.

Le pessimisme tourne le dos à l'ascétisme.

au bonheur, on n'aurait pas pu faire autre chose que le bien : cependant, il faut mériter. Voilà pourquoi Dieu a désuni pour un temps ces deux choses inséparables. Ainsi est résolu le problème.

O raffinés, nous avons ici-bas l'injustice, la persécution, la calomnie, la pauvreté, la souffrance, la mort : contentez-vous en. Le bien est séparé du bonheur, en ce moment : voilà pour vous. Il y sera réuni plus tard : voilà pour nous. Souhaitons que vous ne dédaigniez pas d'entrer au séjour de la félicité et de tremper dans la coupe vos lèvres altérées de la seule vertu.

Nous sommes bien à notre aise pour faire l'éloge de la jouissance, car il n'y en a pas ici-bas : nous ne craignons pas de scandaliser. Son royaume n'est pas de ce monde. C'est l'hommage de fidélité à une reine légitime exilée au ciel.

D'abord, nous excluons la sensation. Ce n'est pas d'elle que nous faisons le panégyrique. Il faut bien que le corps qui est à la peine ait sa part de jouissance. Il est donc invité au banquet de la vie, mais on lui sert sa ration sur le bout de la table, et encore c'est l'esprit qui prend cette pitance en son nom, s'il n'est pas dégoûté. La jouissance sensuelle doit être prise avec dédain, froideur, pour ce qu'elle vaut, comme utile, non nécessaire, ni importante. Y donner plus d'attention qu'il ne faut provoque justement le sourire du mépris. Dans la république morale, la sensation est bonne pour le peuple.

Les bêtes n'ont pas l'idée de la grandeur. Toute jouissance matérielle les comble, parce qu'elles ne conçoivent pas de mieux, et qu'elles n'ont rien de plus à désirer. Notre idée de grandeur cause notre bonheur et notre tourment : elle nous fait désirer une félicité qu'on ne peut avoir et mépriser la basse jouissance qui a l'effronterie de la remplacer. Les libertins, comme les bêtes, sont satisfaits.

La moindre jouissance spirituelle est supérieure à la plus forte des matérielles. Le sentiment n'est pas susceptible de mesure, car son objet véritable est l'infini, mais il peut, à la vérité, rester incomplet : la sensation étant physique a une limite, et elle est très courte. Quand la corde a fini de vibrer, il n'y a plus rien. L'agrément qui l'accompagne vient surtout de l'idée qui, comme la boîte à musique, renforce le son : le peu qui survit est sauvé par l'esprit. Le souvenir d'une jouissance matérielle est un phénomène spirituel, le regret de ce qui n'existe plus. Au contraire, la moindre jouissance spirituelle, par exemple la satisfaction d'avoir réussi à faire une chose quelconque, en constatant notre pouvoir, notre capacité, est durable et contribue, d'une façon définitive, au jugement qu'on fait sur soi, à la bonne opinion de soi-même, qui est un élément fondamental de la jouissance.

21. — *Comment le mal est possible? La tentation.*

Nous sommes maintenant en état d'aborder l'étude du mécanisme de la tentation : tout ce que nous avons dit jusqu'ici n'est qu'une préparation à cet examen qui nous découvrira l'œuvre la plus merveilleuse de la sagesse divine.

Nous savons ce qu'est le bien. Qu'est-ce que le mal? Quelle est son origine? Comment est-il possible? Comment est-on tenté?

A quel titre la jouissance existe-t-elle dans ce monde? Elle y est d'institution divine, comme les actes que nous devons faire et qui sont destinés à l'appréhender. Elle fait partie du bien. Les actes déterminés par Dieu, créés par lui, qu'il nous a donnés à exécuter, sont la forme du bien et de la jouissance, le mode de jouir.

En outre, à certains de ces actes, Dieu a ajouté artificiellement un plaisir matériel, un salaire touché par les sens pour nous inciter à les faire, pour mettre à l'unisson de l'âme le corps qui participe à l'acte, et qui ne peut recevoir que ce genre de satisfactions; la nourriture, la reproduction en offrent des exemples. Voilà le monde tel qu'il est sorti des mains du Créateur, dont on peut lui demander compte, le monde avec le bien seulement.

Or, il est nécessaire que l'homme mérite. Le

mérite consiste dans le sacrifice. Le sacrifice ne peut être que la privation d'une jouissance. La jouissance à son tour ne peut être que la possession d'un bien. C'est une première difficulté, car il paraît contraire au bien de se priver d'un bien.

Tel est le premier problème. Pour mériter, nous devons nous priver : nous ne pouvons nous priver que d'un bien, et non seulement il n'y a pas d'obligation, mais encore il n'y a pas de bien à se priver d'un bien. Alors de quoi nous priver? Du mal? Est-ce donc là se priver?

Reste une dernière alternative, à savoir, que nous nous privions d'une jouissance, d'un bien attaché au mal. Mais cette condition paraît la plus difficile de toutes. Le mal lié au bien, n'est-ce pas la plus grande des impossibilités, la plus monstrueuse des suppositions, la plus blessante pour l'honneur de Dieu? L'on se rend compte des difficultés que son œuvre a présentées au Créateur

Quel moyen a-t-il donc employé? — Le troisième, celui qui nous paraît si difficile, et de manière qu'il n'y a rien à reprocher à sa sainteté et à sa justice.

[Ici nous allons voir comment on fait le bien et comment on fait le mal : l'homme va s'avancer, étendre la main, s'emparer de la jouissance mauvaise en présence de Dieu immobile. Et si nos yeux étonnés se lèvent jusqu'au visage de la justice divine, il nous semblera voir le plissement du mépris remuer les lèvres d'airain de cette bouche muette : l'homme ne tient rien et retire sa main vide.

Dans l'œuvre divine, le bien et la jouissance sont plus qu'attachés ; ils sont un : la jouissance est la perception du bien ; il n'y a de jouissance que du bien. La morale est la loi du bien et la loi de la jouissance puisqu'ils sont un. Il ne peut y avoir une jouissance du mal, un objet mauvais créé avec sa jouissance propre. Dieu n'a pas créé des objets bons avec une jouissance, des objets mauvais avec une jouissance, en permettant les uns, en interdisant les autres. Il n'a pas fait d'abord du bien et du mal, en prenant le mal on ne sait où, puis dans une seconde journée de création, il n'a pas joint à l'un et à l'autre de la jouissance, en la tirant de lui ou du néant.

Il n'a pas fait des objets mauvais, il n'a pas fait le mal. Comment se reconnaitrait-on entre les objets bons et mauvais créés par Dieu, offerts par la même main, et laquelle croire de la main qui les montre comme bons et de la bouche qui dit qu'ils sont mauvais ?

Tout objet créé par Dieu est bon. Le même sert au bien et au mal. Alors une autre difficulté se présente. Comment le bien peut-il devenir le mal ? Comment distinguer le bien du mal, comment faire le mal, s'il n'y a que du bien ?

En nous interrogeant nous-mêmes, nous allons retrouver la voie qui mène à la solution : c'est ce chemin trop battu où la tentation jette et pousse la volonté. Que lui montre-t-elle ? La jouissance. Que lui dit-elle ? « Détache-la. » — « Mais elle est attachée au bien : le bien a sa loi difficile, effrayante, unique. » — « O volonté, pourquoi faire ce circuit pénible, pourquoi t'obliger à cet acte laborieux, quand tu n'as qu'à étendre la main : au lieu de prendre le bien avec la jouissance, détache la jouissance du bien. »

Mais par quel effet d'optique peut-on les voir isolés ? Comment peut-on les détacher, démembrer le bien ?

Nous avons déjà montré le rôle de la matière dans le plan de l'épreuve : elle cache Dieu, elle occasionne l'ignorance, elle prépare l'erreur, elle borne notre connaissance, notre puissance. Borne-t-elle aussi notre jouissance ou l'augmente-t-elle ?

Il semble qu'elle l'augmente, car la sensation emplit la vie de presque tous les hommes qui n'ont que de rares moments à donner au sentiment. Toutefois la même sensation paraît aussi nécessaire à la pensée, car sans elle l'esprit ne perçoit rien ou cesse de percevoir, tombe dans le sommeil, la syncope : n'avons-nous pas reconnu cependant que la matière a été créée pour borner la connaissance. La sensation qui semble l'augmenter, la diminue. Il en est de même pour la jouissance : la matière a beau présenter de tous les côtés la sensation, elle diminue notre jouissance. Nous ne voyons que la matière, parce qu'elle est toujours entre Dieu et nous, parce qu'elle nous empêche de voir la vérité. Nous ne sentons que la matière, parce qu'elle nous sépare toujours de Dieu, parce qu'elle nous empêche de jouir du bien.

Nous sommes devant la maîtresse pièce de la création : tout aboutit là, à la jouissance. Or, nous sommes esprit et nous avons un corps. Les actes institués pour le bien procurent la satisfaction morale et un plaisir physique ou sensation, rétribution pour l'esprit et le corps de leur coopération à l'acte. La première ne fait qu'un avec le bien, le deuxième ne lui est attaché qu'artificiellement : l'illusion consiste à croire qu'en saisissant le plaisir de la sensation qui est le plus apparent, on s'empare de la satisfaction qui ne fait qu'un avec le bien ; le mal consiste à détacher le plaisir du bien, contre la loi du bien, c'est-à-dire à le méconnaître, à l'outrager.

Seule, la matière, par son inanité, pouvait se prêter à cet artifice. Comme elle n'est rien, comme elle n'a rien, comme elle est indifférente, elle porte tout ce qu'on lui donne à porter, elle continue ses effets physiques et physiologiques, pourvu que ses propres lois ne soient pas méconnues : la même vibration répète la même sensation. Quand l'acte vicié outrage la loi du bien, le contact avec le bien ne donne plus de jouissance, le contact avec l'objet donne la même sensation. Un morceau de pain arraché par la violence ne nourrit pas moins bien que celui qui est acquis par le travail. La loi de l'amour est l'union absolue, éternelle : le vice qui ne voit que ses difficultés, ses peines et non sa dignité, cherche à détacher dans une liaison temporaire un plaisir momentané : il insulte la nature morale ; mais la nature physique est insensible à l'outrage, et la matière indifférente laisse prendre son plaisir.

Voilà le mécanisme du mal. Deux lois se dégagent. Si le sentiment existait seul, le mal ne serait pas possible : en effet, le bien et la jouissance sont un ; le bien, hors de sa loi, ne livrerait jamais sa jouissance au sentiment, qui dès lors n'aurait ni la possibilité, ni la tentation de l'obtenir hors de la loi. La matière a donc été créée pour souffrir, pour permettre le mal. La jouissance dans le mal, — c'est une conséquence, — ne peut dépasser la sensation, cette part menue de jouissance isolée du bien, déposée dans la matière, comme le salaire des actes.

Il nous restera à voir si cette sensation elle-même qui, bien que venant de la matière, n'est jamais recueillie que par l'esprit et tombe comme une goutte dans le vaste sentiment, lui donne une jouissance véritable. Un membre détaché du corps n'a plus la vie : il y participait plutôt qu'il ne l'avait, car l'on ne peut dire qu'il meurt, mais qu'il se corrompt. La sensation participe à la jouissance plutôt qu'elle ne l'a, et, détachée du bien, elle se corrompt. Que l'on n'objecte pas que l'homme la ressent réellement. La vérité existe seule : l'homme qui a pris pour la vérité une erreur croit bien posséder réellement la vérité. De même la jouissance existe seule, et l'on peut être persuadé qu'on l'obtient véritablement quand on ne tient qu'une vaine impression qui est un néant pour la jouissance, comme l'erreur est un néant pour la vérité. Le sentiment peut être une dupe comme l'intelligence.

Nous reprenons maintenant le problème afin d'ajuster aux données la solution. Pour mériter, nous devons nous priver. Il n'y a de privation que d'une jouissance. Il n'y a de jouissance que du bien. Le problème n'est résoluble qu'à la condition que, selon l'apparence au moins, une jouissance, originairement liée au bien seul existant, se détache et reste attachée à l'acte mauvais, fait contre la loi morale, contre la loi du bien qui est aussi celle de la jouissance. Le mal consiste à s'efforcer de le détacher, ce qui ne peut se faire sans méconnaître le bien. Le mérite consiste à se priver de cette jouissance.

Avec la matière, avec la satisfaction isolée dans la sensation, le mal et le mérite sont possibles.

Le sacrifice, la privation se proposent à notre volonté, partout et toujours. Nous pouvons faire les distinctions suivantes dans la vie morale : nous cherchons un bien positif, la nourriture, la société des hommes, l'amitié; ou un mal positif nous assaille, douleur physique, injustice; ou, sans lutter soit pour nous étendre, soit pour nous défendre, nous avons encore à faire effort pour nous soutenir, pour subsister.

Ces trois divisions correspondent à agir, souffrir, être, et aux trois grands besoins, le but de l'être, la manière d'être, l'être.

Rien que pour persévérer dans l'être, pour être, il faut faire des efforts. Nous en sommes à ce point que nous ne pouvons soulever notre bras de matière pesante sans effort. Notre corps exige un continuel renouvellement, un travail incessant pour l'alimenter, le réparer, le préserver. Nous devrions avoir la puissance. La puissance ne connaît pas l'effort. L'inertie, la paresse sont les protestations de notre ancien droit. Le Travail constitue le sacrifice, la privation de notre puissance, de la tranquillité qui est la jouissance de la puissance.

Notre manière d'être comporte toutes les grandes qualités qui font la dignité de notre nature humaine. Nous devons nous étendre pour les acquérir, pour obtenir la science, l'autorité, la force et le reste. En essayant de nous étendre, nous sommes continuellement refoulés ; on nous conteste nos qualités, on nous dispute nos biens. L'injustice nous dépouille de notre réputation, nie notre valeur, emporte notre fortune. Dans la lutte, les maux physiques se jettent sur nous par derrière. Ici la forme du mérite est la Résignation.

L'être et la manière d'être ne sont que des moyens. On est d'une certaine manière pour un but. Ce but est de jouir du Bien lui-même, de Dieu, ou du bien qu'il a mis dans le monde, amour du prochain, contemplation du beau. Tout nous manque. Dieu se voile, le reste nous fuit ou nous est disputé. Là est la terrible épreuve de la Privation.

Voilà le mérite. Voici le mal : ne pas faire l'effort, ne pas se résigner, ne pas se priver. L'homme qui cède à la tentation plutôt que de faire l'effort pour obtenir selon la loi, la réputation, l'amour, plutôt que de se résigner, de se priver, détache la jouissance du bien, l'obtient par l'injustice, la fraude, le mensonge, le libertinage. Il a tous les succès de la fortune, de l'ambition. A la vérité, il a échoué à l'épreuve. Ce victorieux aux yeux du monde est le vrai vaincu au combat de la vie.

Il n'est pas l'homme fort, car l'homme fort est sous ses pieds, dépouillé, abattu : il est le lâche et la dupe.

Les trois formes du sacrifice sont corrélatives, se complètent comme les trois dimensions de l'espace, et les formes du mal qui leur sont opposées se soutiennent, se combinent. On ne peut faire l'effort du travail pour acquérir légitimement la jouissance, sans se résigner à attendre, et presque toujours, sans se priver, et même sans renoncer pour toujours à tous les objets que le labeur ne peut obtenir. Mais celui-là a le mérite des trois formes du sacrifice ; il emporte les trois couronnes. Au contraire celui qui renonce à l'effort ne sait pas se résigner : celui qui ne sait pas se résigner ne cherche qu'avec plus d'âpreté un dédommagement ; il est déjà poussé par deux chocs à détacher la jouissance. Le souverain Juge ne voit qu'un spectacle uniforme, les mains qui s'élèvent vers les objets pour les surprendre, les bras qui se croisent avec angoisse sur la poitrine pour faire le sacrifice.

Il ne faut éviter aucune difficulté. Nous avons dit : le mérite consiste à se priver. Nous avons reconnu qu'il était nécessaire pour acquérir le bonheur et la gloire éternels, qu'il était le bien propre à l'homme. Nous avons vu Dieu préparer l'épreuve, créer la matière pour se voiler pendant sa durée, pour limiter notre connaissance, notre puissance. L'ignorance est obtenue, l'erreur prête. La matière permet le mal. Le bien consiste à jouir du bien, de Dieu et de sa création, le mal à les méconnaître, à les flétrir, même à les haïr, en leur préférant la jouissance de la matière désormais privée de sens et de valeur.

Mais il est une chose que nous ignorons encore. Le mérite est la privation. Comment le monde, sorti entièrement bon de la main de Dieu, est-il donc fait pour que l'homme se trouve exposé à la privation. Lui et les objets de sa jouissance sont créés ensemble. Cependant, au lieu de la jouissance, il n'a que la souffrance. Si les objets sont sous sa main pourquoi se prive-t-il ? S'ils sont hors de sa portée, comment les hommes mauvais les détachent-ils ? Nous ne demandons plus seulement comment, dans un monde bon, le mal existe, mais comment le sacrifice demandé aux bons est possible. Nous ne savons que trop que nous sommes privés de tout et toujours, mais nous ignorons par quels moyens Dieu, l'auteur de tous les biens, nous a placés au milieu d'eux pour nous en priver.]

En premier lieu, il a fait l'homme insatiable. Le lui reprocherons-nous ? Notre chagrin de ne rien trouver qui nous contente prouve que notre capacité de bonheur est immense. C'est un lit d'Océan vide, où quelques gouttes qu'on se dispute sèchent dans la main avant d'avoir atteint les lèvres. Cette inquiétude, ce tourment de l'infini sont notre gloire. Aussi la mélancolie et le dédain sont une joie pour les grandes âmes, car, à leur souffrance, elles jugent de la dimension de leurs désirs et de l'immensité de leur bonheur futur.

En faisant l'homme trop grand, en établissant cette disproportion entre lui et le monde, Dieu a fourni une première tentation d'un ordre supérieur, à l'usage des esprits assez élevés pour embrasser l'ensemble des choses. C'est en contemplant le monde de cette hauteur que les pessimistes passent par l'épreuve du découragement, de la colère, de la haine, du mépris, qu'ils blasphèment contre Dieu. Il leur est seulement permis de dédaigner cette vallée de larmes qui se déroule à leurs pieds, et d'adresser leur désir à Dieu seul.

Mais les cimes ne sont pas habitables : la plupart des hommes n'y montent pas : descendons. L'on ne contemple pas toujours l'ensemble des choses, c'est à chacune d'elles que l'on a affaire et à chaque instant. Il faut agir ; le désir et le besoin nous poussent par les épaules et ne souffrent pas que nous sortions de la mêlée, que nous quittions le champ de l'épreuve. C'est donc entre nous et chaque objet, être ou chose, que la tentation doit se placer. Nous avons vu ce que Dieu a fait pour le sujet, pour nos âmes; il leur a donné un désir incommensurable. Comment a-t-il préparé l'objet?

En second lieu, il a fait des objets insuffisants. Ce n'est pas seulement le fini qu'il livre à un désir de l'infini, mais il a brisé à plaisir ce fini, il a émietté le morceau de pain de l'affamé. Le seul objet digne de l'homme, Dieu, pendant l'épreuve, se défend contre notre amour en jetant devant nous les objets créés qui ne font que révéler sa beauté, irriter le désir, non le rassasier.

Mais ce monde de la lumière et des ténèbres, du plaisir et de la douleur, demande un plus long regard. Nous étudierons sa jouissance et nous verrons que, si elle est insuffisante pour les bons qui savent se priver d'elle, elle est nulle pour les mauvais qui ne cherchent qu'elle.

Ce que l'on désire, c'est la jouissance, et c'est par là même le bien, car l'un et l'autre sont indissolubles, tout autant que la qualité et la substance, la forme et le fond. Pas de bien sans jouissance, ni jouissance sans bien. La morale est la manière de posséder le bien et en même temps l'art de jouir.

La loi du bien est la loi de la jouissance. La vertu consiste au fond à ne pas chercher celle-ci quand on ne peut pas l'obtenir. Il n'existe donc pas de mauvaise jouissance ; en d'autres termes, le mal n'en donne pas. Nous espérons prouver ces propositions qui sont de nature à surprendre.

Nous voilà donc engagé à démontrer beaucoup plus qu'on ne demande et qu'il n'est nécessaire, pour disculper Dieu d'être l'auteur du mal moral. Les objets créés par lui, avec les actes qu'il a destinés à en donner la possession, ne contiennent que du bien, et seuls procurent la jouissance. Celui qui fait le mal n'a trouvé devant lui que des objets et des actes bons. Il paraît même impossible qu'il le fasse, et son erreur doit être énorme. Effectivement il a cru détacher la jouissance du bien en faisant l'acte contrairement à la loi. Mais il échoue. L'acte produit son effet physique : on voit ici l'un des motifs qui ont déterminé Dieu à créer la matière : l'acte a réussi physiquement, mais l'homme est néanmoins déçu : la matière seule, et non l'esprit, pouvait être chargée de ce rôle indigne de tromper l'homme. Si l'effet physique résistait, l'homme serait averti, reconnaîtrait son erreur, ne pourrait passer outre et l'épreuve ne pourrait aboutir : de plus, cet effet physique est utilisé lui-même, et devient un des ressorts du mécanisme de la tentation. Quant à l'effet moral, il est manqué : l'homme qui a fait le mal par une erreur coupable, ne jouit que par illusion, car l'erreur et le mal sont indissolubles comme le sont le bien et la jouissance. Celle-ci a résisté et ne s'est pas séparée du bien.

Il [n'échappera à personne que nous avons entrepris de prouver deux propositions bien distinctes : en premier lieu, nous voulons faire voir dans l'ordre du monde une disposition de buts et de moyens, un agencement de toutes les parties si bien déterminé, que l'on ne pourra s'empêcher d'en reconnaître l'intention, qui est de soumettre l'homme à une épreuve, ce qui explique le mal et même sa prépondérance. Ensuite nous essayons d'aller jusqu'à établir que le mal est vain, illusoire, une sorte de néant, quant à la jouissance et à un bien quelconque.

Nous prenons nos précautions contre le doute en faisant remarquer que notre échec sur ce deuxième point n'entraînera pas la ruine de notre première démonstration. Nous déclarons d'avance que nous n'espérons pas pousser la seconde proposition jusqu'à l'évidence. La découverte de l'inanité du mal déjouerait tout le plan divin. Dieu a trop bien attaché un voile sur sa face hideuse pour que ce ne soit pas une folie d'annoncer que l'on va dénouer les cordons. Mais on peut la faire deviner à travers l'épaisseur des plis.

22. — *La jouissance, quoique inséparable du bien, semble, d'après l'apparence, en être détachée.* — *Les trois besoins.* — *Rétablissement du monde tel qu'il serait, s'il était parfait.*

Il faut que le bien et la jouissance soient non séparés mais disjoints, que cette unité soit dédoublée, que la jouissance soit transposée par une sorte de monstruosité et paraisse, dans la perspective, attachée au mal, qu'ils soient assez distants pour que l'on puisse faire le bien sans jouissance et que l'on croie faire le mal avec jouissance.

Regardons plus attentivement le bien qui nous est offert. Nous avons l'existence qui seule ne signifie rien, puis la manière d'être qui est la faculté de connaître, la capacité de posséder l'infini. Nos actes ont pour but de continuer à être, d'acquérir la nourriture, l'abri pour le corps, sa santé, sa force, et les connaissances, l'expérience, pour l'esprit. Connaître, pour l'âme, correspond à être pour le corps; mais il dépend d'elle, non plus seulement de persévérer dans l'être, mais de l'accroître par la science. Telle est la partie conditionnelle inférieure : être et connaître.

Au-dessus apparaît le besoin de grandeur dans son être, de l'estime de soi, de la reconnaissance de nos qualités, de notre dignité par les autres. L'amour-propre, l'ambition en sont les manifestations désordonnées. Ce n'est encore qu'être et étendre son être. — Au degré suprême est l'amour.

Ce sont les trois besoins de l'humanité. Être et connaître ; être dans l'intégralité de ses qualités intellectuelles et morales, le paraître ; aimer. Le premier besoin est le fondement de la construction ; le deuxième, les degrés ; le troisième, le temple. Là où est l'amour est le seul lieu habitable.

Le premier et le troisième besoin sont les seuls qui aient des fonctions, des organes dans le corps. L'amour mérite le nom de *bien* moral : les objets des autres besoins sont les *biens*. Ses lois sont positives ; celles des autres sont cette morale inférieure que l'on appelle ordre et justice.

Nous sommes destinés à être parfaits ; nous pouvons reconnaître à travers les imperfections voulues de notre monde terrestre, le dessin de ce qu'il serait s'il était parfait, tel qu'il n'a pas existé et qu'il ne se réalisera jamais. Il est très utile d'en faire le rétablissement, pour le comparer avec le nôtre, et pour tirer de ce monde idéal, véritablement naturel, des enseignements sur l'accidentel où nous vivons.

Les hommes ayant la plénitude de la perfection

du corps et de l'âme vivraient dans la félicité de l'amour chaste et passionné, dans la douceur de la charité ; ils auraient la science, la possession de tous les biens, sans inégalité. Des choses, qui occupent actuellement une place considérable, cesseraient de figurer dans le tableau : nous nommerons l'État, qui n'aurait plus de raison d'être, la force n'étant plus nécessaire pour comprimer le mal disparu. Nous pouvons remarquer en effet que les choses qui n'ont plus leur place dans une vie parfaite, qui n'ont pas leur racine enfoncée jusque dans la nature, sont pleines de contradictions ; elles sont susceptibles de formes multiples ; ce ne sont que des expédients pour les nécessités du moment : elles n'ont pas droit à la durée. Aussi les utopistes de nos jours, qui voient dans l'État l'instrument du bonheur universel se trompent lourdement. D'abord ce bonheur est irréalisable, car il est contraire au plan de l'épreuve ; ensuite l'État est tout à fait incapable de le procurer.

Il ne s'agence que gauchement dans le jeu du mécanisme de l'épreuve. Son domaine est fort restreint : il n'a prise que sur les actes extérieurs, les plus criminels et scandaleux, et seulement sur ceux qui offensent l'ordre et la justice. Loin de laisser les hommes agir sous leur responsabilité pour l'épreuve, il les arrête quand ils font trop de bruit et deviennent trop audacieux ou gênants. Le mérite est l'œuvre exclusive de la spontanéité, de la liberté. L'État ne pénètre pas jusqu'à la pensée, ne peut rien sur l'initiative, et il met la main sur la liberté. Sa raison d'être est de l'arrêter. Il n'est pas la persuasion, mais la force brutale, une violence collective supérieure aux violences individuelles. Plus on s'améliore, moins il aurait besoin de se montrer : un temps où il se mêle de tout, où il met la main sur tout, doit donc être bien mauvais. Il est la force ajoutée à la loi morale pour la servir et quelquefois opposée à cette loi morale pour lui nuire.

Le regarder comme le patron de la liberté est donc un non-sens. Il n'a à son service que la force. Tout ce qu'il saurait faire serait de contraindre à être libre, et il ne réussit guère qu'à empêcher de l'être. Le pessimisme n'a aucune tendresse pour l'État et ne place pas sur lui ses illusions. Espérons qu'il fera contre-poids, en Allemagne, à l'optimisme des socialistes [1].

Dieu qui préside l'examen est plus tolérant que l'État, cet appariteur avec sa verge et sa hache. Il permet que la matière prête son concours au mal. Il laisse ruiner les empires et disparaître les

---

1. *Pensées de Schopenhauer*, p. 206. « Partout et en tout temps, etc. » M. de Hartmann croit au progrès et prédit que l'État fera finir la lutte pour l'existence. (*Philosophie de l'Inconscient*, I, page 430.)

peuples qui l'ont mérité. Il souffre qu'on l'insulte
et qu'on le nie. Il n'avertit que discrètement et
sa providence se cache si bien qu'elle permet aux
méchants de la méconnaître.

Lorsque l'on veut connaître la valeur des choses, il faut se reporter à ce tableau idéal : on les
voit les unes s'élever, les autres s'abaisser, d'autres disparaître : le moyen s'y distingue du but,
le transitoire du permanent. Là prennent la première place les lois immuables de l'amour qui se
manifestent dans l'union de l'homme et de la
femme, dans la famille.

Si le mal moral n'existait plus, l'État disparaîtrait, mais la famille subsisterait toujours [1].

On peut juger de l'importance des choses par
la place qu'elles occupent dans le plan divin :
elle indique l'ordre, la suprématie. Du premier
regard sur le monde on est frappé de la distinction des sexes. C'est la disposition la plus remar-

---

[1]. L'État n'a pas d'organe. Ses actes sont dérivés : ce sont les
actes de la vie ordinaire détournés de leur destination. Il est
factice, il n'est qu'un expédient pour se garantir du mal le plus
grossier, la violence, la mauvaise foi. Il n'est qu'un moyen, et
le moyen d'un but très inférieur, qui est celui que nous venons
de dire et autres menus services. Il est donc fait pour la famille,
et la famille n'est pas faite pour ce subordonné. Conclure à sa
suprématie de ce que la famille lui fait des sacrifices dans les
nécessités publiques, serait se tromper gravement : on fait aussi
des sacrifices à une caisse d'assurances qui aurait tort d'en tirer
la conclusion de sa supériorité naturelle sur les assurés. L'individu fait le sacrifice de sa vie pour un motif supérieur à celui
du code militaire, par amour pour les hommes ses frères.

quable, la plus étendue par ses conséquences, la plus féconde en résultats. Elle est le fait dominant du mode d'être. Elle ne se borne pas à établir une loi, elle a placé là la source de toutes les lois. Elle n'a pas seulement préparé quelque ressort, un organe, une fonction; elle régit tout l'être, corps et âme; bien plus elle fait une unité de deux êtres, et l'union de tous les individus ; toute l'humanité ne fait plus qu'un [1].

Il semble que Dieu ait donné à choisir à tout homme d'être une individualité ou une dualité, de concentrer son amour sur un autre être égal et différent, ou de le remplacer par tous, d'opter entre l'amour et la charité. Seul, il n'est pas encore ; il n'est pas seulement incomplet, il n'est pas. On voit dans cette disposition non seulement l'être, la manière d'être, mais encore la reproduction de l'être.

Toutes les relations humaines, tout, l'ordre, la composition de l'humanité, désirs, pensées, besoins, les biens et les maux sortent de là.

Les hommes auraient pu naître isolément, directement d'un peu de matière pétrie par Dieu, comme le premier. La suite de la création a été

---

[1] « Cette loi de la nature, qui subordonne toute génération à la dualité de sexe, m'a toujours frappé d'étonnement et me paraît un abîme pour la raison humaine. » Kant. — Ce ne sont pas seulement les nouvelles écoles, les pessimistes, les positivistes, les évolutionnistes qui n'aperçoivent rien de ce qu'il y a de fondamental dans la nature humaine, de principal dans le bien.

déléguée aux hommes pour produire l'amour et aussi la haine, pour unir ou diviser. La population paraîtra bientôt comme le problème qui donne, lui aussi, naissance à tous les autres.

Entre tous les actes préparés pour notre activité, il y en a deux sortes qui sont les plus remarquables, ceux qui satisfont à la conservation de l'être par la communion avec la nature, la nourriture, ceux qui remplissent le but de l'être par la communion avec les âmes, l'amour. Le concours de l'esprit et de la matière conserve et reproduit l'homme.

Tout, le caractère spécial et désigné des actes, l'importance des résultats, la grandeur du bonheur, prouve que nous sommes en présence de la loi des lois, l'amour, qui a pris pour forme dans la création, la famille.

Ce tableau de la vie humaine parfaite, de cet Éden, était devant le regard du Créateur. Il s'agissait, pour l'épreuve, non pas d'y introduire lui-même le mal moral, mais de s'arranger de manière que l'homme le fît entrer.

23. — *Le mal consiste à essayer de détacher la jouissance du bien. — Inégalité des hommes. — Insuffisance des objets.*

Le mal consiste à séparer la jouissance du bien, à le méconnaître, en cherchant à détacher sa satisfaction de sa loi, à garder le plaisir et à suppriner le devoir. Pour être tenté de faire cette séparation, il faut que l'homme découvre un intérêt. Comment organiser le monde de sorte que le bien nous coûte, qu'ayant sous les yeux la seule chose bonne, le bien, nous le soupçonnions, nous l'évitions, nous mettions toute notre pensée à faire la séparation impossible du bonheur et de sa loi ?

Dieu a tracé sur son plan deux traits qui vont changer la face des choses : dans les hommes, l'inégalité ; dans les objets, l'insuffisance.

La nature a été invitée à faire sortir de ses moules des corps sains et des malades, les infirmités, les laideurs, des intelligences vives et des lentes, la diversité des esprits et des caractères.

Alors sortirent de l'abîme la hideuse théorie des maux, les chairs rongées, les membres tremblants, les peaux pustuleuses, et la dernière, la mort pressée qui pousse devant elle ce troupeau horrible et puant pour s'abattre tout d'un coup sur la jeunesse, sur l'enfant dans le sein de sa mère. La folie la devance quelquefois et saisit l'esprit avant que la mort n'ait touché le corps. L'idiot regarde le spectacle d'un œil hébété [1].

---

[1]. *Pensées de Schopenhauer*, p. 75. « Si l'on mettait devant les yeux de chacun les douleurs et les tourments épouvantables auxquels sa vie est continuellement exposée, à cet aspect il serait saisi d'effroi; et si l'on voulait conduire l'optimiste le plus endurci à travers les hôpitaux, les lazarets et les chambres de torture chirurgicale, les lieux de supplice, les écuries d'esclaves, sur les champs de bataille... alors, assurément, lui aussi fini-

Tous les êtres humains vont courir d'un pas inégal vers des biens en trop petit nombre pour la faim, pour le besoin d'estime, pour l'amour. On entend des cris effroyables, les gémissements de ceux qui souffrent, les plaintes des affamés ; la haine, l'envie, le mensonge se précipitent, écrasant les faibles ; les champs de bataille se couvrent de morts. Les bons sont vaincus.

L'inégalité des hommes a été confiée au mal physique : les avantages de notre nature humaine, beauté, santé, force, intelligence, durée de la vie, ont été différemment répartis au moyen du jeu des lois physiologiques, qui sèment sur la foule humaine les imperfections, les maladies, les misères.

L'insuffisance des biens pour le nombre des hommes, le maintien de la balance hors de l'équilibre, la stabilité de la disproportion des demandes et des objets, sont dus à la population. Elle est la question mère de toutes les autres.

C'est à l'homme qu'a été abandonné le soin d'entretenir ses maux au même niveau, de garnir le cirque de combattants, d'en fournir assez pour les tigres. C'est le besoin le plus fort qui a mission de donner naissance aux autres, de pourvoir à notre misère.

rait par reconnaître de quelle sorte est ce meilleur des mondes possibles. »

« Il y a plus de maisons que d'hôpitaux, » a dit de son côté Leibniz.

L'infini de nos désirs, l'immensité de nos besoins, d'une part, de l'autre la limite et l'insuffisance des objets, la répartition des qualités qui nous rend inégaux pour les saisir, sont les facteurs grâce auxquels l'innombrable variété de nos misères et de nos tentations se produisent. Là est la cause des antinomies si connues qu'il est inutile d'en parler, les petits et les grands, la misère et la richesse, la population et la subsistance, le salaire et le capital, enfin la matière de toutes les questions morales, économiques, politiques.

Au fond il n'y a qu'un mal, l'inégalité. L'instinct plus que l'intelligence le reconnaît bien maintenant : il y a cent ans que l'envie est devenue le vice dominant.

Seulement l'inégalité est invincible. Les réformateurs qui la critiquent sous toutes ses formes, ne se doutent pas qu'elle est une condition nécessaire de la vie morale, que ce n'est pas un vice de construction du monde, mais une forme de cette construction qui durera autant que lui. Autant invectiver l'obliquité de l'écliptique parce qu'elle cause l'inégalité des jours et des saisons, autant espérer que l'État peut, par une constitution et des lois, ébranler les pôles, et ramener l'axe de la terre à une ligne parallèle à celui du soleil.

L'égalité est impossible, et cependant rien ne paraît plus facile : il faut qu'il en soit ainsi pour ne pas décourager tous les hommes et pour exciter les sages à améliorer leur sort, pour tenter les fous de renverser l'ordre afin de supprimer le désordre. Le bonheur est à notre portée, non à une hauteur désespérante, mais distant de la main de l'épaisseur d'un cheveu; toutefois on ne peut qu'y toucher, sans le prendre.

La répartition des biens matériels semble aisée, mais elle ne s'est encore vue que dans les sociétés religieuses, en compagnie du renoncement dont la présence n'est pas faite pour séduire. Cependant, comme les socialistes et autres font aujourd'hui des projets par centaines, ne désespérons pas que la patrie du pessimisme ne résolve la difficulté et ne commence par l'Allemagne, à faire de notre terre le meilleur des mondes possibles.

Le besoin d'estime est plus facile à satisfaire : tout est dans notre main : nous n'avons pas à compter avec le sol, les saisons, le vent, la pluie; il n'y a pas une pincée de terre à remuer. Quoi de plus simple que de reconnaître le mérite connu, de ne point nier celui qui n'est pas connu, de ne juger personne, de ne peser que les qualités personnelles et non les accidents de l'extérieur, de la fortune?
— Nous ferons encore bien des tours dans le désert, avant d'arriver à cette terre promise. La justice est le remède de l'inégalité; elle apaise la douleur, sans guérir le mal. Mais l'envie est l'antagoniste

de la justice. Tout est si bien agencé pour perpétuer l'épreuve que les malades haïssent moins le mal que le remède.

Nous ne dirons rien du troisième besoin, le plus élevé, celui de l'amour. C'est celui au sujet duquel l'homme fait le moins de plaintes, parce qu'il méconnaît la loi avec moins de scrupule. L'opinion est plus accommodante. Elle montre plus de rigueur pour celui qui dérobe le bœuf du voisin que pour celui qui lui dérobe sa femme : elle n'a que des complaisances pour le commerce des personnes libres.

Elle tient beaucoup plus à la justice qu'à la morale. La loi elle-même ne se refuse pas de violer celle-ci.

Il est bien de lutter contre l'inégalité; c'est le devoir, c'est la matière de l'examen. Mais il est naïf de croire que l'on en viendra à bout et que nos neveux n'auront qu'à dormir sur des feuilles de rose. N'entreprenons pas de corriger l'écliptique : mais abritons-nous du froid et du chaud des saisons extrêmes, comme si elles devaient revenir encore longtemps.

Supprimer le mal ne serait pas rendre service à l'humanité[1], car ce serait la priver du moyen

---

1. *Pensées de Schopenhauer*, p. 54. « De même qu'il faudrait que notre corps éclatât, s'il était soustrait à la pression de l'atmosphère, de même si le poids de la misère, de la peine, des revers et des vains efforts, était enlevé à la vie de l'homme,

de grandir, de mériter. Toutefois rassurons-nous : il y aura toujours de l'inégalité. Plutôt que de laisser s'épuiser le programme de l'examen, Dieu inventera de nouveaux maux physiques, à mesure que la science aura vaincu les anciens : nous venons de voir des fléaux inconnus : de petits êtres presque invisibles ravagent les vignes, les aliments. L'humanité, devenue grande, subit de nos jours l'assaut des infiniment petits, tandis que nos pères de l'âge de pierre, si misérables, luttaient contre les bêtes gigantesques et n'avaient pas de moindres ennemis que les ours des cavernes. Autrefois, les héros se battaient contre les héros : aujourd'hui l'on a affaire à la multitude armée du suffrage. Quant aux maux moraux, Dieu n'a rien à faire : ils s'alimentent très bien tout seuls.

Quelle catastrophe si l'on supprimait seulement la mort! Y pensez-vous, mortels? Que deviendriez-vous quand la terre disparaîtrait sous la marée montante de la population? Supposez que l'ange sonne de cette fameuse trompette qui doit ressusciter les morts, et qu'au moment où tous les hommes qui ont vécu depuis le premier jour seront debout, il s'en aille. Comment nourrir cette

l'excès de son arrogance serait si démesuré qu'elle le briserait en éclats, ou tout au moins le pousserait à l'insanité la plus désordonnée et jusqu'à la folie furieuse. — En tout temps, il faut à chacun une certaine quantité de soucis, de douleurs ou de misère, comme il faut du lest au navire pour tenir l'aplomb et marcher droit... »

multitude de nouveaux convives au banquet de l'eudémonisme? Le soir ne serait pas arrivé sans qu'une effroyable bataille ne fasse appeler de nouveau à grands cris la mort par tous les vivants.

Ne demandons pas l'extinction des maux. Profitons-en.

Maintenant nous pouvons nous rendre compte du mécanisme de la tentation, et regarder l'homme s'agiter dans les engrenages.

24. — *L'épreuve consiste à travailler, se priver, se résigner.* — *On ne peut reprocher à Dieu d'avoir fait le mal.* — *Le mal moral est négatif.* — *Le mal physique est précieux.*

La créature humaine n'apparaît pas tout à coup sur la terre dans sa force. Elle débute par l'enfance. Elle sort du sein d'une femme, dénuée, incapable de continuer seule son souffle de vie : il faut qu'on la réchauffe, qu'on l'allaite. Elle a tout à acquérir, même son corps, car elle n'en a que le rudiment. Elle a tout à apprendre, n'ayant au commencement que l'instinct de sucer la mamelle. Chaque homme ne peut obtenir, à mesure qu'il se développe, la satisfaction de tous ses besoins, à cause de la compétition des intérêts, de la bataille de la vie, avec des forces inégales pour des biens insuffisants. On n'a ni tous les objets nécessaires ni toute l'estime à laquelle on a droit, ni un être parfait pour apaiser le désir de l'amour.

En outre, la distribution n'a pas lieu justement selon la proportion avec les efforts. Il y a des riches et des pauvres, des glorieux et des dédaignés. Et il arrive que celui qui prêche l'erreur a la réputation, et que celui qui défend la vérité a le mépris, que ce ne sont pas les meilleurs qui détiennent les biens, les succès, l'amour, mais ceux qui les prennent par tous les moyens. L'on n'a pas tout ce qu'on doit posséder et on se le voit enlever par les inférieurs : on souffre doublement de la privation et de l'injustice.

Résultat admirable! ce sont les plus forts qui subissent l'examen le plus difficile : à mesure qu'ils deviennent meilleurs, les questions deviennent plus pressantes. Du reste, le monde ne sait pas cela : il n'a d'yeux que pour les succès extérieurs, bruyants, futiles. Il ne se doute pas que les plus forts, les premiers, sont les misérables, ceux qui souffrent le plus, les plus inconnus, les méprisés. Ce sont ces épaules écrasées par le poids des misères qui, comme Atlas, soutiennent le monde moral. Le reste ne compte pas, et, après ses petites satisfactions fausses, ses succès menteurs, il disparaîtra. Il a échoué et sera englouti dans la Géhenne.

Comme un général choisit les plus braves pour

le poste le plus périlleux, les pauvres, les déshérités ont été choisis par Dieu pour subir l'assaut des misères. Ce ne sont pas les premiers dans le monde par leurs richesses, leurs honneurs, mais de pauvres êtres sans nom, bravement malheureux, qui sont les premiers aux yeux de Dieu. « *Beati qui lugent, Beati qui persecutionem patiuntur.* » (Math., v. 5, 10.)

L'homme peut donc souffrir horriblement. Il est frappé dans son intelligence par les maladies mentales, dans ses sens, dans ses membres. Il peut être méconnu, calomnié, trahi par sa femme, repoussé par ses enfants. Examinons-le : nous allons reconnaitre le mode de la tentation, la nature du mérite, le caractère du mal.

Celui à qui manquent les biens matériels, qui convoite une femme, est tenté : il voit le bonheur attaché à des actes qu'il lui est interdit de faire : il doit se priver. Un autre est en proie à la maladie qui démolit pièce à pièce son corps : il n'est plus question pour lui d'aller vers des biens à sa portée : il est cloué : il n'a pas seulement à se priver, mais à supporter le mal ; il ne s'agit pas uniquement de s'étendre vers les biens, mais de se défendre contre les maux : il doit se résigner.

L'épreuve consiste donc à acquérir avec peine la jouissance du bien, à se priver de la jouissance mauvaise, c'est-à-dire isolée du bien, à lutter contre le mal, et à se résigner si celui-ci est le plus fort. C'est le travail, la privation, la résignation.

Le mérite s'acquiert à la condition de se sacrifier, de souffrir pour gagner le bien permis, de souffrir encore pour ne pas outrager le bien, en prenant la jouissance indignement, d'aimer le bien jusqu'à la souffrance.

Tout le bien est de Dieu : nous n'avons à nous que la souffrance. *Elle est le prix que l'on donne du bien.* Nous prouvons que nous l'estimons à sa valeur, puisque nous donnons pour l'avoir tout ce qui dépend de nous, tout ce que nous pouvons faire, la volonté, tout ce que nous pouvons supporter, la souffrance. Le bien ainsi gagné est bien à nous, est acheté ; nous l'avons mérité.

L'homme peut être considéré d'abord comme agissant. Dans ce cas, il peut quelquefois posséder le bien avec sa jouissance : par exemple, il jouit du fruit de son travail dans sa famille, prend la nourriture qu'il a gagnée, sous un abri, en compagnie de sa femme et en caressant ses enfants. Toutefois, ce n'est que par son effort ou celui de ses auteurs, qu'il a obtenu ce bien, attendu que l'on ne peut rien faire sans travail, même se lever et étendre le bras.

Ce tableau de la vie la plus simple, l'abri, les ustensiles, la nourriture représentent une quantité d'efforts très grande. C'est le travail.

L'homme agissant, résolu à se procurer ce qu'il désire, rencontre rarement le bien avec sa jouissance; mais la jouissance sans le bien l'entoure de tentations.

Il n'a droit qu'à une femme : celle-ci ne se présente pas toujours, ou souvent mieux eût valu qu'elle ne se fût pas présentée. — S'il succombe à la tentation, s'il se procure la fortune, la femme contre la loi, il a la jouissance sans le bien. Nous disons qu'il n'a pas le bien; et peut-être n'a-t-il pas même la jouissance. — S'il est vaillant, il se prive.

Mais l'homme n'est pas seulement agissant, il subit. Il reste en dehors de la mêlée, il se contente de peu ou dédaigne; il est cependant encore exposé à être attaqué lui-même : l'injustice, la calomnie, l'envie nous poursuivent partout, s'en prennent aux faibles, s'acharnent sur les meilleurs, frappent les forts par derrière, n'épargnent pas les médiocres et les humbles ; les mauvais ne craignent que ceux qui sont plus mauvais. Une fois tombé au milieu des hommes, nul n'a pu éviter les coups. D'ailleurs, le mal physique sait bien nous trouver, et, de peur que quelques-uns n'évitent l'épreuve, il est aveugle et frappe tout le monde. Les persécutés, les martyrs, les malades, s'ils se résignent, ont le bien sans jouissance, mais le bien différé quoique réel, plus réel que la jouissance sans bien.

Le cycle de l'épreuve comprend tout, jouissance avec bien, jouissance sans bien, bien sans jouissance.

Le mal consiste à chercher à jouir contre la loi éternelle de jouissance. C'est le mal formel.

Mais le mal réel est l'insulte au bien. La fausse jouissance outrage la vraie. C'est de même que la dernière offense à l'épouse est de demander le plaisir à une concubine.

Le mal n'est pas dans la jouissance. Y a-t-il plus insigne erreur que celle qui représente Dieu comme préparant pour l'homme un acte agréable et lui disant : « Je te défends d'y toucher. » Il met le plaisir à côté de sa main, et quand elle s'avance, il la frappe. La jouissance en elle-même est bonne : elle fait partie du bien. Dieu ne demande qu'une chose, c'est que l'homme soit heureux : il l'a créé pour cela. Mais il veut que sa créature en soit digne, qu'elle voie le bien, qu'elle l'apprécie ; si elle le méprise en lui préférant une basse et vaine ombre de jouissance, si elle le méconnaît au point de croire qu'elle peut en séparer la vraie jouissance, Dieu la déclare déchue pour toujours ; il la punit non pour avoir joui, mais pour n'être pas montée jusqu'à la jouissance.

La souffrance est une mauvaise chose. Est-ce que Dieu nous la demande pour le plaisir de nous voir souffrir ? C'est un blasphème. Il nous l'a imposée à regret, parce qu'il n'en pouvait être autrement. Il nous fallait prouver que nous aimons le bien, que nous en sommes dignes. Quel bien avons-nous en nous pour acheter le Bien ? Tout bien vient de lui, même notre existence, notre intelligence. Quelle marque d'amour donnerons-nous en échange de l'amour ?

Le vouloir jusqu'à la souffrance.

L'opinion fait reconnaître la souffrance comme l'unique preuve de notre valeur, de notre connaissance du bien. On ne donne son estime et sa confiance qu'à celui qu'on répute capable de souffrir, c'est-à-dire de se priver, plutôt que de livrer l'honneur ou l'argent qu'on lui remet. Les vertus les plus nobles, dévouement, courage, désintéressement, ne sont pas autre chose que la capacité de souffrir. La fiction même, la poésie, le roman, ne savent faire valoir leurs héros imaginaires qu'en les faisant passer par toute sorte de traverses.

D'autre part, le libertinage, les plaisirs faciles choquent par leur facilité même : l'homme, au commencement, n'a que l'instinct de l'animal et est ignorant : les grossiers ne s'en tirent pas et se jettent naïvement sur les premiers objets venus. On éprouve une peine profonde à voir qu'ils ne font pas plus d'effort pour arriver à une conception plus élevée, qu'ils rabaissent l'idée de l'amour, qu'ils salissent le plus cher bien de tout le monde.

Le mal physique a été créé visiblement par Dieu, ce qui n'a pu avoir lieu pour le mal moral, afin de servir de fondement au système de l'épreuve. A la matière est due l'ignorance : à elle est due encore l'inégalité.

Dieu a négligé la matière minérale qui ne sent pas. Il a fait faire notre demeure par la vie et la mort : les infusoires ont construit des montagnes, les mousses ont étendu l'humus sous nos pieds. Nous vivons sur un charnier. N'ayant plus besoin de cadavres, Dieu nous force à nous manger tout vivants les uns les autres, entre animaux : les vers et les corbeaux dévorent ceux qui échappent à la mort violente : l'agneau qui boit engloutit un millier d'êtres dans une goutte d'eau [1].

Il a fait une énigme de la créature animale, il a créé sans nombre des figures étranges, bêtes utiles ou nuisibles, effroyables ou d'une beauté ravissante, les monstres de la mer et de la goutte d'eau, le papillon et l'oiseau, les gigantesques dragons des premiers âges, les lions, les serpents qui devaient mettre à l'épreuve les défricheurs du globe jusqu'à ce que les hommes fussent devenus assez méchants pour les remplacer dans leur mission et leur permettre de disparaître, puis l'armée des insectes qui défendent les pays chauds, ceux qui dévorent nos vignes, nos grains, les

1. Voir M. de Hartmann, *Les souffrances des animaux.*

microbes qui entrent dans nos veines, ces infiniment petits encore assez grands pour tenir tête à notre progrès.

Il a disposé des contrées plus riantes où il a installé ses fléaux, tremblements de terre, cyclones, afin d'établir un équilibre de maux avec les régions sombres du Nord. Où est le pays à l'abri de la maladie et de la tempête ? Il y a quelques coins de terre plus tranquilles, comme quelques hommes heureux, pour nous donner l'idée de cette félicité qui nous est défendue. Dieu montre le bonheur et donne le malheur : il nous tient toujours en haleine.

Les lois physiologiques ont été chargées de conduire l'examen, d'en marquer la fin par la mort.

La douleur est une remarquable partie du programme. Si elle avait manqué, notre condition serait impossible. Elle n'est pas seulement la contrepartie de la sensation agréable, le négatif qui fait paraître le positif, l'ombre qui fait valoir l'image : elle existe par elle-même et elle est avantageuse, tout horrible qu'elle est. Que l'on considère seulement quel changement se produirait si l'on pouvait impunément se jeter du haut d'une tour, se percer. C'est à elle que beaucoup d'hommes sont redevables de leur sérieux que ne peut leur procurer l'idée de la grandeur des choses à laquelle ils sont incapables d'arriver. Si la crainte et la tristesse ne pesaient sur tous ces êtres vides et légers, ils tourbillonneraient comme la paille au vent, heurteraient les sages et leur feraient perdre l'équilibre. Si, dans un rêve contraire à celui que nous avons fait, quand nous avons supprimé la mort, qui fait assez de vides au banquet pour que les nouveaux arrivants ne souffrent pas trop de la faim, nous supposions maintenant le mal de la faim détruit, qu'arriverait-il ? Toute la nature vivante perdrait sa stabilité : les tigres et les requins s'adouciraient peut-être. Mais l'homme ? Il n'aurait pas même de quoi s'occuper, fixer sa pensée, alimenter son activité. Aussitôt la folie agiterait l'humanité : on verrait les grands et les petits, les magistrats et les serviteurs monter et descendre comme les petites figures qui tourbillonnent dans un *ludion*. Ainsi que ces suppliciés que l'Orient fait périr en leur chatouillant les pieds, l'espèce mourrait dans les spasmes du rire [1].

Il est facile de comprendre que la régularité et la justice ne sont pas nécessaires dans la distribution des maux, qui sont une bonne matière d'examen pour chacun, sans avoir égard à d'autres considérations. La Providence a donc pu s'en décharger sur les aveugles lois matérielles. Une

---

1. *Pensées de Schopenhauer*, passage déjà cité, p. 198 : « De même qu'il faudrait que notre corps éclatât... »

main inconsciente sème au hasard les fléaux, les maladies, les calamités sur les têtes humaines. Ils n'épargnent pas le champ du juste et passent quelquefois à côté de celui du méchant. C'est donc à tort qu'on nie qu'il y ait une Providence, parce que les honnêtes gens sont accablés et que les mauvais ne sont pas punis.

Dieu, aussi soigneux de se cacher que de se montrer, n'a pas négligé d'envelopper d'ombre chaque question, de disposer sur le chemin de la vie des carrefours avec une voie libre pour ceux qui veulent lui échapper. Ne voit-on pas que, si les méchants étaient toujours punis, Dieu ruinerait son œuvre, en rendant l'épreuve impossible?

L'on peut remarquer encore que le mal physique est utile en ce sens qu'il économise le mal moral pour l'épreuve, en dispensant d'autant les hommes de pécher pour se faire juger.

Nous avons vu que le mérite consiste dans la privation. Mais il est évidemment déraisonnable de sacrifier un bien, si ce n'est comme le moyen d'en obtenir un plus grand. L'homme ne doit pas être une dupe, il ne peut être joué par Dieu. Aussi doit-il compter que son créateur lui réserve une félicité qui sera bien grande, étant calculée sur les privations de ce monde : il n'a plus par conséquent de motif de se plaindre de l'excès de ses maux.

S'il croit que Dieu n'existe pas, il agirait contre la raison, en se privant. L'estime publique et l'approbation de la conscience ne seraient dans ce cas qu'une indemnité dérisoire, car elles n'ont de valeur que celle qu'elles empruntent à l'espérance d'une récompense future : c'est une monnaie fiduciaire que Dieu seul peut échanger contre des espèces sonnantes. Si nous nous privons pour rien, la conscience et l'opinion ont grand tort de nous féliciter [1].

Continuons de parcourir et de sonder le monde en éliminant le mal sous toutes ses formes, pour la justification de Dieu. La privation, avons-nous dit, est douloureuse, mais n'est pas mauvaise quand elle est faite en vue du bien. Regardons maintenant le mal lui-même, physique et moral : il va reculer devant nous et rentrer dans l'abime du néant.

Les maux, quand ils planent sur l'humanité en un noir tourbillon, sont épouvantables à voir : cependant ils ne peuvent rien.

---

[1]. Un grand philosophe a dit qu'il y a absence de moralité à agir dans toute autre intention que celle de satisfaire sa conscience. — Il ne faut pas confondre le mérite et le bien. Le bien est tout ce qu'il y a de bon, et nous ne pouvons avoir d'autre but que lui : le mérite n'est qu'un moyen. Or, l'on ne doit pas s'arrêter au moyen : on se prive non pour se priver, mais pour l'amour du bien. Si l'on n'a pas le bien en vue, l'action ne vaut rien et n'a pas de sens : se priver ne peut plus être que mettre sa volonté au-dessus de sa volonté, ce qui est impossible en théorie et en pratique. Cette doctrine est séduisante parce qu'elle a une grande apparence de désintéressement. En effet, être dupe est le comble du désintéressement.

Tous ensemble, la faim, la pauvreté, le mépris, la calomnie, l'injustice, la souffrance, la mort, se réuniraient pour fondre sur le plus faible d'entre nous : il les vaincra. Rien ne peut rien contre le juste. Pour lui, pas de mal. On voit tous les jours un enfant, une pauvre femme ignorante lutter et vaincre. C'est sans doute le plus beau des spectacles, ce serait incroyable, si nous ne savions que les maux sont destinés à l'épreuve, sont faits pour être vaincus et non pour nous vaincre.

Que peuvent contre le juste le mépris, la calomnie? Rien. L'opinion des hommes vaut ce que valent ces hommes : s'ils sont bons, elle est pour les justes; s'ils sont mauvais, à quoi sert-elle? — Que peut l'injustice? Rien. Il a pour lui le bien absolu. — Que peut la mort? Rien. Il a la vie éternelle. Qu'il tombe entre les mains de bandits d'une Commune, ou qu'il paraisse devant le tribunal d'honnêtes gens trompés, qu'il soit abandonné, renié par sa femme et ses enfants, condamné, supplicié, il restera inébranlable : voyant les choses comme elles sont, il mourrait dans les délices. Supposition plus horrible, si, au lieu d'espérer de trouver la réhabilitation et l'amour des siens devant le tribunal suprême, il mourrait persuadé que ce sont ceux qu'il aime que ce tribunal séparera à jamais de lui pour leurs fautes, il lui resterait Dieu lui-même. Tous les êtres peuvent lui être arrachés, le monde lui-même peut s'abîmer; ses ruines crouleront sur lui sans atteindre son espérance. Pas de perte qui soit irréparable, pas de perte qui ne soit profitable : le bien perdu fait place à un plus grand.

Si un seul des biens que nous sommes exposés à nous voir enlever était essentiel, Dieu serait coupable. Il n'en est pas ainsi. Donc aucune des satisfactions de ce monde, ni la vie, ni l'amour même, hélas! ne sont essentielles.

Puisque le mal est profitable, l'insuffisance des biens et surtout l'invincible inégalité des conditions, objet de stupéfaction et de colère, cessent d'être mauvaises. Le monde inégal apparaît admirablement disposé pour l'ordre et pour la justice.

Mais s'il n'y a pas de mal pour les bons, il y en a pour les mauvais. Les maux sont comme les loups qui poursuivent les voyageurs et ne dévorent que ceux qui se laissent tomber. Les morsures du mal physique sont cuisantes; le mal moral est un poison enivrant, mais funeste. Et toutes les misères de cette existence ne sont encore rien auprès de la réprobation dans la vie future. L'âme immortelle, à jamais privée et souffrante, est ce que la philosophie du xviie siècle avait devant les yeux quand elle s'interrogeait sur la bonté de Dieu. Si, prévoyant la faute, il a créé le coupable, il est cause de la faute et de la peine. —

Notre réponse ne peut être différente : mais nos préliminaires doivent la faire paraître plus satisfaisante.

Ceux qui accusent Dieu devraient prouver au préalable que prévoir et faire sont une même chose, ce qui paraît assez difficile, surtout quand c'est un être qui prévoit et un autre qui fait.

Si Dieu n'avait créé l'homme libre, il n'y aurait pas de coupables; sans doute, mais la création n'est que l'occasion et non la cause de la faute. Une âme libre n'est pas comme un atome matériel qui touche à tous les autres jusqu'aux confins, et est toujours ballotté par des causes. Un vide parfait entoure l'âme libre et l'isole complètement, même de Dieu : le mouvement y est initiatif. L'homme ne peut s'en prendre qu'à lui-même. La liberté admise, il n'y a plus à se préoccuper de la prévoyance qui ne peut lui faire échec, puisqu'elle n'a pas de contact, puisqu'elle est la seule chose qui se suffise à elle-même, *unicum illud naturæ miraculum*, disait Herbert de Cherbury. Il n'y a pas de contradiction entre la liberté et la prévoyance à expliquer : la contradiction n'existe pas.

Tous les hommes ne pouvaient profiter de la liberté pour faire le bien. Nous espérons avoir prouvé, par l'examen de l'organisation du monde, que nous sommes destinés à subir une épreuve.

Une épreuve qui réussirait à tout le monde ne serait pas sérieuse. Il est absolument impossible à Dieu, qui voulait obtenir un bien supérieur, la félicité de l'homme gagnée par le mérite, de faire en sorte qu'il n'y eût pas de mal. Il a donné la liberté à l'homme ; cette liberté ne dépend pas de Dieu : il n'est pas possible qu'elle en dépende et qu'elle n'en dépende pas à la fois.

Dieu est donc irréprochable, quoique les mauvais aient été créés pour qu'il y eût des bons. Pour tirer une statue d'un bloc de marbre, il faut détacher avec le marteau des éclats qui sont perdus.

Vous regardez avec étonnement des puissants et des heureux qui ont pris la terre pour eux, et des misérables sans nom et souvent sans pain qui souffrent du mépris et de l'injustice. Vous vous demandez pourquoi ces petits sont au service de ces grands. Or, c'est au contraire ces grands qui servent aux petits. De deux hommes, l'un qui a pris au second sa réputation, sa fortune ou sa femme, le plus fort est celui qui est sous le pied de l'autre. C'est lui qui a l'énorme puissance qu'il faut pour étouffer le désir de vengeance, pour se résigner à l'humiliation, à la privation, plutôt que de se défendre par l'injustice : c'est lui qui tient le bien, le bonheur, et c'est l'autre qui les lui fait gagner et les perd lui-même. Des personnages qui emplissent l'histoire de leur fausse gloire se sont agités pendant leur vie pour donner la gloire véritable et éternelle à d'obscures victimes. Le monde qui appartient aujourd'hui aux oppresseurs n'est pas même fait pour eux : ce monde et eux-mêmes sont faits pour les opprimés, leur appartiennent comme le sable qui fait briller les armes du soldat et qu'il jette au vent quand elles ont acquis leur éclat. Eux-mêmes ont choisi leur sort, servir à l'exaltation de ceux qu'ils foulaient et méprisaient, puis disparaître dans la Géhenne.

25. — *Le mal ne donne pas de jouissance.* — *L'horreur du mal vient de ce qu'on outrage le bien, en méconnaissant sa grandeur, par insuffisance, indignité.* — *En faisant le mal, on commet la plus grande des erreurs, et, quant à la jouissance, on n'a rien ; on est une dupe.*

Nous ne devrions donc pas leur envier leurs plaisirs, leurs succès de ce monde si chèrement achetés. Cependant, nous allons essayer de prouver, comme nous l'avons promis, que le mal n'a pas de jouissance. Il ne nous suffit pas qu'il n'ait pas de puissance sur les bons. Qu'il ne donne pas même de jouissance aux mauvais ! Qu'il soit complètement mauvais, négatif, et que Dieu soit absolument tout le bien, toute la jouissance.

Entendons-nous d'abord sur la valeur de la

jouissance. Le fou qui s'imaginait que tous les vaisseaux entrant au Pirée lui appartenaient avait-il une vraie jouissance ? Non. Le pauvre, dormant dans son galetas et qui rêve monceaux d'or et palais, n'a que de vaines satisfactions. L'erreur, l'illusion, le rêve, la folie, tout ce qui n'est que subjectif ne vaut rien.

Il ne faut pas confondre la réalité avec la vérité. Ces pauvres jouissances sont réelles; le songe, l'erreur le sont bien aussi. Tout est réel dans ce monde, et rien n'est vrai, car nous ne connaissons la vérité de rien. Nos yeux ne la voient pas, nos oreilles ne l'entendent pas. Toutes les magnificences de l'univers, les astres perdus dans l'immensité, ne sont que comme les décors d'un théâtre. Qu'est-ce que cela auprès de la vérité, de la splendeur de Dieu? La réalité est comme rien : la vérité est inaccessible. Quels noms donner à ces ombres qui errent entre les deux ?

Est-ce que le mal n'est pas condamné à rester loin de la vérité ? Cette jouissance qu'on appelle l'espérance, n'a-t-elle pas le droit de s'en approcher ?

La part la plus considérable du bonheur de chacun de nous est en espérance : comparez l'espoir et la possession, et vous serez effrayés de la proportion. Nous n'avons que le moment présent, étroit comme la place du pied, entre les deux abîmes du temps, le passé derrière nous, devant, l'avenir, emplis l'un du souvenir, l'autre de l'espérance; la possession est à celle-ci comme la minute à la vie. Et combien peu trouvons-nous de ces heureuses minutes[1] !

On ne peut se passer de bonheur : il nous en faut à chaque instant, comme, à de certains intervalles, de la nourriture au corps : la nature ne peut pas attendre. Tout le monde, bons et mauvais, satisfait cette faim incessante, jouit autant, les uns avec sagesse, les autres avec folie. L'âme, plus facile à tromper que l'estomac de chair, se contente d'illusion ou d'espérance. L'espérance n'est qu'une jouissance lointaine de la vérité, et encore n'est-elle une jouissance que quand elle est fondée, que quand elle est tournée vers la vérité.

Tout le monde se procure de la jouissance en quantité suffisante pour alimenter son âme. Reste à savoir quelle est sa qualité.

Nous ne l'avons pas complète. L'amour lui-même ne l'a jamais donnée. Dieu se cache : le bien ne peut donc nous rassasier. Incomplète, elle peut être fausse ou vraie. Nous ne devons faire aucun cas de la fausse, c'est-à-dire de celle qui n'existe que dans l'esprit, sans que l'objet y corresponde; elle n'est pas l'effet de l'objet, mais de notre illusion intérieure : ce n'est pas l'objet bon qui

---

1. *Pensées de Schopenhauer*, p. 66.

est senti ; nous n'avons qu'une émotion sans cause.

En comparant la jouissance bonne et la mauvaise, il ne faut pas perdre de vue ces distinctions. La première peut être presque nulle, la deuxième est généralement plus forte. L'épouse peut donner moins de plaisir que la concubine. N'en concluons pas tout de suite que la jouissance mauvaise est supérieure à l'autre, car il nous reste à examiner si elle n'est pas fausse. L'acte illégitime ne procure qu'une illusion ; il ne peut pas donner ce qu'il n'a pas.

D'autre part, le légitime peut ne pas donner ce qu'il a : l'action est peu de chose sans l'esprit qui, par sa faute, n'est pas assez ouvert pour recevoir la vue de la vérité.

A ceux qui trouveront audacieuse et déraisonnable l'entreprise de prouver que les plaisirs vantés des libertins ne sont pas ce que l'opinion les croit, criminels, sans doute, mais plus émouvants que les modestes satisfactions d'une vie régulière, nous répondrons que les juger d'après l'émotion est une erreur, que mesurer seulement la force des impressions est une expérience défectueuse. Ce n'est pas la force, même la force réelle de l'émotion qu'il faut voir, mais sa vérité. On ne peut surtout comparer celui qui ne voit rien, ne sent rien, même en présence du vrai, avec celui qui sent faussement. Ils sont entre eux comme l'ignorance est à l'erreur : la dernière est encore plus à plaindre.

La jouissance parfaite ou le sentiment parfait, puisque nous avons dit que celui-ci est la connaissance du bien, demande le concours de l'âme et de l'objet ou du bien, la réunion de ces deux conditions, présence de l'objet, présence de l'âme, ce qu'on pourrait appeler sa présence d'esprit. Si elle n'est pas disposée ou en état d'apercevoir la grandeur de l'objet qui se donne, elle ne sentira pas comme elle le pourrait.

On se rend compte maintenant de l'importance de notre théorie du sentiment : l'intelligence comprend les rapports au contingent de la qualité nécessaire, éternelle, incompréhensible, et le sentiment connaît la qualité incompréhensible, le bien. D'abord elle explique pourquoi notre jouissance est toujours obscure et imparfaite ; c'est que le bien ne se fait que connaître et non comprendre. Mais elle comporte une conséquence également digne d'attention ; c'est que le sentiment ayant une perception, tout comme l'intelligence, si l'objet n'a pas d'existence et de communication effective avec l'âme, celle-ci ne sent pas en vérité. De même qu'il faut un arbre devant l'œil pour que l'on voie un arbre, un objet devant l'intelligence pour qu'on le perçoive, sans quoi ce n'est que par erreur qu'on croit voir l'arbre, qu'on croit entendre le récit d'un événement que personne ne raconte et qui n'a pas eu lieu, de même il est nécessaire que le bien existe et se communique pour qu'on sente. Le sentiment est l'effet du bien comme l'image sur la rétine celui de l'arbre. Or, le bien est la seule cause du sentiment. Donc le mal ne peut le produire. Celui qu'il procure est vain, est un produit factice du souvenir et de l'imagination.

Dieu, après avoir créé une âme, n'a pas à y ajouter quelque chose pour lui faire voir ce qui est : il est naturel que l'âme connaisse. Au contraire il a quelque chose à faire pour l'empêcher de voir. Quant à la matière, il a décidé que nous ne verrions rien si ce n'est à certaines conditions : nous disons *conditions*, non *causes*. Un marchand s'engage à payer une somme d'argent, si tel bateau chargé de laine entre au port, un jour déterminé : le bateau n'apporte que de la laine et pas la somme : c'est le marchand qui la donnera, si la condition se réalise. Dieu a réglé que toutes les fois que l'appareil visuel sera en bon état, de manière que l'image se forme sur la rétine, l'homme verra, que toutes les fois qu'une goutte de sang parviendra à telle cellule du cerveau, l'homme mourra, et ainsi du reste. L'esprit et la matière ne sont pas de même nature : leurs rapports ne sont que des conditions, et ne peuvent être comme le sont entre eux la cause et l'effet, qui supposent un lien nécessaire.

Il n'est pas de nécessité éternelle que l'âme ne voie un objet que par l'image sur la rétine; la formation de l'image n'est qu'une condition qui pouvait être tout autre, n'est que la condition, non la cause de la vision.

Elle n'est pas cause, car il n'y a pas d'effet sans sa cause, et l'effet existe très bien sans sa prétendue cause pour les purs esprits. Dieu ne s'est pas créé un œil pour voir rouler ses soleils sur sa rétine. Il a créé la matière, non pour nous faire connaître, mais pour nous empêcher de connaître, pour que notre âme enfermée dans son petit cerveau ne sache que ce que les rayons de l'éther, qui arrivent aux ouvertures du crâne, ont rencontré sur leur chemin.

L'impression agréable de la sensation a la même explication. A l'occasion du contact du jus de l'orange, se produit une sensation agréable. Mais n'avons-nous pas dit que le bien seul produit la jouissance? Cependant le jus de l'orange ne contient pas le bien. Aussi l'orange n'est-elle que la condition dont l'avènement produit une impression du bien.

De même que l'image n'est que la condition de la connaissance, l'orange n'est que la condition de la jouissance; la sensation n'est que condition pour ses deux résultats, connaître, sentir. La cause est l'intelligence elle-même, le sentiment lui-même en contact avec l'objet, avec la vérité et le bien.

La condition ne produit rien seule, sans la cause. La sensation ne produit pas la jouissance, sans le sentiment et le bien. Donc, quand on voit l'homme faisant le mal obtenir une sensation, il n'en faut pas conclure qu'il obtient la jouissance [1].

Ne nous étonnons pas que la sensation s'explique plus difficilement que le sentiment, car le bien est absolu, éternel, tandis que la matière, qui est une nouvelle venue dans l'éternité, a dû être accommodée à l'absolu par des modes compliqués.

La sensation n'est qu'un sentiment qui ne diffère que par sa petitesse infinitésimale, non par sa nature ni par son origine. La matière ne la cause pas, mais la transmet; la matière n'est pas la source mais un réservoir, n'est peut-être pas même un réservoir, mais seulement un canal.

En résumé, l'agrément de la sensation est emprunté au sentiment : il ne vient pas d'ailleurs, attendu qu'il n'existe pas deux sources de la jouissance. Il participe donc à sa nature comme la goutte d'eau à la mer : il est assujetti à sa loi.

1. Voir p. 231-232. L'agrément de la sensation vient du bien, mais a deux parts, l'une inférieure, fixe, ne dépendant que de l'acte, par exemple le goût de l'orange, la vue de la couleur sans son plaisir esthétique.

En d'autres termes, c'est le sentiment du bien qui fait la valeur de la sensation et des émotions de la matière.

Ces préliminaires ont préparé la solution.

Nous voulons prouver que le mal ne contient pas de jouissance et par conséquent n'en peut pas donner. C'est donc l'acte qu'il faut étudier, puisque nous l'avons défini le mode d'appréhender l'objet de jouissance, la manière de jouir.

Une philosophie honnête, mais un peu banale, se contente d'examiner les vices, les passions, et de faire remarquer leurs inconvénients, leurs conséquences éloignées, leurs désagréments extérieurs.

Sénèque observe que la colère fait faire des grimaces. La perte de la considération, la ruine de la santé ne sont pas oubliées. On apprend aussi quele bien mal acquis ne profite pas. Bien entendu, en outre, le mal offense Dieu. Ces vérités sont utiles, mais nous essaierons de creuser le sujet davantage.

Ce n'est pas le vice à l'état de repos qu'il faut voir, ni le désir, ni la disposition, ni l'habitude, mais l'acte. Ne regardons pas le vice dans l'âme, s'emplissant de désirs, rêvant à ses jouissances, comme une bête féroce dans sa caverne, mais attendons le moment où il sortira pour saisir sa proie. Si l'acte qu'il va faire pour saisir la jouissance est vain et ne lui rapporte rien, tout son travail d'imagination dans la caverne, convoitises, espoirs, souvenirs, est comme rien.

Il est facile de s'en rendre compte par des exemples.

Prenons une nomenclature familière, celle des péchés capitaux.

L'origine des espèces paraît être la suivante. Au point de départ nous trouvons la division de l'inertie et de la force : la première branche ne contient que la paresse. Celle-ci consiste à ne pas faire d'acte : il est donc manifeste qu'elle ne peut fournir de jouissance.

La seconde branche se partage en deux rameaux, conformément à la distinction que nous avons faite des deux besoins, l'amour-propre et l'amour. Au premier appartiennent l'orgueil, l'envie, la colère ; au second, la luxure. Le premier est le plus riche.

L'avarice et la gourmandise sont des espèces difficiles à classer, comme celles qui font le passage du règne végétal au règne animal.

L'on reconnaît tout de suite que ces vices sont dénués de jouissance, tant qu'ils ne passent pas à l'acte. La gourmandise demande la sensation : la luxure ne veut guère qu'elle.

L'amour-propre souffre de l'inquiétude tant qu'il n'a pas prouvé à soi et aux autres par des actes, sa supériorité, depuis ceux des ambitieux qui bouleversent des nations jusqu'à la misérable calomnie. L'avarice est condamnée, puisqu'elle n'a pas d'acte ; elle consiste à jouir de ne pas jouir.

Étudions de plus près la nature de l'acte.

Nous avons fait la distinction de la morale proprement dite et de la justice. Dieu nous a créés pour participer à la jouissance du bien. A la vérité nous sommes soumis d'abord, à notre début dans la vie heureuse pour l'éternité, à une épreuve temporaire. Nous sommes exposés à mal faire. Il n'en est pas moins vrai qu'une partie du bien et ce qu'il faut pour le posséder, nous sont donnés dès maintenant. Dieu n'a fait que cela, l'homme, des objets bons et des actes pour les saisir ; c'est là l'œuvre positive de Dieu et elle est entièrement bonne ; le mal moral ne vient que de nous.

Ces actes sont soumis à une loi, la loi de la jouissance. Si aucun homme ne faisait le mal, nous ne verrions que ces actes qui composeraient la vie active et heureuse dont nous avons dit plus haut qu'il est utile de faire le tableau. Posséder, parcourir la terre, connaître, admirer, aimer, se perpétuer, voilà les actes primitifs, les seuls institués par Dieu. La morale est la loi de ces actes.

La justice lui est très inférieure. Les actes une

fois institués, la justice a pour mission, non pas de les faire faire normalement, ce qui est le rôle supérieur de la morale, mais de veiller à ce qu'on ne nuise pas à ceux qui les font. Tout individu a son cercle d'action où des biens lui sont préparés. Mais, pour l'épreuve, Dieu a fait les biens insuffisants et les individus inégaux : ils sont donc tentés d'entrer en lutte et de se nuire. La justice est préposée à la garde de cette barrière.

La morale est positive, éternelle, car lorsque l'humanité aura oublié dans une autre vie jusqu'au nom du mal, elle continuera à faire des actes bons. La justice est négative ; elle suppose la morale toute faite et n'y ajoute rien [1].

La morale seule a des actes : cultiver la terre, se nourrir, rechercher la conversation des hommes, la société d'une femme, voilà des actes primitifs, véritablement institués par Dieu, ce que prouvent les grains, la fécondité du sol, les charmes et les secrets de la nature, le langage, la conformation des sexes. Que la justice montre donc un seul acte institué pour elle, primitif.

Tous ceux que la société a été obligée d'employer pour se préserver des violences, des excès, sont dérivés, empruntés à ceux de la morale.

---

1. Pour Schopenhauer, la justice est aussi négative, mais le positif qu'il lui oppose est l'injustice, non la morale.

Le chanvre et le bras n'ont pas été faits pour qu'un bourreau pende un assassin.

Quant aux actes mauvais, ils sont non préparés, mais prévus par Dieu. Telles sont les trois classes d'actes.

En quoi consiste donc la nature du mal ? Envisageons d'abord la morale positive. En observant la distinction de l'inertie et de la force, nous reconnaîtrons le défaut ; tels sont l'ingratitude, le manque de charité, d'amour, de religion ; puis l'excès : il suffit de citer l'ivresse. La loi morale peut être méconnue en elle-même sans défaut ni excès, par exemple dans le concubinage.

L'excès n'est pas contraire à la justice : l'ouvrier a payé l'alcool dont il s'enivre. Le défaut lui paraît contraire, mais ce n'est qu'un côté secondaire. L'époux qui n'aime pas manque sans doute à un engagement, mais il manque bien plus à la loi de l'amour.

En ce qui concerne la justice, le mal consiste à prendre ce qui appartient aux autres ou à les empêcher simplement d'en jouir, par exemple en détruisant la vie, la réputation.

Ici le mal est double, il implique les deux immoralités : l'adultère viole la loi morale et la justice. On peut cependant ne blesser que la justice : tel est le cas de celui qui vole et ne fait pas en suite un mauvais usage de l'objet volé.

Nous sommes en état maintenant de voir si le mal apporte de la jouissance.

Prenons ce dernier exemple de violation simple de la justice. Un homme, pour faire fortune, écarte un rival d'une place par la calomnie, et d'ailleurs n'emploie pas mal le bien mal acquis. Il a fait deux sortes d'actes : l'un a été le moyen, la calomnie ; l'autre, le but, usage de la fortune. Observons qu'en général cette contradiction du moyen et du but est ce qui cause le tourment des économistes et l'illusion des utopistes. Elle est invincible, car elle est dans la nature ; c'est le canevas de l'épreuve. Ils ne voient que le but et tentent de faire vertueusement, pour la jouissance générale, ce que les individus font sans illusions, pour leur bonheur particulier, employer de mauvais moyens, pour combler la lacune prévue et voulue par Dieu des moyens légitimes.

En se reportant à ce que nous avons dit plus haut, on voit de suite que l'acte qui sert de moyen n'est pas institué par Dieu, mais détourné de sa destination. On ne pourrait faire à Dieu de reproche que s'il avait attaché la jouissance à un acte mauvais : or, il n'a pas institué l'acte, par exemple, il n'a pas institué la parole pour calomnier. De plus, la parole employée à la calomnie ne confère pas de jouissance ; il n'a donc pas même permis que celle-ci y fût jointe.

Considéré seul, l'acte du moyen ne contient pas de jouissance ; mettre la main sur l'objet volé peut préparer des satisfactions, mais ne les confère pas encore. Calomnier, c'est-à-dire imputer une faute imaginaire, qu'on sait fausse, est hors d'état de procurer un plaisir digne de ce nom.

Passons à l'acte du but. Celui-ci est susceptible de deux effets, l'un moral, l'autre physique, l'un et l'autre devant amener la jouissance ou au moins l'utilité. L'acte bien caractéristique de l'amour, par exemple, a pour effet moral l'union des âmes avec sa félicité, pour effet physique la procréation avec une sensation. Des actes inférieurs, intéressant particulièrement le corps, comme la nourriture, n'ont que le résultat matériel et la sensation.

Nous avons à voir si l'acte mauvais donne le résultat matériel, puis la sensation, et enfin l'effet moral, le sentiment.

En ce qui concerne le premier, la réponse est affirmative. Comment pourrait-il en être autrement ? L'épreuve deviendrait impossible si la matière résistait à l'homme qui fait le mal, si elle rendait la faute inutile. L'or dérobé devrait-il se changer en plomb, le vin du débauché en fiel, la porte doit-elle se fermer devant le voleur, la bouche de la femme adultère brûler comme un charbon ?

Il en est ainsi parce qu'il est impossible qu'il en soit autrement.

Dieu a prévu que le mal serait dans l'emploi du moyen, emploi qui n'est pas institué par lui, et moyen qui est dépourvu de jouissance, et il a décidé qu'il ne changerait pas la nature de l'acte, qui en lui-même est bon matériellement, parce qu'on y aurait accédé par un chemin interdit.

Il a réglé que le mal serait possible et qu'il serait utilisé pour l'épreuve, comme le fumier dans la vigne du seigneur, pour que rien ne soit perdu et que les mauvais servent aux bons.

Le couteau de l'assassin entre très bien dans la chair de la victime. La concubine ne reste pas stérile. On peut recevoir la vie d'une source honteuse et la mort d'une main indigne, car il convient, pour l'épreuve, que l'existence et toutes les qualités que Dieu n'était obligé de donner à personne soient distribuées inégalement et reprises à tout instant et inopinément.

La sensation est obtenue avec l'effet physique ; la matière l'occasionne ; l'âme, si elle ne la fait pas, lui donne une valeur, l'augmente par la présence des idées. La mesure de la sensation, c'est-à-dire le rapport de l'ébranlement des nerfs et de la satisfaction de l'âme, est difficile à obtenir ; cette dernière grossit ou diminue indéfiniment le plaisir ou la douleur de la sensation, par l'imagination ; la défiance, le mépris, la distraction peuvent aller jusqu'à les annihiler. Les animaux, moins soumis aux variations de l'imagination, sentent plus exactement l'impression que doit occasionner la blessure, et d'autant plus que leur degré d'abaissement dans l'échelle des êtres les soustrait au pouvoir de l'imagination : la souffrance d'un animal stupide, sans prévoyance, est sans doute plus exacte que celle du chien.

Tout ce qui dépasse cette dernière est le produit de l'imagination ou d'une idée. C'est la part noble, la part humaine de la sensation, puisée au sentiment infini lui-même. C'est donc à l'idée qu'il faut renvoyer pour en estimer la valeur. Distinguons donc, dans la sensation, les deux couches de formation, l'une occasionnée par la matière, l'autre produite par l'idée. La première peut être abandonnée sans regret à l'acte mauvais. La seconde atteint des proportions considérables. Toute sa valeur vient de l'idée. Le problème n'a à s'occuper que de l'acte positif, et, dans cet acte positif, non de l'effet physique, non même de la sensation courte telle que la matière animale la ressent à tous les degrés, quand la bête a un système nerveux, mais de l'émotion de l'âme, de l'idée et du sentiment.

Nous voici amenés à l'effet moral, au sentiment, jusqu'auxquels nous avons reculé la jouissance digne de ce nom.

Le mal la donne-t-il ? Non. Elle tient à l'idée et au sentiment du bien : quiconque fait le mal ne l'a pas et n'a qu'une jouissance trompeuse. Le bien est absent, bien plus il est méconnu : comment produirait-il son effet ! La grandeur du sentiment et l'avilissement de l'objet sont contradictoires. Il n'y a plus de vérité. L'émotion est plus fausse que celle du rêve, car dans le rêve, l'objet n'existe pas davantage, mais au moins l'émotion est proportionnée à son image.

Le vol est une action qui suppose une bassesse d'âme incompatible avec les jouissances élevées que peut procurer ensuite la fortune mal acquise. Nous ne parlons pas du tout des remords qui empoisonneraient le plaisir, observation trop connue. Nous disons que leur absence suppose elle seule l'indignité, qui rend incapable de jouissance.

Cette règle ne cesse pas d'être vraie, même pour les raffinés d'une vie facile et libertine, qui peuvent aiguiser leurs sensations fausses, multiplier leurs plaisirs vains, et n'avoir jamais atteint la jouissance, misérables qui ne la cherchent tant, qui ne la varient sans cesse, que parce qu'ils ne la trouvent jamais. On peut avoir une intelligence très cultivée, une honnêteté éprouvée, des connaissances étendues, et demeurer impuissant, incapable des jouissances élevées et désintéressées de l'âme, faute de croire à la grandeur de l'objet, ce que nous ferons peut-être comprendre dans la troisième partie, où nous essaierons de montrer qu'une grave erreur sur le bien, telle que la négation de Dieu, entraîne la suppression de la jouissance, de telle sorte que ceux qui la conservent l'empruntent aux doctrines qu'ils nient.

26. — *Une application.*

Ne craignons pas de prendre pour exemple l'acte mauvais dans la question la plus compliquée et la plus importante, celle de l'amour[1].

Qui doit être absolu, parfait, si ce n'est l'amour? Pour quelle chose doit-on désirer plus de grandeur et toujours plus de grandeur? L'effet moral, conforme au désir, est l'union des époux. C'est un caractère indélébile, pareil à celui qui existe entre la mère et l'enfant.

Rien ne peut faire que la mère ne reste la mère, quand bien même elle et l'enfant, séparés dès la naissance et perdus, ne se reconnaîtraient pas. Le fils n'a plus rien du corps maternel : le sien lui vient de l'eau de la fontaine, des végétaux, des animaux de la plaine. Il n'y a plus entre eux une molécule commune. Cependant l'union subsiste.

L'union, pour être parfaite, doit l'être selon

---

[1]. Voir à la p. 285 et à l'appendice la célèbre théorie de l'amour de Schopenhauer.

toutes les dimensions de l'idée ; selon le temps, elle est indissoluble. Le devoir est la fidélité, et elle est effectivement le plus grand hommage que l'on puisse rendre à l'amour, la plus haute preuve de sa grandeur.

On ne peut pas diminuer davantage l'épouse que de la juger incapable de rendre heureux, elle seule et pour toujours, que de lui laisser ce pouvoir pour un temps seulement, pour un moment.

Une des passions dont la voix est la plus forte, la jalousie, nous le dit assez. Les liaisons éphémères, de passage, sont un outrage au plus grand bien appartenant aux hommes. Les âmes élevées le ressentent profondément. C'est une diminution de l'idée de l'humanité, toute pareille à celle de l'idée de l'amour, qui rend l'esclavage odieux.

Sans doute deux êtres achevés se donnant un bonheur durable ne se trouvent jamais. Cela n'est pas, mais cela doit être. Les conditions de l'épreuve ont voulu que les individus fussent inégaux en qualités, imparfaits. Mais ce n'est pas une raison pour méconnaître la loi. Ces imperfections sont préparées précisément pour que nous observions la loi du bien avec mérite. C'est là la vertu. Ces utopistes, ces législateurs auxquels nous reprochions de ne pas voir la contradiction entre les moyens et le but, pour alléger quelques individus de maux qu'ils n'ont pas la vertu de supporter, ruinent le bien lui-même, et avilissent l'idée de l'amour, au préjudice de tous, en rompant le lien conjugal, en le niant, par le divorce.

Tout actuellement est imparfait, mais si vous voulez connaître la perfection, interrogez l'idée au moment où elle vous possède, dans toute la ferveur du désir. C'est cette femme seulement, étroitement et pour toujours, que l'on veut.

Cette vie est le commencement de l'éternité. Notre nature sera-t-elle donc changée de telle sorte que nous devenions autres dans une autre vie, ou plutôt n'avons-nous pas dès maintenant notre nature pour toujours, imparfaite aujourd'hui, parfaite plus tard ?

Donc ce qui est principal en nous actuellement est essentiel éternellement. En considérant nos plus chers désirs, nous apercevons notre jouissance future. L'amour de Dieu, l'amour du prochain, l'amour, sont cet essentiel. Le consentement universel nous en apporte une preuve : un désir enraciné jusqu'au fond du cœur est celui de retrouver dans l'éternité ceux qu'on a perdus, désir si grand qu'il nous fait bénir la mort. La famille est la forme de l'amour. L'union des époux et des enfants est donc vraiment indissoluble, perpétuelle et donnera les pures joies de l'amour, convenables à un état de perfection supérieure à toutes nos idées.

Comprendrait-on que Dieu ait fait une prescription aussi rigoureuse de cette forme, si elle n'avait une importance fondamentale, si elle n'était la loi même de l'amour? Pourquoi ne pas laisser la liberté qui n'est pas nuisible au but ostensible, matériel, de l'entretien de l'espèce? Il est certain que l'indissolubilité du lien des époux sans enfants est nuisible à la propagation, est contraire au but, s'il ne consiste qu'à perpétuer l'espèce.

Il existe une grande variété de beautés, de caractères. N'est-il pas monstrueux de refuser à l'homme et à la femme d'expérimenter une vie neuve, de les borner à un seul être? L'on recherche en tout, avec raison, la variété, puisque la variété existe et sollicite : l'on a droit d'en jouir. Réduire à un seul époux, c'est comme si la loi défendait de quitter une maison pour habiter ailleurs, de sortir de sa ville pour en visiter d'autres, d'avoir plus d'une fleur dans son jardin, de se nourrir de plus d'une sorte d'aliment. Pourquoi n'avoir pas en amour la liberté qu'on a pour tout le reste? Cependant la loi est certaine et se maintient tant bien que mal dans les codes des nations, malgré les objections de la raison, les plaintes de la nature, les mœurs mêmes qui se font honneur de la violer, malgré certaines législations.

Dieu ne fait rien sans raison ; il n'a pas imposé de prescriptions qui n'aient pas de sens. Il voulait nous mettre à l'épreuve, et il a donné certaines dispositions au monde dans ce dessein, mais il n'a pas changé la nature, il l'a utilisée : il a voilé le bien, a placé des obstacles entre l'homme et lui, mais n'a pas touché au bien absolu ; il n'a pu faire autrement que de nous l'offrir, et n'a pu nous le laisser prendre que selon sa loi éternelle. Il a pu céler son attrait, non changer sa forme.

La loi de la famille est donc la loi éternelle et absolue de l'amour : elle ne nous paraît dure que parce que son attrait nous est voilé.

Dans le tableau primitif, Dieu unissait deux êtres parfaits, dont la beauté achevée emplissait le désir, ne laissait pas place au regret d'un autre amour. Il l'a retouché pour la nécessité de l'épreuve : il a privé chacun de quelques avantages, mais pour un temps : en principe, ils sont parfaits et ils le redeviendront. Il a noirci le tableau de quelques ombres, mais il les effacera. Que l'époux voie ce qui ne paraît pas, la beauté de l'épouse qui réunisse celles de toutes les femmes, et qu'il ne voie pas ce qui paraît, les difformités ou les rides destinées à être effacées.

Il faut rétablir la vérité idéale, considérer chaque individu comme ayant droit aux qualités de tous. C'est ce que nous faisons au fond : le jeune homme se forme un idéal de celle qu'il attend, avec les charmes de toutes : quand il met la main dans sa main, ce n'est pas elle, c'est le fantôme qu'il épouse, et il a tort, non de se faire une illusion, mais de la perdre.

C'est par un usage raisonnable, non par erreur, qu'en tout homme nous voyons les qualités de l'espèce, non de l'individu. Tout homme est l'homme. Intelligence, génie, courage, les vertus de tous les héros, les actions que rapporte l'histoire, tout ce qu'ont fait les hommes et les femmes célèbres pour montrer les qualités de notre nature est un héritage qui ne se divise pas, mais qui appartient tout entier à chacun. On souffre de ce que l'individu, par les défauts de sa volonté, non ceux de sa nature, le répudie ; on doit respecter tout homme, comme pouvant le recouvrer.

C'est un exemple des idées théologiques dont jouissent même ceux qui ne croient plus à Dieu parce qu'ils les ont reçues de la tradition spiritualiste : ils en jouissent, mais elles ne leur appartiennent pas, et ils n'ont pas le droit de les conserver. Pour eux il ne doit y avoir dans chaque individu que ce qui s'y trouve physiquement, car il n'existe pas d'intelligence suprême qui fasse deviner un dessein contraire aux apparences, supérieur au fait ; et il n'y a pas à espérer une restauration de la royauté dont l'homme est momentanément déchu.

Cette femme, c'est la femme. La femme, c'est toutes les femmes. Toutes les feuilles sont nécessaires pour faire un arbre, tous les vers d'un poème pour faire le poème : chaque vers n'est rien. Au contraire, l'ensemble des femmes sert à en faire une seule, à faire chacune d'elles : l'ensemble n'est rien. Une seule réunit le type idéal, absorbe les beautés de toutes.

Il y a une bourse commune des beautés des femmes. Aucune n'a ce qu'elle doit avoir, mais elle a son droit à toutes. Chacune porte provisoirement un fragment de la beauté complète, qui ne lui appartient pas plus qu'aux autres. Les unes en seront dépouillées au jour du jugement, les autres revêtiront une splendeur dont les rayons de beauté de toutes les femmes de la terre, réunis en un seul soleil, n'égaleraient pas l'éclat.

Voilà la conception de l'amour, de l'univers. La perfection des êtres qui est notre but, qui est notre état désirable et possible, justifie la perfection et la rigueur des lois morales, du lien indissoluble. Nous n'avons suivi parmi les idées qui émeuvent le sentiment que celle de la grandeur. Qui osera dire que l'homme qui voit la femme avec cette idée ne sentira pas mieux que celui qui ne la regarde que comme un appareil à sensation? N'y a-t-il plus de contraires, de grandeur et de platitude, d'honneur et de honte? N'y a-t-il plus d'effets et de causes? Si l'erreur n'a pas le même effet que la vérité, comment le mal donnerait-il la même félicité que le bien? Faut-il démontrer que l'océan est plus grand qu'un bourbier et qu'il n'y a que les grands vents qui agitent les grandes vagues du sentiment de l'infini?

On ne jouit pas de l'amour contre la loi de l'amour. L'adultère, le fornicateur n'obtiennent ni l'union, ni la jouissance.

La jouissance dépend non du contact de la matière, mais de l'idée. Le libertin n'a qu'une idée inférieure, fausse, comme opposée à la loi, et sa jouissance est vaine, est une illusion. Il fait profession de mépris de la femme, puisqu'il la diminue; il manifeste qu'il ne comprend pas l'amour, puisqu'il en viole la loi; il ne voit pas la grandeur; comment jouirait-il de ce qu'il y a de plus grand?

Il n'a que la sensation : qu'est-elle sans l'idée? Ce qu'elle est pour l'animal, ce qui le fait agir, soulagement d'un besoin ou coup de fouet de l'instinct. Il n'a pas la satisfaction divine ni la satisfaction humaine.

La jouissance est inséparable du bien ; la sensation peut s'en détacher et elle est destinée à séduire et tromper ceux qui veulent prendre la jouissance sans le bien et ne conquièrent qu'un tremblement de nerfs. Ainsi est donné du champ au mal, ainsi se creuse au-dessous de l'homme un espace vide où, après avoir détaché la sensation, il tombe avec elle, et marque le degré de son abaissement.

Quiconque fait le mal est donc une dupe. Le mal sorti de l'erreur est, comme sa mère, une erreur. Il n'y a pas de mérite à l'éviter; il n'y en aurait pas pour les sages qui en seraient convaincus; mais on ne va pas jusqu'à cette sagesse. Être dupe, ce sera l'humiliation des mauvais devant les bons, ce sera la confusion des habiles de cette vie, au grand jour de la Réparation.

O dérision! C'est pour jouir que l'on fait le mal, et il se trouve que la nature du mal est de tromper, de priver de la jouissance. Schopenhauer, qui aimait tant à voir de l'ironie dans la nature, n'a rien imaginé qui approche de celle-là.

DEUXIÈME SECTION

LE BILAN DES BIENS ET DES MAUX

1. — *Difficultés du bilan.*

Dieu nous a donné la liberté, excepté pour une seule chose. Il ne nous a pas consultés pour nous appeler à l'existence : il ne nous a pas laissé la faculté d'accepter ou de refuser l'épreuve. Nous pourrions en conclure tout de suite qu'elle nous est avantageuse. Mais ce n'est pas encore résoudre la fameuse question : « Y a-t-il plus de biens que de maux ? » car, partant de la bonté de Dieu, nous arrivons à la conséquence de la bonté de l'existence, pendant que le pessimiste fait la route en sens contraire ; du mal de l'existence il arrive à l'incapacité de son auteur. Nous serait-il prouvé que décidément le plateau des maux l'emporte, que nous ne persisterions pas moins à faire le même chemin, bien plus, à le refaire en sens contraire, côte à côte avec le pessimiste, mais avec une pensée différente de la sienne, pour conclure à la bonté de Dieu ; en effet, l'épreuve doit être sérieuse, elle peut être très rude, mais elle est toujours avantageuse.

De ces deux questions liées ensemble « la vie est-elle bonne ou mauvaise? » et « son auteur est-il un être d'une intelligence, d'une puissance, d'un amour infinis, ou bien n'est-il qu'une pauvre Volonté ou qu'un misérable Inconscient? » la première ne peut résoudre la seconde. C'est une preuve de plus que nous ne pouvons rien savoir, pas même si cette heure de notre vie est bonne ou mauvaise, en nous renfermant dans le monde et quand même nous le connaîtrions à fond; il faut aller au delà.

Il est établi dès ce moment que la balance des biens et des maux ne nous apprendra qu'une chose, c'est qu'il y a beaucoup de maux, car, si chargé que soit le plateau, l'autre l'emportera, et l'existence sera toujours avantageuse avec l'espérance d'une autre vie. Les maux peuvent grossir, s'élever comme une montagne : elle n'atteindra jamais le ciel. Nous voilà jetés dans le cirque : battons-nous : est-il utile de compter ses ennemis?

L'on ne peut cependant se dispenser d'examiner cette question, posée par le pessimisme, la plus célèbre des deux qu'il agite : la plupart de ceux qu'a frappés ou convaincus la malédiction sur la vie prononcée par Schopenhauer et M. de Hartmann, ignorent leurs pénibles constructions métaphysiques, et se sont bornés à lire les pages du bilan.

Ces philosophes n'ont fait que des réflexions et

non une analyse véritable. Celle-ci est-elle même possible ? et sur quelles divisions faut-il la faire ?

On a devant les yeux l'humanité et l'individu. Lequel faut-il examiner. Les pessimistes n'ont en vue que la première. On sait que c'est devenu l'habitude des penseurs aujourd'hui.

Soit que leurs yeux se soient affaiblis, soit que l'homme ait réellement diminué, ils ne l'aperçoivent plus seul. Mais quand il se trouve massé en grande quantité, ils commencent à le voir. Isolé, c'est un atome imperceptible. La famille est une molécule susceptible de se désagréger. L'État est enfin une chose ; aussi l'on sait quelle importance il a prise. L'humanité est la véritable unité qui pense, qui progresse, qui ne meurt pas; effectivement l'on nous enseigne que, si moi ou vous, nous mourons, c'est une circonstance dont il n'y a pas lieu de se préoccuper, car l'espèce subsiste et c'est le principal. La nature est encore mieux: c'est plus gros. Elle a inspiré une remarquable page à Schopenhauer: « La matière, par sa persis-
« tance absolue, nous assure une indestructibilité
« en vertu de laquelle celui qui serait incapable
« d'en concevoir une autre pourrait se consoler
« par l'idée d'une certaine immortalité. — Quoi?
« dira-t-on, la persistance d'une pure poussière,
« d'une matière brute, ce serait là la continuité
« de notre être?

« La connaissez-vous donc cette poussière, savez-
« vous donc ce qu'elle peut? Avant de la mépriser,
« apprenez à la connaître. Cette matière qui n'est
« que poussière et que cendre, bientôt dissoute dans
« l'eau, va devenir un cristal, briller de l'éclat des
« métaux, jeter des étincelles électriques, et de son
« sein mystérieux développer enfin cette vie dont
« la perte tourmente tellement notre esprit borné.
« Durer sous la forme de cette matière, n'est-ce
« donc rien ? » (*Le Monde comme volonté*, II, 539.)

Il nous semble que Schopenhauer, qui grossit à plaisir nos autres maux, a bien vite pris son parti du plus grand de tous.

Nos pères, gâtés par la théologie et la métaphysique, donnaient une importance exagérée à l'individu : il ne leur était pas indifférent que l'un d'eux s'emparât du bœuf, de l'âne d'un autre, qu'il séduisît sa femme. De nos jours, la question sociale prouve que nous ne sommes pas encore assez illuminés par la vérité pour céder avec plaisir quelqu'un de nos biens à un rival qui pourtant sait en jouir ; que serait-ce donc d'abandonner notre vie elle-même aux éléments? Quand notre esprit borné cessera-t-il d'être tourmenté par la justice, en attendant qu'il ne le soit plus par la mort ?

Quoi qu'il en soit, il ne paraît pas possible de peser les biens et les maux de l'humanité pris ensemble. Nous nous faisons souffrir les uns les autres, mais chacun souffre personnellement.

Les tortures d'un malheureux gisant dans son lit en proie à la maladie, sont-elles compensées par la bonne humeur, la santé d'un voisin qui rit de l'autre côté de la muraille ? Quelle est la moyenne des états d'esprit d'une province à l'autre ou entre deux siècles ? Quel physicien trouvera la loi du niveau de vases en contact extérieurement, mais sans communication ?

Quand on voit de loin, pendant la guerre, un champ de carnage, couvert de fumée, effrayant par le grondement et les éclairs des armes, on est saisi de pitié : de ces combattants, les uns sortiront sans une blessure, les autres ont été tués net, beaucoup gisent mutilés. Sans doute l'existence a été plus mauvaise sur ce petit coin de terre qu'ailleurs ; mais ceux qui en sont sortis ont éprouvé une satisfaction inconnue des autres hommes ; mais surtout la même âme n'a pas ressenti les émotions du mourant, du survivant, du vainqueur, du vaincu, du spectateur.

Dans l'existence, un petit nombre est accablé, un petit nombre indemne. Les premiers servent à nous effrayer, les autres à nous encourager. Nous avons devant les yeux ceux qui ont été constamment heureux : ils ont été épargnés non pour eux, mais pour que leur bonheur devienne un appât pour les autres ; si le sort de tous était égal, on ne ferait pas d'effort.

Nous abandonnerons donc le point de vue d'où l'on embrasse l'humanité tout entière.

Nous pouvons encore ranger à droite tous les biens, et à gauche les fléaux, les calamités, souffrances, difformités, épidémies, guerres, puis les compter, les comparer. Le même motif nous montrera l'inutilité de ce moyen. Ils ne sont pas également répartis. L'on ne peut soustraire l'une de l'autre, la moyenne de la souffrance de la moyenne de la jouissance en l'âme humaine, dans un type de patient qui n'existe pas.

Il convient donc de renoncer à la méthode des pessimistes. Il n'y a pas de formules pour une analyse quantitative : on emplirait des volumes d'observations sans pouvoir conclure. Réduisons-nous à l'analyse qualitative, et seulement des biens et des maux que la majorité sent, des émotions ordinaires de l'individu, écartant ce qui est exceptionnel. Nous ne rencontrerons pas la même difficulté : on peut établir la moyenne de la vie humaine. Cependant l'individu qui meurt à cinq ans est autre que celui qui meurt à cinquante. Mais tout le monde meurt.

Nous éliminerons les extrêmes, les maxima et les minima. Il faut que quelques-uns soient heureux, pour produire l'illusion, pour donner l'idée de poursuivre la chimérique entreprise du bonheur : un seul est heureux pour que dix mille soient malheureux.

Toute sorte de fantômes marchent devant nous, nous entraînent : celui du misérable qui se trouve tout à coup porté au comble de la fortune ; l'homme longtemps heureux définitivement renversé. Il y a des épreuves de choix qui ne sont pas offertes à tout le monde. Il y a la douleur physique qui est placée hors du domaine de la volonté ; elle est trop rude ; personne n'irait au-devant. Elle doit donc être rare et inévitable : le mérite est dans la résignation. Pour les épreuves morales, l'homme va de lui-même chercher les déceptions de l'ambition et de l'amour.

Contentons-nous de peser le fardeau des maux ordinaires, ce faix que tout homme porte et qu'il a mis lui-même sur ses épaules.

2. — *La jouissance est seule positive.*

D'abord qu'est-ce que la jouissance ; qu'est-ce que la souffrance ? Avons-nous deux dieux à adorer, le plaisir et la douleur, tous les deux positifs ? Y a-t-il deux forces contraires ? L'équilibre produirait l'indifférence ; un léger excès de plaisir le bien-être.

La lutte de deux forces contraires n'éclairerait pas plus notre problème, en métaphysique, qu'en physique elle n'expliquerait celui de la variété des états. Les physiciens n'imaginent pas deux forces en guerre. Il est vrai qu'ils n'expliquent pas tout par la seule force positive, mais du moins ils s'en contentent.

Nous l'avons déjà dit, le plaisir seul est positif. Il est possible qu'il y ait beaucoup plus de maux que de biens : le système de l'épreuve rend compte de cette anomalie. Mais ce nombre des maux et des biens est une question toute différente de celle de leur nature.

Il est vrai encore que les maux se comprennent très bien, ce qui n'a pas lieu pour les biens. Un homme épris d'une femme est traversé par un rival qui lui crée des obstacles, le noircit, l'évince, lui cherche querelle, le blesse et lui enlève sa maîtresse : tous ces mécomptes, cette souffrance, ce sont des faits qui n'ont rien de mystérieux, dont l'infortuné se rend bien compte. S'il avait au contraire réussi d'emblée, il aurait dû à l'amour quelques moments de satisfaction, mais il n'aurait rien compris à l'amour lui-même. Le mal, parce qu'il est mal, se comprend. Le bien, parce qu'il est bien, est incompréhensible. C'est un des principes du système de l'épreuve : « Le Bien est connaissable au sentiment, non compréhensible à l'intelligence. » Il n'est pas nécessaire d'être grand philosophe pour s'apercevoir que nous comprenons l'erreur, non la vérité. En effet, la première est notre œuvre, la seconde l'œuvre de Dieu. De même nous connaissons le bien sans le comprendre, parce que sa nature est divine; les circonstances du mal sont très intelligibles, parce qu'elles sont humaines.

Schopenhauer ne réussit pas à prouver que la douleur seule est positive.

La sensation est agréable et désagréable : la bouche sent le fiel avec déplaisir, le miel avec satisfaction. La douleur n'est donc pas seule positive, objecte M. de Hartmann à Schopenhauer.

Mais il y aurait donc deux forces positives? Nous croyons plutôt que l'argument qui arrive à cette conséquence ne vaut rien. Il ne prouve pas que le plaisir est, lui aussi, positif, que deux contraires, le plaisir et la douleur, sont positifs, mais que la sensation ne peut rien prouver. En effet, la sensation n'est qu'une circonstance du plaisir et de la douleur; les muscles déchirés, le nerf qui avertit de l'événement, pas plus que le couteau qui a causé la blessure, ne sont la douleur : il ne faut pas s'arrêter aux moyens, aux circonstances, mais remonter jusqu'au sentiment; le problème reste entier.

Rappelons-nous le principe fondamental. Ce qui est étonnant n'est pas que l'âme connaisse, mais qu'elle ignore; ce n'est pas qu'elle agisse, mais qu'elle n'ait pas la puissance. Nous dirons de même que sa nature était de jouir : ce qui doit surprendre c'est qu'elle soit privée. Dieu a voulu, pour l'épreuve, qu'elle n'eût que des pensées, qu'elle n'eût que des actes, qu'elle n'eût que des satisfactions momentanées, un bonheur morcelé au lieu d'un bonheur durable : il a créé la matière pour nous empêcher de connaître tout, de pouvoir tout, de jouir de tout. La jouissance est seule positive : la douleur n'est qu'une privation, une suspension du plaisir. Il suffit que l'objet se recule, se dérobe, disparaisse pour que nous souffrions.

L'on affirme que, sans *besoin*, il n'y a pas de satisfaction, que celle-ci n'est que l'extinction du besoin, la suppression de la souffrance. Nous disons que, sans le *besoin de jouissance*, il n'y aurait pas de souffrance. La jouissance, au lieu d'être pleine, durable, est partielle : cela suffit pour expliquer toutes les angoisses de la pauvre âme humaine. Dieu a voilé son infinie beauté. Il n'a mis que quelques lueurs qui brillent à la surface des choses comme des objets flottants sur l'onde ; on ne peut les saisir; le mouvement qu'on fait pour les prendre suffit pour les éloigner.

On ne concevrait pas la souffrance, si on n'avait l'idée de jouissance : on tiendrait dans sa main un fer rouge qui dévorerait la chair fumante, sans le sentir.

La souffrance physique, comme la douleur morale, n'est qu'une privation. Donc on ne peut aller jusqu'à dire que Dieu n'a pas créé le mal physique : il rentre dans la privation. Dieu n'est pas l'auteur du mal moral, il n'a pas eu besoin de faire le mal physique. Il est le Bien, l'objet de la jouissance ; il s'est caché, voilà tout.

La jouissance est seule positive, parce qu'il n'y a de positif que Dieu : il est celui qui est ; il est le Bien. Le bonheur est sa possession, la douleur son absence.

L'erreur, l'impuissance, le mal sont négatifs. L'on se demande comment il se fait que l'âme naisse ignorante, puis qu'elle connaisse. L'objet se montre à elle par la sensation : mais il y trouve donc quelque chose qui le saisit ou un autre lui-même qui s'éveille? C'est que l'âme a déjà l'intelligence, la puissance, la jouissance, mais refoulées, comprimées, au lieu d'être dilatées jusqu'à l'infini, et qu'elles sont comme rien tant que leur objet leur manque; leur objet c'est l'infini; en naissant elles ne trouvent d'abord que la matière et ont de la peine à la rapporter à l'infini, à le reconnaître. Il n'est pas plus difficile d'imaginer le passage de l'ignorance à la connaissance que celui de la puissance à l'action, et il n'est pas moins inutile de recourir à des sentiments innés qu'à des idées innées pour expliquer la jouissance et la connaissance.

La jouissance est naturelle ; dès le premier instant, elle devrait ne pas avoir de borne. Cette grandeur de notre jouissance nous fait prévoir une conclusion fâcheuse. Puisqu'elle devrait être pleine, quelle immensité impossible à combler nous manque! Ce n'est pas un petit souffle de gaz qu'il nous suffirait d'aspirer, mais toute l'atmosphère que nous devrions faire entrer dans nos poumons. Tant qu'il nous manquera seulement un atome, nous souffrirons. On pourrait ne pas aller plus loin : le bilan est mauvais, le bonheur impossible !

3. — *Mesure du plaisir et de la douleur : idée et réalité.* — *L'idée de la jouissance.*

Connaître la nature du plaisir et de la douleur n'est encore rien. Le principal à savoir c'est leur mesure. Comment mesurons-nous ce que nous avons ou ce que nous croyons avoir? Cela nous amène à étudier un nouvel aspect des choses et à introduire dans notre analyse une grande division, la réalité et l'imagination ou l'opinion, ce que sont les biens ou les maux, et ce qu'on croit qu'ils sont.

Le monde est disposé de manière que nous puissions nous tromper, voir la vérité et concevoir l'erreur. Un nombre immense d'objets reliés par les rapports est en notre présence. Si nous les voyions exactement comme ils sont, notre pensée et la réalité, le monde et son image se confondraient. Il n'y aurait pas entre l'âme et le monde ce tableau qui a la prétention de représenter sur ses deux faces, du côté tourné vers le monde, celui-ci ; du côté tourné vers l'âme, celle-là. C'est à cette dernière face que l'on donne le nom de conscience, dans une de ses significations. Il y aurait unité par exemple entre Dieu et nous, entre sa pensée, sa puissance, sa jouissance et la nôtre. Notre pensée serait complètement transformée et ne serait plus des pensées de fragments. La matière a été créée pour qu'il y eût une multiplicité d'objets qui nous fournît l'occasion de nous tromper sur leur ordre : il est plus difficile de maintenir dans leur vraie disposition, de ranger dix objets qu'un, des myriades de myriades que dix.

Nous formons donc un tableau intermédiaire, tant bien que mal, jamais bien, et c'est d'après lui, non d'après la réalité, que nous agissons, que nous sentons. La pensée peut être une erreur, le sentiment une illusion, faute de conformité à la réalité. Nous avons vu, lorsque nous avons traité de la tentation, que la jouissance du mal est fausse.

En conséquence, il y a deux jouissances et deux souffrances, la vraie et la fausse : en outre, la vraie n'est jamais complètement vraie. En d'autres termes, nous jouissons, nous souffrons selon l'idée que nous nous faisons des choses, non d'après elles. Il importe donc de dégager la loi de cette mesure.

La souffrance n'est qu'une privation : la plénitude de la jouissance est donc le niveau inaccessible à partir duquel la jouissance va en diminuant, la souffrance en augmentant.

La mesure est la distance que nous croyons voir entre ce niveau idéal tel que nous l'imaginons et notre état tel que nous le concevons.

Cet intervalle n'est mesuré avec un peu d'exactitude que par le petit nombre, de même que ceux-là seulement qui ont quelques notions de science sont capables de calculer l'altitude au-dessus du niveau de la mer. Le reste juge de la hauteur du lieu d'après les objets voisins qui tombent sous ses yeux, et selon qu'on se trouve dans une plaine, au fond d'une vallée ou sur un coteau.

Si l'on a, à ce moment, l'idée de la jouissance et que tout vous manque, on souffre : si l'on s'imagine que l'on souffre beaucoup, on souffre effectivement beaucoup : si l'on ne pense ni à la jouissance ni à la souffrance, on se rapproche de l'état d'indifférence. Mais ce dernier ne peut durer ; la réalité ou le malaise du vide vous ont bientôt réveillé. L'imagination exagère plus qu'elle ne diminue. L'exacte proportion ne se trouve pas. C'est pourquoi l'on peut dire que nulle souffrance n'est fausse, car on a au moins le sentiment subjectif, et que toute jouissance est fausse, car elle ne correspond pas à l'objet réel.

Qu'importe que l'objet soit vain, si l'on a souffert ; qu'importe qu'on ait joui, si l'objet était vain.

Pourquoi l'imagination exagère-t-elle ? Parce que le vide nous cause un insupportable malaise ; il faut l'emplir, il nous faut des émotions quelles qu'elles soient. Les âmes basses en cherchent de détestables : on avait le cirque autrefois ; on se contente aujourd'hui du récit de crimes, de scandales, de turpitudes. Les âmes élevées se repaissent de douleur: puisqu'elle est une privation, on aiguise le besoin pour mieux jouir de la satisfaction. La douleur arrive aussi à ceux qui ne la cherchent pas et leur donne une émotion salutaire.

Ce sont des moments choisis, car on trouve, comme dans un trésor caché jusque-là, du courage, des désirs, de l'espérance. Sans cette chaleur de la lutte, l'homme ne résisterait pas à la douleur. Elle est contraire à la nature. Dieu ne la montre que pour le mérite et il ne fait que la montrer. Il la suspend d'une main sur notre tête et il la retient de l'autre parce qu'elle nous écraserait.

Notre jouissance, notre souffrance varient avec la réalité et aussi avec nos jugements, avec le cercle des objets qui tourne comme le ciel et son soleil, ses étoiles, ses météores, et aussi avec les nuages de la pensée mouvants et changeants, qui le cachent, se colorent de tous les rayons de la lumière, épaississent les nuits. L'erreur est inconsistante.

Nous ne sommes jamais les mêmes, dans la jeunesse et dans l'âge mûr, d'une saison à l'autre, du soir au matin, tantôt tristes, tantôt gais. La difficulté qui nous avait rebutés se représente. Comment faire une moyenne entre ces jugements innombrables aussitôt oubliés, qui ont décidé les uns que la vie était bonne, les autres odieuse. Nous avons renoncé à trouver le niveau entre des individus isolés et différents. Un seul homme variable n'est-il pas une multitude d'individus qui se succèdent avec les heures et se contredisent?

Mais, cette fois, c'est un seul cœur qui a joui et souffert, qui a gardé du moins un souvenir de ses joies passées pour augmenter sa tristesse actuelle, dont la douleur ancienne empoisonne la joie et la confiance du moment.

La mesure est la distance de la plénitude de la jouissance à la possession, telles qu'on se les figure. Admirez cette pondération : plus l'idéal est grand, plus l'espérance donne de satisfaction, plus la déception est facile et amène de chagrin.

Un saint, à l'idéal élevé, est toujours déçu et mécontent de lui-même. L'esprit grossier, dont l'idéal est bien bas, est satisfait de tout et suffisant.

C'est à dessein que les objets ne sont pas parfaits : nous reconstituons l'idéal avec des traits épars. Il n'y a pas d'être qui ne soit au-dessous de sa ligne de beauté, de son programme de connaissance. Nul n'atteint la perfection morale. Nous essayons de rétablir les choses, en outrant l'effort de la volonté, pour arriver malgré tout : c'est l'effort désespéré, la privation, l'ascétisme qui tire sa valeur de l'intention de réparer les imperfections, et n'est pas un lâche calcul comme l'entend Schopenhauer. Mais en lui-même il n'a pas une bonté primitive. Donc tout est imparfait, même le mérite.

Les âmes élevées, tendues vers l'idéal, ne trouvent rien de suffisamment grand pour contenter leur désir. Rien de bien pour les bons. Ils ont la tentation du mépris, de la tristesse : ils sont solitaires. Quiconque s'améliore va au-devant de la souffrance : il gémit continuellement de sa propre imperfection : l'idéal recule à mesure qu'il en approche et, contrairement aux lois de la perspective, plus il s'enfonce dans le lointain, plus il grandit et laisse apercevoir de nouvelles beautés : on ne peut plus s'arrêter et nul ne l'atteint. Cependant les fautes des autres hommes blessent et désolent celui qui sait ce qu'est le bien. Le connaître, aimer ces hommes et les voir le méconnaître, l'outrager, sentir la valeur du bien et le prix des âmes et comprendre qu'elles se perdent, est la plus grande des douleurs morales. En effet, on peut plus souffrir pour les autres que pour soi, attendu que tout malheur qui arrive au juste lui-même n'entame pas ce qu'il a de principal en lui, la confiance en la béatitude éternelle. Donc ce qu'il y a de meilleur, l'amour, l'amour des siens, du prochain, est ce qui fait le plus souffrir !

Le mécanisme de l'épreuve fonctionne si admirablement qu'elle se fait toute seule. Les meilleurs vont à la douleur, et plus ils se perfectionnent, plus ils sont pressés par le sévère examinateur. Les mauvais vont à l'erreur et s'enfoncent dans l'illusion de la jouissance. Entre les deux, les âmes faibles se mettent à l'abri et trouvent encore assez de maux pour mériter en proportion de leur faiblesse.

La liberté sert de crible : les hommes se trient eux-mêmes : chaque grain va rejoindre le tas du blé ou celui de l'ivraie.

Les bons ne manquent pas de consolation et de dédommagement. Nous l'avons dit, s'ils ont plus de déception, ils ont aussi plus d'espérance.

On ne peut pas se passer de jouissance. Ce besoin presse les bons comme les mauvais. S'il n'existait pas, l'épreuve ne serait pas possible. En effet, l'on pourrait se réserver, se mettre à l'écart et éviter l'examen. Le désir pousse dans les engrenages. Voilà donc une lumière qui va faire paraître la vie moins sombre. Ce n'est pas le malheur seulement, mais encore le bonheur qui est nécessaire pour faire mériter.

Ne plaignons donc pas trop les bons : ils trouvent leurs satisfactions. Tout le monde jouit, même les mendiants et les misérables. Il n'y a de différence que dans le choix des plaisirs. La plus rude catastrophe ne terrasse que pour un moment : l'imagination laisse le corps où il vient de s'abattre, à l'hôpital ou à la prison, elle s'élance à la découverte, bat toutes les régions, cherche et ramène assez de rêves, d'espérance ou d'illusions pour faire équilibre aux maux.

Tout homme que nous voyons a certainement trouvé depuis sa naissance jusqu'à ce jour, ou au moins jusqu'à hier, une nourriture quotidienne, bonne ou mauvaise, sans quoi il ne serait pas ici. De même nous pouvons être certains qu'il s'est procuré de la jouissance ; et qui sait si ce riche n'en a pas eu que de fausse et détestable, et si ce pauvre n'en a pas eu d'excellente. L'illusion ne manque à personne, pour le soutenir, pas plus que la terre sous nos pieds, pour nous porter, ou du moins pour nous enterrer.

Une chose à laquelle on ne fait pas assez attention, c'est que c'est l'homme qui prépare sa jouissance comme sa nourriture. Dieu ne fait que lui fournir les éléments, le sol, la chaleur, les graines. Nous devrions nous contenter de fruits sauvages, d'herbes, si nous ne labourions, greffions, si nous n'avions trouvé l'art de la bonne chère. La nature ne nous a offert que des sauvageons, des racines insipides pour la jouissance de l'âme : la matière de l'amour s'est présentée aux hommes comme aux animaux sous la même forme, de même qu'ils n'ont eu d'abord, les uns et les autres, que l'eau des ruisseaux et les baies des ronces. C'est l'idée qui a cultivé, assaisonné.

Il dépend de notre industrie de bien vivre, en idée, comme en réalité : l'économie politique n'a rien à voir dans cette région de l'idée, où le champ verdoyant de l'espérance est si grand que l'on ne craint pas la concurrence. Les échanges y sont rares ; les illusions vivent chacune chez elle.

Quelques-uns préfèrent les corps morts qui sentent, comme les corbeaux, ou l'eau malpropre, comme les pourceaux. Mais on peut placer sur une nappe blanche, de l'eau pure, du vin dans le cristal, et voir fumer des plats délicats. L'alimentation de l'âme n'attire pas l'attention par le bruit et le mouvement, comme celle du corps, mais on peut l'observer et s'assurer que l'on fait ses repas journaliers. Un philosophe se contente d'imaginer une lecture au coin du feu, en caressant la reliure d'un bon vieux livre. Une pensée suffit ; en hiver, on voit une promenade que l'on fera en été. Mais il faut encore que l'idée fasse sa fonction et dessine son rêve. Les jours où elle n'y parvient pas, où manquent les festins imaginaires, on a l'âme creuse, on est sans force ; ce sont les journées tristes.

4. — *La réalité de la jouissance.*

Dans notre analyse du plaisir et de la douleur, nous avons fait la distinction de la réalité et de l'idée que nous nous en faisons, examinant ce que l'on peut tirer de l'une et de l'autre.

Cette idée est la représentation de la vérité ou la formation de l'erreur. Elle extrait de la matière ce qui n'y est pas, mais ce que la matière a la mission de faire croire à tort qu'elle possède. Nous reconnaissons que cette idée procure, soit en vrai, soit en faux, assez de bonheur pour supporter la vie. Nous déclarons que c'est tout ce que nous avons à porter dans le bilan, à la colonne de l'actif. Maintenant nous allons essayer de dépasser ce tableau de la représentation, de percer jusqu'à la réalité de la matière, des faits. Nous verrons qu'utiles comme moyens de mérite ils sont vides comme moyens de jouissance, incapables de nous procurer le bonheur que nous leur demandons.

L'idée rend optimiste si l'on croit à l'épreuve :

si l'on n'y croit pas, les faits rendent pessimiste.

Une multitude d'objets destinés à nous procurer des jouissances est devant nous, placée de tous les côtés dans le monde. Serions-nous enfin heureux si nous parvenions à les posséder tous ?

Dans le cas où la réponse serait négative, nous ne devrions pas mener plus loin l'enquête, car il n'y a rien à espérer de mieux que de tout posséder. C'est peine perdue de chercher cette réponse et même de poser la question : nous savons trop que la réunion de tous les biens est impossible.

La matière a servi à Dieu à diviser et disséminer le bien et le beau. L'objet de la jouissance a été brisé en mille fragments épars que nous essayons de rassembler. Nous en saisissons quelques-uns, et cela pour augmenter le désir des autres ; nous ne pouvons les réunir tous, et cela pour nous faire mériter. Tant d'objets variés et divers ne nous sont offerts que pour que nous ne puissions les prendre tous, que pour que nous soyons éprouvés par leur privation.

Nous avons découvert le secret du mécanisme de la tentation : nous savons comment est posé le problème moral de la répartition des biens : il y a deux facteurs, l'inégalité entre les hommes, l'insuffisance des objets. Ce n'est pas assez de dire qu'ils sont insuffisants : ils sont trop nombreux, puisqu'on ne peut les avoir tous. Ils sont insuffisants pour les hommes qui se les disputent ; ils seraient encore en trop grand nombre pour qu'un individu, sans rivaux, pût les atteindre tous.

La jeunesse se passe à découvrir les objets désirables et à acquérir des notions sur les moyens de se les procurer. L'œil sonde le cercle du monde ; on fait ses calculs et ses rêves. On ne possède rien, mais on jouit en espoir de tout. C'est le meilleur moment de la vie et ce n'est qu'une illusion, car le succès est impossible.

Les forces sont venues, l'homme part. Regardons ce qui va se passer. Il ne peut aller à tous les points de l'horizon ; ses pas ne marquent qu'une ligne étroite dans l'immense carrière. Tout le reste est donc perdu.

En faisant son choix, il essaie de gagner un point et perd le surplus du circuit. L'enfant, à qui l'on donne une pièce de monnaie, jouit de tout ce qu'il pourra acheter, de tout ce qui lui fait envie : mais au moment où il se décide, il perd, pour un seul objet, tous les autres. Le jeune homme regarde toutes les vierges et pour chaque lendemain fait une idylle nouvelle : mais en prenant la main d'une femme, il renonce à toutes.

L'artifice de la nature est visible. On marche, le pied dans le sable sec, l'œil sur le mirage d'un lac ombragé de palmiers qui fuit toujours. On ne jouit que de ce que l'on ne peut atteindre. A toute décision, c'est moins une chose qu'on gagne que mille que l'on abandonne. L'acte de jouissance est une renonciation. Toute opération est une perte.

L'objet le plus désiré n'est rien auprès du tout. C'est le tout qui forme l'idée du bien, du beau, qui inspire le désir. Au fond, c'est le tout qu'on cherche. Et il ne rassasierait pas !

Voyez la précision dans les proportions qui manifeste si bien le but de la nature. Admirez au moins l'instrument de votre supplice. Plus l'objet a pour mission d'offrir de plus grandes satisfactions, plus on est obligé à un choix rigoureux, exclusif d'un nombre croissant de choses. A l'extrémité du plan la plus large, mais aussi celle où les plaisirs sont plus pâles, nous trouvons la lumière, la chaleur du soleil, le climat, les agréments de la nature, mer, montagnes, contrées fertiles, riantes : on ne peut tout habiter à la fois, mais l'on se déplace, on peut visiter au moins les lieux où l'on ne se fixe pas. Viennent ensuite les succès de la fortune, de l'amour-propre ; ici l'on ne voit plus des régions vastes, mais des chemins resserrés, se croisant, s'écartant, isolés les uns des autres, où roulent des files d'hommes qui cherchent à se devancer et qui s'écrasent : on ne peut marcher dans deux voies à la fois, cependant, en courant bien fort, on peut faire quelques pas dans plusieurs.

A l'autre extrémité où le bonheur est intense, l'amour vous fixe, vous attache à un seul être : ce n'est plus la région, ce n'est pas même le chemin, c'est un étroit emplacement où l'on est immobile, enchaîné. La pyramide, en s'élevant, diminue; au sommet, elle est couronnée par un point.

La privation de l'objet permis qu'on ne peut atteindre, de l'objet défendu qu'on doit fuir, n'est pas le seul moyen du mérite.

Les efforts de l'esprit et du corps pour acquérir, la souffrance physique, sont des procédés excellents : à vrai dire, ils ne sont qu'une forme de la privation. On pourrait classer les jouissances d'après leur importance, en comptant seulement les peines qu'elles coûtent. Au bas de la pyramide est l'existence, au sommet la raison et le bonheur de l'existence, c'est-à-dire l'amour. Le besoin de l'amour l'emportera donc sur celui de la nourriture. Il semble pourtant que l'on peut se passer d'amour, de donner l'être, non d'être. Est-ce sûr? On se passe de l'amour? Mais on se passe aussi de l'existence, on meurt ; la sensation de cette dernière loi est plus visible, mais celle de la première, pour n'être pas physique, n'en est pas moins dure. Ceux qui penseraient que l'amour n'impose pas plus de peines n'ont qu'à regarder les égoïstes qui fuient le mariage pour les éviter. Le calcul est facile : en ne s'attachant qu'au travail nécessaire pour entretenir l'existence, on voit qu'il est multiplié par le nombre de têtes qu'on aime ; on se charge non d'une vie, mais de plusieurs.

Vous avez rassemblé une pleine brassée de ces choses agréables. Où les portez-vous? Il faut les abandonner, soit pendant la vie, soit à la mort. Choisissez. Malheur à celui qui s'est beaucoup attaché ; il doit passer seul de l'autre côté. Tout lui est arraché à la fois ; plus il tient de choses, plus il souffre. Ne valait-il pas mieux les semer sur sa route ? L'on vous avait bien dit qu'elles étaient offertes seulement pour que nous les repoussions. Nous sommes obligés de désirer beaucoup et de ne tenir à rien. Si vous n'avez pas obtenu ce que vous désiriez, ou, une fois atteint, s'il vous a trompé et a été déjà rejeté avec dégoût, félicitez-vous. Il faut mériter, et c'est fait. Sinon va venir l'épreuve dernière, le déchirement final plus cruel que le détachement de toute la vie. On ne retrouvera que ce qui nous a donné le plus de peine, les mérites.

Que valent ces jouissances elles-mêmes ? Regardons-les de près. Les deux grands besoins sont ceux de l'amour-propre et de l'amour.

Vous cherchez l'estime, des éloges, la réputation, la gloire. Certainement vos éminentes qualités seront reconnues, mais par ceux que vous ne connaissez pas et dont l'opinion vous est indifférente ; ceux que vous connaissez n'admettront jamais votre supériorité, si ce n'est des lèvres, quand elle leur sert.

Pas un homme, même le plus petit, qui ne se croie au-dessus des autres, même du plus grand: les circonstances ne l'ont pas favorisé. Si votre supériorité est incontestable, la chose devient sérieuse; le plus petit vous hait. Nul ne souffre qu'un autre le dépasse; il est bien plus facile de le rabaisser que de s'élever soi-même. L'envie, qu'on appelle aujourd'hui l'égalité, est le fond de l'homme: dans notre siècle, il n'est pas permis d'en douter. On exalte encore les personnages, mais on les choisit si misérables qu'ils ne peuvent faire ombrage.

Comme les orgueilleux et les ambitieux des anciens temps sont donc punis! Qui voudrait de la gloire aujourd'hui!

Les indifférents, les inconnus sont les seuls disposés à satisfaire notre amour-propre; quant à l'amour, ils ne sont en état de rendre aucun service. Tous nos chagrins viennent de nos proches; les blessures les plus profondes sont reçues des mains qui sont les plus près de nous. Dans la bataille de la vie, deux armées ennemies n'arrivent pas de pays éloignés, pour s'entrechoquer un jour et se retirer. C'est la lutte d'un seul contre tout ce qui l'entoure, sans paix. On se bat contre ceux avec qui l'on est né, de qui l'on est né, non avec des ennemis, mais avec des amis, avec des frères, enfants contre parents, l'épouse contre l'époux.

La vie selon la loi et sans l'amour est intolérable. Plus on est rapproché, serré les uns contre les autres, plus on perd la liberté de ses mouvements. L'union de l'homme et de la femme, que cependant l'utilité, le besoin, conspirent à maintenir plus aisément qu'aucune association, ne peut subsister sans l'abandon des goûts, des habitudes, des désirs, sans la renonciation. Lorsque l'amour s'en va, le jour où on a le malheur d'examiner, au point de vue des droits et des devoirs, les paroles, les actions de l'autre, de tenir l'œil sur la limite qu'il ne peut dépasser sans peser sur la liberté, on trouvera mille fautes à reprendre et mille souffrances à supporter : l'habitude, la crainte de l'opinion seules maintiennent côte à côte deux êtres qui se blessent à chaque mouvement. L'amour est un sacrifice.

5. — *La sensation*.

Venons à la partie solide de la jouissance, à la sensation. Celle-là est matérielle, et il semble qu'elle ne peut échapper à personne, quelles que soient ses idées, et sans tenir compte des moyens bons ou mauvais employés pour s'en saisir. C'est une erreur ; ses conditions sont physiques, mais la pensée aussi a la sensation pour condition physique. Pensée et jouissance dépendent du fonctionnement du cerveau ou d'un nerf, mais ne prennent naissance, ne voient le jour que dans l'âme. La sensation est une goutte un peu plus remuante qui s'agite dans la mer du sentiment, où seule elle s'évaporerait aussitôt. Toute sa valeur provient des idées auxquelles elle se trouve mêlée : elle n'est pas la même pour tous les hommes, elle dépend de l'opinion qu'ils s'en font.

Ce qu'elle tient de la matière qui l'excite n'est pas une qualité, mais un défaut : elle n'est pas permanente. Elle cesse avec sa condition de contact, de mouvement du nerf. Si donc son apparition cause un moment de plaisir, sa disparition produit un long temps de malaise, car elle viole la loi de la jouissance qui est d'être durable.

Quelle que soit la théorie qu'on adopte pour expliquer sa nature, dans le système qui fait le plaisir négatif et ne voit dans la sensation que le bien-être résultant de l'extinction du besoin, ou dans celui qui fait la douleur négative et considère la sensation comme la récompense accordée par la nature à quiconque se donne la peine de satisfaire aux exigences de la vie, il est interdit à cette sensation de s'élever au-dessus de la médiocrité : elle doit donner un peu, mais non beaucoup de plaisir. Effectivement, si on lui donne plus de prix qu'elle ne vaut; si on n'en tire pas le calme qui succède au désir éteint, mais l'inquiétude d'un désir nouveau, si au lieu de la suppression du besoin elle devient un besoin elle-même, qu'est-ce qui satisfera celui-là ? Vainement on répétera la sensation ; les intervalles dureront toujours plus qu'elle, et toute nouvelle sensation accroîtra le besoin, sans le satisfaire jamais.

Toute sensation est le prix d'un marché débattu avec la nature : il s'agit de savoir qui gagne. Nous pouvons nous contenter de l'indispensable : vivre sobrement et modestement, échapper aux conditions qu'elle nous propose. Mais, séduits par ses sensations, nous tentons de faire une bonne affaire avec elle, nous acceptons plus de salaire à la condition de faire plus de travail. Nous ne faisons qu'augmenter nos fatigues.

La sensation vaut-elle la peine que l'on se donne? Un homme creuse la terre, la remue, ôte les pierres pour l'ameublir et y plante un filament de fraisier. Il revient tous les jours, le soir, le matin, échauffe la plante sous le verre, l'abrite du soleil sous la paille, lui donne de l'air, la protège contre le froid, l'arrose, la préserve de la pluie d'orage, la débarrasse des pousses inutiles, la défend contre les insectes. Un jour le petit fruit est mûr : un peu avant il était vert, un peu après il était flétri. Mais l'homme est là : lui qui est venu, qui s'est baissé, qui s'est agenouillé si souvent près de son fraisier, se courbe une dernière fois jusqu'à terre, cueille le fruit et le porte à ses lèvres. Tant d'heures de travail et d'attente pour un moment imperceptible de satisfaction ! — La réponse est faite.

La sensation n'est qu'un adoucissement à la peine, un léger dédommagement, mais non un équivalent. C'était à prévoir : autrement, l'on ne mériterait pas.

Nous ne pouvons éviter de dire un mot sur la sensation la plus renommée, celle de l'amour, quoique ce qu'on en peut dire de mieux soit inférieur au silence. Mais les pessimistes ont tant insisté sur ce sujet qu'il n'est pas possible de ne pas leur répondre.

Le désir sexuel n'est qu'un instinct : en effet, il est commun à tous les animaux, et, dans les inférieurs, il ne peut être autre chose. On aurait tout à gagner à n'être pas brutalement talonné par l'instinct, et à n'être sollicité que par la raison à accomplir le devoir essentiel de la reproduction. Mais si on n'avait que le conseil de la raison, c'en serait fait de l'espèce. En ajoutant même à l'instinct le salaire de la sensation, il faut convenir que jamais service rendu à la nature n'a été plus mal payé.

L'amour est bien supérieur. L'on peut se demander si la procréation fait partie de son essence, ou si elle n'est pas un service qui lui a été temporairement imposé : en l'état de grossière imperfection où nous sommes, il lui fait plus de tort que d'honneur.

Mais il a été nécessaire une fois, pour former les rapports des époux, du père, de la mère et des enfants, de la fraternité, dont nous jouirons éternellement sous une forme plus parfaite.

C'est une injure mortelle à l'amour que de le réduire, lui et la sensation, unis au même niveau, à n'être que l'accompagnement de la reproduction, au lieu de ne faire de celle-ci qu'un accessoire de l'amour, de mettre l'amour au service de la reproduction et non celle-ci au service de l'amour.

Un grand nombre de moralistes sont tombés dans cette erreur. A les croire, Dieu, voulant déterminer les hommes à perpétuer l'espèce, aurait joint un appât à l'acte nécessaire. C'est rabaisser, nier l'amour que de ne voir en lui qu'un artifice, un expédient, une combinaison de choses étrangères. Ce système est immoral ; puisque Dieu nous trompe, nous pouvons le tromper, ou du moins il est d'un homme sage de ne pas se laisser tromper.

Quel motif de respecter les unions stériles qui ont autant de droit que les autres à l'honneur de la durée, de l'indissolubilité, si elles nuisent à l'unique but de l'amour ? Quelle idée misérable se fait-on de Dieu pour le supposer si embarrassé qu'il emploie de tels détours, qu'il ne peut faire ce qu'il veut sans avoir recours à l'homme, et cela en le trompant : il indique un acte à faire, puis il prend, dans une certaine masse de satisfaction, une tranche qu'il y adapte et qui n'en fait pas naturellement partie ; l'œuvre divine est faite de pièces et de morceaux ! La famille, une fonction ! la femme, un appareil !

Non. Tout ce qu'a fait Dieu est lié par des rapports nécessaires, est un : les conditions, les moyens et le but, l'amour et la jouissance font corps ensemble et rien ne peut être détaché de cette unité. Le mal consiste à méconnaître ce bien, à violer sa loi, en séparant le plaisir de l'acte.

L'amour est principal, essentiel. Il comprend l'amour de Dieu et des hommes. Il a, dans la famille, sa forme supérieure, son type : le reste en découle. Dieu est notre père. Après les époux, les enfants, les frères, il y a la fraternité de tous les hommes, deux fois unis comme fils de Dieu, et de l'homme et de la femme. Chaque famille est un anneau de la chaine qui nous unit tous.

L'amour a la durée, mais la génération n'est que l'œuvre d'un moment : elle est à l'amour, comme la naissance momentanée est à la vie qui est éternelle.

L'acte de la procréation a donc la noblesse et la dignité. Ce qui le rabaisse, c'est la profanation du libertinage, qui ne va pas jusqu'à l'idée de l'amour et n'aperçoit qu'une sensation attachée, non unie, qu'il s'efforce de prendre seule, c'est encore l'infériorité d'esprit de ceux qui n'entendent que la voix animale de l'instinct sexuel.

La sensation peut être petite, car elle est matérielle. La matière n'est rien et elle n'a rien d'essentiel : le plaisir qu'elle procure paraît joint : il l'est effectivement, en ce qui la concerne. Mais quant à l'acte, œuvre de l'âme et du corps, et quant à l'âme, le sentiment leur est indissolublement uni, et il est immense.

Il est donc louable de se soustraire à l'acte, mais pour un bien supérieur, pour se consacrer à l'amour de tous les hommes, à leur soulagement, surtout pour ne se donner qu'à Dieu. Il est permis assurément de rechercher dans l'acte ce qu'il a de principal, l'union de deux êtres confiants dans leur perfection, la création d'un troisième, et de dédaigner l'accessoire, à la stupéfaction des libertins, de dire à la nature qu'elle peut garder son prétendu salaire, de laisser l'instinct aux animaux et à ceux qui ne s'élèvent pas au-dessus d'eux.

Dieu a fait toute la création suivant un plan uniforme, d'après la loi du bien. Tous les êtres inférieurs l'imitent ou la suivent de loin, autant qu'il est permis à leur nature. Ils se conforment à la loi unique de l'amour, les animaux par l'instinct seulement, les végétaux par les fonctions physiologiques. C'est une échelle croissante où chaque degré réunit à sa qualité celles du degré inférieur et manque de celles du supérieur. L'homme possède seul le sentiment, et a en outre les qualités inférieures, les fonctions physiologiques, l'instinct, la sensation. On voit la conséquence qu'il faut tirer s'il n'use que de ces dernières.

La sensation, à son état natif, est la même chez l'homme et l'animal. La valeur qu'elle peut prendre vient de l'âme : l'acte a d'autant plus de pouvoir de bonheur que l'âme conçoit une plus haute idée de ce qu'il opère, la possession de la beauté, ou pour mieux dire, l'union avec l'être dont la perfection vous manquait.

Ce n'est plus la sensation : elle ne peut dépasser sa limite bornée, le niveau de la matière.

La beauté ne donne pas par elle-même l'idée de la possession. Les cieux et la terre, les mers et les montagnes nous ravissent sans nous suggérer le désir de les posséder : ils ne diminuent pas par le défaut de possession. La beauté entre par les yeux et va à l'âme sans agiter le corps. Qui cause donc le désir, lorsqu'il s'agit de la femme ? On dira que l'explication est bien simple : les beautés de la nature ne sont pas susceptibles d'appropriation, mais il en est autrement de celles de la femme. En est-on sûr? On peut comprendre la beauté d'une femme sans la convoiter, on peut comprendre la beauté des femmes, de toutes pour ainsi dire, sans les désirer à la fois, car il est certain que si l'on ressent véritablement l'amour, on ne peut désirer plus d'une femme, une autre que celle qu'on aime : cependant on ne devient pas aveugle et on apprécie leurs perfections.

Il y a quelque chose de supérieur à la beauté d'une femme, c'est la beauté de toutes. La jouissance de celle-ci est pure et sévère: c'est l'admiration de l'idéal qu'on ne ressent qu'à la condition d'être débarrassé de l'instinct.

La beauté n'est pas susceptible de possession : il n'y a pas de rapport entre les deux. Un homme qui voit une femme en tire tout ce qu'il en peut tirer. L'acte lui-même n'y ajoute rien : le consentement, la coopération de la femme mettent en œuvre les propriétés physiologiques de la matière, mais ne donnent aucune communication de la beauté. Elle est d'une nature différente et fait une opposition invincible à toute entreprise de la matière.

Où allons-nous donc en venir ? Quoi ! nous séparons la beauté de l'amour, nous lui enlevons ce qu'il a de plus précieux !

Nullement. Nous refusons la possession à l'amour parce qu'elle n'est pas assez pour lui. Un acte seulement matériel, une tentative brutale, un vol ne peut se saisir de la beauté. Mais l'époux uni à l'épouse en a plus que la possession, plus que la propriété; elle est une avec lui, elle est lui. Il n'y a pas de possession matérielle, il y a plus que la vue, que la contemplation spirituelle permise à tous, il y a union. Ce n'est pas l'acte qui donne la communication à l'époux : il n'en est que la constatation; l'amour selon sa loi la lui a déjà donnée, en les unissant indissolublement. La métaphysique prend ici ses avantages et rit de l'impuissance du matérialiste qui ne voit pas la loi de l'amour, du libertin qui la viole. Si l'on ne croit pas à l'union, on reste les mains vides, on peut toucher la matière, on ne saisit pas la beauté.

6. — *Le beau.*

Qu'est cependant cette beauté ?

Plus l'être a reçu de perfections, plus il est assujetti à l'imperfection ; les éléments, les roches n'ont pas de défectuosité. Les animaux infimes ont des formes régulières, toujours identiques; les végétaux les premiers parus ne montrent pas de difformités ; parmi les arbres, au contraire, on voit des nains, des tordus, des rabougris. A mesure qu'ils s'élèvent en beauté, les animaux ont des formes admirables qui dévient singulièrement. Les plus jolies créatures, les insectes, les oiseaux, sont les plus fragiles Parmi nos compagnons, les chevaux, les chiens, on peut voir de pauvres êtres dont les lignes s'éloignent, à faire pitié, de la beauté normale. Que dire de l'homme? On peut répéter, dans un autre sens, le mot de Schopenhauer : Combien ne sont que « la bur-« lesque caricature du plus achevé des phéno-« mènes de la création, l'homme ! »

Cette femme, du moins, réunit toutes les perfections. Tous les yeux qui la voient brillent de désir. Mais bientôt elle vieillira et deviendra ridée, grimaçante. Est-ce que ce sont deux femmes, une jeune et belle, puis une vieille et laide ? Cette Vénus et cette Parque sont un seul être revu à quelques jours de distance. Pourquoi les divisez-vous ? La vieillesse est inévitable, vous ne pouvez l'en séparer. Le temps n'y fait rien ; le moment actuel n'y ajoute rien ; vous la voyez minute à minute ; à celle-ci elle est jeune, mais elle sera vieille ; plus tard, elle sera vieille, mais elle a été jeune. On parcourt une route pas à pas, mais la route n'est pas une enjambée, elle est un espace d'un commencement à la fin : une vie s'étend de la naissance à la mort, instant par instant, mais elle n'est pas l'instant. Pourquoi, dans un être, ne voyez-vous qu'un point au lieu de tout le corps, qu'un moment au lieu de toute la durée? Pouvez-vous dire que, ce point étant beau, le reste du corps laid, cet être est beau ? Aujourd'hui agréable, demain repoussant, en somme qu'est-il ?

Cet homme, cette femme ne vieilliront pas seulement, ils mourront : la mort leur est plus assurée que la vieillesse. Ici il n'y a pas de détails à donner : mais ces restes effrayants, c'est encore eux.

N'écoutons pas les calculs de la raison, bornons-nous au moment. Regardez ce corps humain qui paraît admirable, mais regardez-le de près. C'est une grossière toile de décor : approchez un verre grossissant ; l'illusion ne va pas durer. Une déchirure de l'épiderme laisse voir les dessous, l'échafaudage qui ne paraît plus intéressant qu'à la science.

C'est lorsqu'elles se trouvent près des grandes choses métaphysiques, que les sensations paraissent misérables. La vue est le seul sens noble et a cependant des déceptions : que dire des autres qui remplissent les offices serviles. Après qu'ils ont joué leur rôle principal, vient un déchirement, un affaissement du cœur. Cette impression n'est plus la pudeur, qui est le sentiment de l'immense valeur du corps qui va se livrer ; c'est le désappointement de l'impuissance des sens à suivre le désir de l'union métaphysique ; c'est la confusion, la honte de la matière [1].

---

1. Voici le motif donné par Schopenhauer : « Tout amant, le grand œuvre de la nature accompli, se trouve mystifié :

La chair est frappée : elle n'est jamais que l'insipide matière dont elle est tirée. On comprend que l'âme répugne à l'associer à ses fêtes, qu'en amour quelques-uns préfèrent s'en tenir à la religion naturelle, sans les cérémonies du culte. La plupart ne connaissent l'amour que lorsqu'un acte, secouant tout à coup leur corps, leur fait croire qu'il est là.

Des âmes d'élite le ressentent mieux en pansant les ulcères d'un misérable, qu'en plaçant leurs lèvres sur celles d'une femme ; ils ont plus de bonheur, car ils aiment mieux.

Cependant l'œil persiste à contempler la beauté ; rien ne fait renoncer l'homme à sa céleste vision. Qu'aperçoit-il donc ? La forme féminine a-t-elle la réalité ou n'est-elle qu'un signe qui fait surgir la chose signifiée dans l'enceinte du cerveau ? N'adressons-nous pas notre hommage au prisme et non au spectre lumineux ?

Qui sait si ce n'est pas l'habitude qui nous a familiarisés avec le dessin du corps ? Un esprit pur qui verrait pour la première fois un visage humain serait peut-être épouvanté comme nous-mêmes si nous en rencontrions un où le nez serait au-dessous de la bouche. Pourtant, si nos traits avaient toujours été ainsi disposés, nous ne

car l'illusion qui le rendait dupe de l'espèce s'est évanouie. »
Pensées, p. 96, III.

manquerions pas de les admirer, et ce serait notre figure actuelle qui nous paraîtrait horrible.

La beauté est-elle à la femme ? Les couleurs n'appartiennent pas aux objets, mais à la lumière. La beauté n'appartient pas à la femme, mais à la lumière divine. La beauté est répandue dans la nature, circule, n'est dans aucun objet, mais les objets décomposent ses rayons.

Eh ! qu'importe. Est-ce que la Raison nous appartient ? Est-ce que c'est nous qui avons fait notre corps, notre stature, nos sens, notre liberté ? Nous n'avons qu'une seule chose qui vienne de nous, le mérite. Et cependant notre corps, notre âme est bien à nous. Tout est à nous, et la beauté de la femme à elle, quoique tout vienne de Dieu.

Qu'importe qu'elle ne soit qu'un signe, s'il nous fait comprendre aussi bien la beauté ! Qu'importe qu'elle ne soit que le foyer qui rassemble les rayons pour nous les renvoyer, s'ils nous éclairent et nous échauffent ! Planète ou étoile, c'est la même main qui lui a donné ou lui fait renvoyer la même quantité de lumière que cette créature céleste n'a pas créée.

Seulement il faut croire en Dieu ! — La matière n'est rien, n'a rien. Si l'objet n'est pas un signe, il est dénué de sens et de valeur. Mais s'il est un signe, il faut un Être qui lui ait donné la signification, qui nous montre la chose signifiée. Si la femme a reçu la beauté, il faut que le Beau la lui ait donnée.

Sa beauté, comme tout bien de ce monde, n'est réelle que si Dieu est réel, est d'autant plus grande que le Créateur est plus grand. Elle est admirable, parce qu'il est infiniment grand.

Voilà la nuée dissipée, le mystère éclairci. Le mérite a donné l'explication.

Hommes, la matière a été créée pour vous éprouver, pour vous permettre de construire vous-mêmes l'erreur et le mal. Elle peut cacher le bien qu'elle est destinée à montrer. Athée, vous ne voulez pas le voir ; libertin, vous ne voulez pas le posséder. Vous vous en tenez à la matière : elle est tout pour vous. Elle n'est rien. Vous l'admirez : elle n'a pas la beauté. Vous la touchez : elle ne donne qu'une fausse et misérable sensation. Vous la prenez : elle échappe. Votre admiration est une illusion ; votre amour, une erreur ; votre sensation, un mensonge ; votre possession, une déception. Ixion ne serre que la nuée : Jupiter se rit de vos plaisirs.

La matière, pour être consistante, n'en est pas moins un fantôme. La Junon supporte l'étreinte : le bonheur seul est imaginaire. Que ses molécules soient écartées ou rapprochées, gaz, vapeur, onde, solide, la matière n'est que la matière. Nuage mouvant qui est coloré par le soleil, eau flottante qui réfléchit ses rayons, miroir fixe qui reproduit son image, rien n'est soleil, si ce n'est le soleil lui-même, et sans lui tout est ténèbres.

Ceux qui méconnaissent le bien, qui violent sa loi, n'ont qu'une illusion ; ils croient détacher la jouissance : il ne leur reste rien entre les mains.

Ceux qui cherchent le bien, pour lesquels la beauté n'est pas assez grande, si elle n'est infinie, si elle n'est divine, sont-ils déçus? Non. Eux aussi n'ont qu'une vision, mais ils sont sûrs que derrière l'image est la beauté réelle qui est en Dieu, que la femme est désignée pour la faire connaître. Ils ont plus que la possession de la femme, ils savent qu'ils sont unis à elle. Pour eux, la jouissance est réelle et n'est rien auprès de celle qu'ils attendent; la souffrance elle-même est le gage d'une félicité supérieure à celle qu'ils connaissent.

Dieu tient les hommes. Ils s'agitent au milieu de ces apparitions; ils veulent le tromper et les saisir. Ils n'ont rien. Ils ont choisi, ils ont mérité ou non. C'est tout.

7. — *L'amour.*

La forme féminine n'est qu'une vision, mais de quelle merveilleuse et réelle beauté!

« Il a fallu que l'intelligence de l'homme fût obs-
« curcie par l'amour pour qu'il ait appelé beau ce
« sexe de petite taille, aux épaules étroites, aux lar-
« ges hanches et aux jambes courtes; toute sa beauté

« réside dans l'instinct de l'amour[1]. » Telle est l'opinion de Schopenhauer. Il ne prouve pas que la femme n'est pas belle, mais qu'il n'entend rien lui-même à la beauté, qu'il est plus à plaindre que les aveugles. Le mot *inesthétique* qu'il a imaginé pour la femme lui convient mieux qu'à elle.

Cette ligne qui part de la nuque, suit ces épaules étroites, ces larges hanches et finit au talon, est le chef-d'œuvre du génie divin et lui a coûté plus d'effort que celle qu'il a tracée dans les cieux pour la course des soleils.

« Si nous plongeons nos regards dans le tu-
« multe de la vie, nous voyons sa misère et ses
« tourments occuper tous les hommes; nous les
« voyons réunir tous leurs efforts pour satisfaire
« des besoins sans fin et se préserver de la misère
« aux mille faces, sans pourtant oser espérer autre
« chose que la conservation, pendant un court es-
« pace de temps, de cette même existence indivi-
« duelle si tourmentée. Et voilà qu'en pleine mêlée
« nous apercevons deux amants dont les regards se
« croisent pleins de désirs. — Mais pourquoi tant
« de mystère, pourquoi ces allures craintives et dis-
« simulées? — Parce que ces amants sont des traî-
« tres, qui travaillent en secret à perpétuer toute
« la misère et les tourments qui, sans eux, auraient
« une fin prochaine, cette fin qu'ils veulent rendre

---

[1]. *Pensées*, p. 136.

« vaine, comme d'autres avant eux l'ont rendue
« vaine [1]. »

Et il exhorte l'homme à se détourner de la femme, il veut que la vie tarisse, que le feu de l'amour s'éteigne, que le froid gagne peu à peu la nature entière et que la Volonté glacée et gémissante rentre dans le néant.

Le pessimiste accuse la femme de tous les maux. Elle en est bien innocente. C'est le plan de l'épreuve, pour lequel on ne l'a pas consultée, qui a disposé les hommes et les biens dans une telle relation, que l'effort, la lutte, l'occasion de mériter devinssent inévitables. La population est la seule question économique, sociale, morale. Le nœud conjugal est le nœud du drame de la vie. C'est autour de la femme que les forces ennemies, celles qui nous sollicitent au repos et celles qui nous poussent à l'effort, se livrent bataille : c'est pour se la disputer que la mêlée est la plus ardente. A nous-mêmes a été remis le soin de nous rabattre à coups de fouet dans l'arène, d'y pousser de nouvelles troupes de martyrs, d'alimenter le supplice jusqu'à la consommation des siècles.

Il faut donc que cette force qui nous pousse ait une effroyable puissance pour tenir tête à toutes les résistances de l'inertie, de l'intérêt, de l'égoïsme. Mais, enfin si l'humanité passe par-dessus

---

[1]. *Pensées*, p. 126.

toutes les souffrances, court vers l'amour, c'est donc que l'amour lui paraît préférable aux souffrances.

Que reprochez-vous donc à la femme? Il y a des maux, mais elle n'en est pas la cause; il y a des biens supérieurs : ceux-là viennent d'elle. Les maux avec elle valent mieux que la vie sans elle; les maux avec le bien valent mieux que la vie sans bien. Et c'est elle qui est ce bien sans lequel la vie n'est pas bonne, avec lequel les maux sont plus que compensés. Comment la louer davantage !

Considérez ce dernier et suprême objet de la création. Entre cette ressemblance avec l'homme et cette différence de la femme, voyez l'immense intervalle du bien à la perfection. Le Créateur a pensé tout un jour pour retoucher son œuvre. Regardez ces couleurs, ces lignes souples que la grâce courbe en tous les mouvements de la nature pour montrer que le beau a une variété infinie; regardez l'œil de la femme, regardez-mieux, fixez la vision divine : voilà ce qui fait équilibre à tous les maux, guerres, famines, massacres, dévastations, villes incendiées, royaumes renversés, le froid et la faim, le fer, le feu.

Non seulement elle les balance, mais elle devrait l'emporter. Et c'est de notre faute si la femme, non seulement ne les dépasse pas, mais ne les supprime pas. Nous ne voyons pas l'amour tout entier, mais ses côtés inférieurs : nous ne rétablissons pas l'idéal : nous ne croyons pas que tous nous avons droit à l'intégralité des qualités, que la femme a toute la perfection qui n'est que momentanément refusée, différée, pour nous éprouver. L'œuvre malfaisante du pessimisme est de rabaisser l'amour, quand le devoir est de l'exalter. Il diminue les biens qui font équilibre aux maux, sans espoir sérieux d'anéantir la vie à jamais partagée entre les deux. Il ne fait donc qu'augmenter notre malheur. Nous n'échapperons pas à Dieu : l'épreuve est préparée, il faut la subir. A défaut de l'amour qui donne le bonheur ou une espérance solide, il reste la sensation, qui ne procure qu'une illusion sans l'amour : il n'en faut pas davantage pour maintenir le courant du fleuve de la vie et pousser les flots les uns sur les autres : ceux qui n'ont que la sensation, n'étant pas satisfaits, ne sont que plus avides. Une glande suffit : elle s'emplit d'humidité pendant un certain nombre d'années seulement ; il n'en faut pas davantage pour que le champ de l'épreuve reste toujours trop étroit pour les combattants.

Ne pas voir le bien est un mal : c'est l'erreur imputable. L'idée insuffisante de l'amour est l'erreur génératrice du libertinage. On cherche à détacher la sensation, parce qu'on ne voit qu'elle, parce qu'elle prend une valeur disproportionnée, faute de voir l'excellence des qualités métaphysiques, la supériorité de l'union. Elle n'est en réalité qu'un gage, une preuve de l'union : elle est donc fausse quand l'union n'existe pas. Elle n'est rien comparée au reste, elle est moins que rien, elle est le mal, sans le reste. On pèche contre l'amour non par excès mais par défaut.

Schopenhauer a commis une grande faute en prêchant le mépris de la femme. La femme, voilà l'ennemi. Il paraît que le beau et le bien sont les ennemis du siècle. Heureusement l'amour divin et l'amour humain, le culte de Dieu et celui de la femme, se soutiennent l'un l'autre, et le dévot sexe féminin retient des adorateurs autour de l'autel menacé de Dieu Tout-Puissant.

Rien n'est odieux comme le bien qu'on ne peut ni atteindre ni détruire : le mépris est la dernière ressource de l'envie et de l'impuissance. « *Impius quum in profundum venerit, contemnit.* »

Schopenhauer est tombé dans une troisième erreur. Il avait reproché à la femme d'entretenir la misérable vie humaine par les désirs qu'elle inspire, et d'être laide, ce qui ne s'accorde pas trop bien. Il complète son système par une nouvelle contradiction. L'amour, pour lui, n'est qu'une illusion de l'individu qui travaille au bien de l'espèce. « Il faut que l'individu agisse et se sacrifie pour le

« maintien et le développement de l'espèce ; son
« intelligence, toute dirigée vers les aspirations
« individuelles, a peine à comprendre la néces-
« sité de ce sacrifice et à s'y soumettre aussitôt.
« Pour atteindre son but, il faut donc que la na-
« ture abuse l'individu par quelque illusion, en
« vertu de laquelle il voit son propre bonheur dans
« ce qui n'est en réalité que le bien de l'espèce ;
« l'individu devient ainsi l'esclave inconscient de
« la nature, au moment où il croit n'obéir qu'à ses
« seuls désirs. Une pure chimère aussitôt évanouie
« flotte devant ses yeux et le fait agir. Cette illu-
« sion n'est autre que l'instinct. C'est lui qui, dans
« la plupart des cas, représente le sens de l'espèce,
« les intérêts de l'espèce devant la volonté. Mais
« comme ici la volonté est devenue individuelle,
« elle doit être trompée de telle sorte qu'elle per-
« çoive par le sens de l'individu les desseins que le
« sens de l'espèce a sur elle : ainsi, elle croit tra-
« vailler au profit de l'individu, tandis qu'en réalité
« elle ne travaille que pour l'espèce [1]. »

Cette théorie est chère au philosophe pessimiste ;
il a employé toutes ses ressources pour dissiper
l'illusion des amants, il leur livre le secret du génie de l'espèce et il les fait assister à sa méditation, « *meditatio compositionis generationis fu-
turæ,* » qui leur persuade de rechercher l'âge pro-

1. *Pensées,* p. 93.

pice et non la vieillesse, une ossature régulière, d'éliminer les femmes trop grosses ou trop décharnées, d'écarter les bouches bestiales, les mentons fuyants, les larges pieds de plantigrades, de préférer les qualités qui manquent, qui signale au choix des grands les petites, des faibles les fortes. Il est vrai qu'un amant ainsi illusionné n'est pas trop à plaindre et que, s'il agissait pour son propre compte, il ne ferait pas autrement.

Tous les exemples ne sont pas décisifs, ni tous les arguments concluants. « Les femmes aiment « souvent de vilains hommes, mais jamais des « hommes efféminés, parce qu'elles ne peuvent neu- « traliser un pareil défaut [1]. » Hélène qui préféra Pâris à Ménélas, Angélique qui abandonna Roland pour Médor auront fait la sourde oreille aux discours du génie de l'espèce.

En revanche, les femmes passent facilement par-dessus la faiblesse d'esprit. « La bêtise ne nuit « pas près des femmes : une force d'esprit supé- « rieure ou même le génie, par sa disproportion, ont « souvent un effet défavorable. Ainsi l'on voit sou- « vent un homme laid, bête et grossier, supplanter « près des femmes un homme bien fait, spirituel, « aimable... La raison en est que, dans le mariage, « ce qu'on a en vue, ce n'est pas un entretien plein

---

1. *Pensées*, p. 103.

« d'esprit, c'est la création des enfants[1]. » Le fait prouverait que l'individu n'a pas songé à son propre bonheur, mais non qu'il a agi en vue de l'espèce, car elle ne tirera pas de profit d'une semblable union : surtout le fait aurait besoin d'être prouvé lui-même.

Schopenhauer a été amené à cette erreur par une première erreur. Il était persuadé que la mère transmet l'intelligence à l'enfant, le père, la volonté[2]. L'infériorité paternelle importe donc peu, et l'espèce ne perdra rien, puisque l'enfant a l'héritage de sa mère assuré. Il ne faut pas croire que ce contempteur des femmes leur fasse une concession en leur accordant la prérogative de la transmission de l'intelligence : on sait que, dans son système, elle est au-dessous de la volonté, elle est presque le Dieu mauvais, Ahrimane! D'ailleurs, cette répartition des rôles paternel et maternel pour la transmission de l'intelligence et de la volonté, cette division du travail est impossible : elles ne vivent pas chacune de leur côté, comme Schopenhauer l'a imaginé; la femme, si l'intelligence lui est particulière, ne devra pas plus la communiquer à l'enfant mâle que les qualités organiques, physiques qui sont propres à son sexe. Mais elle est communi-

1. *Pensées*, p. 103.
2. *Id.*, p. 90, 103.

quée : alors on ne voit plus pourquoi l'homme qui l'a reçue ne peut la donner à son tour, pourquoi le courant tarit en chaque homme, coule de femme en femme, pourquoi celles-ci donnent ce qu'elles n'ont pas ou plus qu'elles n'ont, attendu que « le « seul aspect de la femme révèle qu'elle n'est des- « tinée ni aux grands travaux de l'intelligence, ni « aux grands travaux matériels... Ce qui rend les « femmes particulièrement aptes à soigner, à éle- « ver notre première enfance, c'est qu'elles restent « elles-mêmes puériles, futiles et bornées : elles « demeurent toute leur vie de grands enfants, une « sorte d'intermédiaire entre l'enfant et l'homme... « La femme n'a qu'une raison de 18 ans bien stric- « tement mesurée [1]. »

« Si désintéressée et idéale que puisse paraître « l'admiration pour une personne aimée, le but final « est en réalité la création d'un être nouveau, déter- « miné dans sa nature : ce qui le prouve, c'est que « l'amour ne se contente pas d'un sentiment réci- « proque, mais qu'il exige la possession même, l'es- « sentiel, c'est-à-dire la jouissance physique [2]. » Il semble inutile d'aller chercher l'explication au loin : l'individu y est suffisamment intéressé.

Les faits donnent un démenti à la doctrine. Il aurait été beaucoup plus simple de dire que l'in-

---

1. *Pensées*, p. 129.
2. *Id.*, p. 88.

dividu et l'espèce ont un intérêt commun, au lieu de les mettre en opposition. Il n'en coûtait pas davantage au génie de l'espèce d'arranger la nature ainsi. Il semble que c'est plutôt l'espèce qui est sacrifiée à l'individu. Dans les unions légitimes, ce n'est pas l'amour qui forme le nœud, ce n'est pas même la raison, mais le calcul. Quant aux rapprochements illégitimes, la préoccupation est d'éviter le résultat, la procréation, loin de le vouloir excellent.

Le génie de l'espèce qui a voulu duper l'homme a été bien maladroit : c'est lui qui est dupé [1].

Tous les hommes se trompent, ou Schopenhauer ; c'est vraisemblablement ce dernier.

On lui reproche ses plagiats. Sa métaphysique de l'amour en est un des plus notables, et l'on sera fort surpris de reconnaître que c'est une opinion commune chez les moralistes qu'il a prise. Nous avions donc tort de placer tous les hommes d'un côté et de l'autre Schopenhauer : il faut ranger à côté de lui ces moralistes. Nous le constatons sans trop de déplaisir. Il a mieux plaidé la cause : le plaidoyer doit servir à rendre visible leur erreur.

[1]. MM. A. Comte et Littré n'ont pas eu une idée plus avantageuse de la femme. Le premier croit que le sexe féminin est le résultat d'un accident fâcheux et souhaite de voir disparaître ce cas tératologique. Dans un autre sens, mais avec le même genre d'argumentation que Comte et Schopenhauer, voir Corn. Agrippa.

Le fond de la théorie est le même. L'objet de l'amour est la reproduction. L'auteur du monde a créé l'homme. Puis, pour obtenir de lui qu'il se perpétuât, il lui a imposé un service et attribué un salaire. La fonction, avec sa rétribution ainsi ajoutée, superposée à la nature humaine, c'est l'amour.

Sans doute les moralistes ne donnent pas dans l'exagération du philosophe pessimiste, ils ne sacrifient pas aussi complètement l'individu à l'espèce. Singulier réalisme, en effet, qui croit que l'espèce est indépendante des individus. Une pareille bévue est bonne pour une Volonté qui n'a pas de commerce avec l'intelligence. Schopenhauer ne les a mises en relation qu'une fois et l'on n'a pas à se féliciter de leur accord [1].

La conséquence directe, ils ne la voyaient pas davantage, mais ils sont bien forcés de l'accepter. Schopenhauer l'expose ainsi : « Dans la vie pri-
« vée, il n'est pas de point sur lequel la probité
« scrupuleuse soit plus rare : les gens les plus
« honnêtes d'ailleurs et les plus droits la mettent
« ici de côté et commettent l'adultère au mépris de
« tout, quand l'amour passionné, c'est-à-dire l'in-
« térêt de l'espèce, s'est emparé d'eux. Il semble
« même qu'ils croient avoir conscience d'un privi-
« lège supérieur, tel que les intérêts individuels n'en

1. *Voir* sa Théorie de l'idée ou espèce.

« sauraient jamais accorder de semblables, juste-
« ment parce qu'ils agissent dans l'intérêt de l'es-
« pèce... Toutes les différences de rang, tous les
« obstacles, toutes les barrières sociales, le génie de
« l'espèce les écarte et les anéantit sans efforts. Il
« dissipe comme une paille légère toutes les insti-
« tutions humaines, n'ayant souci que des généra-
« tions futures [1]. » C'est l'adultère réhabilité.

On conçoit encore plus difficilement dans le monde tel que le conçoivent les moralistes, créé par un auteur intelligent, une contradiction entre les nécessités de la reproduction et d'autres lois : qui veut la fin, veut les moyens. Puisque perpétuer l'espèce est une injonction sur laquelle il n'y a pas à se tromper, un but clairement désigné, les obstacles que l'on rencontre viennent d'un défaut de nos institutions, d'une erreur dans nos inter-prétations, non pas de l'auteur du monde, et ils doivent être franchement écartés.

Les moralistes ne disent pas bien nettement pour quel but Dieu a créé l'homme. Mais il y a une chose qu'ils savent parfaitement, c'est que cette forme double, cette organisation, faite de ressemblance et de dissemblance, de l'homme et de la femme, pour l'âme et pour le corps, si mar-quante, paraissant si fondamentale, n'est que pour le dessein secondaire de la reproduction. Ils

1. *Pensées*, p. 114.

ont vu la destination de certains organes et ont conclu précipitamment qu'elle commandait le reste, et que la différence même des âmes était entraînée par elle, lui était subordonnée.

N'est-il pas plus simple de croire que cette organisation a pour objet non seulement de nouveaux êtres, mais encore l'être lui-même, qu'elle est destinée, non seulement à reproduire, mais à faire vivre, non seulement à continuer la vie, mais à lui donner son bien.

La loi de l'amour n'est-elle pas que l'unité aimante se compose de deux êtres, ou plutôt qu'ils vivent dans une union féconde ; car l'union est supérieure à l'unité, est un acte perpétuel.

Si l'amour n'a pour objet qu'un certain acte, que reste-t-il à l'homme ? Il n'est que momentané, transitoire. L'amour perd son rang. Que mettrons-nous à sa place ? Qui demeure dans notre nature, que vaut-elle ?

La plus grande des douleurs est la séparation de la mort. La mission était terminée, de nouveaux êtres existaient : à quoi bon ces regrets, si cette femme, cet enfant ne nous étaient de rien ? La femme ne nous a-t-elle pas plutôt donné l'enfant pour être aimée et nous donner un être à aimer ! Y a-t-il meilleur argument que la douleur de ce déchirement de nous-même, pour prouver que nous commençons ici-bas l'éternel amour ?

Tout homme naît engagé dans l'amour, dans ce bien indispensable, en possession de l'amour d'un père et d'une mère, frère de tous les hommes. Mais, dans cet admirable agencement du monde, sa liberté peut choisir entre la famille, la charité envers tous les hommes, ou Dieu, sinon se partager entre les trois formes de l'amour. L'amour conjugal n'est pas désintéressé : il a des jouissances visibles qui n'appartiennent qu'à lui. C'est une infériorité au point de vue du mérite, mais ce n'est pas un motif pour le condamner, car le bien naturel, fondamental, doit porter sa jouissance avec lui.

Nous allons conclure comme les pessimistes, mais pour une raison contraire. Le plus grand des maux n'est pas l'amour, mais de ne pas assez le connaître, de violer sa loi.

Voilà pourquoi, considérant la vie humaine, nous jetons dans le plateau des maux ce poids si lourd qu'il l'emporte sur tous les autres.

8. — *L'art.*

Après avoir parlé de l'amour, il ne reste plus rien à dire : nous avons pesé le plus grand des biens, œuvre de Dieu, qui a fait pencher le mauvais plateau : les œuvres humaines ne sont que de la poussière, qui ne rétablira pas l'équilibre.

Schopenhauer considère l'art comme un moyen de délivrance, qui n'est surpassé que par l'ascétisme ou chasteté absolue.

Le rapprochement de deux choses si étrangères s'explique dans son système. La volonté s'acharne à désirer le plaisir qui, n'étant que l'extinction du besoin, dure peu, est fugitif et négatif, et engendre indéfiniment le désir et le besoin. L'art, qui est désintéressé, distrait la volonté, l'apaise, la libère momentanément : l'ascétisme, en amenant la fin de l'espèce, l'affranchirait définitivement. « Lorsqu'une circonstance étrangère, où
« notre harmonie intérieure nous soulève un ins-
« tant hors du torrent infini du désir, délivre l'esprit
« de l'oppression de la volonté, détourne notre
« attention de tout ce qui la sollicite, et que les
« choses nous paraissent dégagées de tous les pres-
« tiges de l'espérance, de tout intérêt propre, com-
« me des objets de contemplation désintéressée et
« non de convoitise, c'est alors que ce repos vai-
« nement cherché dans les routes ouvertes du dé-
« sir, mais qui nous a toujours fui, se présente en
« quelque sorte de lui-même, et nous donne le
« sentiment de la plénitude [1]. » Tel est l'effet que Schopenhauer demande à l'art, une distraction comme ferait une partie de cartes, sans enjeu, un résultat négatif, mais non l'admiration d'une beauté positive. Ce n'est pas nous dire sa valeur intrinsèque.

Les réflexions qui justifient sa théorie laissent à

1. *Pensées*, p. 156.

désirer : « Il suffit de jeter du dehors un regard
« désintéressé sur tout homme, toute scène de la
« vie, et de les reproduire par la plume ou par le
« pinceau, pour qu'ils paraissent aussitôt pleins
« d'intérêt et de charme, et vraiment dignes d'en-
« vie... Les choses n'ont d'attrait qu'autant qu'elles
« ne nous touchent pas [1]. » Nous avons donné
plus haut l'explication bien plus simple du phénomène : le tableau paraît intéressant, parce que les
objets sont débarrassés de leur gangue, du *remplissage* de la vie, habitude, ennui, doute, soucis
et le reste, qui cachent et ternissent tout : c'est de
même que des violettes rassemblées en bouquet
font plus d'effet qu'auparavant, éparses dans des
broussailles et sous les ronces. Les choses au contraire n'ont d'attrait qu'autant qu'elles nous touchent. Notre avidité rapporte tout à nous, même
les faits tombés au fond des siècles, même les étoiles perdues sur les limites de l'espace : la raison
ne se doute pas de l'audace du sentiment qui l'accompagne dans ses courses les plus lointaines ; le
fil menu disparaît à cette distance, mais il est
certainement rattaché à une fibre du cœur.

Les faits extraordinaires forment le patrimoine
idéal de l'humanité. Tout homme y a droit.

Schopenhauer, qui parle de l'art, ignore le beau ;
il n'est même pas possible dans son système ;

[1] *Pensées*, p. 157.

l'œuvre vaut l'ouvrier; la Volonté inepte ne peut faire ce que ferait le Dieu tout-puissant. Le pessimiste n'a pas vu la nature; et, pour qu'on n'ignore pas combien il est incapable de la comprendre, il a outragé son chef-d'œuvre. Ne connaissant pas le beau, il n'a fait que disserter sur les arts.

Les belles choses qu'il nous est donné de voir ont deux auteurs différents, Dieu et l'homme. Nous croyons que, dans ce concours, Dieu l'emporte. Il n'y a du beau que dans la nature. Si l'on veut réjouir ses yeux, il faut sortir des villes : ce que l'on apercevra d'abord, ce qui est travaillé par l'homme, les champs, n'est plus aussi agréable que les parcelles qu'il n'a pas endommagées pour ses besoins : pour trouver enfin du beau, il faut aller jusque-là où l'homme ne peut rien changer, les bois, les lacs, les montagnes, la mer, ou lever le regard vers les cieux. On peut lui conseiller de laisser faire Dieu, de lui permettre de semer quelques arbres entre nos cultures, de planter ses roseaux sur les bords des rivières, ses petites fleurs sur nos guérets, d'envoyer ses oiseaux et ses insectes visiter nos haies.

L'homme reproduit et imite : plus il s'éloigne de la copie, plus il a la prétention de créer, moins ses œuvres contiennent de beau. Examinez-les toutes, depuis le tableau et la statue jusqu'aux monuments, meubles, vêtements, machines. Il y a plus de beauté dans une statue que dans la décoration d'un édifice, plus dans un tableau que dans un meuble. L'art littéraire ne fait que copier, car les œuvres d'imagination disposent bien des événements, mais se gardent de changer la nature.

Tout ce que l'on peut faire de mieux est de copier. Qu'est cependant le tableau auprès du paysage dont il réveille l'idée plutôt qu'il ne le représente ? L'éloquence, la poésie ne parviennent pas à rendre nos émotions. Jamais celui qui sent n'a pu traduire ou communiquer ce qui est dans son âme, ni, à plus forte raison, ce qui est dans celle des autres. La plus belle page ne rend pas avec moins d'insuffisance nos émotions qu'un simple cri, la douleur. Nous-mêmes ne nous rendons pas plus compte de ce qui s'agite dans notre âme que de l'immensité du ciel, que de la distance des astres, du feu central, des lacs souterrains, réservoir des eaux, toutes choses qui pèsent cependant dans la vie du corps. La pensée roule des fragments de langage, des lambeaux d'idées, des sentiments tumultueux qui montent et s'abîment comme des vagues d'une mer bouleversée la nuit par l'orage, et quand nous essayons, pour l'exprimer, d'achever une proposition, de compléter une phrase, nous faisons une tentative aussi vaine que de contenir cette mer dans le creux de la main.

Notre vraie vie, en notre âme, se passe dans un

monde merveilleusement beau et effroyable, et notre vie exprimée, connue, dite, dans le monde extérieur, qui nous paraît la seule véritable, est fausse, misérable et plate. La grande réalité est bien au-dessus de sa médiocre image, œuvre des lèvres ou de la plume. Le langage et l'art, avec leurs recherches et leurs efforts, nous font revenir péniblement sur les scènes du fond de l'âme où nous avons senti la vie tout à l'heure, comme un fantôme qui rôde la nuit dans les lieux où il a vécu au soleil.

Faisons une réflexion consolante, c'est que les hommes sont bien supérieurs au fond à ce que leur langage les montre. Les lettrés s'aperçoivent bien de la gêne que le langage leur impose pour rendre les choses non seulement du sentiment, mais de l'intelligence; les illettrés l'éprouvent bien davantage; il y a des âmes de valeur qui restent toujours fermées et méconnues, êtres craintifs, qui se tiennent au loin, dont la parole, comme l'écho, ne fait entendre que le dernier son de la musique intérieure. Ce qui n'empêche pas que beaucoup d'hommes, d'un autre côté, ont soin de montrer que leur pensée est bien vide, leur jugement faux, leur sentiment bas.

Ne dédaignons pas l'art parce qu'il est inférieur à la nature. Celle-ci sans doute étant l'œuvre, non d'une Volonté dénuée d'intelligence, mais de la pensée de Dieu, a pour ainsi dire sa pensée : nous la trouvons. Dans la solitude des bois, nous ne sommes pas seuls et nous avons une conversation muette avec la nature. Sa beauté nous élève à Dieu, comme la beauté du corps de la femme nous entraîne vers la femme. (Ce n'est, bien entendu, qu'une comparaison ; la façon dont nous traitons la matière ne doit pas nous rendre suspect de panthéisme.)

Le beau est le bien appliqué à la matière. Lui aussi n'est que connaissable au sentiment, non compréhensible à l'intelligence, et, conformément à la loi générale de l'épreuve, il y a mérite à le connaître. Le laid, comme le mal, est œuvre humaine ; mais Dieu a caché le beau au milieu de choses incertaines, même effrayantes, repoussantes, pour qu'il y eût mérite à le trouver ; la matière le fait connaître et empêche de le connaître. Le réalisme ne fait pas la différence du beau et du laid, comme l'immoralité ne fait pas celle du bien et du mal. L'art reproduit, mais en choisissant le beau, et avec l'intention de le désigner, de le faire saisir, par exemple au moyen d'un tableau, qui doit bien marquer les agréments d'un paysage, les représenter. En outre il imite les parties plus accessibles du beau, la proportion, la régularité, la variété et autres, notamment dans l'architecture. Quoi qu'il fasse, il est inférieur, car il dénature, même quand il produit le plus d'effet. Il est à la nature comme l'essence de rose est à la rose : elle la rappelle, elle a plus d'odeur, mais elle ne la vaut pas.

Schopenhauer ne demande pour l'art que le privilège de distraire la volonté. Sa requête est trop modeste pour que nous la repoussions. Nous lui accorderions bien davantage.

L'art est une grande jouissance, mais peut-il balancer l'amour ?

Le beau est une qualité de la matière : le bien une qualité de l'âme. Au premier l'admiration, au second l'amour.

On n'aime pas ce qui est beau. On aime et admire ce qui est bon. On reste étranger à ce qu'on admire : on le voit, mais il ne vous connait pas. L'amour ne tolère pas cette indifférence. Les deux êtres doivent partager le sentiment, s'unir.

Dieu n'échappe pas à la loi ; l'homme qui l'aime l'oblige à l'aimer. L'amour remue donc l'âme bien plus profondément.

S'il n'existait pas, l'art serait une jouissance ineffable. Mais il peut à peine distraire, et il ne saurait nullement apaiser ceux qui ont la douloureuse connaissance de l'amour.

9. — *La science.*

Au tour de la science. Nous ne savons rien.

La science est la constatation de l'ignorance. Celui qui a acquis cette conviction peut se glorifier, mais non s'arrêter et écrire cette inscription comme le voyageur : *Hic stetimus nobis ubi defuit orbis.* Car nous aurons toujours à apprendre pour reconnaître que nous ne pouvons rien savoir.

Il y a la science de la nature, de l'œuvre de Dieu, et celle de l'œuvre des hommes, ou érudition, qui s'enferme dans le fouillis des diversités déjà innombrables des erreurs et des maladresses humaines : celle-ci ne sert qu'à mieux étudier celle-là, la seule vraie.

Le nombre, la ligne sont les choses les plus simples, les moindres de la nature. Cependant l'on en fait la science la plus avancée ; le reste est plus important et plus compliqué, mais est moins connu. La supériorité des mathématiques est leur infériorité, qui a rendu plus facile d'en obtenir la science.

Pour le reste, l'ambition s'est bien découragée. On se borne aujourd'hui à savoir les lois. Qu'est-ce que la loi ? La manière d'être du phénomène, ce qui se fait toujours. Les arbres ont leurs racines en terre et leur cime en l'air : c'est une loi et cela ne signifie rien ; il y en a des millions d'autres qui ne signifient pas davantage.

Ce qu'il faudrait savoir, c'est l'explication de la loi, qui comporte le sens, la cause, le but.

Dans ces lois dites scientifiques, il y en a de plus générales qui rendent compte des particulières, puis de plus larges qui enveloppent celles-là ; mais en remontant ainsi, on ne gagne rien.

On peut prévoir dès maintenant le terme ; toute la matière est régie par une seule loi physique; ajoutons, si l'on veut, qu'il n'y a qu'un élément et qu'une loi. C'est tout et ce n'est rien.

On a l'enchaînement des anneaux et non la raison de la chaîne. La première loi cause tout et n'explique rien. Elle cause tout, mais matériellement, et n'est pas causée matériellement, ce qui est absurde. Elle n'explique rien ; la science se réduit à cette proposition : « La matière a une loi », ou « la matière a une manière d'être », ou enfin, « elle est comme elle est ».

Mais nous accordons beaucoup trop en disant qu'elle cause tout. En effet, une loi générale ne cause pas la loi particulière; celle-ci rentre dans dans celle-là; la générale la remplace; on s'était trompé en imaginant une loi particulière et il faut la supprimer. A mesure qu'on s'élève à de plus générales, il n'y a qu'à biffer les particulières, jusqu'à la dernière, loi unique de tous les phénomènes.

D'autre part, le phénomène et la loi, l'être et sa manière d'être, se confondent. Il n'y a donc qu'une loi et qu'un phénomène, qui sont une même chose : il y a une chose. Heureux résultat!

Si l'on se sert de l'idée de cause, on dépasse le programme, et il n'y a pas de raison pour ne pas chercher la cause première, le but, l'explication, pour ne pas rentrer dans la métaphysique. Si l'on ne s'en sert pas, on n'arrive à rien.

Nous sommes en présence du connaissable, le bien et le beau, qu'on ne peut comprendre, mais qu'on connaît, et du compréhensible, où les rapports, cause et autres, nous introduisent et nous guident. Nous errons entre les êtres, ne voyant que les surfaces, mais enfin les voyant et sachant leurs relations entre eux, et celles que nous avons avec eux. Pareils à ces suppliciés de la Chine, la tête emboîtée dans la cangue, roue qui dépasse leurs épaules, nous ne pouvons plus entrer par les portes, et nous sommes condamnés à rester dans les rues. Dans la cité du monde, nous allons dans les voies et les carrefours, mais nous ne pénétrons ni dans les maisons, ni dans les édifices, réduits à y jeter un coup d'œil, du seuil.

Le principal est le connaissable, c'est-à-dire le bien, et non le compréhensible ; il se présente d'abord à l'âme ; il n'est pas besoin de vastes connaissances, ni même de lettres pour le voir : femmes et enfants, simples et ignorants, tous l'ont devant les yeux et il dépend d'eux de l'aimer et d'en jouir, en s'aidant de ce qu'il y a de plus facile dans le compréhensible. La vraie science est celle des ignorants et non celle des savants.

Qu'arriverait-il donc si la sagesse ne se trouvait qu'au bout de la science, s'il fallait être savant pour bien faire? C'est alors que la vie serait détestable.

Quant à la science du compréhensible, celle qui seule porte ce nom, elle est grande et précieuse, mais elle ne doit pas peser bien lourd dans le plateau des biens, car elle ne comprendra jamais le bien et le beau qu'on connaît sans elle.

10. — *Le progrès.*

Schopenhauer nie le progrès. M. de Hartmann, sur ce sujet, a des opinions contradictoires, mais il s'exprime nettement sur le point qui doit nous occuper principalement : il déclare que le progrès de l'industrie, des sciences et des arts, n'apporte aucune amélioration au sort des hommes [1].

Notre siècle croit au progrès. Nous sommes donc bien convaincus que nous avançons à grands pas. Mais où donc allons-nous ?

La vie n'a pas de but. L'on interrogerait vainement les moralistes sur ce point. Désespérant de le trouver pour l'individu, on s'est avisé d'en chercher un pour l'humanité; on a déjà vu, dans les profonds desseins du génie de l'espèce, au sujet de l'amour, un exemple de cette complication naïve et maladroite qui fait travailler chacun ou chaque génération pour une autre, celle-ci pour une troisième, et ainsi de suite jusqu'à la dernière, qui profitera seule des peines de tous ses prédécesseurs, à moins qu'elle ne périsse de chaud ou de

---

[1]. Dans ses fameux stades de l'illusion, le progrès est le troisième.

froid. Bonnet, dans sa Palingénésie, a pu croire que ce monde n'était qu'un berceau pour l'humanité, que les hommes ne faisaient qu'y naître et y grandir, et qu'ils progresseraient ensuite dans les mondes suivants : ce n'est donc qu'un lieu de reproduction, où, du moins, il ne peut-être question de progrès.

Considérer l'humanité comme un être unique est une erreur manifeste : c'est de l'ontologie extravagante. Rien n'est plus individu que l'homme : c'est l'estomac de chacun qui crie la faim, son cœur qui saigne. On imagine cette monstrueuse unité au moment où les individus pauvres se dressent en menaçant contre les individus riches, lorsque les utopies socialistes et communistes donnent aux philosophes l'occasion de prouver qu'il est impossible de combler l'intervalle entre ceux qui souffrent de besoin et ceux qui ont plus de pain qu'ils n'en peuvent manger.

Le plan de l'épreuve avec ses deux lignes, inégalité des hommes, insuffisance des objets, et la morale, et la loi, et la justice, tout suppose l'individualité.

Mais voici un but que l'on indique : c'est de rendre la vie heureuse. Ce rêve de l'eudémonisme ne sera sans doute pas atteint par cette génération : voilà six mille ans passés et on ne tient rien. Tardera-t-il à arriver? Et qu'est-ce que ce bonheur? On bâtira des maisons pour s'abriter, puis de plus belles et encore de plus belles, et surtout égales pour tous les hommes, où tous feront également bonne chère. Quand nous ne sentirons plus le besoin, que ferons-nous?

Lequel sera préférable de se garantir du besoin ou de le supprimer? Cependant nous remarquons que les besoins grandissent à mesure que l'on trouve moyen de les satisfaire : ceux qui en inventent de nouveaux en sont récompensés par la fortune. C'est l'effort de l'industrie et ce qu'il y a de plus clair dans le progrès.

Vous n'avez donc pas entendu les railleries de Schopenhauer ? En vérité, le pessimisme est bien venu en son temps.

S'il n'y a pas de but, le progrès est une théorie fausse : car comment saurait-on si on avance, puisqu'on ignore où l'on va.

Cette théorie est en outre contraire à la justice. Les biens essentiels, indispensables, le bien et le beau, la morale et l'art, le goût doivent être à la disposition de tous. Cet indispensable est aussi le principal, ce qui se rapproche le plus de l'absolu, de l'éternel.

Nous avons vu, il y a un instant, qu'il est à la portée de tous, qu'il n'est pas nécessaire d'être savant pour avoir une jouissance sublime du bien et des beautés de la nature. Il ne peut pas dépendre davantage d'autres conditions ou circonstances à acquérir, sous le nom de progrès. L'humanité a dû l'avoir dès le commencement, et l'individu doit l'avoir en tout état, sinon le monde est un acte d'abominable injustice. Du premier né des hommes jusqu'au dernier, le progrès trace une ligne oblique qui traverse toutes les générations, dont pas une n'est égale. On peut donc être certain qu'il ne consiste que dans les choses secondaires quoique importantes.

En effet, l'histoire nous montre dès l'origine des tableaux de la vie patriarcale, héroïque, dont la noblesse n'a rien à envier à l'existence bourgeoise dont nous sommes si orgueilleux, à juste titre probablement. On ne voit rien de mieux chez nos éditeurs que la Bible, qu'Homère et que les poèmes hindous. Le peintre et le poète tireraient aussi bien partie des sentiments et des costumes des hommes et des femmes qu'ont décrits Hérodote, Tite-Live, Froissart, Guichardin, que des êtres accomplis que nous sommes, qui nous contemplons les uns les autres aujourd'hui avec tant de satisfaction.

L'évolution est une hypothèse invérifiable qui ne peut être admise que par des esprits en qui le progrès n'a pas suffisamment développé l'idée de la dignité humaine. Ils creusent à côté d'eux un fossé où grouillent les larves immondes, monères, amœbes et synamœbes, et mesurent la grandeur par la distance du fond du bourbier à la vertèbre transformée qui est devenue leur cerveau.

Le progrès est la théorie de la chute retournée, ce dont ne s'aperçoivent certainement pas ceux qu'indigne cette dernière, car ils découvriraient que le progrès est beaucoup plus contraire à la justice.

Si le bien à un degré supérieur a été perdu, du moins il avait été donné, et il a été perdu par la faute de l'homme et il lui sera redonné. Il n'est pas sorti misérable des mains de Dieu.

Les malheureuses peuplades anthropophages qui existent encore et les premiers habitants de nos contrées, s'ils leur ressemblaient, se sont eux-mêmes dégradés et n'ont à reprocher qu'à leurs auteurs et à eux la longue vie d'abjection pour laquelle le progrès cesse d'être une loi.

Puisque l'on croit au progrès, que l'on montre donc son ordre nécessaire, sa marche ascensionnelle. Au contraire tout, événements heureux et malheureux, peuples prospères, nations anéanties, succès du bien, succès du mal, paraît arriver au hasard, comme le désordre de vagues qui montent et descendent sur l'océan, non comme le cours régulier d'un fleuve qui s'enrichit et s'avance en s'élargissant.

Les événements auraient pu être différents, se

produire dans un autre ordre. L'humanité aurait pu prendre une marche que nous ne soupçonnons pas. Les idées que nous voyons agitées aujourd'hui, et qui sont les mêmes qui occupaient les premiers temps de l'histoire, seraient peut-être encore inconnues, et d'autres seraient discutées qui ne se sont jamais produites. Tout a dépendu des premiers hommes, de leurs premiers pas, car l'habitude a un pouvoir immense. S'ils avaient eu d'autres préoccupations, nous y serions attachés encore, sans les avoir résolues, car rien n'a été résolu, et toute question peut nous occuper jusqu'à la consommation des siècles. Si tout est insoluble, où est le progrès et comment est-il possible?

Qui entreprendrait de prouver que les questions agitées, morales, religieuses, économiques, ont été attaquées et développées dans leur ordre d'importance, si on les compare les unes aux autres, et que, si on les prend isolément, l'étude et la solution de chacune se soit perfectionnée progressivement? Elles sont prises par un côté ou par un autre, reprises, rejetées, ressaisies, abandonnées. Qui connaît le cercle des possibilités des idées ou des faits?

Photius ou Mahomet étaient-ils des hommes nécessaires? Le schisme ou la religion nouvelle devaient-ils se produire fatalement ce siècle-là, le pouvaient-ils quelque cent ans avant ou après, ou auraient-ils pu ne pas arriver ? Un Coraïshite qui poursuivait Mahomet dans son hégire allait lui fendre la tête, quand son cheval s'abat. Si une pierre ne s'était pas trouvée sous le pied du cheval, personne n'aurait eu la pensée d'une entreprise aussi singulière que celle du prophète. L'Islamisme n'aurait pas entouré l'Europe d'un cercle qu'elle a mis dix siècles à rompre.

Dans la série des découvertes, on ne voit pas une succession nécessaire : au lieu de se suivre comme l'histoire les montre, elles auraient pu venir dans un ordre différent, l'imprimerie avant la poudre, toutes deux dans l'antiquité.

Dans l'enfance, l'homme apprend beaucoup sans peine, dans la jeunesse peu et avec peine ; il a un âge critique où, se contentant de son savoir qui lui suffit pour la vie ordinaire, pour occuper une fonction ou faire un métier, il est tenté de cesser de s'instruire : le petit nombre continue à étudier. De même l'humanité dans la jeunesse et l'enfance a beaucoup fait, mais elle est arrivée à l'âge critique : elle n'avance pas, elle est toutefois très contente d'elle, se paie de mots sur le progrès, fait des rêves ineffables d'avenir, mais est stérile et impuissante.

Que les acquisitions les plus importantes aient été faites par des hommes qui n'ont laissé que leurs bienfaits impérissables et pas même leur nom, c'est ce qui surprend, mais est cependant vrai ; elles viennent d'un temps où il n'y avait pas encore d'histoire, mais à qui nous devons la Propriété, la Pénalité, la Loi, l'État et le reste. Ne citons que les langues, la principale des œuvres humaines. Un vocabulaire est un musée des merveilles de la pensée, incomparablement plus étonnant que tout ce que nous montrons dans les collections des chefs-d'œuvre de l'art et de l'esprit : la langue grecque telle que l'a trouvée le plus ancien écrivain vaut toutes les œuvres et les actions de la Grèce historique.

Les termes philosophiques, esprit, matière, pensée, sentiment, cause, acte, puissance et autres, sont aussi précieux que tous les systèmes depuis Thalès, qui ne font que les regarder, les combiner, les commenter.

Chaque mot est le résultat d'une analyse profonde, une conquête, une découverte ; il équivaut à un traité. Les mots ne sont pas un moyen de faire de la science comme les couleurs qui ne sont qu'un moyen de faire un tableau : la science est, pour une grande partie, un moyen de faire des mots. La séparation de tout ce qui est distinct, l'analyse parfaite, se traduit par des mots, et elle empiète même sur la synthèse par les désignations des rapports, des arrangements.

Croyons-nous que si la propriété, la loi, la pénalité, l'État, n'étaient pas inventés, notre siècle en prendrait l'initiative ? Les pères de famille qui, saisissant un meurtrier tranquillement assis dans sa caverne ou sous sa tente, après avoir délibéré, l'ont lapidé et ont décidé qu'il convenait qu'il y eût une justice et qu'elle fût confiée à la société, ont eu une conception qui surpasse de beaucoup en hardiesse nos fameuses idées révolutionnaires. Si nos aïeux n'avaient pas confié le soin de l'État à des femmes, nous ne commencerions assurément pas, nous qui ne leur donnons pas même le suffrage, avec raison du reste, car il leur convient moins de pousser le char de l'État que de le conduire. N'en déplaise à Schopenhauer, la proportion des chefs d'État hommes et femmes qui ont fait de grandes choses est à l'avantage des dernières.

Quelques esprits chagrins et difficiles vont plus loin. D'après eux, notre siècle aura plus détruit que créé. La science a exhaussé d'une pincée de sable la montagne élevée par nos pères, et, de cette hauteur, les prend en pitié. La politique et la philosophie croient inventer en prenant les vieux systèmes à rebours. On croit découvrir ce qu'on n'a qu'oublié, on innove parce qu'on ignore, on nie parce qu'on ne voit pas, on renverse parce qu'on ne comprend pas. L'art est encore le plus raisonnable ; s'il n'imagine rien, il conserve et imite : le flot vient de s'arrêter ; chaque règne, dans ces derniers

siècles encore, apportait un style nouveau pour l'architecture, l'ornement, le mobilier : aujourd'hui l'on ne trouve pas même la nouveauté du mouvement d'un pied de fauteuil, d'un bâton de chaise.
— On nous permettra, dans un travail sur le pessimisme, de noter cette opinion de personnes qui voient peut-être la vie présente trop en noir.

Quoi qu'il en soit, l'égalité des premiers âges, pour ne pas dire leur supériorité, est en contradiction avec la théorie du progrès.

Rien ne dure. — Les institutions, les lois, les œuvres collectives qui ont eu le concours des sociétés, des castes, des nations, les empires fondés par la force des armées, la sagesse des sénats, ne durent pas. Ils ont tout fait, eux, leurs fils, dix générations de descendants, réunis dans la même pensée, pour que leur pouvoir dure, pour que leur patrie dure : et il n'y a plus rien. Les familles, les hommes veulent tout faire durable, fixer la fortune, former un domaine, transmettre un patrimoine, bâtir une maison qui abrite toujours les fils. Rien ne subsiste; le temps n'attend pas que la dernière tuile soit placée sur le toit pour ronger les murailles. Les palais superbes des seigneurs italiens sont devenus des auberges; les manoirs des princes français sont transformés en prisons. Regardez les arcs de triomphe : combien de temps ont-ils servi à glorifier les vainqueurs ? autant que le bruit des acclamations, autant que le souffle qui faisait retentir les trompettes du cortège; les triomphateurs sont morts; le peuple a disparu. La ruine survit quinze ou vingt siècles au-dessus des toits d'une ville neuve habitée par les descendants des vaincus qui ont passé sous sa voûte, les mains liées derrière le dos, pour aller tendre la gorge au bourreau. Tout s'échappe des mains, tout se disperse : les os des hommes se perdent dans la poussière universelle. Rien n'est beau comme les ruines. Les vieilles églises, les monastères renversés, les tours éventrées, sont plus beaux à voir que quand ils étaient blancs et retentissaient de chants pieux ou de rires : il y a une force humaine qui élève, une force surhumaine qui détruit ; vous les avez là toutes les deux devant vous.

Rien ne vaut. — Que valent ces avantages que l'on cherche avec tant d'ardeur, les objets de l'ambition, les sujets de l'admiration, la matière de la gloire ? Les hommes passent en se disputant quelques objets, en luttant pour que leur tête dépasse un instant celle des autres, et ils sont déjà à l'horizon, sans que l'on connaisse même leurs noms : depuis le commencement, le flot roule de même. Les conquêtes ? Que fait à l'humanité entière que quelques hommes aient vaincu quelques autres et poussé d'un fleuve à un autre la mince ligne qui indique, sur nos cartes, les frontières ? Pour la masse, la victoire de l'un est compensée par la défaite de l'autre : aucune joie, aucun profit, aucun orgueil. La gloire, l'opinion, les jugements de l'histoire ? Les Grecs sont vainqueurs des Perses; on admire les Grecs. Ils sont vaincus par les Romains; on admire les Romains. La Grèce défendait sa nationalité la deuxième fois comme la première. Elle aurait aussi bien pu communiquer sa civilisation aux Perses vainqueurs qu'aux Romains, et prise, prendre son barbare conquérant. Alexandre l'a fait; et enfin l'Orient est aujourd'hui plus arriéré qu'au temps de Darius. Que valent les jugements de l'histoire et la loi du progrès ?

Puisque rien ne dure, quel édifice du progrès élever avec cette poussière; puisque rien ne vaut, que vaudrait-il lui-même ?

Les ténèbres de l'inconnu paraissent plus obscures à mesure que le fameux flambeau de la science brille davantage ; nous avons vu naître un système nouveau, le positivisme, qui veut que l'on renonce à sa conquête et qui décourage les explorateurs.

Les besoins sont moins à craindre; la faim était plus redoutable à l'âge de pierre qu'au temps où les barbares quittaient leur pays pour exterminer une nation mieux placée au soleil, plus redoutable alors qu'au moyen-âge, plus au moyen-âge qu'aujourd'hui ; mais les besoins deviennent plus nombreux et ont fait des inégalités aussi cruelles que la faim. A l'âge de pierre, une caverne, une hache, des peaux comblaient tous les désirs : que l'on parcoure les rues des villes pour énumérer les objets dont la possession, en plus ou moins grand nombre, classe les heureux. Les fléaux, les calamités renaissent à mesure qu'on s'en défait. Les besoins et les maux, voilà les seules choses vraiment nouvelles. Le fond reste le même, la forme change. Toujours les mêmes nécessités, les mêmes périls, les mêmes vices, les mêmes passions, les mêmes souffrances, avec la diversité d'apparences. On se lasse du bien, on se dégoûte du mal : alors l'erreur change de visage, et les fautes reviennent déguisées et sont applaudies. Les hérésies se présentent avec de nouvelles subtilités, les utopies avec de nouvelles promesses, l'athéisme avec de nouveaux systèmes. On retombe dans les mêmes crimes, mais on ne les reconnaît plus, car ils ont changé de nom, de sorte que l'homme peut se vanter de ne jamais commettre les mêmes fautes. Le mal stigmatisé rentre aussitôt sur la scène ; après les proscriptions, les crimes de lèse-majesté ; après les suspects, les otages ; la guillotine est de mauvais goût, on fusille ; les persécutions au nom de l'autorité sont décriées, on persécute au nom de la liberté.

On prend pour le progrès ce qui n'est que variété. C'est le sempiternel recommencement. On tourne en rond dans le cirque avec le costume du Grec, du Romain, du Barbare, une cotte blasonnée, un sac de grenadier.

Voyez ce troupeau qui passe au milieu d'un nuage de poussière : de temps en temps, ici où là, il se fait un courant, un remous dans la masse des dos à toison ; l'un a pressé le pas ou s'est arrêté, on ne sait pourquoi ; les suivants se précipitent dans le vide, poussent, reculent, s'entassent, puis l'ordre se rétablit. Où va-t-il, le troupeau humain ? On s'imaginait autrefois qu'il était conduit par un berger qui portait sur ses épaules les brebis fatiguées, qui le ramenait dans le droit chemin par la morsure des événements providentiels galopant en cercle, comme tourne le chien qui mord les pressés, les égarés ; c'était une erreur.

Le troupeau suit l'opinion : il croit avancer, quand il court il ne sait où ; il est tranquille parce qu'il marche avec ensemble, en tas, ceux de derrière, les rétrogrades, finissant toujours par passer où ceux de devant, les avancés, ont mis le pied. Ils s'ébahissent, revenant sur leurs pas, d'atteindre des régions réputées nouvelles, qu'ils avaient traversées, il y a des siècles, et que leur science ne reconnait pas, parce qu'elle voit l'envers des choses dont, en sa marche contraire, elle avait vu l'endroit. Où va le troupeau ? Au progrès indéfini ? — Aujourd'hui il va au désert de l'uniformité, et demain, toujours au même but final, la boucherie !

Si quelqu'un se permettait de dire aux hommes, qui sont glorieux d'avoir fait tant de progrès, qu'ils feraient peut-être mieux d'avoir honte d'en avoir fait si peu, il ne manquerait sans doute pas d'arguments. Il n'y a pas quatre siècles que la moitié du globe terrestre a retrouvé l'autre ; maintenant nous en faisons le tour et nous voyons autant de déserts que de cultures, autant de villes détruites dont on ne connait plus les traces que d'habitées, dans ces villes, quelques palais et des maisons misérables, des rues superbes que l'on vient voir du monde entier, où l'on est moins en sûreté la nuit que dans les forêts. Ces petits points clairsemés sur le globe sont ce qu'il y a de mieux : en effet, on y voit des hôpitaux où l'on ne guérit pas les maladies, des bibliothèques qui contiennent plus de mauvais livres que de bons, des académies où l'on ne s'entend pas, des assemblées où l'on se mesure des yeux pour se détruire.

Mais il y a aussi des contrées immenses habitées par des sauvages nus, qui plongent dans la mer pour manger du poisson cru, ou se dévorent les uns les autres. Du moins, s'ils ont oublié Dieu, ils ne sont pas assez dégradés pour le nier.

Nous avons commencé la vie humaine, non avec un pareil esprit, mais dans un semblable dénuement, il y a des milliers d'années, n'ayant tout d'abord qu'un éclat de silex et une peau de bête. Assurément, il n'est personne qui n'ait remarqué, depuis lors jusqu'au siècle dernier, qu'on ait fait des progrès. On a donc un tort évident de prétendre que cette idée était inconnue. Il y en a, mais dans les accessoires, et l'on ne pouvait manquer de s'en apercevoir. Nos pères, accusés injustement, ont eu raison de ne le voir que là, et nos contemporains se trompent en le voyant partout. Appelons les accessoires civilisation, laquelle manque assurément aux sauvages.

L'homme doit arriver à un état de dignité ou plutôt s'y maintenir, car il lui avait été donné. Job, sur son fumier, en avait autant que Salomon sur son trône. Les arts, la science sont nécessaires à notre développement : le monde nous a été donné pour tirer parti de ses ressources; la nature s'est enveloppée de mystères pour que nous lui arrachions ses secrets. Notre devoir est de cultiver les arts et la science; mais ils ne sont qu'un moyen;

le but est d'élever l'âme. Le monde n'est qu'un exercice et ses secrets importent peu en eux-mêmes; quand le dernier jour arrivera, le globe volera en éclats et sera réduit en poudre, qu'on l'ait connu plus ou moins, et sans que personne s'occupe de ce qui restait à découvrir.

Notre capital industriel, artistique, scientifique grossit toujours; le principal est le capital moral. Le mal est connu de tous; l'horreur du mal est seule soumise au développement historique.

La loi, la formule sèche, qui n'était ignorée ni de nos ancêtres ni des sauvages, dix ou douze commandements sur des tables de pierre ou de bronze, l'exemplaire que tout enfant trouve en naissant, même quand il n'a pas de berceau, ne peuvent se comparer à la science que l'expérience, l'histoire ont formée. Les premiers hommes ne se doutaient pas des crimes, des malheurs, des effroyables conséquences du mal que les siècles ont laissé voir. Ils ne pouvaient avoir la même horreur du mal que nous. Elle est le produit le plus précieux de la civilisation.

Le capital grossit; c'est la civilisation. Mais il n'y a pas de progrès, car l'homme reste le même au milieu de la variété des formes et des apparences, dans la même situation de détresse et de désir devant les biens accessoires qui s'accumulent. Le capital moral ne l'empêche pas d'être tenté et rend sa responsabilité plus grande : la science bat les chemins ouverts du compréhensible, mais trouve le connaissable aussi fermé; quant au capital matériel, il irrite l'envie de ceux qui ne l'ont pas et ne satisfait pas ceux qui le possèdent.

Ce n'est pas là le progrès, la loi du perfectionnement de l'homme et de son milieu, le rêve de la félicité finale. Il y aura des siècles malheureux et des jours de bonheur, des bouleversements inconnus et des catastrophes inouïes, et jusqu'au dernier jour, on entendra dans le cirque des cris qui glaceront de frayeur ceux qui connaîtront pourtant toutes les douleurs du passé.

Rien ne dure, rien ne vaut. — Une main invisible précipite l'homme quand il monte, lui arrache ce qu'il prend, renverse ce qu'il édifie.

Pourquoi ? C'est que ce ne sont pas les objets eux-mêmes qu'il convoite, qui lui sont avantageux, mais l'effort qu'il fait pour les prendre, ou, mieux encore, pour s'en priver; qu'ils s'évanouissent, qu'ils tombent en poussière entre ses mains, qu'importe : il a mérité. Le succès n'est rien, le mérite est tout.

Croyez-vous que Dieu admire beaucoup nos chefs-d'œuvre, qu'il s'extasie quand nous avons dressé une tour bien haute, qu'il parcoure avec fierté nos expositions, qu'il considère avec complaisance notre police et nos institutions, les intrigues des romans, des théâtres ou de la politique ? Le bruit que nous faisons, le canon des batailles, les applaudissements des assemblées s'éteignent tout de suite au-dessus de nos têtes, avant d'avoir atteint les nuages. Nos monuments sont pour lui comme les ridicules édifices de sable que font les petits enfants. Il jette sur les épaules de celui-ci ou de celui-là, à leur entrée dans le monde, une besace de mendiant, un manteau royal, le reprend, quand ils sortent, et les rétribue, non pour le costume repoussé dans un coin, mais pour les efforts et la peine. Voyons donc dès aujourd'hui avec les mêmes yeux que Dieu.

On dit que la morale consiste à remplir la mission que la nature nous assigne, à aller à notre but. Voilà qui est bien ; mais nous voyons une difficulté : l'homme n'a pas de but. Vous-mêmes, moralistes, vous ne nous dites pas quel est ce but, et cependant rien n'était plus opportun que de nous le faire connaître. C'est manquer de précision que de professer qu'il faut tout faire pour aller au but, sans nous dire où il est. Chacun doit se mettre en route avec ardeur, bien pourvu de provisions : pour aller où ? Nul ne le sait. Suffit-il de s'agiter dans tous les sens, de partir dans toutes les directions, convaincus qu'un être supérieur nous mène, de même que nous allons avec notre système solaire vers la constellation d'Hercule, sans que personne s'en doute ? Il paraît que cet être supérieur n'existe pas : il est humiliant d'avoir un supérieur. Mais une chose certainement humiliante, c'est de ne pas savoir ce qu'on veut ni où l'on va.

Où donc est ce but ? On n'a sans doute pas cherché avec assez d'attention. Examinons les choses de plus près. L'homme arrive à la vie : la mère le prend dans ses bras, lui donne son sein : il suce le lait. C'est pour conserver son être, pour vivre. Le père lui donne du pain, des leçons pour qu'il gagne lui-même ses aliments : tout cela encore pour vivre. Il travaille et produit à son tour pour vivre et faire vivre, jusqu'à ce qu'il cesse de vivre.

Dans l'intervalle il a donné l'être à d'autres qui vont conserver cet être. Nous le voyons prendre de la peine pendant soixante ans pour vivre. Mais pourquoi vit-il ?

Jusqu'à vingt ans, il ne s'est mis qu'en état d'agir : maintenant, sans doute, nous allons le voir agir, nous découvrirons son but. Il a un arc, une lance, une arme à feu pour tuer les animaux qui le font vivre, ou les concurrents qui veulent lui disputer les moyens de vivre. Il construit une tente, une maison, un palais pour s'abriter. Rien n'est définitif. Tous nos jours, tous nos actes conduisent à des suivants qui mènent à d'autres jusqu'à la fin. L'on débute par ne pouvoir que remuer les doigts et sucer le lait; l'on apprend à se tenir debout, à marcher; l'enfance n'est sans doute pas un but. Mais voilà la taille et la force atteintes. On a appris à remuer la matière ou les idées ou les hommes, et l'on fait quelque besogne qui nous procure de quoi continuer l'existence et améliorer d'un côté le milieu qui se gâte de l'autre. On se marie pour avoir des enfants qui, devenus grands, auront aussi des enfants qui feront la même chose. On dort pour retrouver des forces le lendemain. On travaille pour gagner le repos de la nuit. On boit et on mange pour obtenir six ou huit heures de vie, et l'on recommence au bout de ce temps.

Considérons toutes nos œuvres, industrielles, artistiques, politiques; elles sont un moyen d'être moins mal. La politique est un moyen d'avoir la paix, pour faire tranquillement on ne sait quoi. La plaisante idée de penser que le but est la fortune, le succès !

La fortune sert à ce que nous avons dit, se nourrir pour six heures, dormir pour se reposer et se remettre à s'agiter. C'est le succès ? Réussir à quoi ? à faire parler de soi à propos de beaucoup de moyens qu'on a amassés sans but. Ce sont les plaisirs ? Ou ils donnent le dégoût, et c'est ce qu'ils peuvent faire de mieux, ou ils inspirent le désir d'en chercher de nouveaux, ce qui prouve bien qu'ils ne sont pas un but. Est-ce de se reposer définitivement ? Ni l'enfance, ni l'âge mûr, ni la vieillesse, ne sont un but; l'enfance n'est qu'un commencement; si l'âge mûr est le but, pourquoi n'y reste-t-on pas ? La vieillesse est la fin, non le but.

Renonçant à le trouver pour l'homme, on le cherche pour l'humanité; il n'y en a pas pour chacun, il y en a pour tous.

S'il y a un but, il n'est pas le même pour tous, pour le citoyen romain et pour l'esclave, pour le serf et le baron, pour l'ouvrier qui travaille sur l'échafaudage et qui, la maison finie, s'en ira afin que le riche s'y installe.

Les grands événements de l'histoire roulent dans un incompréhensible désordre.

L'Afrique est immobile dans la stupidité, l'Inde dans la pénitence, la Chine reste stationnaire, faute d'assez de mouvement pour tomber dans la décadence; au contraire, le reste du continent a roulé depuis le commencement dans une agitation désordonnée; ce siècle-ci, la fourmilière va d'Occident en Orient, cet autre d'Orient en Occident. Dix pages ne suffiraient pas à énumérer les races submergées, les empires effacés, les nations anéanties.

Quels sont les résultats ? Les historiens ne savent nous le dire.

Plus on avance, plus les jugements sont douteux. Les Barbares cherchaient du pain, c'est un motif valable ; mais il se trouve qu'ils nous ont régénérés ; assurément ils n'y pensaient pas.

On trouve à redire aux Croisades, mais on s'applaudit que les guerres de la Révolution aient fait périr des millions d'hommes pour transmettre des idées nouvelles, que la vapeur et le télégraphe auraient bien mieux portées quelques années après.

L'Asie, jadis plus riche que nous, est un objet de pitié ; peut-être le serons-nous un jour. On se trompe probablement sur le mouvement de la civilisation ; elle n'avance pas avec l'humanité, mais elle tourne autour de la Méditerranée. Pélisson disait déjà « que les sciences voyageaient « tour à tour dans toutes les parties du monde, et « que, comme si elles devaient leur lumière à toute « la terre, après avoir éclairé longtemps un climat, « elles le laissent dans ses premières ténèbres pour « aller dissiper celles d'un autre [1] », ce qui prouve que l'idée du progrès n'est pas neuve. L'Égypte d'où il est parti, la Mésopotamie, la Grèce, la Syrie, le Pont, l'Afrique romaine, Sparte, Éphèse, Corinthe, Antioche, enfin la moitié du monde

1. Préface aux œuvres de Sarrazin.

civilisé retombée dans la barbarie ne s'est pas aperçue que l'humanité avait un but. Mais leurs générations ont travaillé pour les nôtres, et nous, nous travaillons pour la dernière.

L'histoire de l'humanité est un singulier livre : toutes les pages sont occupées par la préface, sauf une seule, la dernière.

Nous ne pouvons pourtant pas avoir, dans cette vie momentanée, une nature autre que celle qui nous est donnée pour l'éternité. Nous ne pouvons pas avoir deux natures. Puisque nous avons dès maintenant celle qui est définitive, éternelle, nous devons pressentir aussi dès maintenant ce but invisible. C'est son désir qui doit servir à nous tourmenter, à nous faire mériter.

Par une admirable simplicité du plan divin, c'est le bonheur qui nous est destiné qui nous fait souffrir, c'est lui-même qui nous fait mériter de le posséder, c'est le but éternel qui sert de moyen temporaire. Nous le connaissons imparfaitement, ce but, et nous ne pouvons l'atteindre : nous le voyons assez pour concevoir le désir infini, et pour souffrir de n'en pas pas jouir : il explique à la fois la vie et l'éternité.

A quel signe le reconnaissons-nous ? A celui-ci : il est ce qui nous fait souffrir le plus. Nous ne pouvons que l'entrevoir, nous ne pouvons pas le saisir ; c'est ce que nous cherchons le plus avidement sans succès, c'est ce qui nous fait souffrir qui nous fera jouir. C'est l'amour.

Qu'est-ce qui est éternel en nous ? Qu'est-ce qui est temporaire ? L'amour est notre nature, notre but éternel. Le but temporaire est l'effort vain vers lui : remuons la terre, le monde, cultivons, guerroyons, faisons des lois, des découvertes, améliorons ; tout cela ne sert qu'à nous entretenir au jour le jour dans son attente, à nous faire mériter.

C'est le but momentané, transitoire. Le progrès nous ferait manquer notre but s'il parvenait à supprimer les difficultés de la vie ; il varie les procédés et maintient les difficultés.

Il y a deux preuves parallèles de l'immortalité de l'âme. Pas de justice ici-bas, donc une vie future est nécessaire pour la réparation. Pas de but ici-bas : nous l'atteindrons donc plus tard ; nous avons mérité ; nous obtiendrons donc la jouissance.

En conséquence, nous ne placerons pas le progrès sur le plateau des biens : il n'est chargé que d'un seul poids : nous y avons mis l'amour, mais nous ne pouvons en jouir ici-bas ; ôtons-le, remplaçons-le par le mérite ; ce n'est pas le bonheur mais c'est son prix d'achat, sa promesse, son gage.

Nous disions que rien ne vaut. Quelle erreur !

Nous ne voyions pas ce qu'il y avait à voir. Nous ne regardions que ce qui brille, que ce qui fait du bruit, actions historiques, guerres, révolutions, les tourbillons, le fracas, les triomphes, les conquêtes scientifiques, les villes pleines de richesses. Voilà ce qu'on lit dans les histoires, ce qu'on contemple quand on parcourt la terre. Que signifie tout cela ? Qu'importe que cette province ait été gagnée ou perdue ? Qu'est-ce qui reste de cette histoire ? — Ce qu'il faut voir, ce sont les petites choses, cachées, obscures, c'est la misère, c'est la souffrance, c'est la fosse des morts dans le coin du champ de bataille, ce sont les quartiers misérables et non les palais, les pauvres et non les riches, les malheureux et non les heureux. Il n'y a que le mérite.

Le général qui décide la victoire par son adresse en a moins que le soldat qui va droit à la gueule du canon et meurt sans que personne sache son nom. Méprisons ce que nous admirions, admirons ce que nous méprisions. Le succès que vaut-il ? Rien. Celui-ci ou celui-là, peu importe. La bataille, la victoire n'étaient que l'occasion d'actes méritoires, aussi vaine que le moule qu'on met en pièces, quand l'œuvre est faite.

Les nations, les familles, les individus font des rêves de prospérité, combinent des projets ; les entreprises utiles avortent souvent ; les bonnes causes ont des revers. Les succès paraissent de petits points brillants, les déceptions, les catastrophes, de larges taches sombres. L'histoire déplore les échecs, se répand en regrets et en lamentations, signale ce qui est à refaire. Nous voyons mal. Ce qu'il y a d'utile, c'est ce qui nous paraît calamité, ce qu'il y a d'inutile, ce que nous appelons prospérité.

Considérons tous les grands hommes. Ils n'ont été élevés si haut que pour souffrir d'une chute immense. Depuis la guerre de Troie, il en est ainsi. La légende leur invente des malheurs, quand ils leur ont manqué : il leur en faut pour les achever. Les hommes de génie, les inventeurs ont leur martyrologe. La souffrance est à la portée de tous : c'est le vrai régime démocratique.

Vous avez travaillé longtemps pour atteindre le succès, vous échouez : vous vous désespérez ! Mais vous n'avez été amenés à cet instant que pour mériter. C'est comme si l'on avait dit : « Au bout de tant d'années de préparation, vous allez être mis à une épreuve; c'est l'instant décisif : faites attention. » Et c'est alors que vous vous dérobez !

Ceux qui réussissent sont des malheureux dont on n'a pas à s'occuper. Ils broutent en paix, comme un troupeau, destinés qu'ils sont à un malheur éternel. Ils font le festin qui précède le supplice.

Les succès ne comptent pas : ils ne sont qu'un prétexte pour nous attirer dans l'épreuve. Les victimes sont les préférés marqués par l'ange. Singulière bataille que celle de la vie, où les blessures reçues, non les coups donnés, comptent seuls, où le parti qui laisse le plus de morts a la victoire.

S'il en était autrement, comprenez donc quelles en seraient les effroyables conséquences. A côté de quelques hommes qui ont eu de l'éclat et de la jouissance, la multitude immense aurait passé inutilement sur cette terre. Elle aurait eu des peines, des déceptions, des privations, des humiliations pour rien. Toutes les souffrances seraient perdues ! Mais elles sont plus précieuses que l'or !

Le bilan des biens et des maux est facile à faire. Il n'y a de bien et de beau qu'en Dieu. L'homme n'a que le mérite. La nature n'a rien. Tout ici-bas est misérable ; ce n'est qu'exercice, gage, préparation, vision, figure.

Toute jouissance n'est rien, c'est-à-dire n'est rien en comparaison de celle qui nous attend. Nous n'avons qu'une vision, mais de l'infinie perfection ; nous n'avons qu'un gage, mais de la suprême félicité.

TROISIÈME PARTIE

LES CONSÉQUENCES DU PESSIMISME

---

1. — Quels sont les résultats, les conséquences du pessimisme ?

Dans la lutte des idées, il n'aura pas un effet décisif. C'est, du reste, le sort des philosophies : les religions ont un pouvoir bien plus considérable. Il est vrai que, d'autre part, les religions finissent, non pas toutes assurément, mais quelques-unes, par exemple le paganisme ; le christianisme a vaincu les autres religions et n'a détruit que celle-là ; elle l'avait mérité par la solution fausse qu'elle avait donnée du bien et du mal. Au contraire, les philosophies ne meurent pas ; c'est peut-être parce qu'elles ne vivent pas.

Il y aurait donc de l'exagération à attendre du pessimisme plus qu'une part dans l'action générale, qu'un rôle à jouer au milieu des autres erreurs contemporaines. Pour étudier cet effet, il convient d'examiner sommairement le milieu dans lequel il se produit, le temps, la situation. On ne disconviendra pas que la fortune des hommes et des idées dépend souvent moins de leur valeur que des circonstances, dont les plus futiles et les plus inattendues ont amené quelquefois les événements les plus importants.

Le monde qui s'en va et le monde qui vient ne se ressemblent pas : nous sommes placés entre les deux et nous pouvons bien les voir; un peu d'attention nous fera découvrir que ces deux périodes de la vie de l'humanité sont plus distinctes que les âges géologiques, où les montagnes se dressaient là où avait été la mer, où la mer couvrait ce qui avait été continent.

Regardons derrière nous. Voici d'abord les premiers ancêtres s'abritant dans les cavernes, les Magdaléniens gravant sur des os des figures de cerfs et de mammouths, des patriarches, des Aryas descendant vers l'Inde, d'autres arrivant dans nos landes et élevant des monuments mégalithiques, ou exterminant leurs prédécesseurs qui avaient dressé ces lourdes masses; l'Asie envoie à la Grèce des missionnaires, Cadmus, Pélops, Cécrops, Danaüs, qui enseignent la théologie; alors que les Pharaons, les rois d'Assyrie régnaient magnifiquement, l'Europe était une terre misérable peuplée de sauvages, de Scythes; les colonies asiatiques l'ont peuplée, comme celles d'Europe, à partir du seizième siècle, ont peuplé l'Amérique ; elle a été autrefois le Nouveau-Monde ; l'Atlantide a été l'Eldorado des Phéniciens. Voici le beau spectacle de la Grèce, de l'Empire romain ; puis recommencent les invasions de l'Asie, comme nous voyons nos émigrants irlandais et saxons suivre toujours le même chemin. Les races se poussent, s'écrasent dans les grandes plaines de l'Orient, et les vainqueurs arrivent affamés et furieux en Occident. Nos pères ont vu les Huns aux têtes carrées, un nœud de cheveux bouchonné sur le crâne, veillant, dormant sur leurs montures, la viande crue entre leur cuisse et le flanc de la bête, des têtes vidées battant sur le poitrail des chevaux, escortant d'interminables lignes de chariots, où étaient entassés leur butin et leurs hideuses femelles, les roues s'enfonçant dans la grasse argile gauloise, les files de lances ondulant jusqu'à l'horizon brumeux. L'Europe se défend, se rassied, se retourne vers l'Asie avec les Croisés, puis enfin se répand elle-même sur le monde entier et pénètre maintenant l'Afrique.

Quelle variété de tableaux, d'hommes, de caractères, l'Égyptien avec son pschent, le Grec au casque empanaché, le légionnaire romain, le barbare, le baron sur son cheval tous deux couverts de fer, le patricien italien, le courtisan du xviie siècle, le capitaine avec sa cuirasse, son écharpe et ses plumes. Il n'y a pas longtemps que chaque paroisse avait ses mœurs, ses usages, son costume ; et l'on peut voir encore des Japonais, des nègres nus, des sauvages ornés de plumes d'oiseau comme à l'âge de pierre, des Arabes vêtus comme Abraham.

Maintenant retournons-nous et regardons vers l'avenir, pas bien loin, mais dans quelques années. Sur toute la circonférence du globe, l'homme, sa vie, sa pensée, tout est uniforme. L'habit lui-même est semblable : on ne distingue plus les races qu'à la mâchoire et aux yeux, non à la conversation. On n'y fait pas plus d'attention que jadis, dans un village de notre France, aux peaux bistrées ou blanches, aux têtes carrées, massives, dolichocéphales, brachycéphales, aux faces quasi-inhumaines de paysans, fils d'Eskimaux ou de Tartares, neveux de Gog ou de Magog, sang de Cham ou de Sem, versé à la suite d'une invasion dans les veines d'une fille de Gomer. On ne fait pas plus de différence entre un Polynésien, un Mongol et un Celte, qu'au XIXe siècle, entre un Provençal et un Picard; la distinction physique est sans intérêt; la distinction morale n'existe plus; il ne subsiste qu'une distinction, non plus même politique, mais économique, celle de l'intérêt, chose impérissable.

Jadis une nouvelle s'arrêtait à la dernière maison du village ; dès le xix⁰ siècle, un petit événement transmis par les journaux, le télégraphe, alimentait les conversations dans le monde entier. Autrefois, l'opinion était circonscrite dans une province, comme l'eau dans un étang, où l'orage n'est pas à craindre ; au temps où nous nous transportons, la multitude qu'agite à la fois une question est l'humanité entière, sorte de mer qui ferait le tour du globe, livrée aux vents qui soufflent dans tous les sens, doutant, craignant, ne croyant à rien et croyant à tout. Les vagues montent les unes sur les autres : on ne sait jamais par quelle goutte d'eau a commencé la tempête, ni où elle finira. L'homme a rejeté ses anciens principes moraux, qui lui fournissaient des jugements traditionnels, maintenaient l'entente, la cohésion, la stabilité. Tout remue et flotte au moindre souffle.

2. — Il est bien malheureux qu'au moment où l'humanité allait se trouver mêlée en une masse énorme par le progrès des communications de la pensée et la facilité des déplacements, toutes les idées anciennes, toute l'organisation morale et intellectuelle aient été répudiées, lorsqu'on en avait le plus besoin pour éviter la confusion. Il ne se fait plus de réunions de pensées, pas plus qu'il ne se fait de soulèvements de montagnes; à notre époque, la nature a perdu ses forces ; la mer

inconsistante, uniforme, a tout recouvert et noyé. L'humanité mêlée, communiquant à la minute, attachée à la même pensée par le fil télégraphique, s'électrisant de l'esprit des foules, nivelée, sans hiérarchie, sans direction, ni autorité, ni crainte, ni respect, donne de formidables poussées et passe sur le corps des faibles. On ne peut plus comparer notre état instable où, les pieds restant fermes dans l'intérêt, les têtes vacillent dans l'idée, comme les joncs attachés à la boue et courbés par le courant, à la civilisation des anciens temps, où la métaphysique et la religion avaient établi de solides assises à la vie, des abris, des chemins battus ; elles divisaient les hommes sans doute, mais les empêchaient de se mêler en cohue ; elles causaient des luttes, mais, même dans les batailles, il y a de l'ordre ; ce n'est pas la confusion.

Après que l'on a eu tout nié, il ne s'est pas trouvé une idée, un principe, une règle, une explication sur lesquels un pays, un groupe, deux hommes puissent se mettre d'accord ; deux hommes ne font plus le même acte dans le même esprit ; nul ne sait où il va, quand il marche. On agit par habitude, avec des restes d'idées du passé dans la tête, qui donnent encore un peu de sens et de goût à notre vie. La communauté de sentiments, qui est l'amour, de pensées, qui est la paix, d'actions, qui est la force, n'existe plus : on ne peut compter sur rien. Le nombre, l'esprit, le choix, l'ordre, l'organisation ont des effets nouveaux, imprévus, dont on n'est pas maître. Les meilleures de ces choses, comme les épaves d'un naufrage poussées par le flot, peuvent vous fendre la tête.

Au moment où l'Europe allait enfin pénétrer ces grandes masses de l'Asie et de l'Afrique, jour solennel et décisif, elle venait de rejeter sa religion et sa métaphysique, qui lui avaient trempé le caractère, qui lui avaient formé l'esprit. Elle choisissait, pour se défaire de son individualité, de sa supériorité, l'instant où elle en aurait eu le plus besoin. C'est un malheur irréparable. Elle se présentait, non dans la force de l'organisation, mais dans la faiblesse de la désorganisation politique, sociale, et surtout morale, n'ayant plus les doctrines qui l'avaient faite, en cherchant de nouvelles, qu'elle ne trouve pas, non unie en faisceau, compacte, mais désagrégée, indifférente, démoralisée.

L'ascendant de la race blanche a cessé. L'Européen et l'Asiatique ont échangé des vices, des cupidités, non des idées ; ils ont deux civilisations, comme on sait deux langues, seulement pour la vie extérieure, superficielle ; comme elles sont devenues indifférentes, en morale et en religion, l'élimination des éléments différents a amené la similitude, l'uniformité, a facilité une vie commune mais matérielle, où l'esprit et le sentiment n'ont pas de part. Le Chinois, l'Indou est devenu le commensal, le camarade de l'Européen, fait avec lui des affaires, des parties de plaisir, mais il n'est pas résulté une vie nouvelle de cette union, comme après l'invasion des Barbares. L'Europe n'a eu aucune influence sur le sentiment des étrangers. Dans le choc, dans l'embrassement, elle a fléchi sur ses genoux et a laissé tomber le peu de qualités qui lui restait.

3. — A quelles conditions civilise-t-on un pays? Cette question, ignorée des publicistes, était bien connue des chrétiens, qui l'avaient résolue sous un autre nom, *conversion*. Depuis la dispersion des apôtres, l'Église n'avait pas fait autre chose que de convertir, de civiliser, c'est-à-dire, d'établir les assises de la pensée, du sentiment, de la morale, le bien et le beau, sur lesquelles le génie varié des peuples, des hommes, pouvait élever des constructions d'une diversité infinie; ses missionnaires convertissaient encore au XIX° siècle en avant de nos expéditions d'outre-mer. Ainsi elle avait fait, unifié l'Europe, et lui procurait la suprématie sur le reste du monde. La libre-pensée s'imagina grossièrement que civiliser, c'était construire des chemins de fer, armer à l'européenne, donner des constitutions et des institutions. Ce sont des effets détachés de la

cause. Indépendamment des voies ferrées, de l'organisation des finances, il y a des pensées, des sentiments.

Or lesquels donner? Comment les donner ? Que faire de ceux que les peuples ont déjà ? L'Église s'adressait à l'âme, lui communiquait les idées, les principes ; les conséquences sortaient toutes seules : elle semait ; les fruits venaient en leur temps.

La grande erreur du XIX⁰ siècle a été de trop compter sur la science, de la prendre pour la civilisation elle-même. Qu'est-il arrivé? En un tour de main, l'Asiatique a possédé les sciences aussi bien que l'Européen ; il n'a pas été difficile à des peuples intelligents d'apprendre la physique, d'avoir des ingénieurs, des artilleurs. Nous ne comptions que sur la science pour maintenir notre supériorité ; ils nous ont bientôt eu égalés ; mais ils étaient dix fois plus nombreux ; ils sont donc devenus nécessairement supérieurs.

Où tous les individus sont égaux, le nombre seul l'emporte : il constitue la Force. Qui la tiendrait en échec ? La science? Non : elle est impersonnelle. Il n'y a que l'Idée. Cet être métaphysique, cette bulle d'air, objet invisible, nuisible aux jouissances palpables, a longtemps balancé et vaincu la Force.

Ceux qu'elle séduisait avaient un courage invincible. La Force ne va pas plus loin que la pointe du sabre et que les obus. Avec l'Idée, un seul homme, sans sortir de sa maison, peut tenir tête à tous les autres, et remuer toutes les volontés pendant des siècles. Il suffisait à l'Europe de garder son idée, pour dominer, diriger le monde. Mais à ce moment, elle était lasse de la porter et avait décidé qu'il ne fallait plus voir la vie que comme un temps à passer agréablement, mais honorablement, ce qui serait de la plus grande facilité, quand on se serait débarrassé des superstitions spiritualistes.

Elle a perdu la cause de son ascendant, la supériorité morale, la même qui, depuis six mille ans, faisait régir le grand nombre par la minorité des meilleurs, par une aristocratie d'intelligence, de vertu, de valeur, par ce qu'on appelle l'autorité, laquelle persuade aux multitudes qui ont la force aveugle de n'en pas user, de réprimer leurs désirs, leurs passions, pour arriver à l'idéal de la dignité morale, pour obtenir la vraie civilisation.

L'Église ne commettait pas cette faute. Elle savait que, dans la conversion, il faut que les sentiments fournis par la doctrine victorieuse remplacent ceux de la vaincue : la régénération n'a lieu qu'à cette condition. Le bouddhiste devenu chrétien ne peut être à la fois bouddhiste et chrétien, concilier le mal invincible et le mal offert pour être vaincu, le *nirvâna* et la jouissance éternelle du bien et du beau infinis ; on ne peu avoir deux vues différentes de ce monde, des motifs opposés à invoquer, pour trouver la consolation, la tranquillité, le courage, la confiance. Au contraire, le contact, le frottement de deux doctrines auxquelles on tient peu, achève de les user et amène l'indifférence. L'Église mettait l'idée au-dessus de tout et avant tout. Quant à la science et aux arts, elle savait que ces conséquences suivraient leur cause, qui est l'élévation de l'âme. C'est ainsi que, lorsqu'on greffe, on s'attaque à la tête de l'arbre, on l'ampute, pour ne laisser du sauvageon que les racines attachées aux choses de la terre, sachant que les fruits viendront en leur temps. Ceux qui ont voulu faire mieux qu'elle ont cru qu'il suffisait, pour donner la civilisation aux races étrangères, de leur en donner les fruits, pour changer le sauvageon, d'attacher à sa branche une pomme mûre avec une corde.

4. — Lorsque les races eurent achevé de perdre leurs anciennes idées, n'ayant plus rien de distinct que la couleur de la peau, elles se sont pulvérisées, elles sont tombées en poussière individualisée et égoïste. Plus de persuasion, d'influence, d'attrait, d'admiration, d'amour. Les atomes égoïstes ne s'accrochent plus. La vie est devenue triste, aride. Les habitants du Nord qui vivent sous un ciel

brumeux, couvercle de plomb, ont le spleen. L'homme, qui s'est fermé le ciel, est devenu sombre. Autrefois, on vivait dans un rêve merveilleux ; sans compter la perspective de la vie future, l'existence offrait tant de variété, d'imprévu, de contrastes, que les malheureux espéraient jusqu'au dernier jour, ou que l'on s'amusait à voir les fortunes des autres. L'uniformité a tout rapetissé. La neige en offre une image : quand la campagne est toute blanche, l'horizon paraît proche et la colline petite. Mais ce n'est pas une neige qui fond qui nous cache des coteaux et des vallées, ce sont les coteaux et les vallées qui n'existent plus et se sont égalisés dans un lit de poussière.

Vraiment, l'histoire offre un merveilleux spectacle, quoique sans dénoûment, car les fils seuls connaissent la fin de l'acte joué par leurs pères et ignorent comment finira celui qu'ils jouent. Ceux qui sont tués au milieu de la bataille ne savent pas si la cause à laquelle ils donnent leur vie va l'emporter une heure plus tard. Les premiers hommes n'avaient pas de passé et pas même d'avenir, car, dans leurs longues soirées au fond d'une caverne, avaient-ils seulement l'idée qu'il y aurait un jour une ville, concevaient-ils une route, un champ de blé, une maison? Qu'auraient-ils dit en voyant des armées, des empires, des monuments?

Les belles pages de l'histoire sont finies : on ne reverra plus les grands événements, les épopées, les conquêtes, les cours magnifiques des rois, les révolutions, les fêtes ; il est aussi impossible de recommencer la découverte de l'Amérique que de revoir l'entrée d'Alexandre dans Babylone, une Grèce, un Empire romain, un pape cassé et chétif faisant mettre à genoux un empereur, une exaltation de la grandeur humaine, comme celle de Louis XIV. Les monuments romains, gothiques, tomberont en ruine, les villes orientales disparaîtront ; il ne restera des tableaux du monde ancien que les déserts qui finiront par se couvrir de cultures et d'habitants gris et ternes. Des champs d'orangers dans les pays chauds, de seigle dans les pays froids, seront les seules curiosités qui amèneront les voyageurs à parcourir le globe.

Le x° siècle croyait que le monde allait finir ; Le xix° s'imaginait avec autant de raison qu'il allait enfin commencer. Les plus beaux jours sont derrière nous. Comme on a dit que les miracles étaient nécessaires au commencement de la religion, mais que l'on n'en voit plus parce que nous avons maintenant assez de preuves pour croire, la Providence a de même suscité des événements extraordinaires à l'origine de l'humanité, pour nous faire comprendre notre grandeur, notre but, notre destinée.

Les utopistes qui anathématisent le passé, parce qu'il nous montre de grandes inégalités, des rois, des aristocraties et des pauvres, des palais et des chaumières, seraient bien étonnés si le tableau qu'ils rêvent s'était réalisé dans le passé. Supposez que tous les hommes, depuis le premier jusqu'à nos contemporains, se soient bâti une maison modeste, avec un jardin, un carré de légumes et une treille, où ils aient vécu tranquilles; nous ne saurions pas même ce que c'est que l'homme. Ce sont ces personnages un peu plus fiers qui ont donné l'idée de la dignité, de la puissance humaine, à ceux qui les détestent.

Il n'y aura plus de grandes figures et de grands événements. Regardons-les bien : on ne les reverra plus, on ne les comprendra plus. Le défilé des héros et des grands hommes est fini. Dans le monde pulvérisé où nous allons, il n'y aura ni vertu, ni vices, mais leurs succédanés ; au lieu du bien, l'ordre ; au lieu du beau, le luxe; au lieu de l'invention, l'imitation; au lieu de l'amour, le libertinage légal; au lieu de l'ambition, la cupidité; au lieu de la grandeur, des titres et des places; au lieu du génie, de l'esprit et du cœur, de l'argent.

Les superbes batailles des peuples, les glorieuses luttes de la pensée seront remplacées par la spéculation. L'argent fera plus de mal que le fer.

Pour violenter un homme, il faut payer de sa personne. L'homme d'argent écrase, sans s'exposer, des milliers de familles qui ne savent d'où vient le coup : il gagne par des combinaisons mesquines, basses œuvres de l'intelligence. Le sang, injustement répandu, fume et crie vengeance, mais les ruines de fortune se voient à peine : on a honte des blessures reçues et on les cache.

5. — La bataille de la vie coûtera moins de sang, mais plus de larmes; elle ne durera pas quelques heures dans un champ clos, mais toute la vie et minute à minute, les ruines, les privations, les déceptions serreront le cœur et déchireront l'amour-propre. On verra des oppressions légales, des persécutions sans bruit, des souffrances sans plainte. On a cessé de croire au bien éternel, absolu, qui donnait leurs lois aux législateurs et jugeait les juges. Ce sont les hommes qui feront le bien, la morale et la loi; le nombre, la foule brute et inculte chargera l'État de ce soin. L'État qui est déjà la force, ayant nié le droit absolu, éternel qui le gênait, se l'étant attribué à lui-même, deviendra la force et le droit. On ne se battra plus à coups de pique, de canon, mais avec l'arme de la loi, sans sortir de sa maison, à l'abri derrière la force publique, sans redouter ni les hommes, ni la conscience, ni Dieu. Autrefois, le vainqueur avait encore à craindre le remords, le mépris. Il

suffira désormais d'avoir l'appui du nombre, et, pour l'obtenir, on n'hésitera pas à faire des injustices, puisque la loi est le bien, n'est jamais injuste. Avec elle on opprimera ses ennemis, on les appauvrira, on leur fermera la bouche. Pour se débarrasser d'un homme, il y aura une arme plus sûre que le couteau, que le nœud coulant : ce sera la loi. On assommera les justes avec la main de justice.

Pour les opprimés, pas de consolation dans la conscience, pas de soutien dans l'opinion, pas de recours à l'État, pas d'appel à Dieu, pas d'espoir dans une vie future; il n'y a à compter que sur celle-ci pour jouir, et elle manque.

Nous précipitons l'avènement de l'ère nouvelle. Nous sommes orgueilleux de notre ignorance et de notre imprévoyance : nous croyons édifier, nous ne savons que démolir; nous nions parce que nous ne sommes plus capables de voir, nous méprisons ce que nous ne comprenons plus, nous haïssons parce que nous ne pouvons plus ni admirer, ni aimer; tout ce qui gêne et dépasse notre médiocrité, nous le détruisons avec frénésie. Cependant nous sommes contents de nous. Nos pères avaient élevé jusqu'au ciel un superbe et solide édifice social : nous trouvons que les murs et les colonnes nous empêchent de circuler : on les sape; mais nous sommes à l'abri jusqu'à ce que le toit s'effondre sur nos têtes. Le fameux char de l'État continue à rouler tout seul sur les larges routes impériales pavées par les Romains ; assurément il va bien, mais jusqu'à ce qu'il se renverse et nous écrase.

Tout se corrompt : le bien que nous comprenons encore, nous ne l'employons qu'à détruire celui que nous ne comprenons plus ; nous y tenons d'autant plus qu'il ne nous reste que cela ; nous l'exaltons parce que nous en faisons un mauvais usage. La liberté n'est plus le droit contestable de professer toute opinion, mais l'interdiction de manifester celles qui déplaisent, même les plus anciennes et les plus vénérables, ce qui est tout à l'avantage de ceux qui ne croient pas. L'autorité est au service de ceux qui se débarrassent des gênes et rabaissent les supériorités.

Il fut un temps où les nations, ayant confié leur fortune à des chefs, étaient contentes qu'ils les conduisissent fièrement. Elles se croyaient honorées par leur vaillance, leur génie, comme par ses écrivains et ses artistes. Elles ne cachaient pas la satisfaction d'être, grâce à un roi, respectées et prospères, elles se miraient en lui et le faisaient contempler dans un palais qu'elles lui avaient construit, entouré d'hommes et de femmes arrivés à un goût et à un esprit qu'un milieu spécial peut seul produire. Le souci des électeurs jaloux sera désormais de choisir des pasteurs des peuples assez médiocres pour ne pas leur porter ombrage. Il faut qu'ils se vengent, en les méprisant, de la supériorité de ceux qu'ils représentent et continuent, de ces rois et de ces puissants qu'ils détestent pour leurs qualités et leurs grandeurs ; il faut que ces élus soient assez petits pour balancer la hauteur de leurs prédécesseurs, et soulager de l'ennui que donne aux âmes fières la vue d'un être plus élevé que soi. Le soleil couchant de Louis XIV éclairera de ses derniers rayons le spectacle que nos neveux verront au crépuscule de la grandeur humaine : les derniers potentats seront des mannequins que le peuple habillera du manteau royal pour le couvrir de crachats.

Qui donc disait que dans la lutte pour la vie, les forts supprimaient les faibles ? Ce n'est pas vrai dans la nature, où les animaux les plus puissants disparaissent, ni dans l'histoire, où les plus redoutables empires ont passé, ni dans la société, où les têtes élevées ont été abattues ou courbées. Les forts attirent la haine, sont traqués et périssent ; nous verrons s'achever la revanche des faibles.

Au commencement, l'organisation était simple ; la cité ne se trompait pas dans le choix du chef : on savait que, s'il n'était pas adroit et vaillant, les voisins forceraient les portes et emmèneraient les habitants en esclavage; maintenant la machine du gouvernement est devenue très compliquée; le suffrage ne la comprend plus, se donne au maladroit qui brise les ressorts pour lui plaire et prend en haine celui qui les fait jouer pour le maintenir. On se repose de tout sur l'État par suite d'une incapacité générale, et, au moment où l'on confie un soin universel à cet instrument monstrueux et démesuré, l'envie soupçonneuse le remet aux mains les plus incapables de le manœuvrer.

Cette grandeur exagérée est-elle donc un signe que lui aussi est destiné à périr ? Existe-t-il donc une loi qu'on pourrait formuler ainsi : « C'est au moment où les institutions sont le plus brillantes qu'elles vont finir. » L'Église était à son apogée sous Léon X, quand la Réforme commençait, la monarchie sous Louis XIV, dans le siècle qui devait voir tomber la tête de Louis XVI. Y a-t-il une tension d'admiration qu'on ne peut dépasser sans déchirer les fibres du cœur ? Ou le triomphe du bien ne provoque-t-il pas le mal à faire un effort suprême ? Y a-t-il des ondulations morales séculaires d'action et de réaction, ou des alternatives, comme les jours et les nuits? Rien n'est donc sûr, puisque le moment de la plus grande force marque la fin ? Le progrès indéfini n'est donc pas possible, puisque aucun élément ne dure.

Peut-être ne s'occupe-t-on tant des choses que

quand on les sent malades. Ce serait là tout le secret de leur grandeur, la faiblesse ! Les institutions qui enflent sont menacées de mort ! On a toujours à la bouche le mot de Patrie au moment où l'uniformité confond les couleurs des pays sur la carte géographique, où s'effacent les différences de religion, de traditions, de pensées et de mœurs. Rien n'échappera à la destruction, ni la Patrie, ni les arts, ni la science. Le génie ne prospère que dans un terrain accidenté, inégal, exposé au vent dont les secousses le fortifient. L'ancienne vallée de larmes où poussaient les grands arbres et les belles fleurs, les bosquets de lauriers et de myrtes, est abandonnée, en friche. Le plateau égalitaire et scientifique où nous sommes montés, aride et pierreux, ne produit que des arbrisseaux poussiéreux, rabougris. Inventez donc un clocheton gothique, un minaret, une coquille, un mascaron. Vous avez des télégraphes et des téléphones pour transmettre la pensée, des phonographes pour faire des conserves d'éloquence, mais vous n'avez ni pensées, ni éloquence ; vos chemins de fer vous transportent rapidement dans des villes où vous n'avez à admirer que les ruines des monuments de nos pères. Il est vrai que vous couvrez vos places de statues aux moindres grands hommes ; Montesquieu se plaignait déjà de la décadence de l'admiration. Quand on ramasse les miettes, c'est qu'on craint la famine. Les honneurs aux médiocrités sont une injure aux grands hommes. Ceux-là, s'il s'en produit, on ne les reconnaîtra pas, on ne les supportera pas. Il a fallu, dans le commencement, de la vraie gloire à de vrais grands hommes pour construire un splendide échafaud dominant la foule et vu de toutes parts, qui ne sert ensuite qu'à supplicier les autres.

A défaut de Bien, peut-on du moins compter sur l'Ordre? Les excès sont l'écueil des décadences, le moyen providentiel d'empêcher les sociétés dégradées d'y séjourner, parce que la sécurité matérielle vient à manquer ; un artifice divin qui fait châtier le mal par le mal lui-même et le charge de l'effort nécessaire pour revenir au bien. Tant pis si l'on conserve l'ordre. Puisse-t-il ne pas échapper à la ruine universelle ?

6. — Ainsi la fusion des races et la confusion des pensées amèneront l'uniformité. Le Sahara est un désert, parce qu'il n'a ni hauteurs pour appeler les nuées, ni profondeur pour retenir les eaux. Le vent y roule le sable stérile. Ainsi de l'humanité. Elle aura réalisé ses rêves d'égalité, de liberté, choses négatives, elle aura renversé les gênes des idées, déchristianisé le sentiment, déspiritualisé la pensée, déféminisé la femme. Et comme un sable sans couleur et sans forme, le vent agitera,

entre le Pacifique et le grand Océan, de l'uniforme poussière humaine que rien n'arrêtera, pas même des ruines d'églises qui lui avaient donné un moment encore de l'ombre et du repos.

Ce sera la pulvérisation, le retour à la nébuleuse.

Mais il n'y a pas de décadence définitive, pas plus qu'il n'y a pas de progrès indéfini. Les nations n'ont pas une jeunesse, une vieillesse et une mort, comme les individus. D'innombrables ont disparu, parce qu'elles se sont trouvées près de rivales plus fortes et plus voraces. Il en est d'elles comme des animaux : les uns sont dévorés vivants, d'autres meurent et leurs corps resteraient sur le sol, s'il n'y avait pas dans le voisinage des corbeaux pour les faire disparaître. Les nations ont deux genres de mort à craindre : la violente et la naturelle, celle-ci honteuse, celle-là souvent glorieuse, car ce n'est pas le succès, mais le mérite qu'il faut voir et, peuples ou individus, les vaincus valent quelquefois mieux que les vainqueurs[1]. Des nations qui se font des illusions, qui se vantent de leurs inventions, de leur science, de leur progrès, sont déjà mortes à cette heure, et leurs inventions, leur science, leur progrès sont comme

---

1. Ceux-ci n'ont dû souvent leur avantage qu'à ce qu'ils sont restés en arrière et sont entrés en lice avec des rivaux épuisés par leur gloire : tels les Macédoniens et dix autres que l'on pourrait citer. On pourrait trouver aujourd'hui en Europe des analogies propres à nous consoler.

les poils et les ongles qui poussent sur les cadavres.

On ne sait pas encore si la nature a des moyens pour faire disparaître les corps morts trop gigantesques. Assurément l'humanité entière ne trouvera pas assez de vers pour la ronger. Plus d'invasion de barbares pour la régénérer : quel malheur ! Dieu trouvera un fouet, un aiguillon pour la forcer à se relever, un fer rouge pour la tirer de la léthargie, et, après cette ère de la pulvérisation, elle entrera dans une nouvelle : il n'y a ni progrès ni décadence définitive, mais des alternatives et des variétés d'épreuves dont nulle ne sera plus dure que celle où nous entrons par notre faute. Et elles se succéderont glorieuses et au grand jour, ou misérables et dans la nuit, « jusqu'à ce que la planète s'écaille et tombe en petits morceaux ».

7. — Nous croit-on égarés loin de notre sujet ? Que l'on se détrompe : nous voici arrivés au cœur de la question.

Nous nous demandons quels sont les résultats, les conséquences du pessimisme. La réponse est prête[1].

---

1. Pour éviter des répétitions, de nombreuses citations, nous renvoyons au bilan dressé par les pessimistes, et, dans leurs systèmes, à ces deux propositions : 1° l'auteur du monde, qui n'est plus Dieu, n'a pu que faire ce monde déraisonnable ; 2° le bien n'existe pas et la morale est autre chose que ce que nous connaissons sous ce nom. Ce sont ces conséquences que nous appliquons dans cette dernière partie et auxquelles nous faisons constamment allusion.

Nous avons fait voir nos deux maux : l'un est la marche vers une ère de pulvérisation, de destruction universelle, vers un Nirvâna de la pensée et du sentiment, avec la survivance du corps; l'autre n'est pas encore désigné, mais on le devine ; c'est l'athéisme, de toutes les ruines la plus grande, celle qui entraîne toutes les autres et qui les explique. Donner autant de développement à la démonstration du danger du second mal qu'à celle du premier serait mal employer son temps. Les arguments antiques représentés avec zèle et talent par les spiritualistes sont d'un aussi grand secours pour entraver la marche de l'athéisme qu'un brin de paille pour arrêter un incendie. Combien sont en état de peser les raisons pour et contre? La multitude est relevée de son incapacité et maîtresse d'elle-même. Depuis le jour où elle a eu des savants dans l'un et l'autre parti, le mal a été fait. Le déisme a perdu l'autorité, le seul argument à la portée de la foule. Les spiritualistes peuvent discourir : elle ne les comprend pas et ne les écoute plus; elle a débordé et l'opinion a submergé ces rochers inébranlables qui, noyés déjà dans la mer, se flattent encore d'arrêter le torrent. Dieu n'a plus pour lui que l'antiquité, qui est plutôt défavorable, le respect, dont la valeur est devenue bien mince, et l'habitude. L'athéisme se serait bien contenté du doute et de l'indifférence, qui est le droit tacite ; il a de plus la neutralité, qui est le droit positif et formel ; il a pour lui l'opinion et la loi, les deux seules puissances qui restent.

La cause de ces deux mots est un certain optimisme, une doctrine qui n'a pas deux siècles et qui nous a envahis et nous domine.

Le monde est organisé pour le mérite ; on a la vision du bien et du beau ; on lutte pour les posséder plus tard, et on gagne dès maintenant les précieux gages d'une félicité infinie. Nos pères admiraient, aimaient ces biens élevés et faisaient les effort nécessaires pour les atteindre.

Un moment est venu où des âmes sans courage ont trouvé l'effort trop pénible, parce qu'elles n'appréciaient plus le gain, où elles ont renoncé au bien divin pour s'en tenir au bien-être, à la vertu pour se borner à la commodité. Abaissant les yeux sur les objets environnants, on a commencé à se dire : « Le monde est bon et la vie peut être heureuse. Accommodons-nous de cette terre. Débarrassons-nous de la peine et de la gêne. Écrasons l'infâme superstition. Faisons nous mêmes notre morale et notre loi, et unissons enfin le plaisir et l'honnêteté. »

C'est une nouvelle forme du mal. Il y a deux degrés de défaillance, le mal ancien, presque héroïque, qui cherchait le plaisir résolûment, à ses risques, bravant Dieu et même la loi humaine, puis le mal nouveau, lâche, qui ne désire pas ce qui est élevé, qui se contente de ce qui est facile. Il est honnête, remarquons-le bien, mais par lâcheté. Il n'a pas assez du triste courage qu'il faut pour affronter l'opinion. Il n'a pas de répugnance pour la jouissance mauvaise à la condition que le mal s'appelle le bien. Il faut qu'il ait l'opinion, et pour avoir l'opinion il faut qu'il ait la loi. Pour faire la loi, il est indispensable de renverser les dogmes, les superstitions qui la supposent toute faite, immuable, absolue. Le païen, qui avait l'Olympe à sa disposition, déifiait ses vices ; maintenant on a la loi, on les *légalise*.

On n'est plus ravi au deuxième ciel, celui où resplendissent les soleils du bien et du beau ; on est même descendu au-dessous du ciel inférieur, théâtre des luttes de l'amour profane et de l'ambition. Fils dégénérés et faibles de conquérants, on a abandonné les conquêtes des ancêtres : on vit terre à terre, à plat, avec de petits désirs et de petits efforts. C'est la revanche de la médiocrité.

Il ne faut pas confondre les médiocres avec les petits, ceux-ci chers à Dieu, forcés par la pauvreté, les misères, à ne pas déposer les armes dans la lutte pour la vie terrestre, à mériter pour la vie céleste. Un certain milieu a été nécessaire pour préparer l'avènement des médiocres, cette sorte de tiers état des âmes ; il a fallu que la vie fût devenue assez facile, que les satisfactions fussent assez nombreuses pour emplir les âmes étroites. Alors tout était prêt; il y avait comme une attente ; aussitôt que quelques hommes parurent, assez bons écrivains pour prendre place parmi les maîtres de la pensée, et qu'ils attaquèrent les vieilles idées gênantes, un soupir de soulagement et une immense acclamation s'élevèrent vers le ciel. Tous ceux qui étaient las du bien, les inertes qui refusent l'effort, les faibles qu'il effraie, tous les médiocres s'unirent pour exalter ces nouvelles autorités qui allaient balancer les anciennes. La reconnaissance pour un tel service n'est pas lasse encore de leur dresser des statues.

Les dogmes furent attaqués d'abord. Dans un moment de frénésie, toutes les supériorités, toutes les hauteurs, insupportables aux petits, furent violemment abattues; l'envie est la passion principale des médiocres et l'égalité leur convient admirablement, car le niveau ne demande pas d'effort, si l'on abaisse ce qui est grand au lieu de hausser ce qui est petit. Après la religion, la métaphysique eut son tour, après le surnaturel, l'insondable. La vie est circonscrite au champ que nous pouvons parcourir avec le pied, toucher avec la main. Il ne reste plus qu'à s'arranger. Il faut que la loi nous appartienne : qu'il n'y ait plus de plaisir sans honnêteté. Nous préparons le bonheur de l'humanité : l'humanité dans son ensemble ne peut pas ne pas être honnête ! C'est le moment de reconduire Dieu à la frontière. Quoi ! il y a encore des hommes qui ont des espérances que nous n'avons pas, qui aperçoivent des merveilles que nous ne voyons pas, qui ont des jouissances que nous ne possédons pas, qui s'imposent des devoirs dont nous sommes incapables. Nous ne sommes donc pas vertueux, nous ! Ils sont meilleurs et plus heureux que nous. Ce n'est pas possible. Dieu est odieux à certains hommes, comme la femme aux impuissants.

8. — Tout est renversé, excepté la liberté et l'État, parce qu'ils servent d'instruments pour détruire le reste.

La liberté ferme la bouche à ceux qui croient pour ne pas gêner ceux qui ne croient pas ; tout le positif est frappé d'interdit au profit du négatif : tout ce qui est doit disparaître dans l'intérêt de ce qui n'est pas.

L'État, après avoir tout détruit, a hérité des morts. Il y avait eu jusque-là deux grands pouvoirs, l'Idée et la Force, par exemple, les religions et les gouvernements, l'Église et l'État. L'Église passait pour gênante, peut-être à tort ; elle avait un très petit nombre de principes connus depuis longtemps, dont les conséquences s'infiltraient dans la vie, sans qu'on s'en aperçût plus que du sang qui court jusqu'aux extrémités du corps ; ses préceptes tiendraient dans le creux de la main. Ceux de l'État forment une montagne. Elle ne connaissait pas la contrainte; elle ouvrait ses portes; on entrait si on voulait ; elle remettait la sanction aussi loin que possible, après la mort. L'État n'a pas une prescription sans châtiment ; les portes qu'il montre sont celles des prisons, et, loin d'attendre patiemment après la mort, il prend la vie. Il y a entre eux une autre différence plus grande : l'État n'a pas tiré de lui-même les idées qu'il protège. Il n'est ni théologien ni métaphysicien. Il est le glaive, et les idées ne sortent pas du glaive. Il les a reçues des religions et il sert à les appuyer de sa force.

Pourquoi donc l'autorité la plus douce a-t-elle été rejetée avec haine ? Parce que les préceptes fournis par l'Idée à l'État leur étaient imposés à tous deux par une puissance supérieure, parce qu'on a voulu rompre le câble qui rattachait la loi à l'absolu, être maître de la loi et de l'État, qui ne se bornera plus à la défendre, mais la fera. L'État aura toujours raison. Il a le monopole de la fabrique du bien, comme celui du tabac et des cartes à jouer. Le bien est un produit manufacturé : la nature ne fournit que les matériaux, objets, besoins, nécessités, habitudes, sensations. Le nombre ou le suffrage constitue la force motrice nécessaire à cette industrie. Après les manipulations et transformations opérées par l'État, le produit mérite le nom de bien, et est livré au public sous le nom de loi.

La théologie et la métaphysique s'adressaient au consentement; l'État ne connaissait que la contrainte. Elles donnaient la vie morale, naturelle, volontaire, la vraie ; lui n'en produisait qu'une artificielle. De même que, lorsque le bras est fracturé, qu'une jambe est atrophiée, on vous aide d'une béquille, ainsi, lorsque quelque ressort moral était brisé, quand on ne faisait plus un certain bien ou qu'on faisait un certain mal, l'État appliquait une loi à la société infirme, comme un bandage, un emplâtre.

A mesure que l'idée a diminué, la force a dû augmenter, résultat nécessaire, puisque, la vie morale naturelle se ralentissant, il fallait l'entretenir artificiellement. L'on a donc vu les lois s'entasser en montagnes, en chaînes de montagnes. Elles garrottent l'individu de mille tours de corde, attachent ses mains, ses jambes, sa bouche, le font marcher, s'arrêter, pénètrent partout, se placent entre le mari et la femme, le père et l'enfant, prennent la bourse et la vident, prennent le cerveau, le vident des notions métaphysiques et l'emplissent de fatras scientifique, prennent le cœur, le trouvant vide et ne pouvant le remplir, se contentent de le serrer.

Qu'importe d'être lié, puisque ce que l'on veut, c'est de ne pas faire d'effort, puisque l'on ne désire plus qu'une vie facile et heureuse, celle de l'animal attaché dans un herbage. D'ailleurs, l'État ne donne pas seulement la vie morale, mais encore la vie matérielle. Il est chargé de tous les soins et l'on n'a bientôt plus rien à faire. Il nourrit dans ses innombrables fonctions une multitude croissante ; les prolétaires, les yeux menaçants attachés sur lui, en attendent la prochaine réalisation de ce qu'on appelait les utopies et comptent recevoir de lui le bonheur tout fait. L'individualité, l'initiative, le caractère, sont aplatis et réduits en une pâte informe sous les cylindres de la machine.

Tout est rapetissé. Il n'y a plus que de la destruction : les ruines en s'abattant sur la poudre ne font même plus de bruit. L'homme tel qu'il est sorti des mains de la nature, intelligent, aimant, cherchant l'idéal, la vérité, la jouissance, ne comprendrait rien à nos préoccupations, à nos dénominations de partis, à nos discussions byzantines de textes, non plus théologiques, mais législatifs, qui constituent notre politique, à notre poussière d'anciennes idées de plus en plus dépourvues de sens, à nos délayures de plus en plus incolores.

9. — La cause de cette destruction des choses,

de ce rapetissement des hommes, de la pulvérisation, est un bas optimisme. On a renoncé au Bien qu'on ne peut avoir sans peine, pour s'en tenir au bien-être sans grandeur. — Le ciel est trop haut; bornons-nous à la terre, arrangeons-nous et jouissons. — C'est une erreur complète sur notre destinée. Puisque mériter est le but, rien ne nous est plus funeste que son contraire, renoncer à l'effort, oublier la vertu et jouir. Tous nos maux viennent de là : effets, ils ressemblent à leur cause, qui est une sorte de faiblesse et de lâcheté. La Révolution, qu'on regarde à tort comme la raison de tous nos changements, n'est elle-même qu'un produit et un épisode d'un mouvement plus vaste qu'elle.

Voyons-nous maintenant le résultat du pessimisme? Devant cet optimisme dégénéré qui arrive avec une naïve confiance, il se présente avec ses railleries amères, pour lui barrer le chemin. Il vient en son temps. Tout animal, tout agent physique, toute force naturelle, toute création humaine, toute erreur a son ennemi. Ainsi se balancent les pouvoirs pour que rien, ni du bien, ni du mal, ne soit stable, n'ait une prépondérance nuisible au mérite, n'ait un succès définitif. Le pessimisme s'oppose à l'optimisme, mal contre mal, excès contre excès. Il est son antagoniste.

Bornons-nous là et ne prophétisons pas les péripéties de la lutte. Nous avons assez fait connaitre les armes redoutables du pessimisme, sa manière de combattre. Il ne fait que d'arriver à l'improviste sur des frontières mal défendues. Laissons-le accomplir sa mission.

Nous ne cessons de répéter que, dans le plan divin de l'épreuve, le mal sert au bien, le bien au mal. Le pessimisme, qui est une erreur, a de bons résultats et de mauvais. Nous sommes décidés à ne pas nous étendre sur ces derniers, parce qu'ils n'ont rien de plus que ceux des autres systèmes hostiles à Dieu. Ils nient, ils attaquent ; ce côté leur est commun : par là ils sont uniformes et également funestes. Ils font en outre des constructions : celles-ci sont peu dangereuses. Ce ne sont que des curiosités philosophiques ; elles font travailler l'esprit des savants et ne font qu'amuser les autres. Remarquons cependant que celles que nous avons vues naître ont la marque du temps, sont dues uniformément à l'esprit de l'eudémonisme, l'affaissement, une lâche faiblesse. Pour ne parler que des plus célèbres, le Positivisme fait profession d'impuissance, renonce à l'univers pour s'enfermer dans un cabinet, se réduit aux lois et aux phénomènes ; les partisans de l'Évolution s'abandonnent à une force qui agit pour l'homme, espèrent le progrès et l'attendent d'elle, réunissent dans leur rêve ces désirs qui nous sont connus, indépendance, pas d'efforts, et jouissance.

10. — Nous avons reconnu un des bons résultats du pessimisme, la guerre qu'il fait à notre optimisme. Il en a un autre aussi utile que nous allons découvrir.

A l'idée agréable qu'on se faisait du monde, il en a opposé une contraire. Quant à l'idée que l'on a, non plus de l'œuvre, mais de l'auteur, non du monde, mais de la puissance qui l'a produit, il ne va pas la laisser subsister.

Le résultat est plus important, car la question domine l'autre : celle de l'ouvrier est supérieure à celle de l'œuvre.

C'est dans le bilan des biens et des maux qu'est contenu son arsenal contre notre eudémonisme. Nous trouverons dans ses constructions métaphysiques la machine dressée contre l'athéisme.

L'athéisme commet une erreur énorme. Arrivant dans un monde où le déisme a accumulé les richesses, il a pris ce capital dû à l'idée de Dieu et qu'elle seule a le secret de produire, pour des fruits naturels qui lui appartiennent à lui, athéisme, incapable de les obtenir et même de les conserver : il n'a qu'à en jouir en niant Dieu.

Ce sont les déistes qui ont préparé le festin du bien et du beau où l'athée s'asseoit, qui ont découvert et parcouru le monde immatériel, qui l'ont défriché, ensemencé, qui ont remonté le cours des principes, fortifié le courage, exercé la volonté, exalté les sentiments, redressé les têtes, échauffé l'amour, pénétré les cœurs de la tendresse chrétienne.

Dans le cerveau de l'athée, il y a sa négation, dont aucune conséquence n'est encore sortie : tout le reste est déiste sans qu'il s'en doute, sans lui, malgré lui. Rien en lui n'est à lui. Il vit à notre table, à nos frais. L'aliment spiritualiste enfle ses veines d'un sang vigoureux et lui donne une force qu'il emploie à insulter ceux qui le nourrissent. Il fait ce qu'il voit faire autour de lui, ce qu'ont fait ses pères : aujourd'hui, sa vie est chrétienne. Ses idées de la femme, de l'enfant, de la famille, de la beauté, de la nature sont les idées chrétiennes et non les idées matérialistes. Sa fierté, ses joies, sa sécurité, sa tranquillité, tout ce qui lui vient à la pensée et lui monte au cœur, quand il aime, sont des sentiments vieux, les uns de 1800 ans, les autres de 2400, et plus encore.

Le déiste et l'athée sont dans ce monde obscur, le premier tenant un flambeau qui éclaire le second aussi bien que lui. « J'y vois, dit l'athée, et je l'éclaire. »

Il est moral comme le déiste, il se vante de valoir autant que lui. Mais pourquoi ? Parce qu'il vit dans une société depuis 6000 ans théologique, à l'abri de ses voûtes, nourri de ses idées, soutenu par ses exemples, entraîné par ses habitudes. Il a trouvé les caves et les greniers, les coffres-forts remplis ; la vie est si large, si abondante, qu'il croit que les provisions dureront toujours, que les fruits poussent naturellement, sans que nul les ait tirés du sol, que le vin coule seul dans les verres, que le pain naît sur la table, enfin que la morale est indépendante. Il jouit du bien, du beau, de l'amour, du respect, de la tendresse, de l'admiration, il s'enthousiasme ou s'indigne, il a la honte et l'horreur du mal, profite des fruits du spiritualisme, sans se demander d'où ils viennent, comment ils se produisent, se conservent. Il vit des restes de la table théologique, s'habille des vieilles robes des prêtres et des rois, et, quand le garde-manger sera vide et que les défroques seront usées, il restera nu et affamé, parce que ce parasite ne peut rien faire.

Le capital moral que nos pères ont amassé est mille fois plus considérable et plus coûteux que le capital matériel, que les champs défrichés, les inventions, les machines, les digues, les routes, les villes. Il est au déiste : il lui coûte assez cher ! Comptons d'une part les sueurs qui ont coulé pour retourner la terre, creuser les sillons, construire les édifices, préparer notre vie matérielle, et de l'autre les sacrifices, les soupirs, les résignations, les dévouements, les luttes pour faire l'idée du bien, de la grandeur, de la dignité, de l'amour, pour produire la femme belle et pure, l'homme bon et fort. Approchez l'oreille de la terre, interrogez les morts, demandez-leur qui leur a coûté le plus d'effort, du pain ou de l'idée, combien ont péri pour lui ou pour elle, quel nombre a préféré celle-ci à celui-là, martyrs et guerriers, dont les os sont dispersés, parce qu'ils ont aimé le bien, l'honneur et la vérité.

Quand l'athée fait des reproches au déiste, ameute contre lui l'opinion, il a des motifs qui échauffent son zèle : ce sont les sentiments du bien, les vues du mieux, des qualités, des vertus. Or ce bien, ce mieux, ces vertus, c'est le déiste qui les lui a donnés. Quand il se gonfle d'orgueil, c'est avec notre dignité ; il admire avec notre enthousiasme, il flétrit avec notre indignation, il assemble la foule avec notre autorité, il la séduit au nom de notre liberté. Il dit : « Ceci est grand, » avec notre idée de grandeur ; « Cela est injuste, » avec notre idée de la justice ; « Celui-ci est bon ou mauvais, » avec notre idée du bien.

Après avoir posé cette question : « Y a-t-il un Dieu ? » et après avoir répondu « non » au lieu de « oui », il s'imagine que le monde est devenu instantanément athée, et qu'il continue à rouler avec la même splendeur. Il n'y a que trois lettres différentes au bout d'une question, mais le monde est toujours spiritualiste. Il faudra le changer molécule par molécule, détruire et refaire la pensée de l'humanité. Combien y a-t-il d'idées qui, comme les atomes dansant dans un rayon de soleil, s'agitent dans la boîte de notre cerveau, et sont les conseillers de notre volonté? Elles sont sans nombre. Parmi elles, combien s'en trouve-t-il de matérialistes dans la tête d'un athée, ayant pris la place des adverses ? Le Christianisme, qui a eu la plus belle discipline, n'a pu faire qu'après dix-huit siècles une bonne partie de l'homme ne fût encore païenne ; nous avons en quelque coin des penchants, des troubles, des incitations qui nous viennent du temps où nous campions dans les plaines d'Asie, dans les forêts germaines ou celtiques. Quel est l'homme simple qui sème le blé le matin, comptant qu'il lui donnera du pain le soir, qui plante un gland de chêne, puis s'assoit, s'imaginant que l'arbre étend déjà son ombre sur sa tête? Que l'athée attende que sa doctrine négative ait produit des fruits pour s'en nourrir. Son œuvre sera plus vite achevée que celle du déiste, car il est plus facile de détruire que d'édifier. Il ne remplace pas nos idées, il les éteint, une à une, comme les cierges de l'église. Et alors il sera dans l'obscurité. Il ne pourra plus dire : « Il n'y a pas de Dieu, l'intelligence, le bien, le beau, la puissance ne sont pas aussi grands que possible, ne sont pas infinis ; le monde n'est pas leur œuvre : il est vide... Que le monde est beau ! »

Ils sont à nous, ce bien, ce beau ; ils sortent de l'idée de Dieu dont nous l'avons exprimé, comme le vin du raisin. Rendez-nous notre bien, notre beau. Faites-en pour vous avec vos lois, vos phénomènes et votre nature inintelligente. Restez enfermés dans votre petite île aride et ténébreuse : vous n'avez pas le cœur ceint d'un triple airain pour lancer une barque sur l'océan insondable de l'infini. Il n'y a que ce terrain de ferme : sur cette poignée de sable, bâtissez donc un monde pour vous. Hors du nôtre, que nos rêveries théologiques et métaphysiques ont fait si beau !

Profiter du bien des autres, leur reprocher de ne pouvoir le produire, croire le faire soi-même, le nier en ses principes, le ruiner en ses moyens, se flatter d'en jouir davantage, voilà ce qui fait l'orgueil de l'athée. O dérision divine !

L'erreur de la méthode des athées est manifeste. Pour faire une expérience valable, un chimiste ne met dans sa cornue que les corps qu'il veut voir agir, et il les éloigne soigneusement des autres. L'athée ne prend aucune précaution : il modifie une proposition, dans la spéculation, sans se préoccuper de la pratique ; il supprime la cause et conserve l'effet ; il nie et admire; il détruit et maintient. Avec trois lettres « non » en réponse à la question de l'existence de Dieu, il croit que tout est changé dans les âmes et que cependant rien n'est changé. Bayle se demandait si une société d'athées pourrait subsister. Qui en douterait maintenant? Tant que nos provisions ne seront pas épuisées, ils vivront très bien. Les sauvages dont parle Montesquieu, qui coupent les arbres pour avoir le fruit, font un bon repas. L'armée humaine fait encore bonne contenance contre le mal, parce que les chrétiens sont les cadres de la société. Tant qu'il y aura des hommes religieux, ne fût-ce qu'un seul, dans une île au bout du monde, on aura peur de son mépris et on ne jettera pas les armes. Si l'humanité avait commencé par l'athéisme, nous serions tous encore des Fuégiens, mais nos six mille ans de théologie et de métaphysique ont assemblé assez de biens pour que les athées aient de quoi vivre pendant des siècles.

Le pessimisme a fait l'expérience plus régulièrement. Et le résultat est tel qu'il devait être. La grandeur infinie supprimée, il n'est plus resté de grandeur. Dieu ôté, le monde est vide de bien et de beau : il est mauvais; mieux vaut le non-être. — Voilà ce que nous avons à montrer.

11. — Au commencement de l'histoire de la philosophie, dès que les athées se montrèrent, on sut leur faire une objection : « Expliquez l'existence, le mouvement, sans les Dieux. » Remarquons que dès lors on vit l'alliance de l'athéisme et de l'eudémonisme : Épicure qui était, comme nos positivistes, un athée honteux, avait aussi la prétention de rendre la vie agréable et facile. L'erreur dans la doctrine et l'illusion dans la pratique sont inséparables.

L'athéisme essaya, sans succès, du reste, de mettre l'univers en branle et de le produire avec ses formes physiques.

Voici une autre objection qui doit leur être faite :
« Supposons que les formes physiques soient prou-
« vées exister sans Dieu. Sans Dieu, quelle est
« leur valeur, celle non seulement de l'intelli-
« gence, mais de son objet, le bien et le beau,
« qu'elle a vu jusqu'ici dans cet univers. Ce n'est
« pas un bien, un beau quelconque qu'il faut ex-
« pliquer, mais celui auquel nous avons cru jus-
« qu'ici, qui fait tout le mérite de la jouissance.
« *C'est le bien, le beau, l'amour des Déistes* qu'il
« faut retrouver, justifier, dans votre univers athée ;
« sinon, le monde, que vous vous flattez de rendre
« meilleur, est mauvais. On ne peut survivre à ce
« désastre : mieux vaut le non-être. »

Les philosophes qui s'appliquent à la recherche

de l'agent à qui l'on doit le monde, du remplaçant de Dieu, obéissent à deux préoccupations inspirées par les deux frères jumeaux, qui vont toujours la main dans la main, l'eudémonisme et l'athéisme. Ils veulent expliquer le monde, s'y arranger pour vivre tranquillement et commodément, satisfaire la raison, la conscience et les appétits, au meilleur marché possible.

On est unanime à reconnaître qu'indépendamment de la matière et de l'homme, il y a quelque chose qui fait tourner la matière dans la grande chaudière cosmique. Nous n'avons pas tout fait, du moins nous ne nous sommes pas faits nous-mêmes. Est-ce quelque chose ou est-ce quelqu'un ? Qu'importe, si le quelqu'un n'est pas plus gênant que le quelque chose ? A-t-il une conscience ou n'en a-t-il pas ? Sait-il ce qu'il fait ou non ? Qu'importe encore, si, avec cette conscience, il n'a pas assez d'intelligence pour dominer l'homme ? Le problème consiste à trouver un certain être qui explique la façon du monde, que nous ne pouvons nous attribuer, et, d'autre part, ne nous empêche pas de nous étaler à notre aise, qui fasse ce que nous ne pouvons pas faire, et qui nous laisse faire ce qui nous plaira.

Cet idéal, c'est aussi bien la Force aveugle des matérialistes que (nous rougissons de le dire) le Dieu des bonnes gens, ou l'Inconscient, ou la Volonté, ou l'Évolution, ou d'autres, car on n'a que l'embarras du choix. On croirait vraiment qu'il est plus facile de donner un gouvernement à l'univers qu'une constitution à un pays, ou même de faire un Dieu qu'une paire de sandales. Il est tel écrivain renommé qui en a proposé une douzaine. Le grossier matérialisme, « sorti en rampant de l'œuf du basilic, » est répugnant, car il faut être bien ingénu pur s'en faire gloire. L'Inconscient ou l'Évolution ont bien meilleur apparence. Celle-ci se recommande par des qualités sérieuses. C'est un Dieu qui est susceptible de progrès, comme son nom l'indique, qui s'améliore en avançant dans l'éternité. Le point particulièrement délicat de ses rapports avec l'homme est très satisfaisant ; tant qu'il remue la matière, qu'il ait la toute-puissance possible : c'est bien ; mais qu'il n'en ait pas trop quand il s'adresse à nous. Or, nos relations avec lui sont si heureusement indéterminées que nous paraissons avoir une bonne part dans son pouvoir, sans avoir à craindre son autorité. Qu'on nous permette de comparer sa situation près de nous à celle du chien de l'aveugle ; on ne sait si c'est le chien qui mène l'aveugle, ou l'aveugle qui mène le chien.

Les positivistes, sages et circonspects, ne se mêlent pas de soins si élevés, ne s'occupent pas de l'auteur des biens, pas même des œuvres qui supposent un ouvrier et valent ce que vaut l'artiste, mais, les considérant comme des phénomènes, cherchent à les consolider en les expliquant selon leur méthode bornée, par d'autres phénomènes. M. Littré a reconstitué la justice avec cette formule : A — A. Quant à trouver la morale proprement dite, ses efforts ont été infructueux. Mais nous passons rapidement sur ce point, pour ne pas ébruiter cet insuccès, de peur qu'instruit de cette vacance de la morale quelqu'un ne commette des délits en toute innocence, et avec l'espoir de l'impunité. Une telle défiance est rare. D'autres philosophes sont moins embarrassés, et les fondements de la morale abondent. Les explications du beau ne font pas non plus défaut.

12. — Le système de M. Fouillée plonge ses racines au plus profond de notre être : « L'induc« tion, au point de vue du mécanisme cérébral, n'est « elle-même que la persistance d'un mouvement « commencé dans le cerveau selon la ligne de la « plus faible résistance. En effet, par cela même que « j'ai conçu une première fois un fait, par exemple « la flamme et la brûlure, il s'est établi dans mon « cerveau un courant nerveux qui a suivi une cer« taine ligne : cette ligne déjà frayée se trouve « plus facile... Donc, par cela même que j'ai conçu « une chose une première fois, il m'est plus facile « de la concevoir une seconde... Après avoir dit

« qu'un objet est, nous éprouvons une résistance
« invincible à dire qu'en même temps il n'est pas,
« parce que le courant nerveux qui a lieu dans
« une direction n'a pas lieu également dans une
« direction contraire : de là l'axiome d'identité ; et
« nous éprouvons une résistance à dire que la
« chose qui est cesse d'être, parce que cette asser-
« tion suppose un nouveau courant et une nou-
« velle ligne tracée dans le cerveau, autrement dit
« une nouvelle cause, de là l'axiome de causalité
« et d'induction... Nous percevons sans effort,
« conséquemment avec plaisir... L'amour esthéti-
« que de la ligne droite et de la ligne courbe est
« au fond l'amour de la conservation : ce sont les
« lignes qui permettent la plus grande conserva-
« tion de force et la moindre dépense : ce sont des
« lignes économiques. Traduisez la géométrie
« mécanique dans le langage de la sensibilité,
« vous remplacerez la ligne de la moindre résis-
« tance par la ligne de la moindre peine, le maxi-
« mum d'effet par le maximum de plaisir, le plus
« court chemin d'un point à un autre par le plus
« agréable chemin, la symétrie par l'équilibre le
« plus commode, le parallélogramme des forces
« par le parallélogramme des désirs, la résultante
« en diagonale par la moyenne des intérêts, etc.,
« etc. » C'est là la beauté ! Voilà pourquoi l'homme
s'agite, ouvre de grands bras. Voilà pourquoi

Roméo aimait Juliette : couple infortuné, que le parallélogramme des désirs unissait, tandis que la résultante en diagonale des intérêts de tes parents te séparait, ton sort me paraît plus lamentable depuis que nous savons que tu as trouvé la mort tout uniment pour avoir trop aimé les lignes économiques.

Pour M. Fouillée, le beau est dû à la paresse de l'esprit, qui perçoit les formes régulières avec moins d'effort que les irrégulières. Pour M. Spencer, il est dû à l'activité de l'esprit, qui se plaît à dépenser son trop-plein en jouant : d'où l'unité du plaisir du beau et de celui du jeu. D'après lui, la condition du beau est le jeu, l'inutilité de l'occupation ; d'après M. Fouillée, l'utilité. « La « beauté géométrique n'est donc au fond que l'uti- « lité pour la force et pour la vie. Elle est la plus « radicale et la plus profonde des utilités, ou pour « mieux dire des nécessités. »

Le plaisir du beau et celui du jeu sont identiques. C'était déjà l'opinion de Kant, qui ramenait le beau au libre jeu de notre imagination et de notre entendement. C'était la théorie de Schiller, disant que l'art était par excellence un jeu. L'école de Schopenhauer considère l'art comme une sorte de jeu propre à nous distraire quelques instants des misères de la vie. M. Spencer prend ce système, ou plutôt ces jeux d'esprit au pied de la lettre.

Le bien, d'après les évolutionnistes, est fondé sur l'intérêt, le besoin ; le beau est désintéressé. Il a cette supériorité ou cette infériorité sur le bien d'être inutile. En systématisant la pensée de MM. Spencer et Grant Allen, on décide que la caractéristique du beau est de n'avoir pas de but ou d'en avoir un simulé ou imaginaire. M. Guyau tente une conciliation : « La beauté pourrait bien « être une utilité dont nous ne nous rendons pas « toujours bien compte. » L'un la fait consister dans l'inutilité, l'autre dans une utilité dont on ne se rend pas bien compte. Quand on s'en rend compte, c'est l'utile, le bien, puisque M. Spencer, comme M. Darwin et toute l'école évolutionniste, donne pour origine aux sentiments moraux le besoin et l'intérêt. Donc ce n'est plus le beau. Pour que ce soit le beau, il faut qu'on ne se rende plus compte que c'est le bien. Triste sort ! Il n'est rien, et il ne devient quelque chose que quand on ne sait plus ce qu'il est.

M. James Sully explique par l'organisation de la rétine notre préférence pour les lignes groupées autour d'un centre ou d'un axe, les formes circulaires, étoilées, celles des arbres, des fleurs. Cette disposition économise le travail des muscles de l'œil. Ainsi on a transformé en qualités la similitude, l'analogie, l'égalité, la proportion. « Les « formes senties ne sont que des mouvements sen-

« tis, et ceux-ci ne sont que des mouvements exé-
« cutés. Dans la perception, nous déployons notre
« force en harmonie ou en conflit avec les forces
« extérieures. S'il y a harmonie, il y a moins de
« force perdue ; il y a, par cela même, sentiment
« d'une vie plus intense et plus facile. Il y a beauté. »

M. Fouillée, qui défend l'utilité, et l'école anglaise, qui tient pour l'inutilité, s'appuient sur la même théorie de l'origine du plaisir esthétique dans la facilité de la perception, dans la dispense du travail mental et musculaire, ce qui est le comble de l'accord et du désaccord. De plus, pendant qu'identifiant le plaisir du beau et celui du jeu, on le met dans la dépense de la surabondance de notre activité nerveuse, on le place aussi dans l'économie de ladite activité.

Inertie ou activité, économie ou rejet de superflu, le beau n'est qu'un état de la machine, une commodité de l'appareil subjectif ; il n'est pas même question d'un objet, d'un être, d'une réalité. Le beau peut-il tomber plus bas !

13. — Concluez donc. Achevez votre raisonnement. Vous ne nous donnez que des morceaux de cosmogonie. Les uns s'occupent de l'auteur du monde sans le rapprocher de ses œuvres, les autres des œuvres sans les rapprocher de l'auteur. S'il est petit, comment l'œuvre sera-t-elle grande ? Si l'œuvre est grande, comment l'auteur serait-il

petit ? Choisissez : L'un et l'autre sont petits ou sont grands.

Comment voulez-vous que le bien et le beau, œuvre de rencontre, du hasard, de l'habitude, de la force, d'un état organique, d'un je ne sais quoi intelligent ou non intelligent, soient aussi bien et aussi beau que ceux de l'Être d'une intelligence et d'une puissance démesurées, qui a toutes les perfections à l'infini, de Dieu. Ils se ressemblent comme un grain de poussière et un soleil.

Valent-ils moins ? Ce n'est pas assez dire. Ils ne valent rien. Il n'y a pas à choisir entre la lumière, l'ombre et la pénombre. S'il n'y a pas de lumière, il n'y a pas de pénombre.

Puisque cela ne vaut rien, cela ne vaut rien. Ce raisonnement est donc au-dessus de vos forces? Votre bien et votre beau ne sont pas ce que nous appelons ainsi, ce qui nous fait jouir et vous également. Enfin rendez-vous en compte, renoncez à ce qui ne vous appartient pas, bornez-vous à votre grain de poussière. C'est de notre pain que vous vivez, notre air que vous respirez : fermez votre bouche. Vous avez soufflé sur le soleil et vous le croyez éteint pendant que vous jouissez de la chaleur et de la lumière qu'il verse sur ses blasphémateurs.

Suivez l'exemple des pessimistes : nous avons dit qu'ils vous donnaient une leçon profitable. Ils ont également cherché l'explication du monde. Ils ont attribué à son auteur la Volonté, l'Intelligence, mais limitées ou isolées : mais ils ont conclu, eux. Ils n'ont pas omis de tracer le rapport de l'ouvrier à son œuvre, et de tirer la conséquence de l'œuvre défectueuse. Et ils ont prononcé la conclusion : « Le monde est mauvais ; mieux vaut « ne pas être ! »

Vous, après avoir nié la construction théologique et métaphysique, vous restez accrochés à la corniche, suspendus sur le vide. Tombez donc. Faut-il vous pousser ou vous tendre la main ?

Soyez donc pessimistes. — A quoi bon ? Eux-mêmes disent que le monde est mauvais et ne le croient pas. Ils se penchent sur le gouffre béant, mais se retiennent au bord. Serait-il donc aussi difficile de s'avouer que le bien et le beau sont un néant que de reconnaître qu'ils sont infinis, — de nier Dieu que d'y croire ?

14. — Nous devons vous désillusionner et vous décourager complètement, vous et les pessimistes. Sans Dieu, le bien et le beau ne sont pas possibles.

Ne dites pas : « Le bien et le beau existent ; « nous en avons la certitude, car nous les voyons, « nous les possédons. Seulement ils viennent par « d'autres canaux que ceux qu'ont imaginés les Déis-« tes. Nous les trouverons. » Ne faites aucun fondement sur eux : considérez-les comme non avenus.

Ils existent? Assurément. On les trouve dans tous les cerveaux. Mais pour une raison bien simple : les prêtres les ont fabriqués, il y a 6000 ans ou plus. On publie même que la morale actuelle a été imaginée aux premiers âges par les forts pour asservir les faibles, et que ce que nous appelons notre conscience n'est que le souvenir de nos habitudes d'esclave que l'hérédité a écrites plus profondément dans les lobes de nos cerveaux que sur les tables d'airain ; nos idées sur tout l'univers, jusqu'à l'astre le plus éloigné, en sont imprégnées, et toute chose en a reçu sa raison d'être. Ils existent, mais à l'état d'erreur.

Le phénomène existe, mais il s'explique historiquement ; c'est tout : chercher à l'expliquer naturellement est une entreprise inutile. On l'a fait pour la chaleur, la vie, l'intelligence qui ont apparu successivement, et on l'a fait de la manière la plus heureuse. Nos pères avaient la simplicité de croire qu'un être tout-puissant les avait tirées du néant ; nous savons maintenant qu'elles en sont sorties seules, que le néant a la propriété de créer, de tirer quelque chose tout seul de lui-même ; que le moins produit le plus. Voilà enfin une genèse raisonnable. Il y a toutefois une grande différence entre la chaleur, la vie, l'intelligence, d'une part, et le bien et le beau. Nous ne pouvons douter que les premières existent quoique nous ne les comprenions pas, et il convenait d'en rechercher l'origine. Mais pourquoi croirions-nous à la beauté, au bien, que nous ne comprenons pas, dont rien ne prouve l'existence objective, et dont l'erreur suffit à expliquer la présence, l'existence subjective. Nos ancêtres les ont fabriqués : nous les retrouvons dans leur héritage. Nous avons conservé l'habitude d'en user; nous n'avons aucune raison pour les prendre au sérieux, pour les conserver.

Leur universalité dans tous les temps, chez tous les hommes, serait-elle un motif de croire à leur existence objective ? Ne l'admettez pas, car voyez quelles en seraient les conséquences : nous serions obligés de professer que Dieu aussi existe réellement, puisque son idée est au moins aussi universelle que celles du bien et du beau. Non, nos aïeux avaient imaginé Dieu pour s'expliquer les phénomènes naturels, les mouvements des vents, des fleuves, pour effrayer les faibles d'un être redoutable qui foudroyait le Rhodope et versait la grêle sur les moissons; ils ont inventé le beau et le bien pour donner un agrément à tous les objets, un but à nos actes, pour étendre la jouissance dont nous sommes avides, et qui, dans ce monde terne, n'était originairement que la cessation d'un besoin, d'une souffrance, c'est-à-dire rien. Le bien, le beau, la jouissance sont des erreurs théologiques.

Ils n'existent pas dans la nature. Quel agent les aurait produits ? Est-il infini ou fini ? Vous ne voulez pas du premier. S'il est fini, est-ce nous ou un autre ? Nous est-il inférieur ou supérieur ? Inférieur, que peut-il donc faire ? Supérieur, comment le préférez-vous ? Mauvais et impuissant ou mauvais et puissant, car il est bien entendu que vous ne l'acceptez pas bon et puissant.

Reste donc la dernière alternative : c'est l'homme qui a créé le bien et le beau. Est-ce possible ? Pour bien juger sa puissance, examinons ses œuvres. Il use de ce qui existe pour l'adapter à ses besoins : du minerai il fait du fer, du fer un outil, avec l'outil un meuble. Qui ne voit que tout cela est dans la nature, le minerai, le métal, le tranchant, la résistance, toutes les qualités physiques de l'instrument et du meuble. Il creuse la terre, trace un chemin : il a déplacé, mais pas un grain de poussière neuf n'est produit. Il découvre les lois, les utilise, n'en fait aucune. Il combine, transforme, juxtapose, façonne, rassemble, disjoint, il fait du feu, sème le grain, emmagasine l'électricité, la vapeur, mais il ne crée rien : pas une molécule, une forme, un pouvoir qui n'existe déjà. Ses œuvres étaient prévues comme celles de la nature. Ses meubles, ses machines étaient faits d'avance, comme l'œuf de l'oiseau. Nous pensons que Dieu les avait préparés et que l'homme n'a que le mérite de les trouver.

Il n'y a qu'une chose qu'il fait de toutes pièces, qu'il crée. Il suffit de savoir qu'il l'a créée pour qu'elle soit aussitôt jugée mauvaise, condamnée au mépris. C'est le subjectif, l'erreur. Il a rêvé, il s'est trompé, il a suscité des êtres sans réalité, des fantômes, la théologie et la métaphysique, l'ontologie, le bien et le beau.

15. — Le bien et le beau ne peuvent pas exister.

Il n'y a pas de loi naturelle. Quelle est votre prétention lorsque vous dites qu'à la vérité l'homme ne crée pas la morale, mais qu'il la tire de la nature ? C'est de vous faire honneur de sa collaboration, de lui emprunter ce qui vous manque, de présenter la loi morale comme offerte par elle et reconnue par vous. Elle doit garantir la grandeur, la raison de votre loi et lui imprimer son sceau de gravité et de nécessité.

Elle n'a rien à vous donner. La voix que vous croyez entendre dans la nature n'est que l'écho de la vôtre. Tous les deux impuissants, que ferez-vous ensemble ? Seul, l'homme fait l'erreur; seule, elle fait l'insignifiant, l'irraisonnable, et tous deux vous feriez le bien et sa loi!

La morale n'est pas préparée pour l'homme, n'est pas l'œuvre d'une intelligence antérieure et supérieure à l'homme. La nature est un ordre de choses produit par des forces inintelligentes ou, tout au plus, par une intelligence qui nous propose, mais ne nous impose pas le choix des meilleurs procédés pour en tirer parti. Elle n'est donc pas établie par une Raison qui tienne en échec la nôtre; mais alors la nôtre n'a pas à en tenir compte, n'est arrêtée que par des impossibilités physiques, et s'avance autant que le demande la commodité. La nature n'a pas voix consultative ni délibérative au chapitre de notre raison.

Nous ne reconnaissons pas de causes finales pour le monde physique : nous ne devons pas en reconnaître pour le monde moral. Rien de bien physiquement. Rien de bien moralement.

Dans la nature, il n'y a pas de prescriptions. Il n'y a pas d'indications, pas même de matériaux pour une morale naturelle. Il y a un milieu tout simplement, des conditions pour la vie et le développement, des diversités d'êtres, de formes, d'objets; il y a des intérêts, des appétits, des concurrences, des périls, des angles saillants, des trous à éviter. C'est l'occasion de nos actes, le lieu, la matière de notre activité. On y voit des faits, le pain et l'estomac; des proportions, le pain et la population. De règles, d'indications, il n'y en a pas. L'homme seul fera la morale et il ne lui donnera de valeur que celle qu'il est en état de lui donner. Ce ne sera que des formules de conduite, qu'une collection de préceptes pour s'accommoder aux choses, que des recettes, des expédients.

Rien n'est plus facile que de mettre la main sur l'illusion de ceux qui s'imaginent que la morale est indépendante de l'idée de Dieu, et il suffit de la toucher du doigt pour l'écraser. Ils croient que la morale vient de la nature et qu'ils n'ont qu'à la reconnaître, la dresser, la construire ; ils sont persuadés qu'elle nous fournit un moule pour notre vie, des jalons pour tracer notre conduite, des rainures pour emboîter nos actions.

Voilà ce fameux fondement de la morale ! —La nature offre des parties résistantes et des ouvertures où l'on peut passer. C'est tout. C'est une indication pour l'usage, mais non un plan, une base, un échafaudage de morale. La nature, sous tous ses aspects, n'est qu'un milieu que nous avons à traiter avec le sans-façon dont nous usons tous les jours avec le milieu matériel. Ne mettons-nous pas notre gloire à changer ce milieu, à le modifier pour nous, non à nous modifier pour lui ? Qu'est-ce que nos arts, notre civilisation, notre progrès, si ce n'est notre conquête sur la nature, que nous défaisons, torturons, en défrichant, bouleversant le sol, coupant, brûlant les végétaux, fondant les minéraux, tuant les animaux ? L'ouvrier, l'ingénieur ne voient que les besoins, et s'en prennent aux obstacles. Dompter la nature, la méconnaître, la redresser, nous ne faisons pas autre chose. Nous sommes les maîtres, nous ne reculons que devant l'impossible, ou pour mieux dire nous ne nous arrêtons pas même devant lui ; nous stationnons jusqu'à ce que nous ayons détruit la barrière et nous le repoussons depuis des milliers d'années.

Pourquoi ne pas faire pour les satisfactions du sentiment comme pour les besoins du corps ? Pourquoi le progrès moral s'arrêterait-il devant le changement de notre milieu, tandis que le progrès matériel ne se borne pas à user, mais transforme, déforme, produit, détruit. Nous faisons comme si, au moment d'abattre un arbre, nous nous arrêtions sur cette réflexion : « La loi de l'arbre est de vivre ; si je le coupe pour en faire un siège, je méconnais une loi naturelle. J'aime mieux rester debout. » Faucher le blé, saigner un animal, c'est méconnaître les indications de la nature. Nous ne vivrions cependant pas une heure si nous les respections. Pourquoi dire : « Notre vie morale est prise dans un milieu destiné à nous enfermer : ne remuons pas. » Puisque nous étouffons, donnons-nous de l'air. Le prétendu échafaudage nous gêne ; il plie : poussons-le. L'aire de nos satisfactions coïncide-t-elle avec celle des indications de la nature ? Le prétendu fondement de la morale est inutile. Est-elle plus étendue ? Ne tenons pas compte de ces indications : élargissons-nous. Le fondement imaginaire est non seulement inutile, mais nuisible. Nous avons deux termes qui se contredisent à mettre d'accord ; l'un est la satisfaction, l'autre l'obstacle, tous deux fournis par la nature ; le premier est sacré et l'autre l'est d'autant moins qu'on peut le faire reculer, et que c'est la nature elle-même qui nous y excite et nous en donne le moyen.

Arrangeons notre morale seuls, à notre convenance, sans plus craindre de satisfaire les désirs du sentiment que les besoins du corps, mettant notre gloire à les augmenter, comme fait notre industrie pour la matière. Changeons notre milieu moral, comme nous changeons l'argile en briques, le bois en charbon, le minerai en or.

On ne méconnait pas les lois naturelles, on en use. On ne viole pas la nature quand elle consent à la violence.

Schopenhauer, contempteur de la femme, a des pages honteuses où il joue avec un vice infâme qui est le dernier degré de l'ignominie. Vous n'avez pas le droit de dire : « C'est mal. » Un soufflet d'un habitant de Sodome sur la joue de l'athée n'y fera plus monter la rougeur.

16. — La morale n'est pas absolue. Avant que l'homme ait parlé, il n'y avait ni bien ni mal. L'homme fait et défait le bien et le mal, fait sa morale par la loi, sa loi par l'opinion, et l'opinion par ce qui lui plaît. Maître de la loi et de la

morale, il ne se fait pas une loi contraire à sa morale, il n'a pas une morale contraire à sa loi : on ne saurait laquelle est bonne. Il n'est pas possible que ce qui lui plaît soit mauvais. S'il lui convient de renverser les fausses indications de la nature, ce qu'il décide de faire, eût-il passé pour mal jusque-là, devient le bien.

Le bien est simplement un mode d'agir qu'il nous convient d'adopter pour notre avantage. La liberté de critiquer le bien actuel, la morale courante, est complète. Ce n'est pas le bien qui est absolu, c'est la liberté. Ce bien est conventionnel, arbitraire, car ce qu'il y a de nécessaire, ce sont des besoins d'une part, des objets de l'autre ; mais le mode d'adapter les objets aux besoins dépend de nous seuls. Nous avons besoin d'eau bouillante, mais nous pouvons user de bois, de houille, de vases en terre, en fonte, comme il nous plaît, en ne tenant compte que des avantages, commodités, dépenses. Nous avons besoin de plaisir des sens, d'affection : le procédé est aussi arbitraire. Donc tout ce qui s'ajoute à ces considérations naturelles, natives, élémentaires, dans l'idée du bien, immutabilité, gravité, grandeur, et le reste est une superfétation théologique due à l'erreur séculaire au sujet d'un Auteur du monde infini en sagesse.

Notre idée du bien, tout à fait antiscientifique,

est à refaire. En conséquence, tout le monde est fondé à critiquer, à réformer la morale, comme l'on fait pour nos arts industriels, notre économie, notre législation. Tout homme est invité à enfreindre la loi morale, s'il a une raison de croire que ce qu'il fait est mieux, car le mal d'aujourd'hui peut devenir le bien de demain ; son action est louable, car il donne le premier l'idée, l'exemple du bien de demain, en saisissant de la question l'opinion. Celle-ci, d'un autre côté, ne doit plus distribuer l'approbation et la honte pour une morale passagère. Le bien n'est plus que la légalité, sans la vieille idée du bien indépendant, absolu, pour en soutenir l'honneur. La morale n'est pas seulement transitoire, elle est nulle. Ce qui peut être bien, devenir mal, redevenir bien, n'est ni bien, ni mal. Le bien est le mal possible, le mal le bien possible, l'épanouissement du bien.

Dans la morale divine, on peut ignorer la raison de ses lois. Il en est autrement dans une morale humaine ; puisqu'elle vient de l'homme, il est évident qu'il s'est rendu compte et qu'il doit rendre compte de ses motifs. Nous n'admettons plus que ce que nous pouvons comprendre, nous ne croyons plus à une Raison suprême qui montre et cache à la fois aux hommes la raison des choses Toute raison est en nous, comme toute loi vient de nous.

Nous ne devons pas conserver ce que nous ne pouvons pas justifier.

Or le bien est un mystère : la part la plus importante de la morale, l'amour, la famille, a une raison inaccessible, divine. Les extrémités qui aboutissent à la matière, les limites qui s'adaptent à nos actes, les utilités d'ordre matériel ne sont que des applications, des indications. Ce qui est saisissable, cognoscible, n'est qu'un petit côté de l'incompréhensible. Tout précepte n'est que le sommet d'un angle, c'est-à-dire un point, tandis que ses côtés, s'étendant à l'infini, embrassent un espace incommensurable et invisible : mais la plus petite erreur dans l'angle en cause une immense dans la base.

Seuls, les motifs que peut faire valoir une morale humaine ne peuvent attacher l'infamie à certains actes jusqu'ici réprouvés. La honte ne peut subsister : elle flétrissait la violation de la loi divine, nullement celle d'une loi humaine. Celle-ci, jusqu'à nos jours, ne faisait que constater la première, n'était que son expression, l'écho de la voix de Dieu et non de celle d'un homme. Une fois la loi divine niée, la loi humaine isolée n'est qu'une défense motivée par un arrangement commode, une combinaison d'utilités ; derrière elle, rien de saint, d'inviolable. Aucune chose n'est plus sacrée que l'autre. C'est obéir, désobéir à nos semblables; ce n'est ni bien ni mal. Il n'est pas en notre pouvoir de décider que ceci sera méprisable et cela honorable, un jour franc après la promulgation de la loi.

Aujourd'hui toutes nos lois sont faites de la même manière : cependant elles n'éveillent pas toutes la même émotion dans notre conscience. Les unes sont calquées sur la loi divine, les autres n'en touchent que des conséquences si éloignées qu'elles deviennent presque uniquement humaines. Leur donne-t-on le même respect? Nullement. Combien est grande la différence que l'on fait entre les lois sur la famille, dont l'organisation est divine, et celles sur les chemins, les impôts, la chasse, arrangements humains ! Moins les lois restent divines, plus elles deviennent humaines, plus leur autorité s'affaiblit, quoique l'obligation soit la même, et souvent la pénalité plus sévère pour compenser le manque de respect. Cette différence provient du résidu de nos idées théologiques et métaphysiques non encore évaporées, mais elle doit disparaître.

La loi, objectera-t-on, continuera d'emprunter sa gravité à la nature. La gravité ! Qu'appelle-t-on de ce nom? On ne désobéit pas inégalement en une matière égale. La matière est égale, car il n'y a pas de plus ou de moins dans les choses, ni de plus ou de moins dans la loi. Comment tire-t-on la gravité de ce qui est en soi insignifiant, indifférent ? Comment classer en légèrement répréhensibles, blâmables, enfin honteuses, des choses uniformes en inanité ?

La nature ! On oublie qu'elle est vide de sens. D'ailleurs la loi n'est pas l'expression de la nature, mais ce qu'on y ajoute du nôtre en la réformant. Ses indications ne nous lient pas, et il paraît qu'elles sont même très difficiles à lire. M. Spencer ne nous dit-il pas qu'elle a la bonté d'écraser les faibles, qu'elle donne le précepte et l'exemple aux forts et aux injustes ? Ce n'est donc plus seulement la partie haute de la morale, mais la partie basse, la justice, sous laquelle toute base se dérobe.

Mais les éléments de la gravité sont dans les conséquences, le préjudice. — Fort bien. Nous mettrons donc sur le même pied les lois économiques, morales et hygiéniques. Mais que de difficultés ! Faire une fausse spéculation, gâter des matériaux, se ruiner est préjudiciable : c'est donc un crime ? D'autre part, dérober n'est peut-être pas blâmable, car la richesse ne se perd pas en circulant de la bourse du volé à celle du voleur. Une insulte, une vengeance, procure un détriment à l'un, une satisfaction à l'autre : comment faire la balance ? Mentir peut être très avantageux : ce sera donc bien. Quoi de plus pernicieux que de s'exposer à l'air frais quand on est en sueur ? Il s'agit de la vie. Un homme sans précaution est un homme sans moralité; les imprudences, le mauvais régime, doivent perdre de réputation.

On ne trouvera plus de raison pour condamner ce que nous appelons une infamie. L'amour n'est plus un extrait de l'infini, le reflet d'une lumière qu'on a éteinte. C'est un phénomène bien simple. Toute émotion est la satisfaction d'un besoin, l'annulation d'un mal, le retour au néant. L'ondulation a deux temps, le besoin et sa suppression : rien d'abord, moins que rien ensuite. Et c'est au sujet d'une chose aussi terre à terre, aussi mesquine et misérable que cet amour athée, que l'on conserverait des scrupules !

17. — Croyant en Dieu, l'homme attribuait à sa raison inaccessible les lois morales, dont nous sommes désormais incapables de fournir le motif. Viciée par sa foi en la Divinité, l'ancienne opinion ne mérite plus de créance. Les motifs qui nous restent ne peuvent ni justifier ni conserver l'horreur du mal.

Ou le bien et le beau viennent d'un Dieu infini, et alors ils sont infinis; ou ils viennent de l'homme et, dans ce cas, ils ne valent rien. La position intermédiaire n'est pas tenable. Plus on s'approche de l'idée de Dieu, plus il y a de grandeur dans les objets, et moins d'indépendance en nous. Plus on descend vers l'homme, plus les objets se rapetissent, ainsi que nous-mêmes, mais moins nous sommes dépendants : dans le vide, nous avons toute notre liberté. C'est cependant sur cette équivoque que campent les athées, les pessimistes qui ont horreur du plat matérialisme et certains déistes. Quand ils pensent à la jouissance, ils voient un auteur puissant des phénomènes du monde. Quand ils pensent à la liberté, ils ne voient que l'homme. Leur sécurité est assise sur cette épave flottante entre deux extrêmes ; leur foi s'appuie sur la confusion de leurs pensées, leur extase contemple à la fois deux termes inconciliables.

Il faut choisir. Si Dieu n'existe pas, le monde n'est pas moindre : il est nul. Il y a des choses illégales, il n'y a pas de choses immorales. Le mot immoral n'a plus de sens. Est-ce qu'il existe deux origines du bien et du mal, la loi, œuvre humaine, puis, au-dessus, la morale, œuvre d'un esprit supérieur proposant, imposant, réformant la loi? C'est de la théologie et de la métaphysique! L'immoralité et l'illégalité se confondent. Tout est indifférent en soi, mais la loi ordonne ou défend: ce n'est pas que ce soit bien ou mal comme on l'entendait autrefois. L'homme ne peut rendre bien ou mal ce qui ne l'est pas naturellement. Mais c'est utile pour la régularité, afin que tout le monde aille dans le même sens. Il n'y a plus de Bien, il n'y a que de l'Ordre.

Ce qu'ordonne la loi devient instantanément le bien, ce qu'elle défend instantanément le mal. De plus, il n'y a pas de choses plus ou moins mauvaises : ce qui est défendu est défendu également. S'il y avait une gravité, elle proviendrait de la nature. Il y aurait donc une Raison s'imposant à l'homme, lui forçant la main pour prendre sa loi absolue, ce qui ramènerait tout droit à la croyance en Dieu. Entre l'adultère et la chasse en temps prohibé, il n'y a plus de différence.

Non seulement il n'y a plus de morale, mais il n'y a pas même de loi. Celle-ci suppose celle-là. Puisqu'il n'y a rien avant la loi, elle ne repose sur rien. L'homme reste avec ses tables d'airain entre les mains, sans trouver où les attacher. Les violer, soit qu'on y croie, soit qu'on s'en rie, de mauvaise foi et persuadé qu'on fait le mal, n'est pas faire le mal. Celui qui fait la loi ne crée pas le bien, et celui qui la viole ne crée pas le mal.

Il n'y a plus rien ! — Le monde est d'une certaine façon ; il a des phénomènes et des lois : que valent-ils ? Rien. La matière s'agite sans qu'aucune raison préside au mouvement. L'ordre, la répétition des phénomènes, ne sont ainsi que parce qu'ils ne peuvent être autrement. Quand une poussée, une forme réussit, elle se répète et devient loi. Autrement, elle n'aurait pas réussi et ne se serait pas répétée : voilà tout. C'est ainsi parce que c'est ainsi, et si ce n'était pas ainsi, ce ne serait pas ainsi : telle est la formule de la cosmogonie athée. Il faut bien que ce soit d'une manière ou d'une autre. Faute d'une raison maîtresse, une manière ne vaut pas mieux qu'une autre : rien ne vaut rien.

Avec les balayures des rues, faites un tas que vous grossirez en imagination jusqu'à des milliards de rayons terrestres de diamètre. Vous aurez des masses, des distances aussi vertigineuses que celles de notre univers, mais rien à admirer. Notre univers, sans son Dieu, aurait encore moins de sens que cet univers imaginaire de débris qui gardent l'empreinte d'une raison qui avait façonné les objets détruits.

Et maintenant, travaillez, peinez, luttez, tournez dans le cirque fermé, comme des animaux auxquels on jetterait un os sec pour dix gueules béantes. Disputez-vous, déchirez-vous, écrasez-vous. Pourquoi? Pour le bonheur, le plaisir? Il n'y en a pas. Il n'y a que des besoins. Souffrez mille peines pour ne pas souffrir un instant d'un besoin.

Ce n'est rien encore : la loi vous retient, arrête la main du plus fort sur la proie qu'il a gagnée, disant : « Privez-vous, abstenez-vous, sacrifiez-vous ; affamé, lâche ton morceau; pauvre, laisse le riche se gonfler : ce monceau d'or est à celui-ci ; cette femme est à cet autre. Travaille, souffre, envie et meurs. Pour te distraire, tu regarderas du seuil de la porte l'indigestion et les dégoûts de ta douzaine de maîtres. Jusqu'à ta mort, tu n'auras rien. Après ta mort, il n'y a plus rien.

Le Christ avait dit : « Bienheureux ceux qui « souffrent, ceux qui pleurent. Les vraies richesses « ne sont pas l'or et l'argent, qui périssent. » Elles sont à la portée de toutes les mains et offertes à poignées aux pauvres et aux petits. Aux plus dévoués le plus d'amour, aux plus meurtris dans la bataille de la vie, les récompenses de la vaillance. — Nous sommes devenus trop lâches pour accepter ces rudes exercices ; nous ne voulons plus mériter ; nous ne voulons plus d'un Dieu si exigeant. Nous n'y croyons plus. Nous l'avons conduit à la fosse commune de l'ontologie. Maintenant soyons heureux.

Soyons heureux ! Avec quoi ? Il n'y a plus rien. — Nous verrons des choses nouvelles. L'épreuve sera la même, au fond, jusqu'à la fin, mais sa forme change. Attendons-nous donc à voir des choses qu'on n'a jamais vues, puisque nous serons dans une situation qui n'a jamais existé. Le monde depuis le commencement n'a pas encore été athée. Quand les provisions spiritualistes seront épuisées, il n'y aura plus ni bien, ni beau, ni morale. Il y aura encore la faim, le besoin, le désir, mais pas d'objet pour rassasier et pas de frein moral pour retenir la brutalité.

18. — Si quelqu'un croit que la morale est impérissable, parce qu'elle a toujours subsisté malgré les discussions d'idées et les luttes d'intérêts, parce qu'elle est seule survivante dans le désastre perpétuel, seule debout au milieu des chutes des philosophies et des religions, il se trompe. Tout a ses conditions d'existence et périt quand elles manquent. On n'a encore rien vu jusqu'à ce jour qui, frappé mortellement, reste debout. Ainsi ont paru, puis disparu les royaumes, les nations, les mœurs, les religions, ce qu'il y a de plus sacré, de plus cher, de plus universel, et ni la force, ni l'amour, ni le nombre, ni l'éloquence, ni le dévouement, ni la victoire même n'ont pu les sauver. La morale a été inébranlable parce que le monde a toujours cru en Dieu : les lois de la morale que les religions ont défendues ont été suivies, celles qu'elles ont abandonnées ont été méconnues. La morale elle-même, non soutenue par l'idée de Dieu, ne lui survivra pas. Sa force s'est écoulée secrètement. Elle s'écroulera seule comme les murailles de Jéricho au son de la trompette.

La multitude n'agit que par habitude, dirigée par l'autorité, soutenue par l'exemple. En un mot, c'est l'opinion qui la mène, reine du monde, mais reine constitutionnelle, qui ne veut que ce que veulent ses sujets. Elle n'a pas la science, elle ne connait pas la vérité, elle ne regarde que le gros des hommes, ceux qui parlent le plus haut et entraînent les autres. On respecte, on bafoue, on agit, on s'abstient, non pour des raisons tirées des choses, mais d'après l'exemple. Avant de se risquer à suivre l'appétit, on regarde à droite, à gauche ; on se compte. La jeune fille est vertueuse dans un milieu où l'opinion est ferme, vicieuse avec une autre mère. La mieux douée de pureté ne reste immaculée que parce que la famille l'entoure, la garde, la cache, lui place les mains sur les yeux. Celle qui a de mauvais exemples près d'elle a encore le secours de l'opinion commune, dont elle sent de loin la force.

Tout est dans l'opinion. Terrifiante, elle épouvante. Facile, elle permet non seulement ce qu'elle approuve, mais encore ce qu'elle laisse incertain, c'est-à-dire tout. Si elle est unanime, on est solide : qu'elle se divise, il n'y a plus d'appui.

La morale tient à l'opinion, et l'opinion actuelle à quoi tient-elle ? A l'idée de Dieu. Les athées honnêtes se font illusion, parce qu'ils ne voient pas que l'opinion a été jusqu'ici toujours attachée à l'absolu; la multitude ignore encore que le câble invisible pour elle est usé et ne tient plus que par un fil. Ceux-là le savent bien, qui le coupent :

ces plus forcenés ennemis de Dieu, qui n'inspirent pas de défiance, ne sont pas des hommes de plaisir, bravant le mépris, mais ceux de vertu extérieure, d'apparence correcte, qui, retenus par l'opinion et poussés par le désir, étouffant entre l'orgueil et la passion, écument de colère contre ce lien qui est entre leurs mains. L'opinion n'avait encore fait que chasser sur l'ancre. Encore une secousse, et, sans le savoir, elle va s'en aller à la dérive.

Si les idées étaient détruites tout d'un coup, le vide effraierait les athées. Ils continuent à en jouir ; la ruine, longue, insensible, ne fait pas ouvrir les yeux. Le danger est plus grand pour le capital moral que pour le capital matériel. On ne supporterait pas longtemps des barbares qui dévasteraient nos villes, détruiraient les machines, brûleraient les monuments. Mais la ruine morale se fait sourdement comme le travail de la nature.

Chacun de nos actes est lié à tous nos autres actes, à ceux de tous les hommes. Quel résultat immédiat espère une molécule qui s'insurge contre une ondulation qui lui arrive du monde entier et des profondeurs des siècles ? L'action provoque la réaction de tout ce qui environne. Ce n'est pas soi seulement qu'il faut soulever, mais la masse entière. Ce n'est qu'à force de secousses que la direction du mouvement est changée, mais alors il emporte le tout à la fois, de sorte que les individus, serrés par leurs voisins, marchent dans un sens nouveau avant de s'en apercevoir.

L'athéisme a commencé, et va détruire lentement, les uns après les autres, nos pensées, nos habitudes, nos principes, nos désirs, nos émotions. Il détruit et ne remplace pas. Il est négatif; il est le nom de l'impuissance à comprendre et à voir, à croire et à agir. Il n'a pas encore mis la main sur un principe qui ait obtenu l'assentiment de deux hommes. Il n'a pas encore trouvé la première pierre de la construction nouvelle, ni arrêté l'emplacement, ni levé une pelletée de terre pour la placer. On le voit bien creuser profondément, mais c'est pour enterrer tout ce que nous aimons.

Enfin, il viendra le temps nouveau. Alors on verra ce qu'on n'a pas encore vu, parce que l'humanité sera comme elle n'a jamais été. Quelle angoisse quand nos vieilles idées du bien et du beau s'effaceront, quand la lumière qui éclaire tout homme venant en ce monde, après s'être abaissée insensiblement, s'éteindra! Il y aura un malaise comme au soir, quand l'ombre s'épaissit, s'élève le vent et la solitude serre le cœur. Ce ne sera pas le soir et la nuit, car la nuit a des étoiles et un lendemain. Ce ne sera pas l'automne, puis l'hiver, car les feuilles jaunes qui tombent laissent voir les bourgeons des feuilles vertes du printemps. Dieu est plus mêlé à notre vie que les êtres qui nous sont les plus chers. Quand il sera parti, il y aura un grand vide, plus grand que celui qu'on retrouve à la maison lorsque, après avoir conduit un être chéri au cimetière, on ouvre sa porte et que personne ne vous attend. L'objet aimé disparu, l'amour reste. Mais quand l'amour lui-même sera parti, qui nous consolera ?

S'il nous reste une espérance, ce ne sera qu'une illusion. Si l'on ressent un tressaillement de joie, ce sera une dernière idée religieuse qui agonise dans un coin du cœur. Dieu entièrement disparu de la pensée, la « représentation » ne reproduira plus que des fantômes s'agitant dans les formes vaines d'un univers dénué de sens ; le miroir du monde ne réfléchira plus que du mouvement sans la vie ; les voies lactées s'enfonceront dans la nuit ; les soleils du bien, du beau, de l'amour tourneront morts et refroidis dans les ténèbres glaciales.

19. — Le débat est entre ceux qui désirent le Bien et ceux qui le haïssent, parce qu'il est trop grand pour eux et qu'il leur est insupportable.

Les premiers croient que tout ce qui nous paraît le plus admirable, le plus cher, le beau et le bien, l'intelligence, la bonté, la puissance, l'amour, enfin toute qualité, toute perfection, sont aussi grands que possible, infinis, absolus, éternels, surtout conscients, ce qui est la moindre chose, car l'être qui ne sait pas ce qu'il fait, loin d'être parfait, est au-dessous de l'imbécillité. Ils appellent cette concentration de perfections, Dieu. En outre, poussés par le désir de grandeur, ils tiennent à ce que l'homme et les objets qui lui donnent la puissance soient créés par Dieu ordonnés par la Raison, imprégnés du Bien et du Beau. On voit là toute la théologie et toute la métaphysique.

Les autres suppriment toutes les conditions de la possibilité de la grandeur du bien, parce qu'ils ne savent pas le voir. Ils sont inintelligents du bien. Lui-même ils l'ignorent; mais ils connaissent les désirs, les jouissances des hommes qui les entourent, ce qui s'est répandu dans la pensée, la vie humaine, et ils espèrent les conserver sans leurs conditions, garder l'effet sans la cause. Point d'efforts pour croire et pour agir, sécurité et commodité, ordre et convenances, un plat eudémonisme, sont ce qu'on peut attendre de leur force et de leur courage. Ils ne mettent pas le prix au bien, parce qu'ils ne savent pas ce que c'est.

Ces deux grandes armées se divisent les hommes; les uns veulent tout grandir, les autres tout rapetisser. On se classe soi-même : chacun rejoint son drapeau. Quand on n'a pas de courage parce qu'on n'a pas le désir, pas de désir parce qu'on n'a pas l'intelligence, on le proclame en se rangeant dans l'armée de l'athéisme. Elle est reconnue comme belligérante. Elle a des chefs, des hommes d'état, des savants. Mais il n'y a qu'une chose à savoir, le bien, et ils ne le connaissent pas. Ils ne comprennent rien.

Ils nient Dieu. C'est apparemment un mince sujet, qui ne peut avoir de conséquence. Quand on raisonne sur une chose minime, ordinaire, avec une grande disproportion entre la cause et l'effet, entre les moyens et le résultat, on est puni par le ridicule. On n'a sans doute rien à craindre quand il s'agit de si peu que Dieu. Que le monde et nous soyons l'œuvre d'une Raison infinie, d'un Bien infini, d'un Beau infini, ou de n'importe quoi d'inintelligent et d'inintelligible, le monde et nous sommes aussi grands et aussi fiers.

Plus il y a d'intelligence, de bonté, de puissance, plus il semble qu'on doive être satisfait. On est en admiration devant le génie humain, on se précipite devant une toile peinte par un artiste, on dévore le livre qui vient de paraître, on court visiter les vieux monuments avant qu'ils disparaissent. Un chef-d'œuvre antique, un buste, un bras de femme est retrouvé ; on se complimente. Une machine est inventée qui nous éclaire la nuit à quatre pas alentour, on porte à mille lieues en un clin d'œil le prix des marchandises ; on dresse la tête plus haut. Et la grande Intelligence, le Savant qui a fait les forces que vous utilisez, les secrets qu'il a cachés dans la nature pour vous donner la joie de les découvrir, l'Artiste qui a fait les mers, les montagnes, la femme vivante et aimante, et qui, après avoir tracé le plan du monde pour l'épreuve, secouant ses doigts trempés dans la matière, a fait jaillir les étoiles du ciel, — ce n'est rien ! Il n'est indifférent à personne d'avoir affaire à des chefs justes, de compter sur l'aide d'amis puissants ; mais qu'il existe ou non un Être Tout-puissant, Très bon, Très grand, cela importe peu ! Est-il désirable ou non qu'il y ait une intelligence souveraine, une justice parfaite, une raison, un bien, une beauté sans bornes ? C'est désirable. — Vous désespérez-vous de perdre Dieu, de vous apercevoir que vous n'aviez fait qu'un rêve ? Non, vous vous réjouissez, vous devancez les preuves, vous frémissez d'impatience. — Pourquoi ? Parce que vous êtes las de l'épreuve. Vous voulez qu'à tout prix la lutte cesse. « Reposons-nous ; étendons-nous ; contentons-nous du bien qui est sous notre main. »

Le cœur leur manque, parce que l'intelligence

leur manque. Ils ne comprennent pas le bien ! Dieu est tout le bien, tout le beau ; à ceux qui le nient il ne reste rien.

Réduits à la matière, à ses effets sensibles, aux objets dénués de la raison, de la valeur empruntées à l'idée de Dieu, les athées n'ont plus de quoi apaiser la faim. Ils vivent, mais des restes du déisme. Jouir de qui ne vous appartient pas est un vol ; croire à ce qu'on nie, une contradiction ; prétendre conserver ce qu'on détruit, une absurdité.

Nous, nous croyons en Dieu. Donc, le bien et le beau sont infinis. Nous ne les comprenons pas, parce qu'ils sont au-dessus de notre intelligence. Nous n'avons pas la vue, mais la vision d'un éclat qui aveuglerait nos yeux de chair. Nous n'avons pas la possession, mais le gage d'un amour qui consumerait nos cœurs. Nous souffrons, mais pour mériter ; nous acceptons les maux et les biens, les biens comme un goût de la félicité, les maux comme un titre pour la posséder. De même que la végétation d'une année nourrit les hommes et que ses débris enrichissent le sol pour les jours à venir, de même nos joies et nos espérances nous font vivre ici-bas, et nos peines, nos illusions perdues, nos déceptions, pareilles aux feuilles mortes d'automne, engraissent les sillons de la terre des vivants pour la moisson future de l'éternelle félicité.

Vous, vous ne croyez pas en Dieu. Donc le bien et le beau n'existent pas. Il n'y en a pas plus de fini que Dieu n'existe fini. Vous n'aurez ni vue, ni vision, ni possession, ni gage. Vos biens seront vains et vos maux réels. Vous ne vivez que de ce que vous appelez nos erreurs, et quand la provision sera épuisée, vos fils reconnaîtront ce qu'a dit Schopenhauer en finissant :

« Ce monde, avec tous ses soleils et toutes ses
« voies lactées, — est *le Néant.* »

APPENDICE

EXPOSÉ DES SYSTÈMES DE SCHOPENHAUER ET DE M. DE HARTMANN

La philosophie allemande, après Leibniz, n'avait pas perdu de vue la grande question de l'origine du bien et du mal. En 1787, Villaume avait publié sous ce titre : *De l'origine et des fins du mal*, un ouvrage dans l'esprit de Leibniz. Kant répondit en 1791 à cet écrit et aux théodicées qui abondaient en ce moment par son livre : *De l'insuccès de toutes les théodicées*.

La théodicée, dit-il, est moins une justification de la sagesse divine qu'un éloge de la raison humaine fait par elle-même. Elle parle cependant de ce qu'elle ignore, mais on n'a qu'elle à écouter, puisque l'expérience n'est d'aucun secours. Trois objections sont à résoudre : le mal moral est contraire à la sainteté et à la justice de Dieu ; le mal physique est contraire à sa bonté. La première réponse de la raison, à savoir que la Providence use du mal moral pour le bien général et ne doit pas être jugée par les hommes, indigne Kant à ce point qu'il ne se donne pas la peine de la réfuter. — Deuxième réponse : le mal moral n'est imputable qu'à la faiblesse humaine. — Il est donc excusable : il cesse d'être mal, dit Kant. Ce n'est pas Dieu, c'est le mal que l'on justifie. — Mais la liberté implique l'abus, le mal. Dieu le permet sans l'approuver. — Vous accusez d'impuissance Dieu qui n'a pu concilier le bien et le mal.

La théodicée dit que le mal physique n'empêche pas d'aimer la vie, qu'il est une condition de notre sensibilité, une occasion d'épreuve pour gagner un bonheur supérieur dans une vie future. — Personne ne voudrait recommencer la vie, répond Kant : si le mal en est inséparable, mieux vaut ne pas vivre. Pourquoi une épreuve puisqu'elle tourne mal pour la plupart, et que Dieu pouvait nous en dispenser.

La justice divine sort tout à fait compromise de cet examen. En effet, le remords n'est pas une punition suffisante : le coupable s'étourdit, de sorte que faire le mal est presque toujours une bonne affaire; le malheur sert si peu au triomphe de l'homme de bien qu'il meurt souvent victime de sa vertu.

Il examine ensuite le livre de Job et n'y voit rien qui le tire de peine : il se joindrait volontiers aux amis du saint homme pour le tenter.

En 1802, Teller fait une apologie de l'optimisme : *La plus ancienne théodicée*. Elle est aussi la dernière.

Dans la *Destination de l'homme*, Fichte nous enseigne que notre but est l'action, non la science. Il dépeint nos misères morales et physiques et nous apprend que cet état ne peut durer. La raison triomphera de la nature. La race humaine finira par n'être plus qu'une seule famille. Les voies et moyens qu'il indique n'ont plus rien laissé à faire aux socialistes, si ce n'est d'agir.

On trouve dans les œuvres de Schelling : *Écrits philosophiques* (1809), *Recherches philosophiques sur la nature de la liberté et divers problèmes qui s'y rattachent* (1818), une doctrine qui doit attirer l'attention.

Il raconte d'abord la naissance de Dieu. Au commencement existait la *nature en Dieu*, différente de lui, quoique inséparable. C'est d'elle que sont sortis Dieu et tous les êtres. En effet, ces êtres ne peuvent sortir de Dieu, puisqu'ils ne lui ressemblent pas, ni d'autre chose que Dieu, puisqu'il n'y a rien en dehors de lui : il ne reste qu'à les tirer de cette nature en Dieu, d'où il est issu lui-même. C'était une sorte de chaos ou Buthos, sans intelligence, qui s'agitait dans les ténèbres de l'abîme pour produire Dieu et l'univers. Le Buthos a conçu d'abord le Désir, puis la Représentation ou l'Intelligence, qui est le commencement de l'existence divine, l'embryon divin.

« L'Unité éternelle engendre en elle-même le désir...
« Le désir veut engendrer Dieu... En tant que l'abîme
« veut engendrer Dieu, il a une volonté, mais une volonté
« sans intelligence, par conséquent imparfaite. » C'est ainsi qu'il nous arrive de désirer un bien inconnu et de nous agiter au hasard, comme la mer qui soulève ses flots sans fin.

L'intelligence réagit sur l'abîme, sépare les forces, et alors naissent des êtres de plus en plus parfaits, par évolution.

Au fond de tout individu est un principe unique qui a deux origines, l'une dans l'abîme, l'autre dans l'intelligence, l'une dans les ténèbres, l'autre dans la lumière. Comme l'intelligence vient de l'abîme, la lumière vient des ténèbres : de là la lutte du bien et du mal.

« L'égoïsme vient du fond qui se manifeste comme
« volonté aveugle, comme penchant déraisonnable, avant
« qu'il ait réussi à s'unir à la lumière, qui est le prin-
« cipe de l'intelligence. A cet égoïsme fait échec l'intel-
« ligence comme volonté universelle qui s'assujettit les
« créatures et en use comme d'un instrument. »

La plus haute transformation des ténèbres en lumière a lieu dans l'homme. La volonté humaine maintient les forces en équilibre, tant qu'elle vit elle-même en harmonie avec la volonté universelle. De la rupture entre elles résulte la vie égoïste, et, avec celle-ci, tous les désordres.

Voici comment Schelling se montre optimiste. Le mal moral est nécessaire, mais n'est pas réel. Il est nécessaire, puisqu'à l'origine existait l'abîme des ténèbres. Il n'est pas réel, puisque la naissance de la lumière est un plus grand bien qu'on n'aurait pas vu, s'il n'y avait pas eu d'abord des ténèbres. Dieu a permis le mal pour montrer sa bonté. Sans le mal, il n'y aurait pas de Dieu.

Les ténèbres ont engendré la lumière, et aussi le mal moral, l'égoïsme, afin que la lumière lui opposât la charité.

Nous retrouverons dans Schopenhauer la séparation de la volonté et de l'intelligence, le désir aveugle, l'opposition de la volonté individuelle à la volonté universelle, la lutte de l'égoïsme et de la pitié. Schopenhauer a pu mettre Schelling à contribution. Mais Schelling a peut-être quelques reproches à se faire à l'égard de Jacob Bœhme et des Gnostiques.

Il n'est pas jusqu'à la Maïa hindoue dont Schopenhauer se plaît tant à agiter le voile de l'illusion, qui ne se retrouve dans Schelling. Avant que Schopenhauer eût fait venir de l'Inde le Bouddha doré qui faisait un si bel effet dans son cabinet, Frédéric Schlegel, un ironique, avait vanté la quiétude de Brahma : *De la langue et de la sagesse des Indous* (1808), J.-J. Wagner, le maître de Creuzer, dont nous pouvons omettre le système sur l'origine du mal (il l'attribuait à l'obliquité de l'écliptique !) avait célébré le Bouddhisme.

L'ouvrage de Blasche : *Du mal et de son harmonie avec l'ordre universel* (1827), est postérieur à celui de Schopenhauer (1819), mais il n'a pu s'inspirer d'un livre qui n'était alors connu que de l'auteur et de son libraire. D'après lui, le mal physique et moral est dû à l'homme qui sépare l'existence particulière de l'existence universelle ; il consiste dans l'égoïsme. La naissance de l'homme est sa première faute ; naître est la racine de l'égoïsme, mourir en est l'expiation. La volonté humaine est l'instinct de la conservation. Quoique la liberté ne soit pas autre chose que la nécessité de la nature, l'homme est responsable, parce qu'il a commis la faute de naître. La nature se transforme : l'existence individuelle n'est rien.

Hegel fait de l'Intelligence l'être primitif dont l'humanité devient l'expression par des intelligences individuelles, auxquelles il faut bien imputer non seulement les vérités, mais les erreurs.

Toutes ces propositions ont leurs analogues dans Schopenhauer.

Kant, Fichte, Schelling, Blasche, Hegel sont optimistes. Schopenhauer est pessimiste. Dans l'interprétation des mêmes faits, dans la conséquence opposée tirée des mêmes données, est la nouveauté de son système.

Nous allons analyser l'ouvrage principal de Schopenhauer : *Le monde comme Volonté et comme Représentation*. En réalité son œuvre est contenue dans le 1er volume. Le second, ajouté lors de la 2e édition, peut n'être considéré que comme un appendice. On peut les comparer à un roman dont le tome premier contiendrait le récit entier des événements jusqu'à la catastrophe, et le deuxième reviendrait sur quelques épisodes.

Nous ne nous ferons pas faute de faire de nombreuses citations, parce que, dans des démonstrations difficiles, rien ne peut remplacer les expressions de l'auteur qu'on risque de défigurer, et parce qu'il mérite encore plus d'être connu comme écrivain que comme philosophe : on aurait tort de décrire les traits, le visage d'une personne digne de curiosité, quand on n'a qu'à se ranger pour la laisser voir. Le style de Schopenhauer a une grande part dans son succès. Sans établir de comparaison, nous pensons que celui qui aurait lu tous les ouvrages sur Platon, sans l'avoir lu lui-même, ne connaîtrait pas Platon.

« Le monde est ma *représentation* ». Il est représenté dans la pensée de l'homme : son cerveau est comme un miroir où se peignent tous les objets. Que l'homme cesse de penser, que le miroir soit couvert, l'image s'efface, sauf à reparaître avec la pensée. — Ce n'est pas encore toute la vérité. L'image n'est pas la représentation des objets, de telle sorte qu'il y ait des objets d'une part, plus leur peinture de l'autre, une réalité et une copie. Cette représentation est la réalité, l'original.

Un des côtés du monde est la Représentation, l'autre la Volonté, dont l'étude viendra plus loin. Le monde comme Représentation a deux moitiés, essentielles, nécessaires, inséparables. L'une est le Sujet, ce qui connaît tout et n'est connu de personne : il est donc le support du monde ; tout ce qui existe n'existe que pour le sujet. L'autre est l'Objet : ses formes sont l'espace et le temps, d'où sort la pluralité. La première moitié, le sujet, ne se trouve pas placée dans le temps et l'espace, « car elle existe entière et indivise dans tout être perce-« vant ; il résulte de là qu'un seul de ces êtres joint à l'ob-« jet complète le monde comme représentation, tout aussi « parfaitement que tous les millions d'êtres qui existent ; « mais aussi que ce seul être disparaisse le monde comme « représentation n'existe plus[1]. »

« Le *principe de raison* est l'expression commune « des formes de l'objet qui nous sont connues *a priori*, « le temps, l'espace, la causalité. La succession, voilà dans « le temps la forme du principe de raison ; la succession, « c'est toute l'essence du temps. L'espace n'est autre chose « que la possibilité pour ses parties de se déterminer ré-« ciproquement ; cette détermination est ce qu'on appelle « la situation... L'essence de la matière n'est de part en « part que causalité. Son être, c'est son agir, et aucune « autre existence ne peut lui être attribuée, même par la « pensée. C'est comme agissante qu'elle remplit l'espace, « c'est comme agissante qu'elle remplit le temps ; son « action sur le corps humain (qui lui-même est matière)

[1]. *Le Monde comme volonté et comme représentation* ; vol. I, pp. 6, 7. Traduction Cantacuzène.

« détermine la perception; c'est dans celle-ci qu'elle
« existe exclusivement; on ne peut connaître le résultat
« de l'action d'un objet matériel quelconque sur un au-
« tre objet qu'en temps que ce dernier agit maintenant
« sur notre corps autrement qu'il n'agissait avant...
« Cause et effet, voilà donc toute la substance de la ma-
« tière : son être, c'est agir... Comme la causalité est
« l'essence propre de la matière, du moment qu'il n'y au-
« rait pas de causalité, il n'y aurait pas non plus de ma-
« tière. — Pour que la loi de causalité ait un sens et de-
« vienne nécessaire, il faut que le changement soit tel
« qu'il ne consiste pas uniquement dans un échange de
« positions entre elles, mais que, en un même endroit de
« l'espace, il existe à présent une position et plus tard une
« autre, et que, à même temps déterminé, il existe ici
« une position et là une autre... Le changement, c'est-à-
« dire la modification survenant en vertu de la loi de cau-
« salité se rapporte donc, à la fois, à une partie donnée
« de l'espace et à une partie donnée du temps conjointe-
« ment. Par suite la causalité relie le temps à l'espace...
« Au sein de l'espace pur, le monde serait rigide et im-
« mobile : plus de succession, plus de changement, plus
« d'action, alors plus de matière non plus, du moment
« qu'il n'y a plus d'action. De même dans le temps pur,
« tout serait fugitif : plus de permanence, plus de juxta-
« position, plus de simultanéité, partant plus de durée ;
« alors cette fois encore, plus de matière. C'est par la
« jonction de l'espace et du temps que naît la matière [1] ».

Il s'ensuit qu'on connaît *a priori* les qualités suivantes, impénétrabilité, extension, infinie divisibilité, permanence, mobilité.

La matière naît donc dans la représentation, de la causalité serrée entre le temps et l'espace, d'une position des trois formes du principe de raison.

Nous sommes en possession de deux notions, le sujet

1. *Le Monde*, I, pp. 7 à 14.

et l'objet. « Nous ne sommes partis ni de l'objet, ni du
« sujet, mais de la représentation qui les contient et les
« présuppose déjà tous deux, puisque la séparation en
« objet et sujet est sa forme première, sa forme la plus
« générale et la plus essentielle[1]. »

Complétons la théorie de la connaissance. Il y en a deux sortes, l'une directe, semblable à la lumière du soleil, obtenue par l'espace et le temps, formes de la *sensibilité*, par la causalité forme de *l'entendement* : elle est commune à l'homme et aux animaux, à tous les êtres pensants. « Tant que nous restons sur le terrain de la
« perception pure, tout est clair, déterminé et certain. Il
« n'y a là ni à interroger ni à douter, ni à faire erreur ;
« on ne veut pas et on ne peut pas aller au delà ; l'intui-
« tion nous laisse calme et le présent nous laisse satisfait.
« L'intuition se suffit à elle-même : c'est pourquoi tout
« ce qui ne procède purement que d'elle et lui est resté
« fidèle, comme une véritable œuvre d'art, par exemple,
« ne peut pas être faux, et ne peut plus à tout jamais être
« réfuté, car l'intuition ne donne pas une opinion, elle
« donne la chose même[2]. » Ce premier mode est la connaissance intuitive. L'autre est la connaissance abstraite. « Avec elle, naissent, dans la théorie, le doute et
« l'erreur, dans la pratique, le souci et le repentir. »

L'entendement est le même, dans l'homme et l'animal, mais ses degrés sont bien différents. La connaissance des complications les plus extrêmes de causes et d'effets dans la nature appartient à *l'entendement* et non à la raison qui est abstraite. Ce fut une conception immédiate, intuitive de l'entendement, que la découverte faite par Hooke de la loi de la gravitation, que celle de l'oxygène par Lavoisier[3]. « Le manque d'entendement
« s'appelle bêtise, c'est-à-dire obtusité dans l'application de

1. *Le Monde*, I, p. 40.
2. *Id.*, I, p. 56.
3. *Id.*, I, p. 34.

« la loi de causalité, incapacité de saisir immédiatement
« les enchainements de cause à effet, de motif à action[1]. »
Cette réflexion diminue singulièrement l'éloge de l'entendement, instrument si sûr et susceptible cependant de tant d'écarts.

Pour nous faire à la langue de Schopenhauer et nous habituer à ses divisions, repassons ce que nous venons d'exposer. Le premier côté du monde est la Représentation comprenant le sujet qui connait et l'objet connu. Il y a deux sortes de connaissance : l'une est l'intuition qui a lieu tout d'un coup, grâce au principe de raison. Celui-ci se compose du temps et de l'espace, appartenant à la sensibilité, et de la causalité qui est du domaine de l'entendement. La matière est toute causalité, et se trouve ainsi exister et être connue. — Observons qu'il ne faut pas confondre le principe de raison avec la raison, laquelle appartient au deuxième mode de connaissance, la connaissance abstraite dont nous allons parler.

« A côté des représentations examinées jusqu'ici, et
« qui, suivant leur composition, peuvent se classer en
« temps, espace et matière, quand on les considère au point
« de vue de l'objet, ou en sensibilité pure et entendement
« (c'est-à-dire connaissance de la causabilité), vues par
« rapport au sujet, il existe encore dans l'homme seul, entre
« tous les habitants de la terre, une autre faculté de con-
« naissance; il s'est ouvert à lui une nouvelle conscience,
« que l'on a très justement et instinctivement nommée la
« réflexion. C'est en effet un reflet, un dérivé de l'autre
« connaissance, mais elle a une substance et des formes
« entièrement différentes de celles de l'intuition[2]. » Cette faculté intellectuelle spéciale à l'homme est la raison. Le langage est la première production et l'instrument indispensable de la raison. De même que l'entendement n'a

1. *Le Monde*, I, p. 35.
2. *Id.*, I, p. 58.

qu'une fonction, connaître directement la relation de cause à effet, la raison n'en a qu'une, créer des concepts grâce auxquels l'homme vit, non seulement dans le présent, mais dans le passé et l'avenir, pourvoit à cet avenir par des institutions artificielles, réalise des plans médités à l'avance, agit d'après des maximes, choisit parmi plusieurs motifs, ce qui veut dire tout simplement qu'il connaît comme un spectateur quel est le motif le plus lourd qui fait pencher la balance. Le résultat de ces concepts est le langage, la conduite systématique, la science.

Les concepts forment une classe particulière de représentations. « La réflexion est forcément une copie, une
« répétition de son prototype, le monde perceptible, bien
« que cette reproduction soit d'une nature toute spéciale
« et formée d'une étoffe tout à fait hétérogène. Aussi peut-
« on très justement appeler les concepts des représenta-
« tions de représentations [1].

« Tout concept a ce que l'on appelle une étendue, une
« extension, ou une sphère. Or la sphère de chaque con-
« cept a toujours quelque chose de commun avec celle
« d'un autre concept, c'est-à-dire que l'on comprend en
« partie dans ce premier concept la même chose que dans le
« second; mais néanmoins chacun, ou au moins l'un des
« deux, contient quelque élément que ne contient pas l'au-
« tre; c'est là le rapport de tout sujet à son attribut. Recon-
« naître un tel rapport s'appelle juger [2]. » Le motif de cette propriété qu'il n'indique pas est la généralisation de plus en plus grande des abstractions. Il admire fort l'idée de représenter ces sphères par des figures géométriques, invention de Ploucquet, portée à sa perfection par Euler. Il a combiné lui-même un grand tableau à peu près aussi utile qu'une charade pour aiguiser le jugement.

Auprès des travaux des philosophes anglais, la logique de Schopenhauer peut passer pour de l'enfantillage. Il

1. *Le Monde*, I, p. 65.
2. *Id.*, I, p. 69.

démontre assez ingénieusement que l'utilité de la logique est à peu près nulle, et que celui qui l'apprend dans un but pratique ressemble à un homme qui veut dresser un castor à se bâtir une hutte. La manière dont il l'avait exposée le prouvait mieux.

Déjà malveillant pour l'intelligence, il maltraite encore plus la raison et ses œuvres, la science et la raison pratique. Il les met bien au-dessous de la représentation intuitive. Cette inimitié contre ce qu'il y a de meilleur est un des côtés les plus originaux de son système. Le motif du pessimiste est trop facile à voir. Sa tendresse pour la volonté vient de ce qu'il en a fait la cause de tous nos maux. Inintelligente, impuissante et nuisible, elle a tout ce qu'il faut pour mériter sa préférence.

Savoir, continue-t-il, c'est posséder dans son esprit, en vue de les reproduire à volonté, des jugements dont le principe suffisant de connaissance se trouve en dehors d'eux-mêmes, c'est connaître abstraitement, posséder dans des concepts de raison ce que d'une manière générale on connaissait déjà par une autre voie. Comme la raison ne nous fait jamais connaître que ce qu'elle a reçu elle-même d'ailleurs, elle n'élargit pas le champ de nos connaissances, elle leur donne seulement une autre forme. L'entendement seul reconnaît intuitivement et entièrement le mode d'action d'une poulie, d'une roue d'engrenage, la manière dont une voûte repose sur elle-même. Mais il ne suffit pas pour construire des machines ou des édifices : il faut que la raison accoure mettre des notions générales à la place des intuitions, prenne des concepts pour diriger le travail. L'importance du savoir consiste avant tout dans sa transmissibilité et dans la possibilité de le conserver invariable ; c'est ainsi seulement qu'il acquiert tout son prix pour la pratique. La connaissance intuitive suffit quand on entreprend d'exécuter seul une action, mais non quand on a besoin de l'aide d'un tiers, ou quand il s'agit d'un acte qui ne peut s'exécuter qu'à plusieurs reprises, qui demande un plan réfléchi. Un inventeur peut construire seul une machine, quoiqu'il soit dépourvu de toute instruction scientifique ; mais si le concours de plusieurs hommes est nécessaire, il est indispensable que celui qui dirige les travaux ait conçu le plan abstrait : ce n'est qu'avec l'aide de la raison qu'un pareil concours d'activités devient possible. La raison, la réflexion sont quelquefois nuisibles, par exemple à l'escrime, au maniement d'un instrument de musique, parce qu'elles divisent l'attention et troublent l'esprit. Les sauvages montrent dans les exercices corporels une sûreté, une rapidité que l'Européen, habitué à la réflexion, n'atteint pas. L'art procède de l'intuition, jamais des concepts.

Quel est l'objet de la science ?

Si la science voulait acquérir la connaissance de son objet en examinant isolément toutes les choses comprises dans le concept, et arriver ainsi à en connaître peu à peu l'ensemble, la mémoire humaine n'y suffirait pas. C'est pourquoi elle a recours à cette propriété des concepts d'être contenus les uns dans les autres. Savoir enchaîner les sphères des notions les plus générales de toute science, c'est-à-dire connaître leurs principes les plus élevés, est la condition indispensable pour son étude. Le nombre de ces principes supérieurs, auxquels tous les autres sont subordonnés, varie beaucoup selon les sciences ; les unes, celles de classification, la zoologie, la botanique, et aussi la physique et la chimie, en tant que celles-ci réduisent toutes les actions à un moindre nombre de forces, ont la plus grande subordination ; elles demandent plus de jugement ; d'autres ont plus de coordination et réclament plus de mémoire ; l'histoire en est le type. La perfection d'une science comme telle, c'est-à-dire quant à la forme, consiste dans la plus grande subordination avec le moins de coordination possible des principes.

Cette théorie déguise la vérité banale : le but de la

science est de simplifier les principes, par exemple, la physique s'efforce de diminuer les lois, en les ramenant à une seule.

Qu'est-ce que la certitude ?

On croit généralement, mais à tort, que la qualité scientifique de la connaissance se trouve dans sa plus grande certitude. « Cette marche spéciale de la connais-
« sance dans les sciences, d'aller du général au particu-
« lier, a pour conséquence nécessaire que bien des choses
« doivent être établies par déduction de propositions anté-
« rieures, c'est-à-dire par des preuves ; c'est ce qui a
« donné naissance à cette erreur, qu'il n'y a d'entière-
« ment vrai que ce qui est prouvé, et que toute vérité de-
« mande une preuve ; car, au contraire, c'est plutôt cha-
« que preuve qui a besoin d'une vérité non prouvée, la-
« quelle forme la preuve de la preuve ; une vérité direc-
« tement établie est aussi préférable à celle qu'il faut fon-
« der sur une preuve, que l'eau prise à la source l'est à
« celle prise à l'aqueduc. C'est l'intuition, soit purement
« *a priori* comme celle qui est la base des mathémati-
« ques, soit empiriquement *a posteriori*, comme celle qui
« établit toutes les autres sciences, qui est la source de
« toute vérité et la base de toute science[1]. » Le grand agent de la découverte, l'induction, est défini une intuition multiple.

Quelles sont les limites de la science ?

La réponse manque de clarté. La philosophie a cela de propre qu'elle n'admet rien comme connu à l'avance. Elle ne peut pas s'appuyer sur des preuves, car prouver signifie déduire l'inconnu du connu ; or tout lui est également inconnu.

Il ne saurait y avoir un principe en vertu duquel exis-terait le monde avec tous ses phénomènes.

« La philosophie ne peut donc pas viser à trouver une
« *causa efficiens* ou une *causa finalis* de l'univers. La

1. *Le Monde*, I, p. 105 à 107.

« philosophie actuelle, du moins, ne cherche aucune-
« ment d'où vient le monde, ni pourquoi il existe, mais
« seulement ce qu'il est. Mais le pourquoi est subordonné
« au qu'est-il, vu que le pourquoi fait déjà partie du
« monde, puisque son origine est dans la forme des
« phénomènes [1]. »

Cette explication ambiguë donnée, ou plutôt cette précaution prise, au lieu de se borner à une cosmologie, Schopenhauer ne se fait pas faute, non seulement de faire une cosmogonie complète, mais encore, après avoir créé le monde, de proposer le moyen de le détruire. La chose en soi est même ce qu'il sait le mieux, comme nous le verrons tout à l'heure.

Notons qu'en traitant de la connaissance abstraite il a cru trouver la théorie du rire : « Le rire provient tou-
« jours et uniquement de ce que nous remarquons subi-
« tement la disparité entre un concept et l'objet réel que
« par la pensée nous rapportions à ce concept, n'importe
« de quelle manière ; et le rire lui-même n'est que l'ex-
« pression de cette disparité[2]. »

On peut dire plus simplement : l'erreur très grande aperçue subitement provoque le rire. Ainsi traduite l'explication ne satisfait plus. Il n'appartenait sans doute pas à un pessimiste de la découvrir.

La troisième production de la raison, après le langage et la science, est la raison pratique. Elle est encore plus malmenée que la science. « L'homme naturel ap-
« précie plus ce qu'il connaît directement que les notions
« abstraites, les pensées : il préfère la connaissance em-
« pirique à la connaissance logique. Tel n'est pas l'avis
« de ceux qui vivent plus en paroles qu'en actions, qui
« ont plus regardé de livres et de papiers qu'ils n'ont
« contemplé de choses de la vie réelle, et qui, arrivés au
« comble d'une pareille anomalie, deviennent des pé-

1. *Le Monde*, I, p. 135.
2. *Id.*, I, p. 96.

« dants et des cuistres. Cela seul peut nous faire com-
« prendre comment Leibniz et Wolff, avec tous leurs
« successeurs, ont pu s'égarer au point d'affirmer, à
« l'exemple de Duns Scot, que la connaissance intuitive
« n'est qu'une connaissance abstraite confuse... C'est
« cette opinion absurde qui a aussi fait rejeter des ma-
« thématiques leur évidence propre, pour y introduire
« l'évidence logique ; c'est elle encore qui a fait ranger
« sous la large dénomination de sentiment tout ce qui
« n'est pas connaissance abstraite et l'a fait déprécier ;
« c'est elle-même enfin qui a poussé Kant à affirmer en
« morale que la bonne volonté spontanée, qui porte
« l'homme à la justice et au bien, n'est qu'un vain sen-
« timent et un emportement momentané, sans valeur et
« sans mérite, et à ne connaître de valeur morale à la
« conduite qu'alors qu'elle est dirigée par des maximes
« abstraites [1]. »

Ce n'est qu'une application d'une des parties du
système de Schopenhauer, qui lui sont les plus chères ;
il l'a expliquée amplement dans le 4ᵉ livre et dans ses
deux *Essais*. La morale n'est d'aucun secours pour la
conduite qui est entièrement dépendante du caractère [2].

Il avait peur qu'elle ne nous améliorât et ne nous fît
prendre notre parti de vivre dans un monde si mauvais.
Il s'en prend ici au stoïcisme qu'il appelle un eudémonisme spécial, et constate son échec, quoique, plus pratique que les autres systèmes, au lieu de transporter la
vie dans le concept, il ait transporté le concept dans la
vie.

Le deuxième livre a pour titre : « Le monde comme
« volonté : Première considération : L'objectivation de la
« volonté. »

Nous voyons la représentation du monde, mais que

1. *Le Monde*, I, p. 139.
2. Schopenhauer manque ici d'originalité, car la question a
été rebattue par la philosophie grecque.

signifie-t-elle, qu'est-ce qu'il y a au-dessous, quel est son objet, sa base ? « Nous voulons connaître la signi« fication de ces représentations : nous cherchons à ap« prendre si ce monde n'est plus rien au delà de la « représentation, auquel cas, indigne de notre attention, « nous le laisserions passer devant nous, comme un « rêve inconsistant ou comme une image fantastique; ou « bien s'il est encore autre chose, s'il est plus que cela et « ce qu'il est [1]. »

Les philosophes, à l'exception des sceptiques et des idéalistes, parlent tous de la représentation comme ayant un objet pour base ; cet objet, quoique différent de la représentation par son essence et toute sa substance, « lui « ressemblerait néanmoins comme un œuf à un autre. « Mais nous ne gagnons rien à cette explication, et elle « ne nous aide pas à distinguer de la représentation un « semblable objet ; nous trouvons, au contraire, que les « deux sont une seule et même chose, puisque tout objet « suppose éternellement un sujet et par suite reste tout « de même représentation [2] ».

Si nous nous tournons vers les mathématiques, elles ne nous parleront que du nombre et de la grandeur, qui ne sont que relatifs, c'est-à-dire comparaison d'une représentation avec d'autres, et cela uniquement au point de de vue spécial de la quantité : ce ne sera pas l'explication que nous cherchons.

Nous adressons-nous aux sciences de la nature ? Les unes, comme la botanique, la zoologie, s'occupent de la description des formes : elles peuvent s'appeler la morphologie. Les autres, la physique, la chimie, la mécanique, la physiologie, expliquent les changements des formes. Le nom d'étiologie leur convient. La morphologie classe, sépare, réunit selon des systèmes naturels ou artificiels, démontre l'existence d'une analogie infini-

1. *Le Monde*, I, p. 159.
2. *Id.*, I, p. 154.

ment nuancée, d'une unité de plan « qui la fait ressem-
« bler à un ensemble de variations très diverses
« sur un thème qui manque... Elle fait passer de-
« vant nous une infinie variété de figures, reliées
« pourtant entre elles par une ressemblance de famille
« très reconnaissable; ce sont nos représentations, les-
« quelles, arrivant par cette voie, restent toujours étran-
« gères pour nous, et ressemblent, vues sous cet unique
« aspect, à des hiéroglyphes indéchiffrés. — L'étiologie,
« par contre, nous apprend qu'en vertu du principe de
« cause et effet, tel état déterminé de la matière en amène
« tel autre; et avec cela elle a expliqué et fourni tout ce
« qu'elle pouvait expliquer et fournir... Par là nous n'ob-
« tenons pas le moindre renseignement sur l'essence
« intime de l'un quelconque de ces phénomènes : cette
« essence, dont l'explication n'entre pas dans le domaine
« de l'étiologie, reçoit le nom de *force naturelle*, et la
« constance immuable avec laquelle se produit la mani-
« festation de cette force, on l'appelle *loi naturelle*.
« Mais cette loi naturelle, ces conditions, et cette produc-
« tion d'un phénomène en tel endroit et à tel moment
« déterminés, voilà tout ce qu'elle connaît et peut jamais
« connaître. » Schopenhauer se sert de la comparaison
célèbre employée par Leibniz: « On pourrait comparer
« cette recherche de l'essence à une coupe à travers un
« marbre; la coupe montrerait une foule de veines cou-
« rant à côté les unes des autres, mais ne permettrait pas
« de voir leur cours intérieur jusqu'à la face opposée. Je
« demande la permission d'employer une autre compa-
« raison, trop plaisante peut-être, mais beaucoup plus
« frappante : il me semble que le philosophe, qui, dans
« ses investigations, vient d'étudier l'étiologie de l'ensem-
« ble de la nature, doit éprouver le même sentiment
« qu'un homme entré, il ne sait lui-même comment,
« dans une société qui lui est totalement inconnue; après
« quoi, chaque personnage, à tour de rôle, lui en pré-

« sente un autre qui à son tour lui présente le premier
« comme un ami et un cousin, sans autrement se faire
« connaître : mon homme, qui assure à chaque présenté
« qu'il est enchanté de faire sa connaissance, aurait
« constamment sur les lèvres la question : « Comment
« diable suis-je entré dans cette société?... Nous voyons
« donc qu'en partant *du dehors* on ne peut arriver à
« connaître l'essence des choses : de quelque manière
« qu'on s'y prenne, on n'obtient que des images et des
« noms. L'on ressemble à quelqu'un qui tourne autour
« d'un château, cherchant vainement une entrée, et qui
« en attendant esquisse les façades. Telle est cependant
« la voie suivie par tous les philosophes jusqu'à moi [1]. »

Quelle est donc cette entrée du monde mystérieux que Schopenhauer a eu le bonheur de trouver? Il l'a montrée de loin, au commencement du premier livre. — Le monde que nous ne connaissons que comme représentation est semblable à notre propre corps, dont nous avons une connaissance double comme représentation et comme volonté. Participant aux deux côtés du monde, notre corps nous fait communiquer avec l'un et avec l'autre.

Le corps est représentation. — Il sert de point de départ au sujet pour la connaissance. L'entendement perçoit les effets et les causes; ceux-ci n'existeraient pas et l'entendement ne s'exercerait pas, s'il n'y avait pas de changements dans la matière du corps, dont l'essence est l'activité. Le corps fait dont partie de la représentation, est *objet immédiat*. Le reste nous est connu par lui, médiatement. Nous n'arrivons à la connaissance de notre corps comme objet proprement dit, c'est-à-dire nous ne le séparons du sujet, de la représentation, nous ne le plaçons dans l'espace, que par voie médiate, après l'application de la loi de causalité à l'action d'un corps étranger ou d'un de nos membres, la main, sur le corps. Ce n'est qu'en vertu de la connaissance, ce n'est que dans

---

[1]. *Le Monde*, I, pp. 156 à 160.

la représentation, c'est-à-dire uniquement dans le cerveau, que notre propre corps arrive à apparaître comme quelque chose d'étendu.

En d'autres termes, le corps est sujet, car il est la condition de l'entendement, il est objet, car le contact avec les autres corps le manifeste comme étendu dans l'espace, mais seulement sur le grand tableau de la représentation [1].

Le corps est volonté. — « Il serait impossible de connaî-
« tre la signification de ce monde qui est notre représenta-
« tion, ni de comprendre sa transformation de pure repré-
« sentation du sujet connaissant en quelque chose d'autre,
« si l'homme n'était lui-même qu'un sujet connaissant (une
« tête d'ange ailée et sans corps). Son propre corps est
« une représentation comme toutes les autres, un objet
« parmi les objets ; à ce point de vue, les actions, les mou-
« vements de ce corps ne lui sont pas autrement connus
« que les changements de tous les autres objets de l'intui-
« tion, et lui resteraient aussi étrangers et aussi incompré-
« hensibles, si leur signification ne lui était dévoilée d'une
« tout autre manière... L'essence intime et incomprise de
« ces manifestations et de ces actions de son corps, il
« l'appellerait également une force, une qualité ou un
« caractère, selon qu'il lui conviendrait, mais sans mieux
« la comprendre pour cela. Or, il n'en est pas ainsi, tout
« au contraire ; l'individu, le sujet connaissant possède
« le mot de l'énigme : et ce mot c'est *volonté* [2].

« Le sujet connaissant, dont l'individuation résulte de
« son identification avec le corps, connaît celui-ci de
« deux manières différentes : une première fois comme
« représentation intuitive dans son entendement, comme
« objet parmi les objets et soumis à leurs lois ; puis
« comme quelque chose qui est directement connu de
« chacun et désigné du nom de *volonté*. Tout acte de

1. *Le Monde*, I, pp. 30 à 32.
2. *Id.*, pp. 160-161.

« sa volonté est en même temps et infailliblement un
« mouvement de son corps; il ne peut pas vouloir effec-
« tivement un acte, sans le voir se produire tout aussitôt
« comme mouvement du corps. L'acte de volition et l'ac-
« tion du corps ne sont pas deux états différents connus
« objectivement et reliés par le principe de causalité; ils
« ne sont pas entre eux dans le rapport de cause à effet;
« ils sont une seule et même chose, qui nous est donnée
« de deux manières différentes, une fois immédiatement,
« et une autre fois dans l'intuition et pour l'entendement.
« L'action du corps n'est que l'acte objectivé (c'est-à-
« dire devenu perceptible à l'intuition) de la volonté...
« Vouloir et agir ne sont séparés que dans la réflexion :
« dans la réalité, ils ne font qu'un [1]. »

Cette identité du corps et de la volonté ne peut se prouver, mais nous savons que c'est l'avantage de la connaissance intuitive sur l'abstraite : notre confiance ne doit donc pas être ébranlée. On ne peut que l'élever de l'état de connaissance immédiate, *in concreto*, à celui de notion de raison et la transmettre à la connaissance *in abstracto*. Schopenhauer se flatte d'avoir le premier effectué ce travail.

Le corps humain est représentation et volonté. Il reste à passer dans les autres corps pour s'assurer qu'ils sont dans la même condition que nous et achever de traverser le monde, de la représentation à la volonté.

La double connaissance de l'essence et de l'activité de notre corps va nous servir pour reconnaître l'essence de tous les phénomènes dans la nature, et pour juger, par analogie avec notre corps, tous les autres objets qui nous sont connus seulement comme représentation. En conséquence nous admettrons que, semblables au corps comme représentation, ils le sont aussi quant à l'essence que nous nommons volonté.

« En effet, quelle autre existence ou quelle autre

1. *Le Monde*, pp. 160-163.

« réalité pourrions-nous attribuer au reste du monde ma-
« tériel ? Où prendre les éléments dont nous le compo-
« serions ? Hormis la volonté et la représentation, nous
« ne connaissons rien, nous ne pouvons rien concevoir...
« Si nous analysons la réalité du corps et de ses actes,
« nous n'y rencontrons, outre notre représentation, que
« la volonté ; avec cela, nous l'avons épuisée. Nous ne
« pouvons donc trouver nulle part quelque autre réalité
« à attribuer au monde matériel [1]. »

Nous avons réservé une question, traitée avec beaucoup de dextérité dans la première partie, parce qu'elle nous a paru mieux placée ici, au passage que nous venons de franchir, du corps aux objets extérieurs.

Quel est le rapport du sujet à l'objet ? Celui-ci est-il réel ?

Kant avait agrandi l'intervalle qui les sépare. Ses successeurs avaient essayé, non seulement de les joindre, mais de les identifier. Schopenhauer se moque de « l'ab-
« solu connaissable par intuition de raison ». Il remarque que la philosophie de l'identité cumule les deux erreurs à éviter, car elle se divise en deux écoles qui sont, l'une l'idéalisme transcendantal, la doctrine du moi de Fichte, laquelle, en vertu de la loi de causalité, fait produire ou dévider l'objet par le sujet, la seconde, la philosophie de la nature, qui fait naître graduellement le sujet de l'objet, en employant une méthode appelée construction. « Mais
« j'abdique toute prétention à la profonde science conte-
« nue dans cette construction ; car, pour moi, qui suis
« dépourvu de toute intuition de raison, tous les systèmes
« qui se fondent là-dessus sont un livre scellé des sept
« sceaux, et cela va si loin chez moi, quelque étrange
« que ce soit à dire, que ces leçons si profondément
« savantes me font toujours l'effet de hâbleries épouvan-
« tables, et fort ennuyeuses, par-dessus le marché [2]. »

1. *Le Monde*, I, pp. 169-170.
2. *Id.*, I, pp. 41-42.

Il est encore plus impitoyable pour le matérialisme, qui reconnaît l'objet et en fait même son point de départ pour parvenir au sujet et lui donner l'être et l'explication. La correction est cruelle et les coups frappent juste. « Il « cherche à trouver l'état primitif le plus simple de la « matière, pour en déduire ensuite tous les autres états, « s'élevant progressivement du simple mécanisme au « chimisme, à la polarité, à la végétation, à l'animalité ; « en admettant que la tentative puisse réussir, le dernier « anneau de la chaîne serait la sensibilité animale, la « cognition ; cette dernière serait donc une simple modi-« fication de la matière, un état de celle-ci, né de la cau-« salité. Si nous nous étions laissés conduire jusqu'ici « par le matérialisme avec ses représentations intuitives, « parvenus maintenant au sommet, toujours en sa com-« pagnie, nous nous sentirions pris subitement du rire « inextinguible des Dieux de l'Olympe, quand, nous « éveillant comme d'un rêve, nous nous apercevrions que « le dernier résultat si péniblement amené, la connais-« sance, était déjà implicitement admis comme condition « inévitable, dès son point de départ, la pure matière, et « que nous nous étions bien imaginé avec lui penser la « matière, tandis qu'en réalité nous n'avions pensé que le « sujet qui se représente la matière, que l'œil qui la voit, « la main qui la touche, l'entendement qui la perçoit. « Ainsi se dévoile inopinément cette immense pétition de « principe, car nous retrouvons tout à coup le dernier « chaînon comme point d'attache, auquel pend déjà le « premier anneau. La chaîne est un cercle, et le philoso-« phe matérialiste ressemble au baron de Münchausen, « lequel, tombé à l'eau avec son cheval, enlève celui-ci « avec ses jambes, et s'enlève lui-même en tirant sur la « queue de sa perruque. L'absurdité radicale du matéria-« lisme consiste à prendre l'objectif pour point de départ... « Tout ce qui est objectif est conditionné comme objet par « le sujet avec ses modes de connaissance, et les suppose

« d'avance, tellement que si, par la pensée, l'on élimine
« le sujet, l'objet disparaît entièrement[1]. »

La causalité suppose une intelligence : une intelligence ne pouvait donc pas ne pas être dès l'origine du monde. Ainsi présentée, l'objection ne s'adresse pas seulement au matérialisme, mais à Schopenhauer, dont la volonté inintelligente a précédé le phénomène de la représentation.

Schopenhauer se flatte d'avoir évité la difficulté. Tous les systèmes antérieurs partaient soit du sujet, soit de l'objet, qu'ils cherchaient ensuite à expliquer l'un par l'autre. Lui au contraire part de la représentation comme premier fait de la connaissance, dont la forme première et essentielle est la division en objet et sujet. Cette relativité du monde comme représentation, aussi bien pour sa forme la plus générale, sujet et objet, que pour la forme subordonnée, temps, espace, causalité, indique que l'essence du monde doit être cherchée d'un côté du monde totalement différent de la représentation, à savoir la volonté. Le sujet et l'objet ne sont que des formes. Il leur faut un fond : c'est la volonté.

Nous avons traversé le monde de part en part. Nous connaissons son essence qui est la volonté. Nous devons maintenant l'étudier.

Nos actions, quoique déterminées par des motifs, viennent de la volonté; c'est le caractère qui se prononce. Notre corps est aussi le produit de la volonté ; nos actions, notre corps en sont les phénomènes ; elle s'est objectivée, s'est rendue visible. Là-dessus se fonde la parfaite harmonie qui existe entre le corps de l'homme ou de l'animal et leur volonté générale, harmonie analogue, mais bien supérieure, à celle qui existe entre un outil confectionné pour un but et la volonté de l'artisan : c'est là ce qui fait également que cette harmonie se montre à nous

---

1. *Le Monde*, I, p. 43-44.

comme finalité, ou adaptation au but, ce qui est l'explication téléologique du corps [1].

L'universalité des phénomènes si variés de la représentation a la même cause que nos volitions, cause que nous appelons volonté. C'est elle qui, sous le nom de force, fait végéter les plantes, cristalliser le minéral, dirige l'aiguille aimantée vers le nord, attire la pierre vers la terre, la terre vers le soleil. C'est en réfléchissant à tous ces faits que, dépassant le phénomène, nous arrivons à la chose en soi.

Phénomène signifie représentation et rien de plus, et toute représentation, *tout objet est phénomène* [2].

Cette chose en soi a besoin d'emprunter un nom à quelque chose d'objectivement donné, par conséquent à un de ses phénomènes : celui-ci, pour être mieux compréhensible, doit être le plus parfait de tous ; la volonté se trouve être désignée pour ce rôle, mais comme *denominatio à potiori* seulement. En faisant rentrer le concept de force dans celui de volonté, on ramène une inconnue à quelque chose d'entièrement connu.

La chose en soi est différente de son phénomène et indépendante de toute forme : toute forme appartient au phénomène, non à l'essence. La chose en soi n'entre donc dans aucune des formes du principe de raison, par suite elle n'a aucune raison [3]. C'est elle qui cause notre conduite morale qui se trouve telle ou telle suivant que s'est rencontré notre caractère empirique individuel. « Si,
« faisant abstraction de mon caractère, je demande pour-
« quoi je veux telle chose et non telle autre, je ne trouve
« pas de réponse possible, vu que le phénomène de la
« volonté est seul soumis au principe de raison, la vo-
« lonté elle-même en est indépendante, et, en ce sens, on
« peut dire qu'elle n'a pas de raison [4]. »

1. *Le Monde*, I, p. 175.
2. *Id.*, I, p. 177.
3. *Id.*, I, p. 181.
4. *Id.*, I p. 172.

Elle est une, parce qu'elle se trouve placée en dehors du temps et de l'espace : la pluralité n'est effectivement possible que dans ces formes.

De ce qu'elle échappe à la forme de la connaissance, elle se dérobe à la connaissance ; elle ne peut être ramenée au principe de raison, elle ne pourra donc pas être expliquée à l'aide de ce principe, par la science pure.

Il y a une différence immense entre les phénomènes, depuis ceux de la nature inorganique jusqu'au plus éminent de tous, la volonté humaine. Comment se produit-elle ? Toute force naturelle, primitive et générale, n'est essentiellement qu'une objectivation de la volonté à un degré inférieur ; chacun de ces degrés s'appelle une Idée éternelle dans l'acception platonicienne (et non prise comme produit abstrait d'une raison dogmatisant scolastiquement suivant l'usage qu'en a fait Kant [1]). La loi naturelle est le rapport entre l'Idée et la forme de son phénomène, temps, espace, causalité. C'est par le temps et l'espace que l'Idée se reproduit en d'innombrables manifestations. Mais l'ordre dans lequel celles-ci revêtent les formes diverses est fixé par la loi de causalité. La matière oppose sa résistance aux prétentions des phénomènes : les uns se développent librement, d'autres sommeillent longtemps avant de trouver les circonstances propres à leur manifestation [2]. Lorsque plusieurs d'entre les phénomènes de la volonté, aux plus bas degrés de son objectivation, dans le monde inorganique, entrent en conflit parce que chacun d'eux, amené par la série des causes, cherche à s'emparer de la matière, il sort de ce conflit le phénomène d'une Idée supérieure qui l'emporte sur les imparfaites qui l'avaient précédée. Elle laisse subsister l'essence à un état subordonné, procédé qui n'est compréhensible qu'en vertu de l'identité de la volonté qui se manifeste dans toutes les Idées, et de son aspiration à une objectivation de plus en plus élevée [3].

1. *Le Monde*, I, p. 209.
2. *Id.*, pp. 216-217.
3. *Id.*, I, p. 233.

« Voilà donc que, dans la nature, nous trouvons par-
« tout conflit, combat et alternative de victoire ; cela nous
« servira plus tard à reconnaître bien clairement le dis-
« sentiment essentiel de la volonté avec elle-même. Cha-
« que degré d'objectivation de la volonté dispute à l'autre
« la matière, l'espace et le temps. La matière permanente
« doit perpétuellement changer de forme, parce que
« les phénomènes mécaniques, physiques, chimiques et
« organiques, dirigés par la causalité et pressés d'appa-
« raître, se la disputent avidement, voulant chacun ma-
« nifester son Idée. L'existence de cette lutte peut se
« constater à travers toute la nature, qui n'existe à son
« tour que par cette lutte.

« Cette lutte elle-même n'est que la manifestation du
« dissentiment essentiel de la volonté avec elle-même. Ce
« combat général est le mieux visible dans le règne ani-
« mal qui se nourrit du règne végétal, et dans lequel
« chaque animal sert à son tour de proie à quelque au-
« tre. En d'autres termes, chaque animal doit céder la
« matière par laquelle se représentait son Idée, pour
« qu'une autre puisse se manifester, car une créature vi-
« vante ne peut entretenir sa vie qu'aux dépens d'une
« autre, de telle manière que la volonté de vivre se repaît
« constamment de sa propre substance, et, sous ses di-
« verses conformations, constitue sa propre nourriture ;
« quant à l'espèce humaine, parvenue à subjuguer toutes
« les autres, elle considère la nature comme un produit
« créé à son usage, mais elle nous montre, elle aussi,
« avec une effrayante clarté, le spectacle de cette même
« lutte de la volonté avec elle-même, par laquelle l'homme
« arrive à être *homini lupus* [1]. »

Schopenhauer donne des exemples de cette guerre perpétuelle dans les degrés inférieurs de l'objectivation de la
volonté. Beaucoup d'insectes déposent leurs œufs dans le
corps d'autres animaux. La fourmi boule-dogue d'Aus-

1. *Le Monde*, I, p. 238.

tralie, quand elle se trouve coupée en deux, entame une lutte entre ses parties, l'antérieure et la postérieure ; s'attribuant réciproquement ce mauvais tour, elles tombent avec colère l'une sur l'autre à bras raccourcis. Les cristaux naissants se gênent mutuellement. L'aimant impose sa propriété au fer, afin de manifester aussi en lui son Idée. Le mouvement des corps célestes, l'opposition perpétuelle de la force centrifuge à la force centripète est une expression de la lutte générale essentiellement propre au phénomène de la volonté. Comme chaque corps est phénomène d'une volonté, et comme la volonté se présente nécessairement comme une tendance, l'état primitif de tout corps céleste condensé en sphère ne peut être le repos, mais le mouvement ; il n'y a donc pas lieu de rechercher une impulsion première à la force centrifuge. Dans la matière pure, le conflit de l'attraction et de la répulsion peut être regardé comme l'objectivation de la volonté au degré le plus bas.

Nous voyons donc sur le dernier échelon la volonté se montrer comme un élan aveugle, comme une impulsion obscure et vague, privée de toute connaissance. C'est ici son objectivation la plus simple et la plus faible. Nous la voyons encore apparaître dans toute la nature inorganique sous cette même forme de tendance inconsciente. Elle se manifeste dans des millions de phénomènes, tous semblables, tous également réguliers, n'offrant pas la moindre trace d'un caractère individuel, mais seulement multipliés par le temps et l'espace, c'est-à-dire par le principe d'individuation, comme une image répétée par les facettes d'un verre. Nous la voyons encore dans le règne végétal, où pourtant ce ne sont plus des causes, mais des excitations qui relient ses phénomènes, se montrer entièrement inconsciente. Enfin les degrés toujours ascendants de l'objectivation nous amènent jusqu'à celui où l'individu qui représente l'Idée ne pourrait plus se procurer une nourriture assimilable si ses mouvements n'obéissaient qu'à des excitations ; car l'excitation arrive quand elle peut et il faut l'attendre. De là naît la nécessité de la locomotion déterminée par des motifs, et, à cet effet, celle de la connaissance qui intervient dans ce degré d'objectivation de la volonté, comme un auxiliaire, comme une « μηχανή » indispensable à la conservation de l'individu et à la propagation de l'espèce.

« Mais dès que cet auxiliaire ou μηχανή est venu s'ad« joindre, subitement le monde comme représentation
« surgit avec toutes ses formes d'objet et de sujet, de
« temps, d'espace, de pluralité et de causalité. Le monde
« présente maintenant sa seconde face. La volonté qui
« poursuivait jusqu'alors sa tendance dans les ténèbres,
« avec une sûreté infaillible, arrivée à ce degré, s'est
« munie d'un flambeau qui lui était nécessaire pour
« écarter le désavantage résultant pour ses phénomènes
« les plus parfaits de leur surabondance et de leur va« riété. La sûreté, la régularité infaillible avec laquelle
« elle procédait dans la nature inorganique et le règne
« végétal, comme tendance aveugle, venait de ce qu'elle
« était seule à agir, sans le concours, mais aussi sans le
« dérangement que lui apporte un nouveau monde, tout
« différent, celui de la représentation, lequel, bien que
« reflétant l'essence même de la volonté, a pourtant une
« tout autre nature, et intervient maintenant dans l'en« chaînement de ses phénomènes. Par là, cesse désor« mais l'infaillible sûreté de la volonté.

« L'animal est déjà exposé à l'apparence, à l'illusion.
« Mais il n'a que des représentations intuitives; privé
« de concepts, de réflexion, il est l'esclave du présent et
« ne peut avoir l'avenir en vue... Avec la raison arrive la
« réflexion qui embrasse la vue de l'avenir et du passé,
« et, à sa suite, la circonspection, le soin, la faculté
« d'agir avec préméditation, enfin la conscience bien
« claire des propres décisions de volonté comme telles...
« Avec l'avènement de la raison, l'erreur devient possi-

« ble, et, en bien des cas, vient mettre obstacle à une
« objectivation adéquate de la volonté moyennant des
« actes. Car, bien que la volonté ait pris déjà dans le ca-
« ractère une direction déterminée et invariable, suivant
« laquelle la volition elle-même se manifeste infaillible-
« ment sous l'impulsion des motifs, cependant l'erreur
« peut néanmoins fausser ces manifestations, en ce que
« des motifs illusoires se glissent à la place des motifs
« vrais et les annulent : tel est le cas où la superstition
« suggère des motifs imaginaires, qui poussent l'homme
« à une conduite opposée à la manière dont sa volonté
« se manifesterait sans cela dans les mêmes circonstan-
« ces : Agamemnon immole sa fille ; un avare répand
« des aumônes par pur égoïsme, dans l'espoir qu'elles
« lui seront un jour rendues au centuple, etc. [1] »

Que veut la volonté ? « Chaque volonté est volonté de
« quelque chose, a un objet, un but de son vouloir. Que
« veut donc finalement ou à quoi aspire cette volonté,
« que l'on nous présente comme l'essence du monde en
« soi ? — Cette demande provient, comme tant d'autres,
« de ce que l'on confond la chose en soi avec le phéno-
« mène. C'est uniquement à celui-ci et non à celle-là
« que se rapporte le principe de raison, dont une des
« modalités est la loi de motivation. On ne peut jamais
« donner une raison que de phénomènes comme tels,
« de choses prises isolément, et non de la volonté, non
« plus que de l'Idée qui est son objectivation adéquate.
« Ainsi l'on peut chercher la cause d'un mouvement iso-
« lé, c'est-à-dire qu'on peut chercher l'état qui a nécessai-
« rement amené l'autre ; mais jamais on ne peut en cher-
« cher une pour la force naturelle elle-même qui se mani-
« feste dans ce phénomène : c'est un véritable non-sens
« que de demander la cause de la pesanteur, de l'électri-
« cité… Tout homme a constamment un but, des motifs,
« et sait à tout moment rendre compte de ses actions :

1. *Le Monde*, I, pp. 243 à 246.

« mais si on lui demandait pourquoi il veut en général,
« il ne trouverait pas de réponse : la question lui pa-
« raitrait même absurde... Le manque de but, l'absence
« de toute limite est essentiellement le propre de la vo-
« lonté en soi, qui est une aspiration sans fin...

« La volonté sait toujours, lorsque la connaissance
« l'éclaire, ce qu'elle veut à tel moment, en tel endroit.
« Mais elle ne sait jamais ce qu'elle veut en général ;
« tout acte spécial a un but ; l'ensemble de la volonté
« n'en a pas[1]. »

Le troisième livre nous ramène devant le monde comme représentation. « Seconde considération : La « représentation indépendante du principe de raison. « L'idée platonicienne. L'objet de l'art. » Tel est son titre.

Schopenhauer a la conviction que les degrés d'objectivation sont les idées de Platon, en tant qu'ils représentent les espèces bien définies, ou les formes et les propriétés primitives et invariables de tous les corps organiques ou inorganiques de la nature, ainsi que les forces générales se manifestant selon des lois naturelles. L'Idée n'est pas soumise au principe de raison : aussi n'a-t-elle ni pluralité ni changement. Les individus dans lesquels elle se manifeste, sont innombrables : ils naissent et périssent incessamment, mais elle, elle reste invariablement la même.

On connait les individus, et les individus connaissent par le moyen du principe de raison : l'Idée est en dehors de la sphère de connaissance de l'individu comme tel.

Pour qu'elle puisse devenir objet de sa connaissance, la condition nécessaire sera donc la suppression de l'individualité dans le sujet connaissant : en effet, le principe de raison est la forme de toute connaissance pour le sujet, en tant que celui-ci connait comme individu.

Schopenhauer reprend de page en page cette pénibl démonstration que nous pouvons nous épargner de

1. *Le Monde*, I, pp. 262 à 265.

suivre, en nous bornant à reproduire son intention. L'affranchissement de la volonté s'obtient par la suppression de l'individu, cette malheureuse objectivation qu'elle s'acharne à produire. Or, l'art est désintéressé: l'individu s'oublie, se supprime, en contemplant le beau. Donc l'art est un mode d'affranchissement.

Celui qui s'est ainsi plongé et absorbé dans la contemplation de la nature, au point de n'être plus qu'un pur sujet connaissant, affranchi de l'individualité, de la servitude de la volonté, sent qu'il est la condition, le support du monde et de toute existence objective, car celle-ci dépend désormais de la connaissance du sujet. Il attire en lui la nature et ne la conçoit plus que comme un accident de son propre être.

Et celui qui porte en soi ce sentiment, comment pourrait-il, en contradiction avec l'immortelle nature, se croire absolument périssable ? Non. Il se sentira au contraire pénétré de la vérité que proclame l'Oupanischad des Védas. « Hæ omnes creaturæ in totum ego sum, et præter me aliud ens non est. »

Platon est dans le vrai lorsqu'il n'attribue d'existence propre qu'aux idées et qu'il n'accorde aux choses existantes dans le temps et dans l'espace, dont se compose pour l'individu le monde réel, qu'une existence apparente et tenant du rêve. L'histoire de l'humanité, le tumulte des événements, les formes différentes de la vie des hommes, dans les différents pays et aux différentes époques, tout n'est que la forme accidentelle du phénomène de l'Idée, dans laquelle la volonté de vivre dévoile ses multiples faces par les qualités, par les passions, par les erreurs et les vertus de l'espèce humaine.

« Tout cela joue sans cesse la petite ou la grande co-
« médie de l'histoire du monde, dans laquelle il est indif-
« férent que ce soit pour des noix ou pour des couronnes
« que toute cette foule s'agite [1]. »

1. *Le Monde*, I, p. 291.

Les hommes ne sont rien ; qu'ils réussissent, qu'ils disparaissent, qu'ils périssent, le rôle qu'ils allaient jouer en main et avant d'avoir ouvert la bouche, il importe peu. Ils donnent l'idée de l'homme : elle seule vaut la peine d'être vue. « Supposons qu'il nous fût donné
« de voir distinctement le champ des événements possibles
« et toutes les séries des causes et des effets. Supposons
« que le Génie de la terre nous montrât dans un tableau
« tous les hommes éminents, les sages et les héros, que le
« destin a emportés avant qu'ils aient pu agir, puis les
« grands événements qui auraient changé la face du monde
« et auraient amené l'ère des lumières et de la plus haute
« civilisation, si le hasard le plus aveugle ou l'incident le
« plus futile n'avait dès le début étouffé leur développe-
« ment, et enfin la somme immense de forces chez quel-
« ques grands hommes, qui auraient suffi à féconder plu-
« sieurs siècles, et que, égarés par l'erreur ou par la pas-
« sion, ils ont prodiguées sans profit à des résultats indi-
« gnes et infructueux, ou gaspillées par pur amusement.
« S'il nous était donné de contempler ce tableau, nous
« frémirions et nous pleurerions les trésors perdus pour
« tant de générations. Mais le Génie de la terre se pren-
« drait à sourire et nous dirait. « La source qui produit
« les individus et leurs forces est inépuisable et aussi
« infinie que le temps et que l'espace, car, comme le
« temps et l'espace, ils ne sont également que phénomène,
« que volonté visible. Aucune mesure finie ne saurait
« épuiser cette source infinie, et toute action ou tout évé-
« nement étouffés dans leur germe ont, pour se reproduire,
« l'éternité entière ouverte devant eux. Dans ce monde
« du phénomène, il y a aussi peu de perte que de gains
« réels. La volonté seule existe, elle, la chose en soi, elle,
« la source de tous les phénomènes. Quand elle arrive à
« la conscience de soi, et se décide, en conséquence, à
« s'affirmer ou à se nier (à rentrer dans le néant), voilà le
« seul fait absolu, voilà le seul événement *en soi* [1]. »

1. *Le Monde*, I, p. 291.

Le mode de connaissance qui recherche les Idées, c'est l'Art. L'art conçoit par la pure contemplation, et reproduit les Idées éternelles, ce qu'il y a d'essentiel et de permanent dans tous les phénomènes d'ici-bas ; et, selon la matière dont il se sert pour cette reproduction, il constitue les arts plastiques, la poésie ou la musique. Son origine unique est la connaissance des Idées ; communiquer cette connaissance, tel est son but. On peut le définir « la contemplation des choses indépendamment du « principe de raison [1] ».

Le génie est une direction objective de l'esprit ; il consiste dans la faculté de se maintenir dans l'intuition pure, de se dépouiller de sa personnalité, de se détacher du service de la volonté. L'homme ordinaire, « ce produit de « la fabrication en gros de la nature, » est incapable d'une aperception désintéressée. Une tête de génie exprime une prépondérance marquée de la connaissance sur la volonté. Le génie est voisin de la folie. Schopenhauer n'est pas éloigné de croire que la réciproque est vraie. Il attribue la folie à une maladie de la mémoire dont l'enchaînement est rompu.

La jouissance que l'on trouve dans la contemplation du beau provient de deux éléments inséparables : connaissance de l'objet, non comme objet individuel, mais comme Idée, forme permanente de toute cette espèce d'objets : conscience du sujet connaissant, non comme conscience individuelle, mais comme connaissance de sujet purement connaissant et indépendant de la volonté.

« Tout vouloir a sa source dans un besoin, c'est-à-dire
« dans une souffrance. Sa satisfaction y met un terme ;
« mais pour un désir qui est satisfait, dix au moins ne
« peuvent l'être ; de plus, le désir est long, les exigences
« innombrables, tandis que la satisfaction est courte et
« strictement mesurée. Mais ce contentement lui-même
« n'est qu'apparent ; le désir accompli fait tout de

---

1. *Le Monde*, I, p. 294.

« suite place à un nouveau désir : le premier est une dé-
« ception reconnue : le second, une déception que l'on
« va reconnaître. Aucun souhait réalisé ne donne de con-
« tentement prolongé et durable : c'est une aumône à
« un mendiant ; elle lui sauve la vie, pour prolonger sa
« misère jusqu'au lendemain... Mais quand une occasion
« extérieure ou une disposition intime nous retire sou-
« dain du courant incessant de la volonté, arrache à son
« esclavage la connaissance, quand l'esprit ne porte plus
« son attention sur les motifs de la volonté, mais conçoit
« des choses dépouillées de leur rapport avec le vouloir,
« sans considération intéressée, sans subjectivité, alors
« d'un coup le calme se fait de soi-même, ce calme que
« nous cherchions toujours vainement dans la satisfac-
« tion de la volonté, et nous nous sentons maintenant
« parfaitement à l'aise. C'est cet état sans douleur qu'E-
« picure estimait être le bien suprême et la condition des
« Dieux, car nous sommes, tant que dure cet état, libé-
« rés du joug humiliant de la volonté. Forçats de cette
« volonté, nous fêtons un jour de repos. La roue d'Ixion
« est arrêtée. »

« Mais cet état est précisément celui que je décrivais
« plus haut comme étant exigé pour la connaissance des
« Idées. C'est l'état de contemplation pure, où l'on se
« plonge dans l'intuition, où l'on s'absorbe dans l'objet,
« où l'on oublie toute individualité... Dans ces conditions,
« il est indifférent que l'on contemple un coucher de so-
« leil du fond d'un cachot ou du balcon d'un palais [1]. »

« C'est cette béatitude de la contemplation involontaire
« qui répand un charme si magique sur les choses passées
« et lointaines, et qui, par une illusion que nous nous fai-
« sons à nous-mêmes, nous les fait voir sous un jour si
« beau. Quand nous nous représentons les jours, dès long-
« temps écoulés, que nous avons passés dans quelque
« endroit éloigné, ce sont les choses seulement que no-

1. *Le Monde*, I, pp. 311-312.

« tre imagination évoque, et non le sujet de la volonté,
« qui, alors comme aujourd'hui, portait le poids de ses
« incurables misères : mais celles-ci sont oubliées, car
« bien d'autres, depuis cette époque, sont venues les
« remplacer [1]. »

Avant d'étudier le beau objectif, Schopenhauer donne l'origine du sublime qui est subjective. Lorsque des objets dont les formes significatives invitent à les contempler sont en un rapport d'hostilité avec la volonté humaine, qu'ils lui sont funestes, qu'ils menacent l'homme avec une puissance irrésistible, ou que, par leur incommensurable grandeur, ils le font paraître un atome, lorsque le spectateur se fait violence pour s'arracher à sa volonté, et, s'abandonnant à la contemplation, regarde avec calme, en pur sujet de connaissance, ces objets si redoutables, alors c'est le sentiment du sublime qui le pénètre. La distinction entre le beau et le sublime consiste donc en ce que, en face du beau, la connaissance pure l'a emporté sans lutte, tandis qu'elle a été conquise par violence, en présence d'objets terribles ou d'une grandeur démesurée.

Les contrastes s'éclairent réciproquement : le contraire du sublime est le joli : lui, il stimule la volonté en lui présentant directement ce qui peut la flatter et la satisfaire : telles sont les scènes d'intérieur de l'école flamande, les fruits, les fleurs, ce que nous appelons, en France, les natures mortes, les tableaux de genre. « Il existe
« aussi un joli négatif, plus condamnable encore que le
« positif ; c'est le dégoûtant. De pareils sujets stimulent
« la volonté du spectateur tout comme le joli réel, et
« détruisent la contemplation esthétique pure. Seule-
« ment ce qu'ils excitent c'est un violent non-vouloir,
« c'est la répugnance [2]. »

Cette dernière théorie de Schopenhauer a un grand

1. *Le Monde*, I, p. 315.
2. *Id.*, I, p. 331.

prix : elle nous permet d'expliquer charitablement le goût de nos contemporains pour une littérature immonde; c'est le joli négatif qu'ils apprécient.

Enfin qu'est le beau objectif. Existe-t-il ? Sans doute. La réponse est brève, nette, catégorique. « Comme, d'une « part, tout objet existant peut être considéré objective-« vement et en dehors de toutes relations, comme, en « outre, la volonté se manifeste dans tout objet à un de-« gré quelconque d'objectivation qui exprime une Idée, « il s'ensuit que tout objet est beau [1]. » *Tout objet est beau.* Il n'y a de différence entre eux que celle qui a été signalée plus haut et qui produit les impressions subjectives du sublime et du beau, indirectement, par suite des efforts que l'on a à faire pour parvenir à la connaissance pure. — Tout est beau. Cette opinion, en esthétique, nous paraît valoir celle qui établirait en morale que tout est bien.

Dans le reste du livre, Schopenhauer étudie toutes les branches de l'Art, architecture, hydraulique, art des jardins, sculpture, tragédie, poésie, musique. On y trouve des applications de sa doctrine, des discussions, des critiques, des aperçus remarquables difficiles à résumer, agréables à lire. Citons un exemple.

Winckelman avait remarqué que l'on ne trouvait pas sur le visage du Laocoon l'expression d'un homme qui crie. Il interroge le génie de l'artiste et il fait de Laocoon un stoïcien : il voit l'esprit rudement éprouvé d'un grand homme, qui s'efforce d'étouffer toute manifestation de ses souffrances. Lessing n'est pas de cet avis : dans son célèbre ouvrage qui porte le nom de cette statue, il établit que la beauté ne permet pas l'expression du cri : d'ailleurs un état passager ne doit pas être reproduit dans une figure immobile. Goethe réplique que le choix d'un pareil moment est au contraire nécessaire. Hirt remarque que le cri a cessé et que l'asphyxie commence. Fernow

---

1. *Le Monde*, **I**, p. 331.

APPENDICE

cherche inutilement à concilier ces opinions [1]. Schopenhauer y réussit très bien. Le sculpteur n'a pas fait crier Laocoon, parce que c'est impossible: une bouche ouverte serait disgracieuse et d'un effet inintelligible. Après cette belle découverte, Schopenhauer a dû éprouver quelques minutes de *béatitude de contemplation involontaire*.

Les quatre livres traitent alternativement de la représentation et de la volonté. Le quatrième a pour titre : « Le monde comme Volonté. Seconde considération. « Affirmation et négation du vouloir-vivre par la Volonté « arrivée à la conscience de soi. »

Cette dernière partie s'annonce comme la plus grave car elle concerne les actions humaines. Le titre de philosophie pratique lui conviendrait par opposition à la philosophie théorique étudiée jusqu'ici. Mais toute philosophie est toujours théorique, car il est de son essence de se maintenir sur le terrain de l'observation et d'analyser, non de donner des préceptes. S'appliquer à devenir pratique, vouloir guider la conduite et réformer les caractères, ce sont là des prétentions surannées, auxquelles, de nos jours, mûrie par l'expérience, elle devrait enfin renoncer. « La vertu ne s'enseigne pas plus que le gé-
« nie ; pour elle, la notion est aussi infructueuse que
« l'art, et peut tout ou plus lui servir d'instrument.
« Il serait aussi insensé de demander à nos systèmes
« de morale de produire des vertueux, des nobles et des
« saints, que de demander à nos traités d'esthétique de
« créer des poètes, des sculpteurs et des peintres... Encore
« moins ai-je le projet de fournir un principe général de
« morale, une espèce de recette universelle, propre à
« créer toutes les vertus... En général, nous ne parle-
« rons pas du tout de devoir : ce langage n'est fait que
« pour s'adresser à des enfants ou à des peuples encore
« dans l'enfance, mais non à des hommes qui se sont
« approprié toutes les lumières d'un siècle arrivé à sa

1. Madame Schopenhauer a écrit sa vie.

« majorité. N'est-ce pas en effet une contradiction pal-
« pable de dire que la volonté est libre, et de lui pres-
« crire pourtant des lois d'après lesquelles elles doit vou-
« loir ? Devoir vouloir ! — Un *Sidéroxylon !* » Un Sidéroxylon (du fer en bois), une contradiction dans les
termes mêmes, est la plus sanglante injure du riche vocabulaire de Schopenhauer. Ce qui serait une contradiction serait la nécessité et le devoir, le choix du bien
ou du mal proposé à qui ne peut prendre que l'un des
deux. Schopenhauer n'y tombe pas : il nie le devoir, ici,
à la page 433; mais il va nous le recommander fortement un peu plus loin.

« Notre philosophie continuera à se maintenir dans
« *l'immanence :* fidèle aux grandes leçons de Kant, elle
« ne se servira pas des formes du phénomène, dont le
« principe de raison suffisante est l'expression générale,
« comme d'un tremplin pour sauter par-dessus le phé-
« nomène lui-même qui seul leur donne une signification,
« et pour aborder le domaine illimité des fictions creuses.
« Ce monde réel et visible, dans lequel nous vivons et
« qui vit en nous, restera le sujet constant et la limite
« de nos recherches. » En conséquence, Schopenhauer
qui, abandonnant le monde de la représentation, est descendu déjà dans le gouffre du monde comme volonté,
où il l'a vue s'affirmer, va remonter, puis s'élancer dans
l'avenir où il nous la montrera se niant. « Je suis d'avis
« que celui-là est encore infiniment loin de posséder une
« connaissance philosophique du monde, qui s'ima-
« gine pouvoir en saisir l'essence *historiquement,* sous
« quelque forme que ce soit, et quelque finesse qu'il
« mette à le dissimuler : c'est cependant le cas, dès que,
« dans les vues qu'il conçoit sur la nature des choses
« en soi, il intervient la notion d'un devenir, dès que
« *avant* et *après* ont pour lui la moindre signification,
« et dès que, par suite, ouvertement et hypocritement,
« il cherche et découvre le point où commence, et celui

« où finit le monde, avec la route qui va de l'un à l'au-
« tre, et dès que, à plus forte raison, l'individu qui croit
« ainsi faire de la philosophie sait indiquer comment
« l'homme se trouve placé sur cette route. De sembla-
« bles systèmes historiques aboutissent le plus ordinai-
« rement à une cosmogonie, dont il existe plusieurs va-
« riétés, ou à une théorie de l'émanation, ou encore à
« une doctrine de la segmentation ; ou bien enfin, lors-
« que, désespéré de tant de tentatives inutiles dans ces
« voies, l'on est poussé dans la dernière qui reste, il en
« résulte une théorie de la création perpétuelle, de la
« descendance, de la génération, de l'apparition au jour
« en sortant du sein de la nuit, ou du sombre abîme,
« ou de la matière première, du chaos sans fond, et
« mille autres extravagances de cette nature, auxquelles,
« du reste, il est facile de couper court ; c'est de faire ob-
« server que toute une éternité, c'est-à-dire un temps in-
« fini, s'étant déjà écoulée jusqu'au moment présent, tout
« ce qui pouvait et devait naître doit être né déjà [1]. »

Justement l'objection n'a pas de valeur contre une création par un être éternel, mais elle frappe en plein un système d'évolution, comme est celui d'une volonté qui s'objective de plus en plus dans des idées et que nous sommes destinés à voir, après s'être affirmée, se nier. Retenons que celui-là est infiniment loin de posséder une connaissance philosophique du monde qui, dans les vues qu'il conçoit sur la nature des choses en soi, fait intervenir la notion d'un devenir, pour qui avant et après ont la moindre signification, qui sait comment l'homme se trouve placé sur la route entre les points où commence et finit le monde.

La volonté est inconsciente : c'est une simple tendance aveugle et irrésistible, telle que nous la rencontrons encore dans la nature des règnes inorganique et végétal. Mais par l'adjonction du monde de la représentation qui

1. *Le Monde*, I, p. 435.

s'est développé à son usage, elle acquiert la conscience ainsi que l'objet de son vouloir. Elle reconnaît que ce qu'elle veut n'est autre chose que le monde, la vie. Il est indifférent de dire simplement la *volonté*, ou la *volonté de vivre*.

La volonté est la chose en soi, la substance, l'essence du monde. La vie, le monde visible, le phénomène est le miroir de la volonté. Il s'ensuit que la vie accompagnera aussi inséparablement la volonté que l'ombre accompagne le corps. La vie est donc assurée au vouloir-vivre, et aussi longtemps que celui-ci existe en nous, nous n'avons pas à être en peine pour notre existence, même à l'aspect de la mort. Nous voyons bien l'individu naître ou mourir, mais il n'est qu'un phénomène. La volonté de vivre, dont l'individu n'est pour ainsi dire qu'un exemplaire ou un spécimen singulier de manifestation, n'est pas plus affectée de la mort d'un être individuel que la nature n'en est troublée. C'est seulement à l'espèce que la nature s'intéresse, l'entourant d'un luxe de précautions par la surabondance inouïe des germes et par le pouvoir immense de l'instinct de reproduction. L'individu n'a aucune valeur pour elle, puisque son domaine embrasse un temps et un espace infinis, comprenant un nombre infini d'individus possibles. Elle est toujours prête à abandonner l'individu. Elle exprime par là tout naïvement cette grande vérité, que les Idées seules, et non les individus, ont une réalité véritable. Or donc, l'homme étant la nature même à son degré suprême de conscience, et la nature étant la volonté de vivre objectivée, il n'est que naturel et que juste que l'homme, quand il a saisi ce point de vue et s'y maintient, se console de sa propre mort et de celle des siens, par les regards qu'il jette sur la vie immortelle de la nature, qui n'est autre que lui même.

« La nutrition et la reproduction incessantes ne diffè-
« rent de la génération, et l'excrétion ne diffère de la

« mort, que quant au degré. Nous sommes parfaitement
« satisfaits de conserver notre forme et nous ne regret-
« tons pas la matière rejetée. C'est la même attitude qu'il
« convient de garder, lorsque la mort vient réaliser en
« gros et dans une plus forte mesure ce qui se passe cha-
« que jour et à toute heure dans l'excrétion. Ainsi que
« nous resterons indifférents dans le premier cas, ainsi de-
« vrions-nous ne pas nous épouvanter dans le second.
« De ce point de vue, il est tout aussi insensé de souhai-
« ter la perpétuité de notre individualité, dont d'autres in-
« dividus viennent prendre la place, que de désirer la per-
« manence de la matière de notre corps que d'autre ma-
« tière vient à tout moment remplacer. N'est-il pas aussi
« absurde d'embaumer des cadavres, qu'il le serait de
« conserver précieusement nos déjections. »

« Pour ce qui est de la conscience individuelle, le som-
« meil vient chaque jour la suspendre totalement... La
« mort est un sommeil dont on a oublié de réveiller le
« dormeur, mais tout le reste demeure éveillé [1]. »

« Avant tout, il faut bien nous convaincre que la
« forme de la vie ou de la réalité n'est que le présent, et
« non l'avenir ni le passé ; ceux-ci n'existent que pour l'ab-
« straction, par l'enchaînement de la connaissance sou-
« mise au principe de raison. Aucun homme n'a vécu dans
« le passé et aucun homme ne vivra dans l'avenir. C'est
« le présent qui est la forme propre de toute vie : mais
« c'est une propriété assurée, que rien ne peut jamais lui
« ravir. Le présent est toujours là, avec tout ce qu'il ren-
« ferme : contenant et contenu restent fermes, inébran-
« lables, comme l'arc-en-ciel au-dessus de la cataracte.
« Car la vie est assurée à la volonté et le présent est im-
« muablement assuré à la vie. Certes, quand nous pen-
« sons aux milliers d'années écoulées, aux millions d'hom-
« mes qui ont vécu, nous nous demandons : Qu'étaient-
« ils ? Que sont-ils devenus ? — Mais nous n'avons en

1. *Le Monde*, I, pp. 110 à 112.

« revanche qu'à nous rappeler le passé de notre propre
« vie, à en évoquer les scènes dans notre imagination, et
« alors à nous demander de nouveau : Qu'était-ce donc
« que tout cela? Qu'en est-il advenu? — Ce qui a été,
« ce qui est, c'est la volonté dont la vie est le miroir, et
« la connaissance séparée du vouloir, qui, dans ce mi-
« roir, aperçoit distinctement cette volonté... L'objet,
« c'est la volonté devenue représentation, et le sujet est le
« corrélatif nécessaire de l'objet ; mais d'objets réels, il n'y
« en a que dans le présent, car le passé et l'avenir ne ren-
« ferment que des abstractions et des fantômes de l'es-
« prit : donc le présent est la forme essentielle et insé-
« parable du phénomène de la volonté. Le présent seul
« est ce qui est toujours et ce qui demeure inébranlable...
« Chacun peut dire : « Je suis à tout jamais possesseur
« du présent et il m'accompagnera comme mon ombre à
« travers l'éternité : par suite, je n'ai plus à m'enquérir
« d'où arrive le présent et comment il se fait qu'il existe
« précisément en cet instant. »... Celui qui aime l'exis-
« tence telle qu'elle est peut, en toute sécurité, la consi-
« dérer comme infinie et bannir la crainte de la mort
« comme une illusion qui lui fait redouter, sans motif,
« de pouvoir perdre un jour la possession du présent et
« qui lui présente l'image trompeuse d'un temps qui
« serait sans présent. Cette illusion est, par rapport au
« temps, ce qu'est, par rapport à l'espace, cette autre
« illusion qui fait que chacun s'imagine que le point
« occupé par lui sur le globe terrestre est le haut et que
« tout le reste est le bas. C'est ainsi également que cha-
« cun relie le présent à sa propre individualité, s'imagi-
« nant qu'avec elle tout présent disparaît et que le passé
« et l'avenir en restent alors dépourvus. Mais, de même
« que sur notre globe le haut se trouve en chaque point,
« de même le présent est la forme de toute vie : craindre
« la mort, parce qu'elle nous arrache le présent, n'est pas
« plus raisonnable que d'avoir peur de glisser vers
« le bas du globe terrestre, au haut duquel on a l'heu-

« reuse chance de se trouver en ce moment... Craindre
« la mort comme étant le destruction, c'est comme si le
« soleil, à son coucher, s'écriait en gémissant : Hélas!
« voilà que je vais me perdre dans la nuit éternelle [1]. »

Pour laisser descendre dans son cœur la consolation
que nous offrent les éloquentes considérations de Schopenhauer, il faut se pénétrer de ces deux vérités, à savoir,
que le passé et l'avenir sont des abstractions sans existence réelle et que le présent ne peut jamais nous faire
défaut. Or, ces deux propositions ne peuvent manquer
leur effet, car, si nous sommes convaincus que le présent
nous est assuré à jamais, nous voilà consolés d'après
l'hypothèse, si cette conviction a quelque difficulté à
s'asseoir, c'est le moment de se réjouir. En effet, le passé
et l'avenir n'ont pas d'existence, le présent cesse aussitôt d'exister : donc rien n'existe, et nous voilà tout d'un
coup au comble des souhaits de Schopenhauer, qui n'a
qu'à clore ici son livre, sans nous montrer le détail des
moyens d'en finir avec la volonté de vivre, pour rentrer dans le néant.

Le présent est assuré indéfiniment ; il est vrai que
c'est pour les autres. En élargissant ce point de vue,
nous pourrions même nous consoler non seulement
de la mort, mais des douleurs de la vie. Nous n'avons
ni ces richesses, ni ces honneurs, ni santé, ni amour,
mais d'autres en jouissent à notre place. Peu importe
que ce soit notre individu, affamé, dévoré de désirs, qui
s'assoie à cette table, près de cette femme, ou bien notre
rival, tous les deux phénomènes de l'idée : l'affamé
resté à la porte doit se persuader qu'il sent la chaleur
du vin et des baisers par les lèvres de l'autre. C'est vraiment
trop de bonheur pour un monde aussi mauvais.

Cette éloquente page que nous venons de citer pourrait
passer pour l'œuvre d'un optimiste exalté. Schopenhauer
s'en est peut-être aperçu ; mais la logique, procédé de

1. *Le Monde*, I, pp. 113 à 117.

mince valeur comme tout ce qui tient à la raison, n'était pas pour l'arrêter et nous priver d'un morceau d'un si grand effet : cependant hâtons-nous de l'oublier, de peur que nous n'écoutions d'une oreille distraite le philosophe qui va nous révéler les maux incurables de l'existence.

Enfin nous arrivons à la grande question. Quelle est la destinée propre et essentielle de la volonté ? — *Vivre, c'est souffrir.* Voilà la réponse.

« L'existence proprement dite de l'individu humain
« n'est que dans le présent. Celui-ci fuit librement vers
« le passé et cette fuite est un passage incessant vers la
« destruction, un mourir perpétuel. Abstraction faite des
« conséquences possibles pour le présent, ainsi que du
« témoignage qu'elle apporte sur la nature de la volonté
« dont elle est l'empreinte, sa vie passée est définitive-
« ment close; elle est morte, elle n'existe plus, et raisonna-
« blement il devrait lui être indifférent qu'elle ait été
« remplie de tourments et de joies. Mais entre ses mains
« le présent devient à tout instant le passé; l'avenir est
« entièrement incertain et toujours de courte durée. En
« conséquence, à ne la considérer même que dans sa
« forme, sa vie est un déversement continuel du présent
« dans le passé évanoui, une mort perpétuelle [1]. » Que nous sommes loin du dithyrambe en l'honneur du *présent* éternel !

Après la forme de la vie, voyons le fond. Sous le rapport physique, la vie est une mort incessamment empêchée, une destruction toujours retardée de notre corps. Nous luttons contre elle chaque fois que nous prenons notre nourriture, que nous dormons, que nous réchauffons nos membres : chaque souffle de notre respiration repousse la mort qui nous assaille. Mais elle est appelée à vaincre finalement, car nous lui sommes échus en par-

1. *Le Monde*, I, p. 497.

APPENDICE

tage, par le fait même d'être né, et elle ne fait que jouer un instant avec sa proie avant de la dévorer.

La souffrance ne se borne pas au corps. Les efforts incessants pour la bannir n'ont d'autre résultat que de la transformer. A l'origine, elle se manifeste comme dénûment, besoin, soucis pour l'entretien de la vie. A-t-on réussi, ce qui est bien difficile, à bannir la douleur sous cette forme, elle se présente immédiatement sous mille autres, variant avec l'âge et les circonstances, instinct sensuel, amour passionné, jalousie, envie, haine, angoisse, ambition, avarice, maladie. Si finalement elle ne trouve pas d'autre forme pour s'introduire, elle arrivera sous le triste et sombre costume de la satiété et de l'ennui contre lesquels alors on essaie tous les moyens. L'on ne parvient pas à les écarter sans ouvrir l'accès à la douleur sous une des formes précédentes, et alors le branle recommence, car la vie de chaque homme est ballottée entre la souffrance et l'ennui. Sa vie oscille entre eux comme un pendule ; ils sont ses éléments constitutifs.

Que vaut la satisfaction elle-même ? Voici cette fameuse théorie : « Toute satisfaction, ce qu'on appelle vulgaire« ment le bonheur, est en réalité d'essence toujours *né-* « *gative* et nullement positive. Ce n'est pas une félicité « spontanée et nous arrivant d'elle-même ; elle doit « toujours être la satisfaction d'un souhait : car souhai« ter, c'est-à-dire avoir besoin d'une chose, est la condi« tion préalable de toute jouissance. Mais avec la satis« faction cesse le souhait, et, par suite, la jouissance. « La satisfaction ou le bonheur ne peut donc jamais être « quelque chose de plus que la suppression d'une douleur, « d'un besoin, car à cette catégorie appartiennent non « seulement les souffrances réelles, manifestes, mais « encore chaque désir dont l'importunité trouble notre « repos et même le mortel ennui qui fait de notre exis« tence un fardeau. — Et puis, comme il est difficile

« d'arriver à un but, de venir à bout de quelque chose !
« Chaque projet nous oppose des difficultés et réclame
« des efforts sans nombre ; à chaque pas s'accumulent
« les obstacles. Quand enfin tout a été surmonté, quand
« nous sommes arrivés au but, quel autre résultat avons-
« nous acquis, sinon de nous être libérés d'une souf-
« france ou d'un désir, c'est-à-dire de nous trouver exac-
« tement dans le même état qu'auparavant ? — Il n'y a
« de donné directement que le besoin, c'est-à-dire la
« douleur. La satisfaction et la jouissance ne peuvent
« être reconnues qu'indirectement, par le souvenir de la
« souffrance et de la privation passées, qui ont cessé
« quand les autres se sont montrées [1]. »

L'impossibilité d'arriver à un contentement durable, ainsi que le caractère négatif du bonheur, proviennent de ce que la volonté, dont la vie humaine est l'objectivation, est une tendance sans but et sans fin. On peut admettre trois types extrêmes de la vie humaine, une volition puissante, de grandes passions (Radscha-Guna), — la connaissance pure, la conception des Idées ayant pour condition une intelligence affranchie du service de la volonté (Satwa-Guna), — enfin la léthargie de la volonté et de l'intelligence, l'aspiration creuse, l'ennui engourdissant (Tama-Guna). La vie individuelle erre entre ces extrêmes, sans s'y maintenir ni même y parvenir, allant de l'un à l'autre, d'un pas lent, hésitant. « C'est un vouloir
« débile d'objets mesquins qui se renouvelle sans cesse
« pour échapper à l'ennui. Il est vraiment incroyable
« combien, vue du dehors, la vie de la plupart des
« hommes s'écoule insignifiante et futile, et combien,
« sentie à l'intérieur, elle s'écoule morne et irréfléchie.
« C'est une aspiration vague, des tourments sourds, une
« marche chancelante et endormie à travers les quatre
« âges de la vie jusqu'à la mort, le tout accompagné
« d'une série de pensées triviales. Ils ressemblent à des

[1]. *Le Monde*, I, p. 510.

« horloges que l'on remonte et qui marchent sans savoir
« pourquoi. Chaque fois qu'un homme est conçu et vient
« au monde, l'horloge de la vie humaine est montée de
« nouveau, afin de répéter phrase à phrase, mesure par
« mesure, avec d'imperceptibles variations, la com-
« plainte déjà innombrablement de fois rabâchée[1]. »

D'où viennent tant de maux ? — De *l'affirmation de
la Volonté*, ce vouloir perpétuel que n'arrête pas l'intelligence et qui remplit la vie humaine. La vie des hommes se passe à vouloir, à savoir ce qu'ils veulent, et à y aspirer avec assez de succès pour n'être pas réduits au désespoir, et avec assez d'insuccès pour échapper à l'ennui et à ses conséquences. Ils ne goûtent pas ce qu'ils possèdent, car il est négatif, mais ce qu'ils espèrent, et ils continuent de s'efforcer, avec les mines les plus graves, comme les enfants quand ils jouent.

La volonté s'exalte souvent au point de dépasser l'affirmation du corps; cet état est signalé alors par des émotions violentes, par des passions énergiques, sous l'empire desquelles l'individu ne se contente pas d'affirmer sa propre existence, mais nie celle des autres et cherche à la supprimer partout où elle lui fait obstacle.

La conservation du corps par ses propres forces est un si faible degré d'affirmation de la volonté, que, si les choses s'en tenaient là, nous pourrions admettre qu'avec la mort du corps s'éteint aussi la volonté qui s'y manifestait. Mais la satisfaction de l'instinct sexuel affirme la vie par delà la mort de l'individu, affirme du même coup la souffrance et la mort, parties intégrantes du phénomène de la vie, et elle déclare avortée, pour cette fois, toute rédemption qu'aurait pu amener l'intelligence arrivée à sa plus haute perfection. C'est pour cette profonde raison que l'acte sexuel est considéré comme honteux. La mort est compensée par son opposé, la génération.

1. *Le Monde*, I, p. 511.

La cause de la lutte entre les individus est l'*Égoïsme*. La Volonté existe entière, indivise, dans chacun des individus qui sont ses manifestations : aussi chacun veut tout pour soi, veut tout posséder : ce qui lui oppose de la résistance, il voudrait l'anéantir. De plus, le monde entier, la nature, tous les êtres n'existent que dans la représentation de l'individu.

Tout être connaissant est donc en réalité la totalité du vouloir-vivre et la condition du monde comme représentation, un microcosme égal en valeur au macrocosme. Il est prêt à sacrifier tout ce qui n'est pas lui, pour conserver un instant de plus son propre moi, cette goutte dans la mer. Cette disposition, c'est l'égoïsme.

Pressé par l'Egoïsme, l'individu peut pousser l'affirmation de la volonté se manifestant dans son corps, jusqu'à la négation de celle qui se manifeste dans d'autres corps. Cette conduite est l'*injustice*. Le *mensonge* est une injustice : le mensonge le plus parfait est la *violation d'une convention*.

La notion d'injustice est primitive et positive : son opposée, celle de justice, est dérivée et négative. En effet, on n'eût jamais parlé de justice, s'il n'existait pas d'injustice. La notion de la première ne contient que la négation de la seconde.

La notion du juste, comme niant celle d'injuste, a trouvé son origine première dans les cas où une tentative d'injustice est repoussée par la force ; cette dernière action est une négation de négation, par conséquent une affirmation. On a le droit de contraindre une volonté étrangère à se désister de sa négation de notre volonté, en d'autres termes on a un droit de coercition. Ce droit à la violence est aussi celui au mensonge, dans les limites du droit du coercition.

La raison a compris que le meilleur moyen d'épargner à tous la douleur de subir l'injustice était de les faire renoncer tous également à la jouissance de la commettre.

APPENDICE

Ce moyen est le *pacte social* ou *la loi*. La morale s'occupe exclusivement du juste et de l'injuste, au point de vue actif. Au contraire, la science sociale, la théorie de la législation, n'a en vue uniquement que l'injustice soufferte et ne s'occuperait jamais de l'injustice commise, si ce n'était à cause de son corrélatif nécessaire et inséparable, l'injustice subie. Elle emprunte à la morale le chapitre qui enseigne la justice, mais pour en utiliser l'envers. De même qu'on a appelé spirituellement l'historien un prophète à rebours, l'on peut dire du législateur que c'est le moraliste à rebours.

Nous venons d'étudier la *justice temporelle*. Il y a aussi une *justice éternelle*. Celle-ci ne peut être rémunératrice; elle n'a pas, comme l'autre, besoin du temps pour compenser les mauvaises actions par leurs mauvaises conséquences. Ici la peine doit être si intimement unie à la faute que les deux ne fassent qu'un. Cette justice n'est pas incertaine, chancelante; elle est infaillible, ferme et sûre.

« Pour l'intelligence issue de la volonté afin d'être sa
« servante, telle qu'elle est donnée à l'individu comme
« individu, le monde ne se montre pas tel qu'il se révèle
« ensuite à l'observateur, à savoir comme objectivé par
« une même et unique volonté de vivre, identique avec
« lui. Le regard grossier de l'individu est troublé par
« ce que les Hindous appellent le voile de Maïa. Au
« lieu de la chose en soi, il ne voit que les phénomènes
« qui se montrent isolés, séparés, innombrables, variés,
« et même opposés. Il lui semble alors que la volupté et
« la douleur sont des choses toutes différentes : tel
« homme lui apparaît comme bourreau et meurtrier, tel
« autre comme martyr et victime; la perversité est pour
« lui une chose et la souffrance une autre. Il voit l'un
« vivre joyeusement dans l'abondance et la volupté, pen-
« dant qu'à la porte un autre meurt d'une mort cruelle,
« d'inanition et de froid. Il demande alors : « Où donc

« est la justice ? » D'après l'essence véritable des choses,
« chaque homme doit considérer toutes les douleurs du
« monde comme étant les siennes, et tenir pour réelles
« celles mêmes qui ne sont que possibles... Celui-là seul
« comprend la justice éternelle qui sait s'élever au-dessus
« de la connaissance procédant selon le principe de raison
« et bornée aux choses particulières, qui sait concevoir
« les Idées, voir au delà du principe d'individuation, et
« qui reconnaît que les formes du phénomène ne convien-
« nent pas à la chose en soi... Il comprend que, la volonté
« étant le principe de tout phénomène, les tourments
« infligés aux autres, ainsi que ceux subis par lui-même,
« le mal ainsi que la douleur ne frappent toujours qu'un
« même et unique être, que les phénomènes dans lesquels
« le mal et la douleur apparaissent se montrent seuls
« sous forme d'individus distincts, séparés par des temps
« et des espaces éloignés. Il comprend que la distinction
« entre celui qui inflige les souffrances et celui qui doit
« les subir n'est que phénomène et n'atteint pas la chose
« en soi, la volonté qui vit dans les deux. Celle-ci, abu-
« sée par l'intelligence attachée à ses ordres, se mécon-
« naît elle-même et, en cherchant dans l'un de ses phéno-
« mènes un surcroît de bien-être, elle produit dans l'autre
« un excès de douleur : emportée par sa véhémence,
« elle déchire de ses dents sa propre chair, ignorant
« que c'est elle-même qu'elle blesse, et manifestant de la
« sorte le conflit avec elle-même qu'elle recèle dans son sein.
« Persécuteur et persécuté sont identiques. L'un s'abuse
« en ne croyant pas avoir sa part de la souffrance, l'autre
« en ne croyant pas participer à la culpabilité. Si leurs
« yeux parvenaient à se dessiller, le méchant reconnaî-
« trait que, dans ce vaste monde, il vit lui-même au fond
« de toute créature qui souffre ; le malheureux à son tour
« comprendrait que tout le mal qui se commet ou s'est
« jamais commis sur terre dérive de cette volonté qui
« constitue aussi son essence à lui, qu'il a assumé toutes

« les souffrances qui en découlent et qu'il doit les suppor-
« ter en toute justice, aussi longtemps qu'il continue
« d'être cette volonté. Veut-on savoir ce que valent les
« hommes au point de vue moral, au total et en général ?
« Ce n'est que besoin, misère, désolation, tourment et
« mort. Il règne une justice éternelle. Si, pris en masse,
« ils n'étaient pas indignes, leur sort, pris en masse, ne
« serait pas aussi triste. C'est en ce sens que nous pou-
« vons dire : « Le monde lui-même est la sentence du
« monde [1]. » Si l'on mettait dans un plateau de la ba-
« lance toute la détresse du monde, et dans l'autre toute
« sa culpabilité, l'aiguille resterait au repos [2]. »

Schopenhauer ne fait qu'étaler sous un nouveau jour une doctrine qu'il nous avait déjà révélée. Il nous avait consolés de la mort, en nous apprenant que le présent nous est éternellement assuré, en la personne d'autres individus, phénomènes de la volonté unique ; il ajoute que les maux sont soufferts par tous, et les crimes commis par tous. A le bien prendre, le meurtrier souffre des coups qu'il porte à sa victime, celle-ci expie justement le crime du meurtrier, et d'ailleurs après sa mort elle n'aura pas perdu le présent dont celui-ci continuera à jouir. Le plus à plaindre sera le législateur que nous venons de voir occupé à prévoir et empêcher les injustices dans l'avenir, car, sans compter qu'il n'y a ni avenir ni liberté, s'il sait voir au delà du principe d'individuation, il se rendra compte qu'il n'y a pas d'injustice possible, puisqu'un être unique ne peut se faire tort à lui-même, qu'il n'y a donc pas de crimes mais une innocence éternelle, et que les châtiments sont une injustice temporelle et éternelle, les seules injustices qui puissent exister, en supposant qu'il puisse en exister.

Les considérations précédentes sur la conduite ont facilité la tâche d'élucider, dans un esprit philosophique,

1. Schiller.
2. *Le Monde*, 1, pp. 561 à 567.

l'importance vraiment morale de cette conduite, ce que le langage vulgaire désigne par les mots de *bon* et de *mauvais*. « Ces notions de bon et de mauvais, que les
« philosophes d'aujourd'hui considèrent, chose singulière,
« comme simples, par conséquent comme n'étant pas sus-
« ceptibles d'analyse, je veux les ramener à leur significa-
« tion propre, afin de ne pas laisser le lecteur dans l'er-
« reur de croire qu'elles renferment plus que ce n'est le
« cas en réalité et qu'elles expriment déjà par elles-mêmes
« tout ce qu'il est nécessaire d'exposer ici. Je n'ai pas
« plus l'intention, dans ces paragraphes sur la morale,
« de me retrancher derrière le mot de bon, que je ne l'ai
« fait dans l'Esthétique derrière le mot de beau, ou
« de vrai, pour faire croire ensuite qu'en pronon-
« çant ces trois mots, j'ai fait quelque chose de plus que
« de désigner trois notions extrêmement vastes et abstrai-
« tes, très pauvres par conséquent de contenu. »

« Nous allons nous occuper de ramener celle de bon
« à son sens vrai, ce qui peut se faire en peu de mots. Ce
« concept est essentiellement relatif et il désigne *la con-*
« *venance d'un objet à quelque tendance déterminée*
« *de la volonté*. Ainsi donc la pensée comprend par *bon*
« tout ce qui agrée à la volonté dans une de ses mani-
« festations quelconques, tous les objets qui lui servent
« à atteindre son but quelles que soient leurs différences
« pour tout le reste. C'est ainsi que nous disons : bonne
« nourriture, bonne route, bon temps, etc. Bref, nous
« nommons bon tout ce qui est exactement tel que nous
« le souhaitons en ce moment-là ; aussi telle chose peut
« être bonne pour l'un qui sera l'opposé pour un au-
« tre[1]. »

La notion du bon se divise en deux sous-espèces : celle qui se rapporte à la satisfaction immédiate de la volonté, l'agréable, celle qui comprend sa satisfaction médiate dans l'avenir, l'utile. Le bon est essentiellement relatif,

1. *Le Monde*, I, pp. 575-576.

car sa nature consiste dans sa relation avec une volonté spéciale. Le bon absolu est donc une contradiction. Le bon suprême, *sommum bonum*, signifie une satisfaction finale de la volonté, après laquelle il ne surgirait plus de nouveau désir, un motif dernier dont l'accomplissement amènerait un contentement indestructible du vouloir. Or, pareille chose est inadmissible.

Telle est la théorie du bien de Schopenhauer. Nous ne pensons pas qu'elle ait jamais été énoncée avec plus de légèreté et de crudité. La discuter serait faire injure à tous ceux qui savent ce qu'est le bien, c'est-à-dire à tous les hommes. Schopenhauer non seulement n'a pas compris la chose, non principale, mais unique, la seule qui mérite d'être vue, mais encore il ne s'est pas douté de son existence. Il a amplement démontré, ce qu'il n'entrait certainement pas dans son dessein de laisser voir, la plus grande infériorité morale qui puisse exister.

Le monde est mauvais : comment en douter puisqu'il n'y a pas de bien. Mais Schopenhauer met à notre disposition des moyens de nous délivrer du mal de l'existence, l'*Art* qu'il nous a déjà offert, mais qui n'est qu'un calmant, la *Pitié* qui n'est pas à dédaigner, surtout l'*Ascétisme* qui nous mène droit à la quiétude de l'*Anéantissement*.

Il existe une connaissance capable d'engendrer la vertu, c'est la connaissance intuitive, qui nous transporte au delà du principe d'individuation, nous fait voir notre moi, notre être, notre vouloir dans toute créature. Un homme, sous cette influence, établit, moins qu'on ne le fait en général, une différence entre lui et les autres. On trouve déjà dans la justice, la résolution prise de ne pas affirmer sa propre volonté au point de nier celle d'un autre. A un degré plus élevé la vraie bonté se manifeste par l'acte pur, c'est-à-dire désintéressé envers les autres. L'homme parfaitement bon met l'étranger sur la même ligne que lui-même : la bonté ne saurait aller au delà, car il n'existe pas de raison de préférer autrui à soi-même.

La souffrance fait partie essentielle de la vie. Les désirs naissent d'un besoin ; toute satisfaction est la suppression d'une douleur, non un bonheur positif. Quoi que fassent pour les autres la bonté, l'amour, la générosité, elles ne peuvent qu'essayer de calmer leurs souffrances. Ce qui sollicite aux bonnes actions et aux œuvres de charité, ce n'est donc toujours que la connaissance de la souffrance étrangère. Il en résulte que l'amour (ἀγάπη, *caritas*) est, par essence, de la *Pitié*.

Si la connaissance immédiate de l'identité de la volonté dans tous les phénomènes existe à un haut degré de netteté, elle manifestera une influence encore plus profonde sur la volonté. Quand le voile de Maïa s'est levé, quand l'homme prend part aux souffrances d'autrui autant qu'aux siennes propres, quand il est prêt à sacrifier son individu, s'il peut ainsi en sauver plusieurs autres, à partir de ce moment, sa volonté se détourne de l'existence, dont les jouissances lui font horreur, car il y voit l'affirmation de la vie. Il parvient alors à un état de renoncement volontaire, de résignation, de quiétude parfaite et de dépouillement absolu de tout vouloir. Sa volonté se convertit ; au lieu d'affirmer, elle nie sa propre essence dont le corps n'est que le reflet. Il ne se contente plus désormais d'aimer les autres comme soi-même et de faire pour eux autant qu'il ferait pour soi : il a horreur maintenant de cet être dont sa personne est l'expression visible, il déteste ce vouloir-vivre, essence d'un monde dont il a reconnu la désolation. Cette transformation, c'est le passage de la vertu à l'*Ascétisme*.

« Dans son corps, l'instinct sexuel se prononce par les
« parties génitales, mais il renie son vouloir et fait men-
« tir son corps. Une chasteté volontaire et absolue est la
« première étape dans la vie ascétique ou négation du
« vouloir vivre... La nature, toujours véridique et naïve,

« atteste que, si ce précepte devenait universel, la race
« humaine s'éteindrait, et, d'après ce que j'ai dit sur
« l'enchaînement des phénomènes de la volonté, je crois
« pouvoir admettre qu'avec sa manifestation la plus écla-
« tante disparaîtrait aussi son reflet plus pâle, les ani-
« maux, ainsi qu'avec la lumière du soleil s'éteignent
« les demi-teintes. Or, la connaissance s'évanouissant
« totalement, tout le reste du monde s'évanouirait de soi,
« car sans sujet il n'est plus d'objet [1]. »

L'ascétisme, ou l'anéantissement intentionnel de la volonté, est obtenu par la pratique volontaire d'une vie de pénitence et de macérations, par la souffrance. Quand un homme a parcouru tous les degrés d'une détresse croissante, nous le voyons parfois rentrer soudain en lui-même, s'élever au-dessus de soi et de la souffrance, et comme purifié et sanctifié par elle, avec un calme, une béatitude que rien ne peut troubler, attendre la mort avec joie. Bien différent de cet anéantissement de la volonté est l'anéantissement de son phénomène, de l'individu, par le suicide. Loin de nier la volonté, il l'affirme énergiquement. La négation ne consiste pas à détester les maux, mais les jouissances de la vie. Le suicide veut la vie; il n'est mécontent que des conditions dans lesquelles elle s'offre. En tuant le corps, ce n'est pas au vouloir-vivre qu'il renonce, c'est seulement au vivre. Il nie l'individu, non l'espèce [2].

La libération générale ne peut être obtenue que par l'extinction de la vie humaine au moyen d'une continence universelle.

Une grosse objection se présente. Il n'y a de liberté que pour la chose en soi, pour la volonté, qui oblige les

---

1. *Le Monde*, p. 609.
2. St-Augustin, *Du libre Arbitre*, l. III, ch. VIII. Le repos est une stabilité qui est la plus parfaite idée qu'on puisse avoir de l'être. Celui qui se suicide ne désire que d'être en repos, c'est-à-dire d'avoir encore plus d'être.

individus qu'elle a produits à agir avec nécessité, suivant leurs caractères et à l'occasion des motifs. Lancés par elle comme une pierre du haut d'une montagne, il faut qu'ils suivent la courbe, sauf à ricocher de motifs en motifs, comme sur des saillies et des aspérités, jusqu'à ce qu'ils tombent au bas. Comme donc se fait-il que cet individu donné comme nécessité devienne libre, s'il lui convient, de manière à remonter du bas de la montagne au sommet, à nier et renverser cette volonté qui l'avait lancé ?

Schopenhauer n'est pas embarrassé… « La contradic-
« tion entre ce que j'ai affirmé d'une part, concernant la
« nécessité avec laquelle la volonté est déterminée par les
« motifs en raison du caractère, d'autre part, concernant
« la possibilité d'une suppression totale de la volonté, en-
« levant par là toute efficacité aux motifs, n'est donc que
« l'énonciation, dans le langage de la raison philosophique,
« de la contradiction *réelle* qui se produit, quand la li-
« berté de la volonté en soi, de cette volonté à qui la néces-
« sité est étrangère, intervient directement dans son phéno-
« mène, qui est entièrement régi par la nécessité. Pour
« concilier ces contradictions, il suffit d'observer que la
« disposition intérieure qui soustrait le caractère à l'em-
« pire des motifs ne vient pas directement de la volonté,
« mais de l'intelligence qui a changé de nature. En effet,
« aussi longtemps que la connaissance est soumise au
« principe d'individuation, aussi longtemps qu'elle se
« guide sur le principe de raison, le pouvoir des motifs
« est irrésistible ; mais dès que le principe d'individuation
« a été pénétré, dès qu'on a compris directement que
« c'est une volonté, la même partout, qui forme l'Idée et
« l'essence de la chose en soi, dès qu'on a puisé dans cette
« connaissance l'apaisement absolu du vouloir, les motifs
« perdent tous leurs pouvoirs, parce que cette nature d'in-
« telligence qui pouvait s'en laisser influencer a disparu
« et a été remplacée par une connaissance de tout autre

« espèce. Le caractère peut être annulé entièrement par
« la conversion de la connaissance [1]. »

Nous sommes tirés de peines : le moyen est admirable
de simplicité. La Volonté seule libre forçait l'individu
qui était nécessité par son caractère à être et à se perpétuer ; mais l'intelligence annule le caractère ; alors l'individu devenu libre pousse à son tour la volonté nécessitée et la force à se nier elle-même.

La voilà sur le bord de l'abîme du néant : elle n'a
plus qu'à se précipiter. Elle est bien excusable de faire
quelques façons. De bonnes paroles de Schopenhauer,
pour la consoler, la décider, ne sont pas déplacées. A
vrai dire, la grosse affaire ne sera pas de convaincre la
Volonté, mais d'abord les individus.

Qu'est le Néant ? Il y a le *nihil privativum* ou négation de ce qui existe, le néant relatif, puis le *nihil negativum*, le néant à tous égards, absolu. Le dernier se transforme dans le premier, quand on le subordonne à une
notion supérieure. Ces distinctions sont empruntées à
Kant [2]. Le néant consiste donc dans la négation, la suppression de tout ce qui est positif, de tout ce qui existe,
du monde de la représentation. « Supprimées dès lors,
« ces impulsions et ces agitations sans trêve et sans but,
« qui constituent le monde à tous les degrés objectivés ;
« supprimées ces formes diverses se succédant et s'élevant
« progressivement ; avec le vouloir, supprimé aussi l'ensemble de son phénomène ; enfin, supprimées les formes
« générales du phénomène, celles de temps et d'espace,
« ainsi que la forme fondamentale, celle de sujet et

---

1. *Le Monde*, I, pp. 647-648.
2. Elles sont empruntées à Kant effectivement, mais pour un usage bien différent. Dans son *Essai pour introduire dans la philosophie les notions de grandeur négative*, Kant établit que si l'on déduit des forces opposantes les forces concordantes, il reste zéro. L'univers est positif, quant à un autre être, néant en lui-même.

« d'objet. Plus de volonté, plus de représentation, plus
« d'univers [1]. »

Reportons nos regards vers les hommes qui ont surmonté le monde, chez qui la volonté a renoncé à elle-même : nous n'apercevons plus que paix, calme absolu de l'esprit, profonde quiétude, sérénité imperturbable. Nous sommes pris d'une profonde mélancolie quand nous comparons cette condition à la nôtre, car le contraste n'en fait que mieux ressortir encore l'incurable désolation. « Méditer la vie des saints, voilà pour nous l'unique
« moyen de dissiper l'effet lugubre de ce néant que nous
« voyons planer, comme résultat final, derrière toute
« vertu et toute sainteté, et qui nous épouvante comme
« des enfants que l'obscurité fait trembler. Cela vaut
« mieux même que de vouloir éluder ces terreurs, à
« l'exemple des Hindous, par des mythes et des mots
« vides de sens, tels que l'absorption en Brahm ou le
« Nirwana des Bouddhistes. Oui, nous le reconnaissons
« ouvertement : ce qui reste après la suppression de
« la volonté pour ceux que la volonté anime encore, ce
« n'est effectivement que le néant. Mais à l'inverse
« aussi, pour ceux chez qui la volonté s'est supprimée et
« convertie, c'est ce monde si réel avec tous ses soleils et
« toutes ses voies lactées qui est *le Néant*. »

Telle est cette construction fantastique, gigantesque, bâtie avec les matériaux de toutes les religions et de toutes les philosophies, avec les ruines de toutes les civilisations, comme ces maisons élevées par les barbares sur les villes conquises et renversées. Dans cette masse énorme, sombre, incompréhensible, on voit les lourdes pierres de taille étagées des temples hindous, des contreforts gothiques, des marbres grecs pesant sur des murs de paille et de boue, de fines sculptures antiques enfoncées dans la brique, des statues de saints, des têtes de satyres noyées dans la maçonnerie, des colonnes, le chapiteau

[1]. *Le Monde*, I, p. 660.

en bas, des parties massives reliées par des planches et des clous, pas de fenêtres, une seule porte basse. Si on applique une échelle et si l'on approche l'œil des fentes, tout paraît obscur. Ceux qui se sont aventurés à l'intérieur ont parcouru un labyrinthe de couloirs sans issues, des salles sans air ni lumière où de monstrueuses idoles de l'Inde, des rangées de mamelles pendantes sur un ventre rebondi, sont assises sur une pile de jambes, déployant de nombreux bras, la tête gonflée, vide, empreinte d'une béatitude hébétée et sinistre. A travers les murs, on entend les cris effroyables, les plaintes, les gémissements de toutes les douleurs humaines.

La discussion du système de Schopenhauer présente de grandes difficultés. Ce panthéisme, auquel conviendrait mieux le nom de panthélisme, est une cosmologie, une encyclopédie. C'est le monde naturel arraché de ses bases et pétri, refait sur un nouveau plan : ce sont les travaux des hommes, philosophies, religions, sciences, mis en pièces, disloqués, raccommodés, refondus. Autrefois les philosophes, Locke et Hume par exemple, se contentaient de formuler une proposition, ce qui donnait assez à faire. Comment examiner une à une les pierres innombrables d'une construction de grandeur démesurée, prises aux quatre coins du monde, enlevées à tous les systèmes, rattachées ensemble d'une façon nouvelle, inouïe ?

Il suit l'idée qui le domine, le mépris universel. Il a arrêté dans sa tête le roman de la volonté : il faut que tout l'univers y entre, s'y accommode. Sa méthode est celle des explications vraisemblables qu'on regarde aisément comme assurées. Il ne se préoccupe pas beaucoup des preuves. Il arrange, il assemble : il se recule, pour jouir du coup d'œil d'ensemble, à une distance où les jointures, les détails échappent. — C'est effrayant ! — Il est satisfait.

Il se rassure en invectivant Fichte, Schelling, Hegel,

avec lesquels il a peut-être une crainte secrète qu'on ne lui trouve de la ressemblance, ou en s'appuyant sur d'innombrables citations généralement faites mal à propos[1]. Thalès, Démocrite, Euripide, Stobée, l'Y-King, les Oupunischad, Ange Silésius, le maître Eckhard, saint Paul, saint Bonaventure, Suarez et Chamfort, Calderon, saint Augustin, les philosophes, les poëtes, les tragiques, les naturalistes se sont tous trompés, à la vérité, mais ce qu'ils ont dit et ne pensaient pas confirme merveilleusement la théorie de la volonté. C'est un concert des penseurs et même des Gazettes et des Messagers des petites villes allemandes en l'honneur d'une vérité dont ils ne se doutaient pas, l'affirmation et la négation de la volonté. Nos saints eux-mêmes sont forcés de descendre des toiles où Raphaël et le Corrège avaient peint leurs têtes radieuses de calme et de sérénité, pour venir se ranger devant le gouffre du néant, *nihil privativum*, et en augmenter le formidable effet. La théologie des Hindous est particulièrement employée ; Schopenhauer a prophétisé que la connaissance qu'en venait d'acquérir l'Europe y produirait une renaissance semblable à celle dont le xvie siècle est redevable à l'étude de l'antiquité. Nous aimons à croire qu'il l'avait mieux pénétrée que le christianisme, avec lequel il en prend à son aise. Il se réclame particulièrement de Platon[2] et de Kant, de celui-ci avec trop de raison. Ce Descartes n'a pas manqué de Spinozas : mais on cherche en vain son Malebranche et son Leibniz.

Comment refuser sa confiance à un système qui explique tout, l'attraction et la connaissance, la méthode de démonstration des mathématiques et la physiognomonie, la saillie, l'extravagance, le calembourg, le quiproquo et

---

1. Citons un exemple. *Le Monde*, I, p. 602 : La nature attend son salut de la continence de l'homme, etc.
2. Voir la préface de la 2e éd. de la *Philosophie de Platon*, par M. Fouillée.

la convenance des Da Capo en musique ? Les contradictions fourmillent, les inconséquences abondent, les impossibilités se multiplient : Schopenhauer, avec la quiétude d'un Hindou affranchi de la volonté, continue à expliquer l'univers entier, sauf ses contradictions. Cependant, quand il en surgit une de telle taille qu'elle lui barre le chemin, telle que celle de la volonté en soi, laquelle a le monopole de la liberté, et de l'individu nécessité qui prend la liberté de nier et d'anéantir cette volonté sans laquelle il ne peut rien faire, Schopenhauer lui consacre un chapitre : en deux pages, il tranche le nœud de la contradiction, d'une main si leste qu'on ne voit rien (nous l'avons cité), et repartant aussitôt, dans les huit autres, il n'explique rien de moins que la fameuse question théologique de la nature et de la grâce : il trouve que les Cartésiens, Malebranche, Leibniz, Clarke, Arnaud n'ont rien éclairci eux-mêmes et n'ont fait que tourner dans un cercle perpétuel. « Bayle est le seul qui « laisse entrevoir qu'il entrevoit quelque chose. » Toutefois nous ne savons pas comment se résout la contradiction de son système, puisque, à la page 647, c'est l'intelligence qui a changé le caractère, et qu'à la page 656 c'est la volonté qui l'a supprimé.

Il est facile de suivre la marche de la pensée de Schopenhauer et de le surprendre faisant plier tous les obstacles pour former le nœud et le dénouement de son roman. Le monde doit être vide et misérable. La chose en soi est donc une force aveugle et inintelligente, la même que nous appelons volonté, qui se tend sans savoir ce qu'elle fait, qui veut mais ne veut rien ou veut vivre, ce qui est pris pour équivalents. Elle rencontre, on ignore comment, la matière qui n'est pas ce que nous pensons, mais la jonction de l'espace et du temps (lesquels, avec la causalité, sont des formes de l'intelligence, et paraissent cependant la précéder), et elle s'objective en êtres innombrables, minéraux, végétaux, animaux. La chose en soi ne tient pas aux individus, mais aux espèces, aux Idées, sans doute pour rendre le sort des individus plus précaire, car, puisqu'elle ne pense pas, on ne peut se rendre compte de sa préférence. Avec les animaux et l'homme paraît l'intelligence, et le monde comme représentation se fait voir. Mais comme il n'existe que dans la pensée, il faut en conclure, soit que tous les objets ont existé instantanément comme ils sont, dès le commencement, sont éternels, soit que nous sommes en présence d'une difficulté insoluble : en effet, si les objectivations ont eu lieu successivement, ce qui est l'opinion commune, les minéraux ayant paru d'abord, on se demande comment ils ont existé avant l'intelligence, puisqu'ils n'existent qu'à titre de représentation dans l'intelligence. C'est sans doute pour éviter cette question que Schopenhauer a établi que l'on ne pouvait connaître ni le passé ni l'avenir, mais seulement le présent, quoiqu'il ne se fasse pas faute d'annoncer l'anéantissement dans l'avenir.

L'intelligence a plusieurs sortes de connaissance, l'une abstraite, due à la raison qui était la plus noble et qui est réduite à un rôle méprisable, parce qu'il ne peut y avoir rien de grand dans le monde, ni raison, ni bien, l'autre, l'intuitive, qui fait voir tout ce qui est utile au roman de la volonté, même la chose en soi. Les produits de la raison, science, morale, n'amènent à rien. Surtout il n'y a pas de bien; nous en savons trop le motif : il faut un tour de force pour mettre debout la justice qui n'est que négative; Schopenhauer ne s'est pas aperçu que la justice n'a pas de sens sans la morale ; il n'est pas injuste de prendre une femme à son mari si la morale ne les a préalablement liés ensemble. Il conserve l'art : on ne peut se faire passer pour un barbare ou pour un homme né dans l'air épais de la Béotie : même tout est beau mais, il est vrai, bien peu; l'art n'est qu'un soulagement insuffisant. Pas de liberté : on doit s'en consoler, puisqu'il n'y a pas de bien.

Cependant tous les êtres s'agitent au milieu de maux incalculables.

Ils participent au dissentiment avec soi de la volonté qui est pourtant unique et possède un vouloir identique. Les animaux se dévorent, les hommes se ruent les uns sur les autres. Les misères sont intolérables. Enfin l'homme acquiert à point cette liberté qui lui était rigoureusement interdite.

Il pousse la volonté à se nier par persuasion. Le monde par représentation s'abîme dans le néant.

Tout ce que l'humanité s'était plu à considérer comme grand, est donc rapetissé à dessein et à plaisir. L'auteur de la nature n'est qu'une force inintelligente pour laquelle ce qu'il y a de mieux à faire est de s'annihiler. L'individu n'est qu'une partie insignifiante de l'espèce, qui souffre les douleurs de tous, commet les crimes de tous. La raison n'est qu'un appareil, une formule, un mouvement d'horlogerie; elle est bonne tout au plus à produire l'erreur. Le bien n'existe même pas.

Quelle logique opposer à un homme qui la déprécie systématiquement, qui, avec sa connaissance intuitive, voit tout ce qu'il veut voir, et nie en même temps que la valeur de la connaissance abstraite, tout ce qui ne lui plaît pas. Il n'a pas de preuves? — C'est un avantage, dit-il. L'intuition n'en fournit pas. C'est sa supériorité.

La partie, non plus romanesque, mais philosophique du système de Schopenhauer pourrait faire l'objet d'un examen approfondi. Mais d'abord l'entreprise serait difficile, car il emprunte de toutes les mains. En second lieu, ce travail serait inutile, car la partie romanesque ne dépend pas de la partie philosophique, c'est au contraire celle-ci qui a été subordonnée à celle-là. Le pessimisme ne serait pas atteint par la ruine de la philosophie qui lui est attachée et non à laquelle il est attaché lui-même.

Disons un mot de ses théories de la connaissance, de la volonté et de la liberté.

Que de critiques à faire au sujet de cette connaissance que, pour simplifier, ce qui équivaut ici à rabaisser, on réduit à des éléments menus, sans usage, avec lesquels on a la prétention de tout expliquer. Le temps et l'espace, partant on ne sait d'où, se rencontrent et, en se joignant, forment la matière. Cette dernière est toute causalité.

La causalité est la forme de l'entendement : c'est elle qui relie le temps à l'espace. Donc, avec l'entendement, on connaît sans doute, sans erreur, les complications les plus extrêmes des causes et des effets dans la matière, la gravitation, le jeu d'une poulie, on découvre l'oxygène. Cet entendement est commun à l'homme et aux bêtes. Pourquoi les bêtes ne voient-elles pas le jeu d'une poulie, ne saisissent-elles pas la gravitation ? C'est que l'entendement a des degrés.

La grande question du sujet et de l'objet n'est-elle pas esquivée aussi par un procédé trop simple qui consiste à les mettre ensemble dans un côté du monde, celui de la représentation où ils ne peuvent exister l'un sans l'autre, et dont l'autre côté est occupé par la volonté seule.

Si l'on réunit trop facilement le sujet et l'objet, on sépare sans assez d'explication deux choses qu'on était habitué à voir confondues : la volonté et l'intelligence. La première parvient bien à produire l'intelligence, mais loin d'elle, à la périphérie de ses efforts, et l'intelligence qui éclaire tout, qui connaît tout, pénètre partout, ne peut remonter jusqu'à la volonté et lui faire voir clair dans son vouloir. Et ceci se passe sous le régime du monisme !

Mais la plus grave des erreurs de Schopenhauer est d'avoir méconnu, réduit à rien la raison, erreur qu'il n'a pas créée, mais accentuée, et il nous a rendu le service de nous montrer le danger d'un système qui permet de rabaisser, de détruire ce que nous avons de plus précieux, car, avec le bien, la raison est notre principale richesse : toutes les deux ont la même origine et une parenté étroite. Elle n'est pas une forme, le cadre d'une fenêtre sur le monde, un mécanisme à répétition, un moule de concept, la réflexion des rayons lumineux. Elle est la lumière même. Sans elle, l'œil ne verrait pas, mais elle n'est pas une partie de l'œil. Elle était dès le commencement, elle précède la connaissance, et quand le monde par représentation s'évanouit avec la pensée, elle demeure, et elle ne s'éteindra jamais.

Quand l'homme aperçoit le monde, il voit la matière et ce qui n'est pas en elle, mais lui donne un sens, identité, différence, unité, pluralité, proportion, convenance, ordre, régularité, causalité, beauté et autres rayons de la raison. Il peut cesser de penser et la matière pourrait cesser d'exister, mais cette raison qui lui a donné un sens pour l'homme ne peut pas ne pas être. On tourmentera sa pensée tant qu'on voudra, on n'arrivera jamais à croire que la raison ne puisse pas ne pas être, qu'il y ait un moment où elle n'ait pas été, ou ne soit plus. Elle est nécessaire, éternelle. Elle ne peut être sans une intelligence. Il y a donc une intelligence nécessaire, éternelle.

Elle est le véritable objet, et elle est aussi sujet, objet plus que la matière, sujet autant que nous : elle entre en nous comme la lumière dans l'œil. Si elle s'effaçait, c'est alors que la représentation s'évanouirait ; nous et la matière, le sujet et l'objet restant face à face, seraient comme s'ils n'existaient pas.

Aujourd'hui, lorsque les hommes veillent et s'endorment, autant de mondes identiques ne naissent pas et ne disparaissent pas au bout de chaque nerf optique, comme des fantasmagories. L'œil de celui qui a créé la matière continue à la voir, et sa main continue à la faire tourner.

L'humanité disparaîtrait, le monde resterait ce qu'il est : une autre humanité serait créée, elle le retrouverait comme il est.

Schopenhauer raille le matérialisme qui refait le monde, en partant de l'objet : d'abord le mécanisme agite la matière, puis apparaissent successivement le chimisme, la végétation, l'animalité, la vie, l'intelligence ; à ce point, Schopenhauer est pris d'un rire inextinguible, en s'apercevant que le résultat si péniblement amené, la connaissance, était déjà implicitement admis comme condition inévitable, dès le point de départ. « Tout ce qui est objectif est conditionné comme ob« jet par le sujet avec ses modes de connaissance et les « suppose d'avance, tellement que si, par la pensée, « l'on élimine le sujet, l'objet disparait entièrement [1]. »

Il ne se soustrait lui-même à la raillerie que par un procédé trop commode, en déclarant que sa connaissance intuitive ne lui permet pas de voir avant ni après, en se dispensant de faire connaitre l'origine de son monde. Encore n'y échappe-t-il pas complètement, car, dans le moment actuel, il nous montre sa volonté sans intelligence précédant les phénomènes de la représentation, donnant naissance à l'intelligence, ce qui est justement la faute qu'il reproche aux matérialistes.

Le sujet, avec ses modes de connaissance, précède l'objet : oui, nous n'en doutons pas. Mais ce sujet n'est pas le phénomène éphémère d'un cerveau précédant le reste du monde, d'une représentation faisant l'objet, c'est la Raison éternelle qui a créé le monde et l'homme, et fait voir à l'homme le monde par son aide à elle, la Raison, le vrai, l'unique mode de connaissance.

Cette objection, qui s'oppose au matérialisme et à d'autres erreurs, est affaiblie par les systèmes qui méconnaissent le rôle de la raison dans la connaissance.

En ce qui concerne la volonté, notre observation ne sera pas longue. La chose en soi est la force et la volonté, dit Schopenhauer. Il n'a fait que choisir l'un de ces deux noms pour désigner un être unique. Quelle preuve

---

1. Le Monde, I, pp. 43-44.

donne-t-il de cette identité ? Aucune. C'est le nœud du système, tous ses efforts auraient dû se concentrer sur cette démonstration : il glisse. Il ne s'appuie pas sur l'induction, mais sur l'analogie. Quelle analogie entre ce qu'il y a de plus dissemblable, de plus hétérogène ? Ces deux lourdes moitiés de la sphère, il les a attachées par un cheveu. Il faut retenir son souffle pour qu'elles ne se séparent pas et que le système ne tombe pas en morceaux.

De la théorie de la liberté on peut tirer aussi une leçon très profitable. Ceux qui nient la liberté s'appuient généralement sur ce que le motif entraîne la volonté par son poids. Le motif est un cube pesant qui, se plaçant sur un plateau de la balance, le fait pencher nécessairement. L'homme n'est que spectateur ; il peut avoir l'illusion de la liberté. Schopenhauer, beaucoup plus clairvoyant, ne met pas devant l'homme mais derrière lui ce qui détermine la volonté ; ce n'est pas le motif, c'est le caractère qui décide : le motif n'est que l'occasion, la circonstance.

La théorie de la décision par le motif est manifestement contraire à l'expérience. En effet, il n'y a pas qu'un seul motif, simple, régulier comme un cube, dont la densité est facile à calculer. Il n'y en a pas plusieurs. Il y en a une quantité innombrable, à la disposition de l'homme, pour toutes les éventualités ; le monde contient des motifs à l'infini. En outre, c'est l'homme lui-même qui les prend, qui les choisit pour les mettre dans la balance ; il les remue, les saisit, les abandonne, en cherche plus loin, les installe sur le plateau, et ce n'est que quand il ne le retient plus que l'aiguille a la permission de s'abaisser. Pourquoi ces crises, ces incertitudes de la tentation, si le motif n'a qu'à sauter dans le plateau pour l'enfoncer dans le vide. L'homme tenté se familiarise avec le mal ou s'éloigne, cherche les occasions ou les fuit, délibère ou chasse la pensée par les distractions, se laisse fascincr en s'approchant, ou, évoquant de grandes considérations, remet sa décision ou la précipite. C'est lui seul que nous voyons agir; le motif est à sa disposition; jusqu'ici il n'y a rien qui ôte à l'homme la conviction de sa liberté.

Mais n'y a-t-il pas derrière lui quelque ressort qui le pousse à faire un choix parmi les innombrables motifs, à s'avancer ou à reculer, à hésiter ou à se presser de les déposer dans la balance. C'est là la véritable question. Schopenhauer a eu le mérite de le voir : mais il a donné au problème, cette fois bien posé, une détestable solution. L'homme est déterminé par son caractère qui lui est imposé par la chose en soi, odieuse doctrine, qui rend inutiles la morale, l'éducation, qui permet à la mère d'abandonner sa fille dans un milieu de débauche, qui rend indifférents les exemples d'honneur et d'immoralité, et qu'il est du devoir de condamner et de flétrir, tant que le mépris sera en usage. Le caractère a une influence considérable, croissante ; il va en allégeant l'effort de l'homme ou en le paralysant de plus en plus. Mais ce caractère, ces provisions de réflexions, cet exercice, ces habitudes, ce capital moral sont l'œuvre de l'homme et, lui, il n'est pas leur œuvre. A l'origine, il a trouvé des linéaments, une pente, des incitations, mais il a été le maître dès le premier moment et il a eu longtemps le pouvoir de corriger l'esquisse de sa physionomie morale. Derrière lui il y a un vide qui le sépare même de Dieu ; le mouvement initial part de lui ; il donne aussi une chiquenaude qui met en branle son petit monde et lui choisit son cours dans la sphère du grand univers ; ce point de départ est un goût volontaire du bien ou du mal.

Nous ne devons pas nous étonner de trouver la nécessité dans un système moniste. Le monisme croit expliquer plus aisément certaines questions, mais il en est d'autres qu'il rend inexplicables complètement. Il y a des choses difficiles à réunir, d'autres difficiles à séparer ; le monisme réunit bien, mais ne sépare pas. Il ne sépare pas le bien du mal, ni la liberté de la nécessité. Ce qui est foncièrement un se prête malaisément à des différences de nature, à des séparations aussi grandes. Cependant tout l'intérêt de la vie, l'honneur du bien et du beau, dépendent de l'intervalle qui existe entre eux et leurs contraires.

Ce qui pourrait nous étonner plutôt est l'opinion de M. Ribot, dans la conclusion de son très intéressant livre, où il trouve que Schopenhauer vaut surtout comme moraliste [1]. Schopenhauer ignore l'existence du bien, nie la liberté, supprime la morale, déclare la justice négative, ce qui ne serait exact que s'il voulait dire qu'elle n'est que subordonnée à la morale, qu'elle ne fait qu'en prendre les contours, mais n'a plus de sens quand la morale elle-même est supprimée, et il ne donne pour règle de conduite que de tout anéantir, puisque rien ne vaut. Son titre à la gloire d'être moraliste consisterait donc à être l'homme du monde qui a été le plus éloigné de la morale, qui a le moins compris l'idée du bien.

« Avoir des idées et pourtant n'en pas avoir conscience, « cela paraît contradictoire : comment pouvons-nous sa- « voir que nous les avons, si notre conscience ne nous en « dit rien ? Nous pouvons cependant connaître indirecte- « ment que nous avons une idée, bien que nous n'en « ayons pas une conscience immédiate. » (Kant, *Anthropologie*, § 5, Des idées que nous avons sans en avoir conscience.) — Cette citation, qui se trouve dans l'introduction de la *Philosophie de l'Inconscient*, nous fait connaître la direction de la pensée de M. de Hartmann.

Dans son premier volume, consacré à la phénoménologie de l'Inconscient, il cherche à pénétrer jusqu'à lui,

1. *La philosophie de Schopenhauer*, pp. 164-170. M. Brunetière partage son admiration. Conférence au cercle Saint-Simon. *Revue Bleue*, n° du 30 janvier 1886.

en l'étudiant dans ses manifestations, et, en premier lieu, celles que l'on peut saisir dans la vie corporelle. Il surprend aussitôt la volonté dans les fonctions spontanées de la moëlle épinière et des ganglions, et il ébauche sa théorie. « Le cours de notre étude nous a conduits à ad-
« mettre que, dans un même individu, mais dans des cen-
« tres nerveux différents, un plus ou moins grand nom-
« bre de consciences indépendantes les unes des autres,
« de volontés également indépendantes, peuvent exister,
« dont chacune est tout au plus consciente pour le centre
« nerveux qui lui sert à se manifester. Le sens restreint
« qu'on attache habituellement au mot volonté est par là
« naturellement écarté. Je dois donc reconnaître en moi
« une autre volonté que celle qui s'exprime par l'inter-
« médiaire de mon cerveau et dont j'ai conscience comme
« de ma volonté propre. Après avoir élargi le sens du
« mot, nous ne pouvons plus nous empêcher de regarder
« désormais la volonté comme la cause immanente de
« tout mouvement qui, chez l'animal, n'est pas purement
« réflexe... On voit maintenant qu'il n'est nullement es-
« sentiel à la volonté, qu'elle traverse ou non la conscience
« cérébrale... La volonté est évidemment la résultante
« de tous les désirs simultanés. Quand la lutte que les
« désirs se livrent entre eux se déroule sous l'œil de la
« conscience, la volonté paraît choisir le résultat auquel
« cette lutte aboutit et jouer le rôle d'arbitre. La volonté
« inconsciente dérobe au contraire son action à la con-
« science et ne saurait produire l'apparence d'un choix
« entre les désirs[1]. »

Nous nous apercevons tout de suite que le terme d'In-conscient va englober la force et la volonté et que, pour augmenter la confusion, il lui sera attribué tout ce qui est inconnu pour nous et qui n'est pas moins in-connu pour lui. En conséquence, au fur et à mesure que nous parcourrons les phénomènes, tout ce que nous

[1]. La *Philosophie de l'Inconscient*, I, p. 76.

ne comprenons pas sera mis sur le compte de cet agent qui réunit tout l'inconnu. Il suffira de dire : « C'est l'Inconscient. » Que saurons-nous de plus ? Rien.

Viennent ensuite les manifestations de l'Inconscient dans l'esprit humain. La crainte de la mort, la pudeur native qui se rencontre par exemple chez une sourde-muette, l'amour des petites filles pour leur poupée, le dégoût momentané des aliments qui a pour but de protéger la santé, sentiments fort complexes, sont attribués à l'instinct, à l'exclusion de la raison, c'est-à-dire à l'Inconscient.

Schopenhauer montre le génie de l'espèce, tout entier à ses intérêts, trompant les individus auxquels il persuade de rechercher, dans l'union des sexes, des qualités impropres à les séduire, mais utiles au maintien des formes normales. M. de Hartmann ne fait qu'adopter cette théorie, en se bornant à changer le nom de l'auteur de la ruse dont nous serions, paraît-il, les victimes, sans songer à nous en plaindre : ce n'est plus le génie de l'espèce mais l'Inconscient. Reste à expliquer comment il se fait que des motifs si raisonnables, si aisés à saisir, soient inconscients, nous échappent à nous, individus doués de conscience, et doivent être attribués aux profonds calculs d'un Inconscient. Son secret était mal caché, puisque Schopenhauer et de M. de Hartmann l'ont trouvé du premier coup. Bien plus, même après que ces deux philosophes nous ont révélé l'erreur dont nous sommes les victimes, nous continuons à préférer les femmes bien faites et à rechercher les qualités qui nous font défaut, ce qui ferait croire que les intérêts des individus ne sont pas en désaccord avec ceux de l'espèce, et ce qui rend inutiles les machinations de l'Inconscient et la peine que M. de Hartmann a prise de nous ouvrir les yeux.

L'Inconscient se manifeste dans la sensibilité, par exemple dans les pleurs subits d'un enfant, le vague malaise de l'hypocondrie, les envies de femmes grosses. Dans le cerveau retentit un écho des modifications des centres nerveux inférieurs. A cette place nous trouvons les linéaments d'une théorie assez énigmatique du plaisir.

Le plaisir et la douleur sont commensurables, puisqu'on les compare, puisqu'on peut se décider entre une femme laide et spirituelle et une autre belle et sotte, puisqu'on préfère l'honneur au plaisir. Ils ne diffèrent que de quantité. Il est donc indifférent de regarder l'un ou l'autre comme positif ou négatif. La volonté, non la sensibilité, est l'élément essentiel, le plaisir n'est que secondaire. Si l'on admet provisoirement la doctrine qui fait de la volonté l'antécédent du plaisir, on y trouve une confirmation inattendue de l'identité du plaisir et de la peine. Le premier est la volonté satisfaite, le second la volonté contrariée[1].

Les relations de la volonté, de la conscience et du plaisir sont obscures. Voici les règles qui nous sont données pour nous guider : « Ces deux principes nous sont « fournis par la psychologie de l'Inconscient. 1° Si l'on « n'a pas conscience d'avoir poursuivi volontairement un « but d'où puissent résulter le plaisir ou la peine, c'est « que la volonté a été inconsciente. 2° Ce qu'il y a d'ob- « scur, d'indicible, d'inexprimable, dans les émotions de « la sensibilité, tient à ce que les idées qui les ont prépa- « rées échappent à la conscience... Souvent nous ne sa- « vons pas au juste ce que nous voulons et souvent « même nous croyons vouloir tout le contraire. Le plaisir « ou la peine qui suivent la résolution nous éclairent « alors sur notre véritable volonté[2]. » Donnons un exemple. « Notre étonnement à l'occasion d'un plaisir qui se « produit subitement provient de ce que nous avions formé « depuis longtemps un vœu, sans en avoir conscience : ainsi « lorsqu'un ami que je croyais mort depuis longtemps « entre tout à coup dans ma chambre, c'est une volonté

1. *La Philosophie*, I, pp. 274-277.
2. *Id.*, pp. 278-279.

« inconsciente, dont la satisfaction se manifeste ici par
« un effroi joyeux[1]. » Ces deux principes nous paraissent appartenir à la Tautologie plutôt qu'à l'Inconscient.

L'action de l'Inconscient dans le caractère et la moralité donne l'occasion à M. de Hartmann de formuler son système moral[2]. La conduite que telle personne tiendra en présence de tel ou tel motif ne peut se connaître que par l'expérience. Si on sait comment un homme répond à l'impulsion de tous les motifs possibles, on connaît toutes les particularités de sa nature, on connaît son *caractère*. « Le caractère est donc la manière dont
« l'âme réagit contre chaque classe de motifs, ou, ce qui
« revient au même, l'ensemble des excitations que chaque
« classe particulière de désirs est capable de subir par
« l'action de ces motifs. Comme aucun motif ne se rap-
« porte à l'une ou l'autre de ces classes d'une manière
« exlusive, constamment ou d'ordinaire un grand nom-
« bre d'impulsions nous sont communiquées à la fois.
« La résultante des désirs ainsi excités simultanément
« est la volonté actuelle, dont la conséquence immédiate
« est l'action, si les causes physiques ne s'y opposent
« pas. Si nous nous demandons maintenant comment
« s'opère cette réaction de la volonté contre le motif, ce
« conflit des désirs qui aboutit à un résultat unique,
« nous devons avouer que son existence nous est attestée
« d'une manière indubitable par les faits que la cons-
« cience saisit et qui dérivent de ce conflit, mais que nous
« ne pouvons rien dire de sa nature et de ses conditions,
« et que notre conscience ne nous en apprend rien. Nous
« ne connaissons dans chaque cas particulier que le
« point de départ du phénomène total, le motif, et le point
« d'arrivée, la détermination volontaire comme résultat.
« Mais l'expérience ne nous dit pas d'où part la réac-

1. *La Philosophie*, I, p. 280.
2. *Id.*, pp. 288 et suivantes.

« tion contre le motif. Elle a tout à fait le caractère de
« l'action réflexe ou des mouvements réflexes de l'instinct.
« Il paraît donc qu'il n'y a en réalité qu'un criterium
« certain pour reconnaître la nature spéciale de la vraie
« et décisive volonté. C'est l'action... Il faut donc affir-
« mer que la décision de la volonté s'élabore dans la
« région de l'Inconscient[1]. »

La manifestation actuelle de la volonté, comme réaction sur le motif, est un acte inconscient, déterminé par la nature du motif et l'énergie de la réaction de la volonté.

Nous nous demandons maintenant en quoi consiste la moralité.

Le motif n'est qu'une pensée : on ne peut lui attribuer aucune moralité. Elle ne peut être rapportée qu'à ce facteur inconnu de la conscience, qu'on doit considérer comme une partie du caractère, comme le principe de l'individualité.

Ce fondement du caractère peut être modifié par l'exercice, l'habitude, mais non par l'enseignement, ni par la religion, ni par la culture : celle-ci influe sur l'élégance des formes, mais non sur la moralité. Libre à la conscience de présenter avec insistance les motifs au principe inconscient de la moralité. Mais cette intervention aura-t-elle de l'effet ? La conscience, pour le savoir, doit attendre patiemment qu'elle en soit informée par l'expérience, car l'acte seul manifeste la volonté et permet de reconnaître si ses intentions s'accordent ou non avec l'idée que se fait la conscience au sujet du bien et du mal. Les actes que l'on qualifie de moraux ou d'immoraux doivent être mis sur le compte de l'Inconscient.

Qu'est-ce que le bien et le mal ? Ce sont des créations de la conscience. Ils ne peuvent en aucune façon convenir à l'Inconscient. Il n'y a donc pas d'instinct moral, puisque l'instinct appartient à l'Inconscient, « bien que

[1]. *La Philosophie*, I, p. 288.

« les actions humaines, comme telles, découlent du
« principe inconscient ou instinctif, du caractère, par
« exemple, des instincts de la compassion, de la ven-
« geance. Mais cette causalité inconsciente n'a rien à
« voir avec les concepts du bien et du mal moral. »

Ceux-ci sont les produits de la conscience. Nous donnons les qualifications de bon et de mauvais aux phénomènes de la nature, le vent, l'air. Nous les étendons aux êtres animés. Mais ces dénominations ne comprennent l'idée de moral ou d'immoral qu'autant que nous considérons ces êtres comme responsables. « Nous ne pouvons appeler immorale la cou-
« tume des peuples sauvages d'offrir leurs femmes à
« leurs hôtes. On devrait plutôt donner le nom de mo-
« rale à cette expression particulière de leurs vertus hos-
« pitalières. Leur conscience ne s'est élevée que jusqu'à
« ce degré d'intelligence et n'est pas encore arrivée à
« comprendre les exigences de la moralité dans les rap-
« ports des sexes. »

La moralité ou l'immoralité ne sont pas des attributs des êtres ou de leurs actions, « mais seulement des ju-
« gements qui sont portés sur eux d'un point de vue
« propre à la conscience ; elles n'expriment que les
« rapports de ces êtres et de leurs actions à cette con-
« science supérieure ». La nature inconsciente ne connaît pas la distinction du moral et de l'immoral. Elle n'est ni bonne ni mauvaise ; elle n'est éternellement rien autre chose que naturelle, c'est-à-dire toujours d'accord avec elle-même. La volonté générale de la nature ne connaît rien en dehors d'elle. Elle comprend tout et tout est identique pour elle. « Le bien et le mal n'existent pas pour
« elle, mais seulement pour la vérité de l'individu. »

La théorie de Schopenhauer était très claire. Pas de liberté. Le caractère est façonné par la volonté, et, à l'occasion d'une rencontre avec les motifs, il détermine avec nécessité les actions de l'homme, auxquelles il ne fait qu'assister, en gémissant, comme spectateur ou plutôt comme patient. M. de Hartmann ne fait que raffiner sur cette théorie, en introduisant des distinctions sans preuve et sans intérêts. La force motrice est la même avec un nom différent, Inconscient au lieu de Volonté : mais il l'appelle également volonté. Celle-ci n'agit pas sur le motif, mais réagit, ce qui donne le second rôle à l'être principal. La définition du caractère est très obscure. Dans ce caractère, il y a une partie plus intime qui constitue l'individualité, à laquelle on doit rapporter la moralité, on ne sait pourquoi, car le conflit de la volonté, du motif, du caractère, du désir, se passe dans une nuit obscure, où le motif, qui est cependant toujours une pensée, ne sait rien distinguer. Ce fondement du caractère peut être modifié par l'exercice, non par l'enseignement. Mais qui fait faire cet exercice, si ce n'est une pensée, ou en d'autres termes un enseignement. La conscience, paraît-il, pourrait avoir de l'influence sur les actes, en présentant avec obstination certains motifs à la volonté : mais comment M. de Hartmann peut-il le savoir, puisque la décision prise à l'intérieur est impossible à surprendre, que le secret n'a jamais transpiré et qu'on ne connaît qu'une chose, l'acte qui se produit à l'extérieur ?

Le bien n'a aucun fondement. On appelle ainsi une manière de voir de la conscience. La déclaration est bien nette; il n'y a pas à s'y tromper : c'est ce que M. de Hartmann a écrit de plus clair. Il n'y a pas de morale naturelle.

Il n'y a pas d'opposition, de contradiction entre le bien et le mal. Dans l'exemple qu'il a choisi, l'expression particulière des vertus hospitalières des sauvages, il faut voir un degré de la morale sur l'échelle dont la partie basse est le mal, la partie élevée le bien, celle-ci due à une conscience supérieure. Pourquoi supérieure ? Il fallait le dire. Le bien est une opinion de la conscience supérieure ou non, mais assise sur le vide. M. de Hartmann a tort de l'appeler un jugement, car, lorsqu'il n'a pas de fondement dans la nature, un jugement ne s'appelle pas un jugement, mais un préjugé ; il le désigne bien mieux ainsi : « C'est la vérité de l'individu. »

« Tout cela ne diminue pas le prix des appréciations
« morales que fait la conscience de son point de vue. »
Effectivement cela ne le diminue pas, mais le supprime.
« Il faut seulement écarter l'erreur qui consisterait à
« croire qu'en dehors de ce point de vue particulier les
« concepts moraux aient un sens, alors qu'ils n'exis-
« tent que par rapport à lui. Sans doute, si l'on admet,
« en dehors de la nature et avant elle, une conscience,
« celle d'un Dieu personnel, on peut, en se plaçant au
« point de vue de cette conscience surnaturelle, appli-
« quer ces concepts dans l'appréciation du monde. Mais
« si l'on nie, comme nous le ferons, qu'une conscience
« puisse se rencontrer en dehors de l'union de l'esprit et
« de la matière, il n'est plus possible d'appliquer ces
« concepts au monde inconscient... De même qu'en dépit
« de son caractère exclusif et borné la conscience, dans
« ce monde de l'individuation, l'emporte en importance
« sur l'Inconscient, ainsi, en dernière analyse, la mora-
« lité est supérieure à l'état de simple nature. Puisqu'en-
« fin la conscience n'est qu'un produit de la nature in-
« consciente, la morale ne peut être l'opposé du naturel,
« mais seulement une forme supérieure à laquelle le
« naturel s'est élevé par sa propre puissance et à l'aide
« de sa conscience [1]. »

M. de Hartmann a perdu le droit d'énoncer cette affirmation qui est en outre gratuite et contradictoire. Tout ce qu'il dit ici de la morale peut aussi bien s'appliquer au surplus du contenu de la conscience, l'erreur, le mal, toutes les sottises humaines, et il n'y a pas lieu de la préférer au reste, s'il n'en existe un motif venant de

1. *La Philosophie*, même chapitre.

la raison, pris dans la nature et non dans ce naturel sans raison qui s'élève par sa propre puissance aussi bien à l'erreur qu'à la vérité, au mal qu'au bien. Plus rien au monde ne peut prouver que la morale n'est pas une erreur.

M. de Hartmann étudie ensuite l'action de l'Inconscient dans le jugement esthétique et la production des arts. Il découvre que le jugement esthétique est un jugement fondé sur l'expérience, qu'il repose sur l'impression esthétique, enfin que celle-ci a son origine dans l'activité de l'Inconscient [1]..! Le sort du beau est donc plus enviable que celui du bien : il a son fondement dans la nature. Pourquoi cette différence? M. de Hartmann n'a peut-être pas voulu faire moins pour le beau que Schopenhauer qui avait exalté l'art et rabaissé la morale.

Le surplus du premier volume est employé à l'examen des manifestations de l'Inconscient dans l'origine du langage, la pensée, la perception sensible, le mysticisme, l'histoire, la vie humaine. On connaît maintenant expérimentalement l'existence de l'Inconscient, son action : mais qu'est-il, que fait-il, qu'est-ce que le monde, qu'est-ce que nous? Le second volume répond à ces questions sous ce titre : Métaphysique de l'Inconscient.

Le système de M. de Hartmann est moniste. La substance unique est l'Inconscient, l'Un-Tout, qui se divise, avec quels efforts! en deux principes, l'Inconscient proprement dit ou la Volonté, et l'Idée, laquelle arrive à la lucidité sous le nom de conscience. Ce monisme est un conflit perpétuel. L'Inconscient et la Conscience sont les deux antagonistes qui sont nés d'un déchirement de la substance unique et qui ne se rejoindront que pour s'anéantir. A l'homme est réservé l'honneur d'amener cette catastrophe effroyable, mais désirable, car c'est le moyen d'en finir avec le monde, œuvre mauvaise de ces deux principes. Le salut du monde repose sur l'émancipation de

1. *La Philosophie*, I, p. 303.

l'intellect à l'égard de la volonté. La conscience seule la rend possible et le progrès du monde consiste à réaliser cette possibilité.

Que signifie cette scission? — « La conscience d'un
« côté, l'émancipation de l'Idée à l'égard de la volonté,
« de l'autre, ce sont là deux termes que nous avons déjà
« appris à réunir étroitement. Un pas encore, et en pro-
« clamant l'identité des deux, nous trouvons le mot de
« l'énigme. La conscience n'est au fond pour l'idée que
« le détachement de l'idée du sein maternel, c'est-à-dire
« de la volonté de la réaliser, et l'opposition de la volonté
« contre cette émancipation. Nous avons trouvé précé-
« demment que la conscience est un prédicat que la vo-
« lonté ajoute à l'idée ; nous pouvons définir maintenant
« le sens de ce prédicat. Il exprime la stupéfaction que cause
« à la volonté l'existence de l'idée qu'elle n'avait pas vou-
« lue et qui se fait pourtant sentir à elle. L'idée ne prend
« par elle-même aucun intérêt à sa propre existence : l'idée
« ne doit l'être qu'à la volonté. L'esprit ne peut donc
« avoir, conformément à sa nature et avant l'origine de
« sa conscience, d'autres idées que celles qui, appelées à
« l'être par la volonté, forment le contenu de la volonté.
« Tout à coup, au sein de cette paix que goûte l'Incon-
« scient avec lui-même, surgit la matière organisée, dont
« l'action, suivant une loi nécessaire, provoque la réac-
« tion de la sensibilité et impose à l'esprit étonné de l'in-
« dividu une idée qui semble tomber du ciel, car il ne
« sent en lui-même aucune volonté de la produire. Pour
« la première fois, l'objet de son intuition lui vient du
« dehors. La grande révolution est consommée : le pre-
« mier pas est fait vers l'affranchissement du monde.
« L'idée est émancipée de la volonté : elle pourra s'opposer
« à elle dans l'avenir comme puissance indépendante,
« et la soumettre à ses lois, après avoir été jusque-là
« son esclave. L'étonnement de la volonté devant cette
« révolte contre son autorité jusque-là reconnue, la sen-

« sation que fait l'apparition de l'idée au sein de l'In-
« conscient, voilà ce qu'est la Conscience[1]. »

Revenons sur cette importante citation pour en bien pénétrer les termes et essayer de comprendre cette genèse qui paraît être du domaine non de la philosophie, mais de la révélation.

A l'origine associées dans une *unité indissoluble*, la volonté et l'idée sont maintenant devant nous désunies, ennemies. Pourquoi cette division ? Comment s'est-elle faite ?

L'idée *attachée au sein maternel* de l'Inconscient ne prenait pas *d'intérêt à son existence; elle devait l'être à la volonté*, et *l'esprit* (celui de l'Inconscient à la fois volonté et idée) *ne pouvait avoir d'autres idées que celles qui sont le contenu de la volonté. L'Inconscient goûtait une paix profonde.* — Tout à coup surgit la matière organisée qui provoque la sensibilité, et l'esprit (non plus de l'Inconscient mais de l'individu) se voit *imposer une idée qui semble tomber du ciel*. La grande *révolution est consommée*. Le premier pas est fait vers *l'affranchissement du monde*.

La grande révolution est consommée par l'apparition inopinée de la matière. Mais quel besoin en avait-on ? Aucun, puisque l'Inconscient *goûtait une paix profonde*. Il est vrai que l'Idée était *l'esclave de la volonté*, mais elle ne s'en trouvait pas mal, puisqu'elle ne *prenait pas d'intérêt à son existence*, et que l'esprit *n'avait pas d'autres idées que celles qui sont le contenu de la volonté*. Il faut croire qu'à cette époque on était bien pressé de faire des révolutions : nous sommes devenus plus raisonnables.

Essayons de connaître les personnages du drame. Commençons par la Conscience qui doit être ce qu'il y a de plus clair.

Qu'est-ce que la Conscience, ou, comment l'Idée devient-elle conscience ? Tant qu'elle était attachée au sein

---

1. *La Philosophie*, II, chap. III.

maternel, elle était Idée. Mais qu'entendre par cet attachement au sein maternel? C'est *la volonté de réaliser l'idée* : il faut ajouter cependant que la conscience est la stupéfaction que cause à la volonté l'existence de l'Idée *qu'elle n'avait pas voulue.*

Détachée du sein maternel, l'Idée est devenue Conscience. Qu'est celle-ci? La Conscience est au fond, pour l'Idée, le *détachement du sein maternel* et l'opposition de la volonté à cette émancipation, d'autre part un *prédicat* que la volonté *ajoute à l'idée* et dont le sens exprime *la stupéfaction* que cause à la volonté l'existence de l'Idée qu'elle n'avait pas voulue. Ainsi, la conscience est un acte, le détachement du sein maternel, — puis un prédicat ajouté à l'idée, ce qui est tout différent d'un acte. Ce prédicat est ajouté à l'idée par la volonté, en d'autres termes, cette conscience est due à la volonté, qui précisément se plaint et est stupéfaite de ce que cette conscience soit ajoutée à l'idée : enfin cette conscience est la stupéfaction de l'Inconscient dont il n'est pas encore remis et qui durera jusqu'à la catastrophe finale. — Voilà ce qu'est la conscience. Passons à son antagoniste, l'Inconscient.

L'Un-Tout, l'Inconscient a deux principes : la Volonté et l'Idée.

Qu'est-ce que la volonté? « L'état initial de la volonté,
« nous avons besoin d'un terme définitif pour le désigner,
« et nous l'appellerons le Vouloir-Vide (qui n'a pas en-
« core d'objet). Le Vouloir-Vide n'est pas encore, puis-
« qu'il n'a encore ni actualité, ni réalité. Mais il n'est ce-
« pendant plus la pure possibilité, comme la Volonté en
« soi, comme la pure puissance, puisqu'il en est la con-
« séquence et est vis-à-vis d'elle comme l'acte par rapport
« à la puissance... Tant que le contenu ne s'ajoute pas
« au vouloir-vide, la volonté semble comme prendre sans
« cesse son élan pour réaliser un saut qu'elle ne fait ja-
« mais. Elle veut vouloir et aspire à un contenu, et la

« forme du contenu ne peut être réalisée avant qu'elle
« ait saisi un contenu. L'état de vouloir-vide est donc une
« éternelle aspiration vers un contenu qui ne peut lui être
« donné que par l'idée. C'est une souffrance absolue, un
« tourment sans mélange de plaisir, même sans trêve [1]. »

Que faisait l'Idée, le contenu, pendant que la Volonté se livrait à cet exercice fatigant? Elle n'existait pas, elle n'était qu'un principe supérieur au non-être. Elle n'était pas un non-être absolu, autrement la volonté n'en aurait rien pu faire : « Il faut donc qu'elle soit un non-être re-
« latif ou une essence qui manque encore de l'être. Si elle
« n'est ni l'être véritable, ni la puissance de l'être, ni un
« pur néant, que peut-elle être? Le langage n'a pas de mots
« pour traduire la conception qu'il convient d'en faire [2]. »

Qu'est la matière, qui, en fournissant la Conscience à l'Idée, a occasionné la grande révolution? — La matière, c'est l'esprit! « Elle n'est pas, au fond, autre chose que
« l'esprit inconscient, dont les représentations ne corres-
« pondent qu'à des attractions et des répulsions dans l'es-
« pace d'une intensité corrélative et régulière et dont la
« volonté se borne à réaliser cette classe limitée de repré-
« sentations [3]. »

En quoi la matière contribue-t-elle à la formation de la conscience? M. de Hartmann pose ces deux lois : L'activité inconsciente de l'esprit est nécessairement immatérielle : elle est autonome et indépendante du cerveau. Au contraire les vibrations cérébrales, plus généralement, le mouvement matériel, sont la condition *sine quâ non* de la conscience. « Il n'y a pas de conscience sans cerveau,
« sans ganglions, sans protoplasma ou autre substratum
« matériel. » Il cite Schelling : « Ce n'est pas la pensée
« elle-même, mais bien la conscience qu'on en a, qui dé-
« pend des modifications de l'organisme. » (Vol. I de ses

1. La *Philosophie de l'Inconscient*, II, p. 531.
2. *Id.*, II, p. 549.
3. *Id.*, II, p. 44.

œuvres, 3, 497.) Il invoque même l'expérience des chapeliers qui mesurent sur le tour des chapeaux la capacité de leurs clients.

Ce sont ces vibrations qui agitent les nerfs de l'Inconscient et troublent sa tranquillité. Pouvons-nous savoir très exactement comment se produit la pensée consciente et comment elle tourmente l'Inconscient ? Parfaitement. « Si la volonté veut réaliser un mouvement particulier du « corps, elle devra l'emporter de beaucoup en intensité « sur les volontés individuelles des atomes cérébraux, qui « ne veulent obéir qu'à leur loi mécanique… Dans son « conflit avec toutes ces volontés, elle devra faire de gra-« ves concessions pour arriver à une conciliation ; mais « ces concessions ne se traduiront pas de son côté comme « du côté de la matière, par des phénomènes objectifs « dans l'espace. Et cela tient à cette différence que la vo-« lonté psychique n'est pas localisée en un point comme « celle des atomes, dont les manifestations dans l'étendue « sont dirigées exclusivement suivant des lignes, qui, « prolongées en arrière, viennent toutes se couper en un « même point. La matière, comme phénomène objectif « et réel, ne peut exister qu'autant que deux ou plusieurs « volontés d'atomes se croisent et se contrarient dans « leurs manifestations ; de même, la première conscience « de la sensation, comme phénomène subjectif et idéal, ne « peut exister sans le même conflit de volontés… La vo-« lonté, en se brisant contre la résistance de la volonté « étrangère qu'elle rencontre, et dans le mouvement cen-« tripète que le choc étranger lui fait prendre, ressent « une sensation, et, comme elle a éprouvé une contra-« riété, cette sensation est une sensation de peine[1]. »

Quel est au juste l'état intellectuel de l'Inconscient, dont la stupéfaction prolongée pourrait nous donner une opinion fâcheuse ? Il ne porte pas de chapeaux : nous en serions réduits aux conjectures, si M. de Hartmann n'a-

[1]. La *Philosophie de l'Inconscient*, II, p. 11.

vait une méthode ingénieuse qui lui permet de satisfaire notre curiosité.

« Notre impuissance à nous faire une idée positive du « mode de connaissance propre à cette intelligence nous « condamne à la définir par opposition avec notre manière « de connaître la conscience, et, par suite, à ne lui prêter « d'autre attribut que l'inconscience. » C'est là une application remarquable de la méthode d'induction : on définit une chose unique et inconnue, non conformément, mais contrairement à ce qu'on connaît.

« L'activité de cette intelligence inconsciente n'est rien « moins qu'aveugle ; elle est au contraire une vue véritable, « même une intuition clairvoyante. Mais cette vue « ne se voit pas elle-même et voit seulement son objet, le « monde. Nous pouvons définir cette intelligence incon- « sciente, qui est supérieure à toute conscience, une intel- « ligence supra consciente… Ce qui fait que l'intelligence « humaine est bornée, c'est la conscience qui repose jus- « tement sur la séparation du sujet et de l'objet… La « conscience n'est un avantage que parce que nous vivons « dans le monde de l'individuation et dans ses limites. « Pour réaliser complètement les fins de notre être indi- « viduel nous devons séparer profondément notre personne « des autres et du monde. Mais l'Un-Tout, en dehors du- « quel rien n'existe, ne connaît pas de tels besoins [1]. »

L'Inconscient voit l'objet et ne se voit pas lui-même. Mais qu'est-il donc ? La volonté et l'idée, la matière et le monde, l'Un-Tout en dehors duquel rien n'existe. S'il ne se voit pas lui-même, que lui reste-t-il à voir ? Rien. Le sujet et l'objet sont le même tout. Donc s'il ne voit pas le sujet, il ne voit pas l'objet : il n'a pas l'intelligence. S'il voit l'objet, il voit le sujet : il a la conscience. Si le sujet est autre chose que l'objet, il est une chose de plus que l'objet ; l'intelligence consciente voit donc plus

1. La *Philosophie de l'Inconscient*, ch. VIII. L'Inconscient et le Dieu du théisme.

de choses que l'inconscient qui ne voit que l'objet : elle est supérieure, non inférieure à l'inconscient supraconscient.

« Nous n'hésitons pas à dire que la croyance judaïco-
« chrétienne n'a plus que le temps de choisir entre la
« ruine définitive et une transformation panthéiste. Un
« âge enfant pouvait se contenter d'une théodicée qui fait
« de Lucifer et d'Adam les boucs émissaires du monde.
« De telles imaginations nous font rire aujourd'hui... »

Une imagination plus sérieuse fait le bouc émissaire de l'Inconscient lui-même.

Nous connaissons les personnages du drame, ce qui était le plus difficile. Voici en deux mots le drame lui-même.

La volonté était dans un mystérieux repos. Elle s'est engagée dans le devenir, dans un nouvel état de vouloir-vide, d'éternelle aspiration vers son contenu : « Elle sem-
« blait comme prendre sans cesse son élan pour réaliser
« un saut qu'elle ne faisait jamais. » Elle était en proie à une souffrance absolue et sans trêve. Enfin elle saisit l'Idée qui se prend à exister et est réalisée ; elle goûte alors une paix profonde. Tout à coup surgit la matière organisée, et voilà de nouveau la volonté arrachée au repos, et plongée dans une stupéfaction qui dure encore et qui constitue la Conscience.

C'est ce dernier état qui nous intéresse le plus, car nous y sommes mêlés, nous y avons à souffrir des maladresses de l'Inconscient, et nous y jouons un rôle décisif, appelés que nous sommes à anéantir ce monde pour rendre la paix à la volonté. Les consciences, en réunissant leurs efforts, supprimeront le monde et profiteront de la nouvelle stupéfaction de la volonté pour la déterminer à ne pas recommencer et à se tenir désormais tranquille : c'est ainsi qu'une ruse ingénieuse persuada à Saturne, qui avait la manie de dévorer ses enfants, de se contenter d'une pierre.

« Pour atteindre à la transformation de la volonté du

« monde et à son retour à l'état où elle se trouvait avant
« le commencement du processus universel, l'Un-Tout a
« besoin de la conscience, et c'est pour cela qu'il la pos-
« sède dans la totalité des consciences individuelles dont
« il est le sujet commun... En dehors de la conscience
« vide de toute idée qu'il a du déplaisir indéfini auquel le
« condamne la volonté de vivre, l'Un-Tout n'a que la
« conscience finie des individus conscients. » Nous avions
déjà vu un vouloir-vide : nous trouvons ici une conscience vide : que de choses vides dans ce système !

Les consciences individuelles suffisent à l'œuvre du
salut : elles sont en état de lutter avec l'Inconscient.

Mais avant d'en venir à l'exécution de cette grande
résolution, il est bon de se persuader que le monde est
réellement mauvais.

Il est mauvais. Pourquoi ? Quels sont notre sort,
notre destinée, le remède à la misère de l'existence ?

M. de Hartmann nous donne les explications suivantes
dans le chapitre XIII, intitulé : La déraison du vouloir
et le malheur de l'existence.

Il commence par s'assurer l'appui des philosophes,
de Platon, cependant connu comme optimiste, mais qui
a dit que la mort vaudrait mieux que la vie, si elle
était la privation de tout sentiment, de Kant, Fichte,
Schelling. Il prétend que pas un homme, parmi les plus
heureux, n'accepterait de recommencer la vie. Leopardi
l'avait déjà dit, et nous lui avons répondu.

Puis il s'attaque à l'illusion du bonheur par des preuves directes : il dresse le bilan des biens et des maux.
L'illusion est divisée en trois stades suivant qu'elle attend le bonheur de la vie actuelle, ou d'une vie surnaturelle future, ou de l'avenir de l'humanité qu'embellira
le progrès.

Il prend à partie Schopenhauer, qui soutient que le
caractère du plaisir est négatif et, en passant, rejette
l'application qu'il fait à l'auteur du monde du concept

de la responsabilité. D'après ce dernier, le plaisir a une cause indirecte, la douleur directe; le désir, tant qu'il n'est pas satisfait, cause de la douleur, et, satisfait, cause le plaisir par la cessation de la douleur. M. de Hartmann répond que le désir n'est pas une souffrance. Mais les sensations du plaisir et de la douleur causent également de la fatigue, ce qui donne à la dernière le triste avantage de l'emporter, attendu que tout plaisir prolongé se transforme en douleur. Après avoir discuté la démonstration de son rival, il arrive à la même conclusion : le bonheur est négatif. Voici ses considérations. L'excitation, la fatigue des nerfs, font naître le besoin d'un terme pour le plaisir aussi bien que pour la souffrance. Il est nécessaire de considérer comme des émotions indirectes tous les plaisirs qui ne naissent que par la cessation d'un déplaisir et non par une satisfaction immédiate. De nombreuses difficultés s'opposent à ce que la conscience perçoive la satisfaction de la volonté, tandis que la peine éveille avec soi la conscience (celle-ci est due en effet à l'étonnement d'une résistance). La satisfaction de la volonté est courte, momentanée : au contraire, la contrariété dure autant que la volonté en acte; puisqu'il n'y a presque aucun moment où la volonté n'agisse pas, on peut dire que la contrariété est éternelle[1].

Ces bases posées, M. de Hartmann juge un à un les biens et les plaisirs, la santé, la jeunesse, la liberté, le bien-être, le contentement, la faim, l'amour, la compassion, l'amitié, la famille, la vanité, l'honneur, la gloire, l'espérance, l'immoralité même et autres. Il convient d'en citer quelques arrêts.

« La dévotion religieuse. — Parlons des formes infé-
« rieures de la piété qui peuvent s'accorder avec la vie du
« monde. Nous y découvrons des souffrances profondes
« dont il n'a pas été question jusqu'ici. L'âme pieuse

[1]. Smith est d'avis que la douleur est plus vive que le plaisir, ce qui ne l'empêche pas d'être optimiste.

« tremble devant sa propre indignité; elle doute de la grâce
« divine, elle frémit devant le jugement futur; elle se
« lamente sous le poids de ses iniquités, quelque léger que
« les autres puissent le trouver. Tout bien examiné, le plai-
« sir et la peine se font contrepoids dans les sentiments
« religieux. » Tout serait encore mieux examiné, s'il était
parlé du plaisir qui n'est que nommé pour être condamné.

La jouissance de l'art et de la science est traitée avec
moins de soin encore; les considérants ne conservent
plus, ni pour le fond ni pour la forme, la dignité philosophique : on y parle « de la chaleur et de l'exiguïté des
« salles de spectacle et du danger de prendre froid, de la
« vanité des parents qui obligent les garçons à faire des di-
« lettantes. Et pour comble de misères, on ne connaît plus
« en musique qu'un seul instrument, le piano infortuné,
« bon à tout, le piano sans âme, etc. » Du beau, il n'est
« pas même question ».

En résumé, la vie se divise en états qui ne procurent
que de la souffrance, ou qui correspondent au zéro de la
sensibilité, ou qui ne servent qu'à réaliser des fins étrangères, le plaisir des uns et le malheur des autres, plus
de souffrance que de plaisir, tels que la faim, l'amour
sexuel, qui reposent sur des illusions, qui ne produisent
que des maux pour la conscience, qui vendent le plaisir
au prix de la peine : la science et l'art sont de ceux-là.
La conclusion est la condamnation du monde actuel.

Le deuxième stade de l'illusion qui voit le bonheur dans
une vie future est aussitôt jugé : l'individualité s'évanouit
à la mort. Ce motif est péremptoire.

Le troisième stade n'est pas plus heureux. Le progrès
est inutile au bonheur. Plus éclairé on souffre davantage.
Il y a autant de vices maintenant qu'autrefois. On ne
se sent pas plus heureux depuis les grandes inventions
modernes.

Ce bilan, pour employer les expressions de M. de
Hartmann, est la partie la plus accessible et la plus

célèbre de son œuvre; elle ne paraît pas justifier sa renommée. Elle est dénuée de cette originalité qui se montre partout ailleurs avec tant de hardiesse qu'elle s'expose à perdre son nom. On n'y voit que de sèches redites, des pensées faciles qui traînent partout. Mais M. de Hartmann a eu l'habileté de les ranger en un corps de doctrine. Tous les maux du monde groupés dans des poses forcées, théâtrales, attirent le regard [1].

La conduite que nous avons à tenir est tracée dans le chapitre xiv : Le but de l'évolution et le rôle de la conscience.— La série des fins n'est pas plus infinie que celle des causes. La justice, la moralité, la liberté, qui n'est que l'affranchissement de la contrainte, ne sont pas des fins absolues, mais intermédiaires. Le progrès n'existe que dans la conscience, mais elle ne peut être sa propre fin. Elle est engendrée dans la douleur, elle prolonge son existence dans la douleur, elle se développe au prix de la douleur.

La fin en soi, la fin suprême, dont la conscience n'est que l'instrument, est le bonheur, la réalisation de la plus haute félicité possible. Or celle-ci n'est autre que l'absence de toute douleur.

L'organisation du monde actuel est la plus sage et la meilleure; il est le meilleur des mondes possibles; cependant il est absolument malheureux, pire que le néant. « Cela revient à dire que si la nature, le comment
« du monde (son essence) ont été déterminés par une
« raison souverainement sage, le fait de son existence
« doit être rapporté à un principe absolument étranger
« à la raison; ce principe ne peut être que la volonté.
« L'atome corporel est une force attractive ; ce qu'il est
« et comment il est, c'est-à-dire l'attraction qu'il exerce
« suivant telle loi déterminée, voilà en lui la part de

---

1. Nous devons le mot *Bilan* à M. de Hartmann, mais l'idée de faire ce calcul est bien vieille. Épicure paraît être le premier qui l'a fait pour les plaisirs seulement.

« l'Idée. Le fait de son existence, sa réalité, sa force, voilà
« la part de la Volonté. Le monde envisagé tel qu'il est
« n'est qu'une idée de l'Inconscient, et l'idée inconsciente,
« esclave de la volonté à laquelle elle doit son existence
« actuelle, et en face de laquelle elle n'a aucune force
« propre, n'a été ni consultée ni entendue sur le fait de
« l'existence du monde. La Volonté n'est essentiellement
« et avant la création qu'un principe étranger à la rai-
« son (sans raison, sans logique), mais aussitôt qu'il
« entre en action, les conséquences de son vouloir en font
« un principe contraire à la raison (déraisonnable, anti-
« logique), parce qu'il poursuit le contraire de ce qu'il
« veut réellement, à savoir la souffrance... Il s'agit pour
« la raison de corriger les fautes de la volonté déraison-
« nable. L'Idée inconsciente ne se représente pas sans
« doute la Volonté positivement comme volonté, mais
« négativement, comme la négation du principe logique
« ou comme sa propre limite, c'est-à dire comme l'illo-
« gique. Mais elle n'a, comme Idée, aucun pouvoir sur
« la Volonté, parce qu'elle ne peut lui opposer aucune
« force propre. Elle est obligée de recourir à la ruse ;
« elle profite de l'aveuglement de la Volonté ; elle rend
« le contenu du vouloir tel que ce dernier, en se réflé-
« chissant sur lui-même dans l'inviduation, tombe en
« lutte avec lui-même et donne naissance ainsi à la con-
« science. En d'autres termes, l'Idée fait créer par la Vo-
« lonté une force indépendante, capable de s'opposer à
« à la Volonté et va en faire usage pour faire combattre
« la Volonté par cette dernière [1]. »

Notre ligne de conduite est toute tracée. Nous devons opposer nos volontés à cette Volonté déraisonnable et antilogique qui s'obstine à vouloir vivre, pour la forcer à rentrer dans le repos. Avant d'entrer dans les détails M. de Hartmann triomphe de Schopenhauer. « Son ab-
« solue incapacité, qui se trahit partout, de s'élever à la

[1]. *La Philosophie*, II, p. 488.

« notion du progrès, peut seule expliquer sur ce point
« l'étroitesse de sa manière de voir et l'impossibilité où
« il se trouvait de corriger dans son système cette évi-
« dente inconséquence. La Volonté est pour Schopen-
« hauer Ἐν καὶ πᾶν, l'essence universelle et unique du
« monde. L'individu n'est qu'une apparence subjective
« et, à la rigueur, non pas même un phénomène objec-
« tif de l'Être. » L'immolation volontaire de l'individu
n'opère pas d'effet appréciable sur la Volonté. « Pour la
« volonté de l'Un-Tout, le cas serait le même que si une
« tuile était venue tuer l'individu dont il s'agit, en tom-
bant sur lui [1]. »

M. de Hartmann a peur qu'une autre planète ne
prenne les devants et ne nous ravisse la gloire de
terminer le processus du monde. « En avant, donc,
« travaillons au progrès universel, comme les ouvriers
« de la vigne du Seigneur!... Nous n'avons à nous
« occuper naturellement que du cas où l'humanité,
« et non une autre espèce à nous inconnue d'êtres vi-
« vants, serait appelée à résoudre le problème. La
« première condition nécessaire, c'est que la partie de
« beaucoup la plus considérable de l'esprit inconscient
« qui se manifeste dans le monde se rencontre en fait
« dans l'humanité; il faut que la partie négative du vou-
« loir dans l'humanité surpasse la somme de toute la
« volonté qui se manifeste dans la nature organique et
« inorganique, pour que, par la négation de la volonté
« de vivre dans l'homme, toute la volonté de vivre qui
« s'exprime dans le reste du monde soit annihilée entiè-
« rement. » Quant aux étoiles, peu sont dans un état
« propice à l'organisation : on en aura raison facilement.
« La deuxième condition c'est que l'humanité soit pro-
« fondément pénétrée de la folie du vouloir et de la
« misère de l'existence... Comme troisième condition, il
« faut que les peuples de la terre communiquent entre

1. *La Philosophie*, p. 491.

« eux assez facilement pour pouvoir prendre en même
« temps une résolution commune. Sur ce point, dont
« l'exécution dépend du perfectionnement et de l'appli-
« cation de plus en plus ingénieuse des inventions de
« notre industrie, l'imagination peut se donner une
« libre carrière [1]. »

Nos réflexions seront brèves. L'exposé suffit pour faire porter sur l'œuvre de M. de Hartmann un jugement que nous désirons être dispensés de formuler.

Une question neuve, ouverte à l'examen en Allemagne, inconnue en France, celle de l'intelligence sans la forme de la conscience, soit de l'intelligence rudimentaire, inférieure à la nôtre, soit de l'intelligence absolue divine, supérieure à notre pensée partielle et limitée, sert de thème à des fantaisies ridicules, sans aucun bénéfice pour la science ni pour la littérature.

Une autre question d'une importance aussi grande est celle de la nature du plaisir et de la douleur. M. de Hartmann, sans doute entraîné par le désir de réfuter Schopenhauer, qui avait déclaré que la douleur seule était positive, établit que plaisir et douleur sont de même nature, n'étant, le premier, que la volonté satisfaite, la seconde que la volonté contrariée [2] ? Qu'en résulte-t-il ? C'est que l'objet n'est d'aucune considération, qu'il n'existe pas. Rien par conséquent d'agréable ou de désagréable, de bon ou de mauvais, d'ordonné ou de désordonné, d'utile ou de nuisible. Les caprices, les fantaisies de la volonté suivis de succès ou d'insuccès sont

---

1. *La Philosophie*, II, p. 499.
2. Voir M. Cournot (*Essai sur les fondements de nos connaissances*, vol. I, p. 396). Rien de commun entre le plaisir et la douleur et la notion de grandeur. Il n'y a pas un état qui soit la somme ou la différence de la douleur ou du plaisir. Si on écoute Stuart Mill : « Ni les peines, ni les plaisirs ne sont homogènes, et les peines sont toujours génériquement différentes des plaisirs. » *Utilitarisme*, ch. II. On ne peut citer toutes ces opinions. Varron comptait déjà 288 explications du bonheur.

seuls à voir. Le plaisir arrive quand tout cède, la douleur se produit quand quelque chose résiste à une volonté, sans s'occuper de savoir si elle est raisonnable ou déraisonnable et si l'obstable qui recule ou résiste a une signification ou une valeur.

Nous pensons que cette base de la théorie du plaisir est insuffisante et que tout ce qui est édifié sur elle n'a aucune solidité.

En conséquence, les deux questions principales, celle de l'Inconscient qui est l'objet premier des recherches de M. de Hartmann et celle du plaisir et de la douleur, du pessimisme qui est la conclusion de son travail, ne nous paraissent pas avoir été assez bien envisagées pour que ses solutions soient acceptées.

Ce sont les moindres défauts d'une philosophie ou Dieu n'est nommé que pour être mis au-dessous d'un Inconscient anti-logique, et où le bien ne figure que pour être nié. Quand, avec sa méthode, on fait tout ce qu'on veut, on devrait vouloir au moins connaître le bien, car sans lui nous n'avons ni grandeur, ni vertu, ni aucun motif d'être respecté ou méprisable; sans lui il n'y a pas de bonheur.

C'est ce que ces détestables philosophes dont nous venons d'exposer les doctrines ont montré contre leur dessein.

TABLE

PREMIÈRE PARTIE

	Pages.
HISTOIRE	1.

DEUXIÈME PARTIE

DISCUSSION
PREMIÈRE SECTION

LES THÉORIES. — LA VÉRITABLE THÉORIE

1. — Dieu a voulu nous faire mériter le bonheur. — Pas de grandeur sans mérite. — Pas de mérite sans liberté. ... 71
2. — Pas de liberté sans mal. — Nous seuls faisons le mal : si Dieu le faisait, nous ne serions pas libres ... 72
3. — Comment l'homme peut-il faire le mal ? ... 74
4. — Aperçu de la solution qui va être proposée ... 76
5. — Combien nous sommes loin de la perfection ... 77
6. — Comment sommes-nous si éloignés de la perfection ? — Problème de la connaissance : comment Dieu, véritable objet de la connaissance, se cache-t-il ? ... 80
7. — Problème de l'ignorance. — Pourquoi Dieu a créé la matière. — Elle n'a pas de qualités essentielles ... 84
8. — C'est la nullité de la matière qui l'a fait choisir par Dieu pour être l'instrument de l'ignorance. — Sa division en objets. — Distribution arbitraire des qualités entre les objets ... 90
9. — De quelle manière cette fragmentation cause notre ignorance et notre impuissance ... 94
10. — L'ignorance. — La responsabilité. — En quel sens il n'y a pas de mal sans erreur ... 101
11. — Le mal est une erreur. — Celui qui le fait est une dupe ... 107
12. — Origine de l'erreur. — Un nouveau chapitre des causes finales : les merveilles de l'erreur ... 112
13. — L'habitude. — Pourquoi la jouissance, les émotions sont rares ... 118
14. — L'explication par l'habitude est insuffisante ... 127
15. — Explication par le sentiment. — Théorie du sentiment. — L'intelligence et le sentiment ... 132
16. — Le bien est absolu. — La morale est la science la plus élevée ... 143
17. — L'acte. — La loi morale est la manière de jouir. — L'existence, l'intelligence, la volonté, la liberté ne sont que des moyens. — Le but est la jouissance, l'union de l'âme et du bien par l'acte ... 148

18. — Le sentiment a-t-il un objet réel ? — Question pessimiste : La douleur est-elle seule positive ?........ 154
19. — Le dernier terme n'est pas l'acte, mais la jouissance. — Relation de l'acte et de la pensée............... 160
20. — Réhabilitation de la jouissance................... 166
21. — Comment le mal est possible ? — La tentation...... 172
22. — La jouissance, quoique inséparable du bien, semble d'après l'apparence en être détachée. — Les trois besoins. — Rétablissement du monde tel qu'il serait, s'il était parfait................................ 187
23. — Le mal consiste à essayer de détacher la jouissance du bien. — Inégalité des hommes. — Insuffisance des objets...................................... 193
24. — L'épreuve consiste à travailler, se priver, se résigner. — On ne peut reprocher à Dieu d'avoir fait le mal. — Le mal moral est négatif. — Le mal physique est précieux.. 200
25. — Le mal ne donne pas de jouissance. — L'horreur du mal vient de ce qu'on outrage le bien, en méconnaissant sa grandeur, par insuffisance, indignité. — En faisant le mal on commet la plus grande des erreurs, et, quant à la jouissance, on n'a rien ; on est une dupe. 216
26. — Une application................................... 234

DEUXIÈME SECTION

LE BILAN DES BIENS ET DES MAUX

1. — Difficultés du bilan............................ 243
2. — La jouissance est seule positive................. 249
3. — Mesure du plaisir et de la douleur, idée et réalité. — L'idée de la jouissance.......................... 254
4. — La réalité de la jouissance...................... 263
5. — La sensation.................................... 270
6. — Le beau... 279
7. — L'amour... 285
8. — L'art.. 299
9. — La science..................................... 306
10. — Le progrès..................................... 310

TROISIÈME PARTIE

LES CONSÉQUENCES DU PESSIMISME................... 339

APPENDICE

Exposé des systèmes de Schopenhauer et de M. de Hartmann. 417

1243. — Poitiers, Imprimerie BLAIS, Roy et Cie, 7, rue Victor-Hugo.

www.ingramcontent.com/pod-product-compliance
Lightning Source LLC
Chambersburg PA
CBHW051136230426
43670CB00007B/824